PROPRIEDADE DA TERRA
Análise sociojurídica

V599p   Vial, Sandra Regina Martini
        Propriedade da terra: análise sociojurídica / Sandra Regina
Martini Vial. — Porto Alegre: Livraria do Advogado Editora,
2003.
        279 p.; 16 x 23 cm.
        ISBN 85-7348-288-5

        1. Direito de propriedade. 2. Terras. 3. Posse da terra.
I. Título.

                             CDU – 347.235

        Índices para o catálogo sistemático:

Direito de propriedade
Terras
Posse da terra

(Bibliotecária responsável: Marta Roberto, CRB-10/652)

SANDRA REGINA MARTINI VIAL

PROPRIEDADE DA TERRA
Análise sociojurídica

Porto Alegre 2003

© Sandra Regina Martini Vial, 2003

Capa, projeto gráfico e diagramação de
Livraria do Advogado Editora

Imagem da capa
Maressa Ballester

Revisão de
Rosane Marques Borba

Direitos desta edição reservados por
Livraria do Advogado Editora Ltda.
Rua Riachuelo, 1338
90010-273 Porto Alegre RS
Fone/fax: 0800-51-7522
livraria@doadvogado.com.br
www.doadvogado.com.br

Impresso no Brasil / Printed in Brazil

Agradecimentos

Muitas pessoas permitiram que eu pudesse realizar este doutorado, em primeiro lugar, minha família, a qual agradeço pela compreensão e paciência. Sou eternamente grata à minha querida *strega* Sophia e ao meu querido *pirla* Antônio Delacy e Luiz Antônio, por tudo!

Agradeço, especialmente, ao meu pai, Delacy, à minha mãe, Guilhermina, aos meus irmãos Délson e Daniel, à minha cunhada, Silvia Regina, à Madrina, à Zia Dora, aos sogros, Sr. Antônio e Sra. Odila e à Zulma.

Alguns amigos especiais colaboraram com sugestões, bibliografias e leituras desta tese e apoio: Aline, Anne, Carducci, Daniel, Edmundo, Jacques, João Baptista, Giancarlo, Giorgio, Luiz Antônio e Zezé.

Agradeço aos entrevistados, em especial os assentados da Lagoa do Junco, em Tapes/RS, pois este trabalho não teria sido possível sem a colaboração dos mesmos.

Duas pequenas "grandes" cidades me apoiaram: Progresso e Vernole; aos cidadãos destas cidades todo o meu respeito. Um agradecimento especial à Vernole, por ter me recebido como filha da terra.

Agradeço, também, aos funcionários, colegas e alunos da UNISINOS pelo apoio e incentivos.

Agradeço, ainda, pelos ensinamentos que me deram os alunos-amigos, amigos-alunos. Estes são representados por um agradecimento especial às minhas queridas bolsistas Cristina e Tassiane, pois elas são minhas verdadeiras professoras.

Agradeço à estrutura e apoio da Universidade de Lecce. Agradeço ao Prof. Raffaele De Giorgi e Celso Campilongo pelo apoio.

Agradeço ao CNPq e à Universidade do Vale do Rio dos Sinos pelo apoio financeiro.

Prefácio

Uma apresentação que é também testemunho

É com imensa alegria que escrevo este texto. De longa data acompanho a vida e o trabalho da autora deste livro. Honrou-me duplamente recomendá-la ao doutorado na Universidade de Lecce, onde produziu a parte substancial desta obra. Primeiro, pelo seu mérito intelectual e humano. Segundo, porque a "Università degli Studi di Lecce" tem toda uma gloriosa tradição de abertura para o mundo.

Profissional responsável, pesquisadora inquieta, professora que irradia sua influência sobre um vasto círculo acadêmico, não apenas gaúcho, mas brasileiro, Sandra Regina Martini Vial é uma presença construtiva e animadora na vida intelectual do país, sobretudo neste momento de esperança que estamos vivendo.

Recomendo com ênfase a leitura deste livro a um vasto universo de destinatários: a todas as pessoas interessadas em compreender a "questão da terra" no Brasil; aos jovens que se encontram empenhados em descobrir caminhos para escrever suas teses acadêmicas; a profissionais e estudantes de Direito que queiram acompanhar a travessia desta jovem professora na sua busca de identificação com o papel relevante da "Sociologia do Direito" para a formação do arcabouço mental dos que queiram fazer do Direito um instrumento de imersão na vida concreta do povo e na transformação social.

Sandra colocou sua alma nesta obra, fugindo do vício tão comum que leva pesquisadores a supor que a investigação científica, por imperativos metodológicos, deve ser um texto frio. Há muito de existencial neste livro. A autora, que tão bem compreende a relevância do "Movimento dos Trabalhadores Rurais sem Terra" (MST), é alguém que viveu, na infância, o ambiente de luta e incertezas dos que fazem da terra e dos ganhos da terra a âncora da vida. Seus avós paternos – Ricieri e Fiorentina Martini – foram pequenos proprietários rurais em Progresso, na região do Planalto Central do Rio Grande do Sul.

Só mesmo com essa experiência pessoal que se planta na transcendência do afeto e das raízes, Sandra poderia ter escrito com a chama de seu estilo um livro como este, dizendo em certo trecho:

"A terra, que é terra de vida e de morte, de alegria e de tristeza, de conquista e de perda, que é o início e o fim, pode ser representada pela sua fecundidade."

E ainda noutro passo, leia-se esta indagação, apóstrofe de indignação:

"Como é possível, na modernidade, ainda nos depararmos com problemas que pensávamos superados, como a questão da distribuição das terras?"

Não é por outra razão, senão pelo traço de vida, sobrevivência, existência, afirmação humana, encontro cosmológico, que os "Povos Indígenas do Mundo", em sua Declaração de Direitos, afirmam:

"Quando a Terra-Mãe era nosso alimento,
Quando a noite escura era o telhado que nos cobria,
Quando o céu e a lua eram nosso pai e nossa mãe,
Quando todos nós éramos irmãos e irmãs,
Quando os chefes e os anciãos eram os nossos grandes líderes,
Quando a justiça reinava sobre a lei e sua aplicação,
Então outras civilizações chegaram.
Famintos de sangue, de ouro, de terra e das riquezas da terra,
Trazendo a cruz numa das mãos e, na outra, portando a espada,
Sem conhecer e sem querer aprender os costumes de nossos povos,
Eles nos consideraram inferiores aos animais,
Eles roubaram nossas terras e nos expulsaram para longe delas,
Transfomaram em escravos os filhos do sol.
No entanto, eles não conseguiram nos eliminar!
Nem nos fazer esquecer quem nós somos,
Eis que somos a cultura da terra e do céu,
Nós somos de uma ascendência milenar
E nós somos milhões
E mesmo que todo o Universo seja destruído,
Nós viveremos,
Por tempo mais longo que o império da morte."

Tenho a certeza de que o livro de Sandra Regina Martini Vial veio para ficar e para inscrever-se no elenco das melhores obras produzidas, nesta área, pela inteligência brasileira.

João Baptista Herkenhoff
Livre-Docente da Universidade Federal do Espírito Santo

Sumário

Introdução 13

Primeira parte
A terra e o mundo com suas representações

Apresentação 19

Capítulo I. Nascimento do mundo e suas representações 21
  1. A terra e o surgimento do humano 22
  2. Representações originárias do mundo 24
  3. O velho "novo mundo" 27
  4. As velhas novas representações do mundo 29

Capítulo II. Significados e representações da terra 33
  5. A fecundidade da terra 35
  6. Terra – local de vida e morte 38
  7. A representação da luta pela terra 41
  8. O sentido jurídico da terra 46
  9. Idéia de território e demarcações jurídicas 54
  10. Reflexões conclusivas 60

Segunda Parte
Posse e propriedade da terra na modernidade

Apresentação 63

Capítulo I. Conceito de propriedade da terra nos clássicos ocidentais 72
  1. Conceito de propriedade da terra em Thomas Hobbes (T.H.) 72
  2. Conceito de propriedade e função da terra em James Harrigton (J.H.) 79
  3. O conceito de propriedade da terra em John Locke (J.L.) 86
  4. Conceito de propriedade da terra em Giambattista Vico 96
  5. Conceito de propriedade da terra em Jean-Jacques Rousseau (J.J.R) 105
  6. Conceito de propriedade da terra em David Hume 111
  7. Conceito de propriedade da terra em Immanuel Kant (I.K.) 122

Capítulo II. A propriedade da terra: uma perspectiva econômica 128
  8. A propriedade da terra em François Quesnay 129

9. A propriedade da terra em Adam Smith 134
10. A propriedade da terra em Karl Marx 139
11. Reflexões Conclusivas 145

Terceira Parte
**Evolução histórico-política e histórico-jurídica da questão da
posse e propriedade da terra no Brasil**

Apresentação 151

Capítulo I – Aspectos históricos 154
1. Portugal no contexto do descobrimento do Brasil 154
2. A conquista, ocupação e distribuição de terras no Brasil-Colônia 158
   2.1. Das feitorias 159
   2.2. Das Capitanias Hereditárias 160
   2.3. Do Regimento de Tomé de Souza – 1548 165
   2.4. Do Governo-Geral 166
   2.5. Das expedições estrangeiras 168
   2.6. Dos Tratados à colonização e à formação dos latifúndios 169
   2.7. Da Colônia do Açúcar ao Ciclo do Ouro 172
   2.8. Das sesmarias à colonização do Sul do Brasil 175
3. A Independência e a Lei de Terras 177
   3.1. Da Constituição de 1824 178
   3.2. Lei de Terras, de 1850 180
   3.2.1. Reflexos sociais da Lei de Terras 183
   3.3. As novas modalidades de acesso à terra depois da Lei de Terras 185
   3.4. Constituição de 1891 185
   3.5. Lutas pela terra no final dos anos de 1800 e início dos anos de 1900 . . . 186
   3.6. Código Civil de 1916 187
   3.7. Constituição de 1946 189
4. O acesso à terra a partir dos anos 60 191
   4.1. Reforma agrária no Banhado do Colégio 191
   4.2. O Estatuto da Terra 194
   4.2.1. Principiologia 194
   4.2.2. Da reforma agrária 195
   4.2.3. Da lei à prática da reforma agrária 197
   4.2.4. Da assistência e proteção à economia rural 198
   4.2.5. Da legislação esparsa 200
   4.3. O Ato Instiucional nº 5 (AI5) 204
   4.4. Outras legislações 204
5. Dos anos 80 aos dias atuais 206
   5.1. Da produção legislativa Pré-Constituição 207
   5.2. Constituição de 1988 210
   5.3. Assentamentos nos últimos Governos 212
   5.4. O Banco da Terra 213
   5.5. O novo Código Civil brasileiro 217

Capítulo II – Os índios 220
  6. Os desencontros do "encontro" do Brasil 220
  7. A necessidade da proteção legal 225
  8. Os direitos dos indígenas a partir da Constituição de 1934 231

Capítulo III – MST 238
  9. Antecedente histórico 238
  10. Gênese do MST 241
  11. Pressupostos do Movimento 252
  12. Assentamento Lagoa do Junco 260
  13. Reflexões conclusivas 264

Conclusão 267

Bibliografia consultada 273

Introdução

A semântica *terra* produz uma série de inquietações, desde o seu tamanho, da sua idade até a discussão do seu fim. Pretendemos, com este estudo, ver apenas algumas das possibilidades de interpretação das representações capazes de produzir essa semântica. Para tanto, ocupar-nos-emos, fundamentalmente, de um problema ainda latente na América Latina e, em especial no Brasil, que é a distribuição e apropriação da terra. Sob esse enfoque, partiremos de alguns questionamentos para nós inquietantes: Como é possível que a terra possa ter tanto significado na vida quotidiana? Como é possível, na modernidade, ainda nos depararmos com problemas que pensávamos superados, como a questão da distribuição das terras? Como foram possíveis as primeiras demarcações de terra? Como se podem justificar mortes e vidas na luta pela propriedade da terra? Qual o significado moderno da propriedade da terra?

Desde muitas décadas existem, no Brasil, "desterrados das próprias terras". Inicialmente eram os índios que lutavam pela sua mãe terra, depois os colonos europeus, sucessivamente os escravos abolidos, os imigrantes e, por fim, os "velhos novos" trabalhadores do campo. É um movimento real, como dizia Marx, de homens reais, que lutam por um problema real. Excluídos da propriedade da terra, tendo à disposição somente seus braços capazes de trabalhar na terra, esses homens lutam quotidiana e historicamente para sobreviverem e para morrerem da terra e para a terra, sempre com a terra. Estes lutam para a apropriação dos meios de produção dos quais são excluídos e sentem-se expropriados. E, no Brasil, existe tanta terra! Evidentemente, o problema não é constituído da disponibilidade dos meios de produção. Em realidade, o problema não é este, então qual é o real problema?

No Brasil, onde existe uma excedência[1] de terra, por que não se pode distribuir a terra para aqueles que nela trabalham? Por que, em um período

---

[1] Na literatura jurídica italiana, muitas vezes, encontramos a denominação do Estado brasileiro como um subcontinente, exemplo disto é o jurista Paola Porru que, ao analisar a propriedade fundiária no Brasil, trata desta idéia.

histórico com um tipo de economia na qual a propriedade da terra, isoladamente, nada significa, milhões de pessoas lutam pela propriedade da terra? Qual o significado real desta luta? Utilizando-nos de todos os conhecimentos do tipo jurídico-histórico-político, tentaremos responder a essas questões, a essas nossas hipóteses inicias de pesquisa, ou seja: O que indicamos quando indicamos terra? O que apontamos quando indicamos propriedade da terra? O que apontamos quando indicamos re-apropriação da terra? O que apontamos quando indicamos direito à terra?

A economia brasileira não é uma economia agrícola. Mesmo que a produção agrária ocupe um lugar importante na economia nacional, os processos produtivos são largamente independentes das formas jurídicas da propriedade. Somente nas formas pré-capitalistas da produção, a propriedade privada determinava os espaços da produção. Na economia moderna, esses espaços são ocupados pelo capital financeiro, o qual pode usar uma quantidade indeterminada de força de trabalho, não vinculada com a propriedade privada da terra. E, então, por que milhões de pessoas têm fome de terra? Por que esta fome é uma fome real? Por que esta fome pode ser satisfeita somente com a apropriação de que se é excluído? E por que a exclusão da terra é exclusão da sociedade? Propriedade e distribuição da terra são formas jurídicas, nas quais se sedimenta a história da comunidade, da população, da sociedade, das pessoas. Tudo isso condensa relações de violência e de pacificação; essas são formas da inclusão, na exclusão. Não são somente formas jurídicas com relações econômicas.

Com esses questionamentos iniciais, também nós pretendemos redefinir alguns conceitos e precisar, através desta pesquisa, algumas dúvidas, ou melhor, colocaremos em dúvida a idéia de que a propriedade da terra possa efetivamente garantir futuros. Colocaremos em dúvida que as leis, constituições e todos os instrumentos jurídicos disponíveis para assegurar o direito à justiça, à igualdade e à inclusão sejam efetivamente instrumentos que assegurem tais princípios. Observamos que, ao mesmo tempo em que pretendem dar esta segurança, na verdade, não asseguram direito, justiça, igualdade e inclusão. Trataremos desta situação paradoxal, cuja semântica terra não tem um único sentido, assim como não tem um sentido preciso a justiça, o direito e a igualdade. Ou seja, conceitos que aparentemente são auto-evidentes, nós colocaremos em dúvida e os trataremos como problemas a serem enfrentados.

Assim, o problema terra é tão antigo quanto a própria terra, a possibilidade de afrontar esta velha problemática como nova não nos dá soluções concretas, por isso, nosso objetivo fundamental é colocar em dúvida questões dadas como absolutamente certas, desse modo temos como questionamento central: a que serve ter a propriedade da terra na modernidade da sociedade moderna? Pensamos que este problema pode revelar, em primeiro plano, a disparidade entre "processos sociais ideais"[2] e "processos sociais reais"; em outro plano, podemos apontar a pouca criatividade e compromisso social dos próprios acadêmicos, isso faz com que problemas sociais, que autores como Harrington e Hume esperavam que fossem completamente superados com o processo de evolução social, encontrem-se na mesma esfera de não-resolução, e mais, na modernidade, estas questões tornam-se mais complexas.[3]

A temática da propriedade e da distribuição das terras vem sendo abordada, historicamente, através de várias áreas do conhecimento. No que diz respeito à observação jurídico-política, essa se concentra no instituto da propriedade; deixando de lado a perspectiva sociológica – o que para nós é fundamental –, por exemplo, as modificações que este mesmo conceito vem provocando desde o início (desde que se identifica algo como propriedade de alguém, e não de outro)[4] até a modernidade, em que o caráter da propriedade e da distribuição das terras assume funções evolutivas diferenciadas.

Estamos interessados em ver a origem dos atuais problemas relativos à propriedade da terra e sua distribuição; suas repercussões no centro e na periferia da modernidade. Porém, é óbvio que o problema da distribuição e re-distribuição da terra é um problema que é da periferia da modernidade, o qual já foi superado no centro da modernidade, note-se que, depois da II Guerra Mundial, a propriedade da terra deixa de ser um problema jurídico na Europa e nos Estados Unidos; que deixou de ser problema político desde os anos de 1800; todavia, na periferia da modernidade, é um problema que nunca deixou de ser problema. Por isso, nossa opção e necessidade de estudar esta temática não somente como instituto jurídico, mas na perspectiva sociojurídica por abranger questões referentes à apropriação, à posse e à distribuição da propriedade da terra. Estes problemas dizem respeito a questões sociais, econômicas, políticas e jurídicas, bem como a todos os significados simbólicos que a semântica terra foi agregando com o passar do tempo.

Este trabalho foi construído a partir de uma hipótese inicial na qual entendíamos que a distribuição das terras no Brasil apresenta caraterísticas históricas e sociais muito peculiares e, por isso, os problemas enfrentados

---

[2] Não me refiro aos modelos ideais de Max Weber, mas em modelos religiosos e filosóficos.

[3] Aqui referimos à análise abordada pela Teoria dos Sistemas Sociais.

[4] Para Pufendorf, o direito de propriedade deve ser reportado à natureza, via a ocupação dos bens como efeito de eliminar a concorrência afirmava "uma cosa che appartiene a una persona non può appartenere anche ad altri" (De *officio hominis et civis*, L. I, cap. XII, §§ 2-3). Importante ter presente que para o autor o direito de natureza é conciliável mediante a razão humana, onde este direito se distingue das leis morais. A propriedade é produto da liberdade natural, comandado de uma autoridade, do direito que o tutela, mas não o cria.

atualmente só podem ser compreendidos em uma retrospectiva histórica da nossa colonização. Além disso, a questão da terra, historicamente, era e ainda é afrontada sob seus aspectos simbólicos, muito mais do que seu significado moderno.

Para elaboração do presente estudo, após a revisão bibliográfica (a qual foi realizada no Brasil, na Itália e em Portugal – no Museu Torre do Tombo), optamos também por uma investigação empírica, a qual foi realizada durante o ano de 2000 em diversas cidades brasileiras, sendo que a nossa maior atenção foi concentrada na Região de Camaquã – RS, por ter sido esta a primeira cidade gaúcha que conheceu um processo de Reforma Agrária e porque nessa região tivemos a possibilidade de encontrar três importantes segmentos da população objeto deste estudo, quais sejam: indígenas, latifundiários e agricultores assentados através do Movimento dos Trabalhadores Rurais Sem Terra (MST). Também foi possível, nessa cidade, observarmos como vivem hoje os pequenos agricultores que fizeram parte do "Banhado do Colégio".[5] Nessa região, ouvimos vários depoimentos sobre a atuação do Aparelho Judiciário quanto às questões relativas à terra. Aqui, havemos de destacar que grande parte desses depoimentos não puderam ser gravados.

Na cidade de Porto Alegre, entrevistamos expoentes estaduais envolvidos com a nossa problemática de estudo, quais sejam: os juristas, os comunicadores sociais, a posição da Igreja, a posição da Farsul, o arquiteto responsável pelo processo de Reforma Agrária do Banhado do Colégio, integrantes regionais do MST, bem como o coordenador nacional do Movimento.

Em Brasília, tivemos a possibilidade de fazer entrevistas com políticos, juristas, representantes nacionais do MST, representantes em nível nacional do governo brasileiro e. ainda, entrevistamos técnicos do Ministério da Reforma Agrária.

Já em São Paulo, fizemos entrevista com o advogado vinculado ao MST, Juvelino José Strozake.

A investigação empírica foi dividida em quatro etapas:

1- Observações em loco,

2- Entrevistas individuais,

3- Análise de processos,

4- Grupos de Discussão.[6]

---

[5] Localiza-se em Camaquã/RS. Foi este o local da primeira reforma agrária no Estado do Rio Grande do Sul.

[6] A técnica dos Grupos de Discussão é ainda recente. Podemos encontrar seus fundamentos nas entrevistas enfocadas, porém como técnica começa a ser utilizada e construída na Espanha entre os anos 50 e 60, tendo como seu principal iniciador Jesús Ibañez que, em 1979, na sua tese de doutorado,

Embora essas etapas tenham ocorrido em tempos diferentes, fomos registrando aspectos que consideramos importantes para a última fase da análise dos dados para, dessa forma, conferir ao trabalho uma idéia global de sua construção, o que significa afirmar que as etapas, desde o estudo exploratório até a elaboração das conclusões, tiveram a mesma importância na confecção da tese.

Nessa perspectiva, seguiremos com essas reflexões, distinguindo e indicando significados para a semântica terra. Pretendemos demarcar alguns aspectos que poderão nos auxiliar nas observações que relatamos. Tentaremos atravessar confins de significados e significantes. Para tal, iniciaremos a Primeira Parte com algumas observações sobre o nascimento do mundo e as representações que, evolutivamente, foram sendo agregadas à idéia de mundo. Nesse percurso, trataremos das representações simbólicas do mundo. Além disso, buscaremos, através dessas representações, entender o velho "do novo mundo" e, ainda, de que forma as representações originárias de mundo levam a determinar idéias de demarcação de territórios com seus significados históricos, jurídicos e políticos.

A terra, que é terra de vida e de morte, de alegria e tristeza, de conquista e perda, que é o início e o fim, pode ser representada pela sua fecundidade. Esta possibilidade da terra mãe, em que vivem os pais e os filhos, leva-nos também para a idéia de luta pela terra, em que nos deparamos com um significado jurídico e econômico da "grande mãe". Esse conjunto de reflexões nos leva à idéia de um *nomos* da terra, o que nos incentiva a discutir, também, os propósitos jurídico-políticos das primeiras divisões e demarcações jurídicas da terra. Nessa primeira parte, tentaremos desvelar a terra enquanto unidade e paradoxo, buscando ver qual a relação entre as descobertas geográficas e a evolução de mundo. Também, estudaremos a complexidade da relação descoberta/desenvolvimento como um paradoxo caracterizado pela reciprocidade.

Somente na Segunda Parte destacaremos a relevância da propriedade da terra na pré-modernidade para entendermos como tal semântica desencadeia uma rede de novas concepções na sociedade atual. Esclarecemos, desde o início deste estudo, que observamos a realidade brasileira como um "resultado da modernidade" e não como resíduo da Antigüidade. É justamente por ser este "resultado" que podemos detectar a convivência

---

apresenta os fundamentos teóricos para o funcionamento do grupo de discussão (G.D.). O autor apresenta dois textos importantes para a sistematização destes grupos: *Más allá de la sociología. El grupo de discusión y crítica*, 1979, e *Del algoritmo al sujeto. Perspectivas de la invetigación social*". Este, publicado em 1986, aborda de forma mais sistemática o espaço das técnicas quantitativas e qualitativas. Outros autores também se destacam: Alfonso Orti, Ioé Colectivo, Domingos Comas, Juan Jesús Gonzales, Angel de Lucas, Reuben Ford, Judi Aubel, David Morgan, K. lewin, J. Maisonneuve, dentre outros.

de várias formas jurídicas e não-legais de propriedade, da sua apropriação e especialmente da sua distribuição. O que não significa que, na periferia da modernidade, esta não tenha chegado. Afirmamos que é exatamente pelo fato de a modernidade ter chegado que existem estas "periferias", que são periféricas não porque não estão incluídas na modernidade, mas porque essa inclusão cria a sua periferização.[7]

Na Terceira Parte, ocupar-nos-emos dos aspectos históricos, jurídicos e culturais da propriedade da terra no Brasil; focalizaremos nosso estudo em como foram observados, descritos, utilizados e explorados os nativos brasileiros, bem como as descrições do território nos anos de 1500; na seqüência, analisaremos como se efetivaram as primeiras demarcações e divisões de terra no Brasil. Apresentaremos algumas leis e decretos referentes ao acesso à terra. Neste estudo evolutivo, dedicaremos o II Capítulo à questão indígena e o III Capítulo a alguns aspectos do MST, ambos capítulos apresentados de forma mais resumida. Nesses dois últimos capítulos, utilizaremos partes das entrevistas e grupos de discussão que realizamos.

Por fim, permitir-nos-emos fazer algumas considerações sobre a problemática da propriedade da terra na modernidade *da* e *na* sociedade brasileira.

---

[7] Periferização no sentido Luhmanniano, ou melhor, a partir do texto de Raffaele De Giorgi: "Direito, Democracia, Risco".

Primeira Parte

A terra e o mundo com suas representações

Apresentação

"La terra ci fornisce, sul nostro conto, più insegnamenti di tutti i libri. Perché ci oppone resistenza. Misurandosi con l'ostacolo l'uomo scopre se stesso. Ma per riuscirci gli occorre uno strumento. Gli occorre una pialla, o un aratro. Il contadino, nell'arare, strappa a poco a poco alcuni segreti alla natura, e la verità ch'egli estrae è universale" (Saint-Exupéry, 2000: 213).[8]

As possibilidades de aprender, de crescer, de viver e de morrer apresentam um vínculo estreito com a terra. Assim como as coisas úteis para a vida dos homens nascem da terra, também o nosso trabalho tem um vínculo com a terra. Uma terra que, a cada dia, permite-nos descobrir novos e diversos paradigmas, que nos ensina mais do que muitos livros, no sentido figurado que apresenta Antonie de Saint-Exupéry, que opõe resistência, que quando trabalhada descobrimos os segredos de seus mistérios. Uma terra que, no conto "Terra dos Homens", de Exupéry, é uma terra em que se ama e cuja luz deste amor iluminava toda a campanha, que trazia alimentos, mas que, sobretudo, comunicava o esplendor da terra.

Esta pesquisa ocupa-se da terra, especificamente da propriedade e de sua distribuição no processo evolutivo da sociedade brasileira, inserindo-se, sob esse aspecto, dentro de um problema jurídico, político e histórico. Mas trata-se, também, de uma problemática que vai muito além das distinções que, no decorrer dos séculos, foram delimitando as formas de reflexão e de conhecimento sobre a terra.

Se terra é vida, riqueza, propriedade e trabalho, também indica morte e pobreza. Ou seja, é necessário precisar e especificar exatamente o que

---

[8] "A terra nos fornece, no nosso conto, mais ensinamentos que todos os livros. Porque nos opõe resistência. Misturando-se com o obstáculo, o homem descobre a si mesmo. Mas para conseguir este feito é necessário um instrumento. Ele necessita de uma plaina, ou um arado. O camponês, ao arar, rasga pouco a pouco alguns segredos da natureza, e a verdade que ele extrai é universal." Tradução livre.

PROPRIEDADE DA TERRA
Análise sociojurídica

indicamos quando observamos algo com a denominação terra. A riqueza e a indeterminação semântica da nomenclatura adquirem conteúdos que são conhecidos somente através da determinação conceitual que, ao isolar e indicar um conteúdo, exclui muitos outros significados. Dessa forma, quando fazemos uma indicação para a semântica terra, o fazemos excluindo outros tantos e tão importantes significados – assim podemos falar em propriedade da terra, distribuição de terra, terra e mar, terra e céu, planeta terra e, até mesmo, em terra santa e terra prometida. É, igualmente, terra de conquista e terra de ocupação. Também o novo mundo é terra. E terra é o mundo na mais antiga representação da cultura grega. E se o homem nasce da terra, esta torna-se espaço da mitologia e da religião muito antes que território da política ou do direito.

Quando a terra emerge, torna-se possível a vida sobre ela porque vem sendo invadida pela vegetação e pelos animais. Neste momento a vida é vida sobre a terra e da terra. Esta que, desde o início, vem sendo invadida, assim como na modernidade é terra invadida pelos piratas da terra, como denomina Carl Schmitt.[9] Depois, com o surgimento e a invasão do homem, torna-se vida da terra. As comunidades de indivíduos são comunidades da terra. Nos seus interesses enquanto comunidade da terra, apresenta-se, internamente, uma diferença do poder como poder de controle da terra e dos homens da terra. Todavia, isso ocorre somente quando a evolução torna possível a diferenciação de um universo da comunicação que estabiliza as suas possibilidades delimitando-a como sociedade. O mundo desta sociedade e a expansão dela terá os seus limites na terra, que pode ser vista e ocupada. E quando, no interior desta sociedade, o poder se diferenciar como forma estável da comunicação, orientada para as decisões sobre as ações dos outros, este poder será poder terreno, diferenciando-se de outros poderes.

Neste primeiro capítulo, ocupar-nos-emos das representações originárias do mundo, tanto do velho quanto do "novo velho mundo". Buscaremos demonstrar o quanto as antigas representações foram importantes para a definição do mundo moderno.

---

[9] Carl Schmitt aborda esta questão no texto "Il nomos della terra".

Capítulo I
Nascimento do mundo e suas representações

"O nascimento da vida, o aparecimento do oxigênio na atmosfera, a tectônica das placas da crosta terrestre e a deriva dos continentes, a formação de cadeias de montanhas, o seu nivelamento, a conquista dos continentes pelos seres vivos, eis alguns dos acontecimentos marcantes que transformaram a Terra naquilo que ela é hoje ou, melhor dizendo, naquilo que ela era ontem" *(Massoud: 1992,7)*.

A terra é hoje, sem dúvida, o resultado de um longo processo evolutivo, no qual o ser humano entra em "cena" depois que a terra já se havia organizado enquanto terra dos homens. Estes homens que vêm dar um sentido ao mundo também são aqueles que o transformam. A imagem do mundo que temos hoje é artificial, porque de um certo modo o homem transformou a terra tanto para o seu benefício como para a sua destruição.

O mundo, porém, só tem sentido porque o ser humano conferiu a ele um certo significado. O mundo de hoje não é o mesmo de ontem e não será igual ao do amanhã, mas o mundo ainda é o mundo dos homens. O tempo do mundo é aquele que torna possível observar e ser observado. É o mundo que viabiliza avançar e retroceder, é o mundo que propõe diferenciações significativas entre etnias, religiões e espaços. É o mundo antigo que vive na modernidade. É o mundo em que podemos nos encontrar e nos desencontrar, em que amamos e que odiamos, dos humanos que se desumanizaram. Este mundo tem uma origem, assim como os senhores do mundo e do tempo. Porém, estes senhores só chegam ao mundo quando ele está "pronto". Então, estes fazem suas conquistas através de suas invasões sobre a terra, na terra.

O mundo representa uma unidade entre terra, água e fogo não só no sentido mitológico, mas também no sentido da vida quotidiana, em que esta unidade pode ser representada pela divisão dos espaços do mundo, demarcação e apropriações. A terra representa para o homem o local no qual pode encontrar-se, ou seja, é na terra que o homem pode encontrar todo o significado da sua existência. A terra faz parte do mundo, entretanto ela não é o mundo. A vida do humano surge desta unidade, a vida do homem nasce, cresce e morre na terra.

1. A terra e o surgimento do humano

Observamos que milhões de pessoas gritam hoje: "terra, terra". Tem-se a impressão, que terra significa vida, é o que nos demonstram os estudos que se dedicam ao interior da terra. Uma impressão que, hoje, parece largamente contrafactual. Na realidade, este sentir a terra como vida não se encontra somente nas representações mais antigas da terra, mas sim em uma de suas explicações no arquétipo da terra que é vida. Entenda-se: vida humana. Basta considerar as hipóteses que foram desenvolvidas sobre a origem física do mundo e sobre as transformações do Planeta para nos darmos conta do fato de que a identificação de vida humana e terra encontram um consistente suporte científico. Este suporte científico, porém, não é suficiente para responder adequadamente ao "grito pela terra" de milhões de cidadãos dispersos pelo planeta. Alguns gritam a terra para plantar, outros gritam a terra para habitar e outros, ainda, na modernidade gritam pela terra Pátria.

Assim, o surgimento do mundo, há mais de três milhões de anos, sempre foi motivo de grandes discussões mitológicas, religiosas, filosóficas e acadêmicas. O que no início era uma "bola incandescente", o que por muitos milhões de anos era líquido, transforma-se e, com o tempo, o calor dissipa-se e surge uma crosta que segue sempre em evolução até se formar o que hoje conhecemos como planeta Terra. Todo esse processo evolutivo pode ser interpretado diferentemente, conforme a ótica que escolhemos. Desse modo, não faremos um estudo aprofundado sobre a origem de tudo, ou do todo, apenas nos ateremos aos aspectos que podem interessar à problemática da nossa pesquisa.

Sob tais aspectos, percebemos que as idéias sobre o surgimento do mundo foram se modificando. A religião tem uma explicação muito particular pela qual pretendia justificar qualquer princípio de vida, porém, com o avanço da ciência, comprova-se exatamente o contrário dos pressupostos religiosos católicos: os primeiros organismos vivos assemelhavam-se a bactérias, eram células sem núcleo, viviam na água e povoaram a terra por mais de dois milhões de anos. Mais tarde apareceram os eucariotas. Estas células apresentam núcleo. Neste período, a vida existia apenas nos Oceanos, de sorte que a existência de vida na terra firme marca um importante momento na evolução, porque os animais que mais tarde vão sair das águas para ingressar na terra necessitam das plantas para sua sobrevivência e evolução:

> "(...) a conquista da terra firme pelas plantas está na base da formação dos solos que influenciaram o desenvolvimento do reino vegetal (...)

e permitiu a fixação das camadas superficiais da terra" (Massoud: 1992, 29).

O aparecimento do "humano" se deu muito mais tarde, quando já havia um certo equilíbrio do clima e da temperatura. No Egito, existem comprovações da existência do antecendente do homem (o macaco), fósseis com mais de 30 milhões de anos. Os fósseis humanos mais antigos são de aproximadamente três milhões e quinhentos mil anos, descobertos na Etiópia. O *homo sapiens* aparece na continuidade do *homo erectus,* há 120.000 anos no Oriente Médio e, depois, surge na Europa como "homem de Neandertal".

Com estas idéias introdutórias, pretendemos demonstrar o vínculo do humano com a terra, ou seja, desde o princípio, este é um vínculo vital, especialmente para a caça e a pesca. Mais tarde, no Neolítico, a relação do homem com a terra evoluiu a ponto de viabilizar o surgimento da colheita, da criação de animais e da agricultura. Quer dizer: antes tínhamos apenas um sistema de exploração da natureza; com o advento da agricultura, passamos para um sistema de criação e reprodução de técnicas através do trabalho humano, cujo meio natural passa a ser modificado segundo as novas necessidades sociais que vão surgindo. Modificações que, ainda na modernidade, continuam ocorrendo, tanto que hoje muitos biólogos definem nosso ecossistema como um "mundo artificializado"[10] (essa artificialidade do mundo moderno será constantemente referida por nós). As modificações naturais e artificiais fazem parte do quotidiano desde o início, ou seja, desde que o "mundo é mundo".

Este mundo, que é mundo desde que "o mundo é mundo", antes era uma grande lava incandescente. Autores, como, por exemplo, A. Wegener, afirmam que há 250 milhões de anos éramos um único e enorme continente, rodeado por apenas um oceano. Já outros geofísicos, como H. Perroud e M. Robardet, inferem que, no Ordovícico (há mais de 480 milhões de anos), existiam três grandes continentes: Pólo Sul e o Norte da África, a Europa Central e do Sul e o Médio Oriente; estes, cem milhões de anos mais tarde, aproximaram-se um dos outros e foi assim que se construiu o Devónico. Todavia, não existe uma unanimidade científica quanto à aproximação e ao distanciamento dos continentes.

Na Era Terciária, há mais de 65 milhões de anos: "... os continentes prosseguem na sua deriva e o clima é provavelmente mais quente e mais

---

[10] Assim, afirma Michel Serres (apud Massoud, 1992, p. 57): "A terra ergue para o céu o rosto de sua desolação, todos os tipos de população a transformaram num vale de lágrimas, exércitos, indústrias, turismo, invasões (...) Nunca tivemos sob os nossos olhos os restos de uma terra devastada, vivemos de recordações".

PROPRIEDADE DA TERRA
Análise sociojurídica

úmido do que nossos dias. A configuração atual dos continentes está em vias de definir-se" (Massoud: 1992, 36).

Dessa forma, temos que a Austrália se separa da Antártida, a Índia caminha para o norte, encontrando-se com o bloco Asiático, a África migra para o norte, o mar Tétis fecha-se formando o atual Mediterrâneo. Uma representação gráfica desse processo de evolução, segundo a hipótese mais considerada na academia, é que a formação dos continentes se deu através de uma ação de diferenciação e imersão.

2. Representações originárias do mundo

As primeiras descrições e representações da terra foram realizadas pelos gregos. A geografia por eles iniciada evoluiu, assim como a forma de pesquisar e descrever o mundo. Os estudos dos gregos, inicialmente, restringiam-se ao mar Egeu e seu entorno. Referindo-se ao período classificado como Omérico, essas descrições apresentavam-se, ainda, muito limitadas ao mundo que era possível conhecer. Um avanço ocorrido foram as navegações, as quais possibilitaram aprofundar o conhecimento de terras e, desse modo, novas descrições do mundo, mas, ainda, falamos de representações primitivas. Essas eram descritas através das conquistas das terras do Mediterrâneo pelos gregos, ou seja, a colonização destes países fez nascer novas formas de representar essas terras, as quais eram obtidas através das descrições dos marinheiros.

Assim, a idéia de mundo assume vários simbolismos e significados nas mais diversas formas de sua interpretação e representação. Os povos primitivos já o representavam porque tinham a necessidade de medir e determinar locais para desse modo facilitar suas viagens em busca de novas terras. Essas buscas eram "*sottocosta*", o ponto de referência era a costa dos oceanos, ou seja, os homens primitivos já tinham necessidade de demarcar pontos de chegada e de retorno.

Uma das primeiras representações da Antiguidade foi a Polinésia. O método utilizado, embora simples, atendia às necessidades deste povo, a demarcação da terra foi feita com os elementos disponíveis na própria terra. Então, este conjunto de ilhas teve sua representação originalmente por meio de pequenas conchas e palhas; a palha ou o junco representavam a rota que faziam para definir os caminhos das ilhas, estas, por sua vez, eram representadas pelas conchas. Desta representação primitiva nasceram os primeiros mapas ou primeiras representações.

No século VI a.C., alguns filósofos dedicaram-se ao estudo da geografia, entre eles, Anassimandro,[11] que ousou representar o mundo através

---

[11] É atribuído a Anassimandro di Mileto a primeira sistematização de todo o conhecimento adquirido sobre a terra, ou seja, um mapa do mundo conhecido, o que lhe confere o título de "fundador da geografia".

de todo o conhecimento adquirido até então. O mundo foi representado pela forma de um disco, circundado pelo Oceano, onde o Mediterrâneo era dividido em duas partes: no norte, a Europa; ao sul, a Ásia. Logo após este período, outro geógrafo, Ecateo (considerado, junto com Anassimandro, fundador da geografia), manifesta também o interesse por conhecer os novos povos, seus hábitos, suas formas de vida, o que acresce nas representações de mundo, além do aspecto geográfico, também, os aspectos histórico e étnico.

A questão da esfericidade da terra é apresentada já por Pitágoras e seus seguidores, fato que perturba todas as teorias anteriores. Esta comprovação foi mais acentuada na segunda geração dos seguidores de Pitágoras, os quais indagavam as diversas condições de luminosidade da esfera terrestre, e a relação deste fenômeno com a temperatura, aqui, fundava-se a teoria das cinco zonas astronômicas e, assim, podia-se precisar as características climáticas. A teoria da esfericidade da terra encontra os primeiros opositores na Grécia.

Outro importante filósofo foi Talete que, nos anos 624-546 a.C., propôs a divisão do mundo em cinco zonas: Ártica, Trópico de Verão, o Equinócio do Trópico de Inverno e da Antártica. Para se chegar à geografia matemática do IV a.C., com o geógrafo Dicearco, o qual tenta desenhar um mapa do mundo orientado por um meridiano fundamental que passa no meio da ilha de Rodes, esta linha foi denominada de diafragma. Sucessivamente, traça uma linha vertical que também passa pelo meio da ilha de Rodes e com o cálculo dos ângulos obtém a medida dos centros habitados e deste desenho inicial chegamos aos mapas da Idade Média. Foi desta representação de mundo, que muitos filósofos e astrônomos desenharam mapas com novos dados, representações e novas terras.

Interessante notar como eram elaboradas tais representações, que eram obtidas pelas relações escritas e faladas apresentadas pelos marinheiros através do método conhecido como autópsia, originalmente como um critério grego, tentavam ver quais eram as verdades apresentadas por estes viajantes. Depois, faziam a seleção do que poderia ser representado e determinavam um novo "mapa mundo", em que, além dos novos territórios, representavam também os habitantes.

Os simbolismos apresentados pelos marinheiros eram contemplados quando tidos como verdades, porém, hoje, e somente hoje, podemos questionar a veracidade destes, por exemplo, a população africana era representada por pessoas que se vestiam com pele de serpentes; as populações que habitavam vizinhas às costas marítimas eram conhecidas como etíopes. A Ásia era representada pelos seus monstros (que eram os elefantes); já os gregos definiam e representavam todos os povos desconhecidos ou inimigos como bárbaros. Entre as civilizações do Egito e da Ásia, havia

PROPRIEDADE DA TERRA
Análise sociojurídica

uma grande confusão, porque o movimento das várias tribos era muito grande, então, estes territórios eram definidos e representados como não hospitaleiros.

Neste período, cada reino representava o mundo como a si mesmo, ou como a terra habitada pelos homens daquele reino. Não havia ainda a idéia de globalidade, porque suas divisões eram concentradas em amigos e inimigos, o desconhecido normalmente era o inimigo, por isso também se fazia o que se determinava como "guerra justa".[12] Não se tinha ainda a idéia de um ordenamento espacial que abraçasse toda a terra. A idéia de paz não era um conceito geral, normativo, mas um conceito localizado constritamente em uma região, em um reino, em uma cidade.

Somente no segundo século depois de Cristo que, com os intelectuais convertidos ao Cristianismo, desenvolve-se uma discussão mais acirrada entre o que era patrimônio ortodoxo e o que era heterodoxo, este período vai até aproximadamente a metade do século V, toda a cultura entre os séculos V e X é dominada pela Igreja, o que significa que não havia uma predisposição para a pesquisa, bastava o que vinha definido na Bíblia, especialmente, na primeira parte.

Estas idéias, *a priori,* influenciaram diretamente a divisão do mundo, a divisão da terra. E foram exatamente estes pressupostos que, na Idade Média, levaram os Papas a dividirem as terras e doarem aos *filhos de Deus.*[13] Grandes discussões ocorrem para definir uma representação adequada da terra. Assim, São Basílio, nos anos 330-379, comenta que de nada importava se a terra era uma esfera, um cilindro ou uma superfície curva, o que importava era saber como esta se comportava perante os indivíduos e perante Deus. Na Idade Média, o desenho do mundo limitava-se a reproduzir a figura do *orbis romanus.*

Veja-se, por exemplo, que, no primeiro século depois de Cristo, Orbis Agrippa fornece ao Imperador Augusto cartas geográficas do mundo con-

---

[12] Segundo Schmitt: "il punto di riferimento per la definizione della guerra giusta sotto l'aspetto formale consiste nell'autorità stabilizzata della Chiesa. Nella sostanza, in una prospettiva giuridico-materiale, la guerra giusta è guerra condotta *ex justa causa,* ovvero per attuazione di determinate pretese giuridiche senza tener conto se essa sia, tatticamente o strategicamente, una guerra d'aggressione o di difesa" (Schmitt, 1991: 133). Trad.: "o ponto de referência para a definição de guerra justa sob o aspecto formal consiste na autoridade estabelecida pela Igreja. Substancialmente, em uma perspectiva jurídico-material, a guerra justa é guerra conduzida *ex justa causa,* ou mesmo pela atuação de determinadas pretensões jurídicas sem levar em consideração se esta seja, taticamente ou estrategicamente, uma guerra de agressão ou de defesa".

[13] Cap. 13 vers. 14-17: "O Senhor disse a Abraão, depois, que Ló se separou dele: 'Ergue a vista, e do lugar em que estás, contempla em torno, ao setentrião, ao meio-dia, ao oriente e ao ocidente, toda esta terra que vês, eu a darei a ti e à tua descendência para sempre. Mutiplicai a tua descendência como o pó da terra; se houver quem possa contar o pó da terra, também poderá contar a tua descendência. Levanta-te, e percorre a terra pela sua extensão e pela sua largura, porque a ti a hei de dar'".

quistado. Para a elaboração destas, empregou mais de 20 anos. O mundo foi representado por uma grande tábua rasa em mármore, exposta no Pórtico de Vipsanio, em Roma, para que toda a população pudesse ver a grandeza do Império Romano. Esta representação é conhecida como *orbis pictus*, tudo isso tinha o sentido de fazer com que os indivíduos pudessem ter uma idéia do mundo e da distribuição das pessoas e o poder do Império Romano. Assim, não podemos ver grandes modificações até o final da Idade Média.

"Il disegno del mondo dell'Alto medioevo si limitava insomma a riprodurre la figura dell'orbis romanus, come appariva nelle opere dei compendiatori dell'epoca imperiale, modificandola con l'introduzione di particolari che trovano la loro ragione non in una ulteriore evoluzione delle conoscenze geografica o della speculazione scientifica, ma nei presupposti dogmatici che stanno alla base del sapere e nell'-immaginazione collettiva"[14] (Galliano, 1993:17).

Giovanni Scotto Eriugena, no ano de 810, sustenta que a natureza é a totalidade do ser e do pensável. Para ele, todo o mundo é constituído de alma e corpo, os seja, a imagem do mundo como um ser vivo, com os quatro elementos básicos e a divisão aristotélica. Somente no fim do século X, inspirados em Platão, a Escola de Chartres apresenta uma concepção mais racional dos fenômenos físicos. Depois deste período, temos uma forte contribuição do Islamismo com sua concepção matemática-astronômica para novos desenhos do mundo, assim observam-se as obras de Tolomeo, que, através de al-Biruni, discute sobre a esfericidade da terra e os seus movimentos, criando o "mapa dos sete mares" em 1021. Observamos, neste período, uma forte contribuição das culturas islâmicas para a progressiva configuração do mundo moderno. Outro fator extremamente importante é o desenvolvimento náutico, as grandes navegações que partiam da Europa para "o mundo", como, por exemplo, os dois mapas mundos criados na metade dos anos de 1400, quando as novas descobertas estavam acontecendo e/ou por acontecer, tiveram forte influência dos portugueses.

3. O velho "novo mundo"

As grandes navegações hispano-portuguesas dos séculos XV e XVI consolidaram a descoberta do "novo mundo", além do que e, fundamen-

---

[14] "O desenho do mundo medieval limita-se, em suma, a reproduzir a figura do orbis romanus, como aparecia nas obras dos enciclopedistas da época imperial, modificando-a com a introdução de particularidades que encontram a sua razão não em uma ulterior evolução do conhecimento geográfico ou da especulação científica, mas nos pressupostos dogmáticos que estão na base do saber e na imaginação coletiva". Tradução livre.

talmente, este fato interessa-nos, visto que definiu a divisão de terras estipuladas pelo Papa através do Tratado de Tordesilhas:

> "Nel 1493 il Papa stabilisce perciò una linea di demarcazione (la raya) diretta da nord a sud, attraverso l'Atlantico, a 100 leghe ad ovest delle Azzore e delle isole di Capo Verde. Questo tracciato risulta però troppo favorevole alla Spagna; così, in seguito alle proteste portoghesi, viene spostato a 370 miglia e definitivamente sancito nel trattato di Tordesillas (1494)"[15] (Galliano, 1993: 74).

Antes mesmo da suposta descoberta do Brasil, as terras já pertenciam a Portugal através do Tratado de Tordesilhas, estipulado entre Portugal e Espanha em 1494, onde se previa uma linha imaginária de demarcação. Por meio deste tratado, Portugal fez reconhecer que todas as terras descobertas e/ou a serem descobertas encontravam-se demarcadas por este tratado. O que mais tarde, em 1504, foi reconhecido pela Bula Papal *Pro bono Pacis pelo Papa Julio II*. Ou seja, os "descobertos habitantes" do Brasil já estavam juridicamente vinculados ao Rei de Portugal muito antes da chegada dos primeiros portugueses em nossas terras. Este fato não é apenas bizarro, mas é decisivo na história da colonização brasileira. Estas desconhecidas terras já eram cobiçadas pelos europeus antes mesmo de 1500, observamos que uma das primeiras preocupações do rei de Portugal era somente assegurar a posse da nova terra, não havia um interesse pela real colonização, mas sim da demarcação da propriedade, mais tarde, criam-se estratégias para defender a terra das constantes invasões de franceses e holandeses.

O velho mundo "descobre" o novo mundo! Além da "descoberta", também toma posse, ou seja, o objetivo nunca foi apenas e tão-somente a localização destas terras, mas a divisão e a apropriação destas "desconhecidas" terras. O que significa que o Tratado de Tordesilhas realmente efetivou a divisão das terras. Terras habitadas de populações que tinham culturas diferentes das ocidentais, contudo culturas já desenvolvidas e, em alguns casos, já evoluídas. Essas culturas, assim como a população existente, ocupavam uma determinada terra e a demarcavam. Tais populações podiam se transferir e ocupar novas terras, desse modo faziam também novas demarcações. A terra sempre foi para estes nativos um motivo de ligação, tanto quando permaneciam em determinadas terras como quando se transferiam. Em outras palavras, a cada mudança ou permanência em um determinado local, o fator decisivo foi sempre a terra. Este vínculo

---

[15] "Em 1493, o Papa estabelece, por isso, uma linha de demarcação (a raya) traçada de norte a sul, através do Atlântico, a 100 léguas a oeste de Açores e das ilhas de Cabo Verde. Este traçado resulta, porém, muito favorável à Espanha; assim, em seguida, os protestos portugueses vêm deslocados a 370 milhas e definitivamente sancionado no tratado de Tordesilhas (1494)". Tradução livre.

permanente com a terra permitiu a estas populações uma evolução e uma reprodução. O mundo que conheciam era o mundo que se apresentava diante dos olhos. As delimitações territoriais eram feitas em comunhão com a própria natureza.

A delimitação do Brasil como propriedade pública da Coroa Portuguesa não diz respeito somente ao território, mas também a tudo o que estava e crescia nestes, ou seja, os indígenas eram considerados parte integrante do "novo mundo descoberto", assim como o pau-brasil, os minérios e todos os demais "bens" da terra. Tudo o que existia na nova terra era de propriedade de Portugal, o que exclui a possibilidade jurídica de invasão de qualquer outra Nação, ao mesmo tempo que a "descoberta" exclui juridicamente invasões, desperta um grande interesse econômico pelos outros povos europeus. Assim, não bastava apenas a demarcação jurídica do novo mundo, era fundamental também a conquista propriamente dita dos novos territórios. Não podemos mais falar somente de divisão de terras entre Portugal e Espanha, mas na conquista dos respectivos territórios.

4. As velhas novas representações do mundo

As grandes descobertas dos séculos XV e XVI produziram significativas transformações políticas, imensa expectativa social, mas, em particular, grande *rivolgimento* nas descrições da sociedade, nas certezas que já tinham sido colocadas em dúvida no século precedente. Este "desconforto" produzido pode ser observado no plano semântico e na forma das representações filosóficas do presente, do tempo, das origens. Esta mudança nos planos filosófico, econômico e político é assim descrito por Caio Prado Júnior:

> "O primeiro reflexo desta transformação, a princípio imperceptível, mas que se revelará profunda e revolucionará todo o equilíbrio europeu, foi deslocar a primazia comercial dos territórios centrais do continente, por onde passava a antiga rota ... Dele derivará não só todo um sistema de relações internas do continente, como nas suas conseqüências mais afastadas, a expansão européia ultramarina" (Prado Jr., 1995: 21).

Ou seja, estas transformações fizeram com que a visão de mundo, terra e mar fosse modificada radicalmente. Porém, estas mudanças foram sendo absorvidas de forma gradativa, apesar do importante significado destes acontecimentos para toda a sociedade européia em vários campos. O mundo não é mais terra, a terra não coincide com o mundo. Do mundo não se sabe qual é sua extensão. E mesmo assim é necessário controlá-lo. Não se sabe qual pode ser a ordem deste mundo. Os problemas da geografia entram em choque com questões da filosofia, da metafísica, da política e da religião. As idéias de mundo como apresentavam Hume ou Aristóteles, as quais eram quotidianamente repensadas, não eram aceitas pela Igreja, pois esta tinha suas idéias de mundo fundamentada em antigas certezas interpretativas. Mas mesmo estas certezas, justamente em função das novas descobertas, através da interpretação, são sempre modificadas.

Observamos, também, na "Lei Natural" de Locke, a ordem do mundo definida através de três níveis distintos: Deus, os homens e as criaturas inferiores. A Igreja definia o mundo a partir de seus princípios, de seus segredos e de seus mitos. David Hume, na "História Natural da Religião", observa que *somos colocados neste mundo como em um vasto teatro*, ou seja, onde os eventos são mascarados, são definidos entre desconhecidos e secretos, mantendo os indivíduos sempre com medo e, ao mesmo tempo, com falsas esperanças, sempre com medo da miséria futura, medo da morte, medo da vida. Não existe um argumento fundamentado na razão, segundo Hume, ou sobre a observação que nos permita concluir que o mundo é eterno e incorruptível. Esta oposição de sentimentos faz com que os indivíduos, continuamente, mantenham-se precavidos para a passagem de um mundo real vivido, mas, para o mundo, eterno ou, como define a religião, para a *vida eterna,* ao lado do criador do mundo.

Até o século XVII, o mundo continua a ser concebido, como "... a misura di una cosa e le cose potevano essere ordinate secondo i nomi, i tipi, i generi. Il mondo era concepito come aggregatio corporum o persino come un grande, visibile essere vivente"[16] (De Giorgi, Luhmann, 1996:46).

Somente, mais tarde, diferenciam-se as diversas representações de mundo. É claro que as formas da percepção variavam conforme a evolução da própria sociedade. Antigamente, pensávamos que a percepção de mundo era concebê-lo como vários mundos desconectados uns dos outros. As antigas representações de mundo foram substituídas no mundo moderno por outras representações. Do ponto de vista da sociedade moderna, mundo é a expansão da sociedade, é o seu horizonte. Mundo, nesse sentido, expande-se com a expansão da sociedade. No interior, este mundo é delimitado pela comunicação social, que, por sua vez, descreve a "sociedade da sociedade",[17] enquanto, em relação ao externo, constitui-se no espaço delimitado que chamamos ambiente.

Especificamente, trata-se da definição de Spencer Brown, o mundo é *unmarked space,* ou seja, é a indeterminabilidade que ainda se pode

---

[16] "... a medida de uma coisa e as coisas podiam ser ordenadas segundo os nomes, os tipos, os gêneros. O mundo era concebido como *agregado corpóreo* ou mesmo como um grande, visível, ser vivente". Tradução livre.

[17] No sentido de que a operação que torna possível a diferenciação de sociedade e comunicação social, conforme a Teoria dos Sistemas Sociais.

indicar, é o horizonte de todos os horizontes e, justamente por isso, indeterminável. Deste ponto de vista, o mundo é infinito, porém, a antiga discussão se o mundo é finito ou infinito, torna-se irrelevante. O mundo é indeterminado e, por isso, sempre determinável. Assim, afirmam De Giorgi e Luhmann:

> "Il mondo antico era pieno di «segreti»; come l'essenza delle cose il volere di dio, era esso stesso un segreto e non era fatto, oppure era fatto in modo molto limitato, per la conoscenza, ma piuttosto per l'ammirazione estasiata. (...). Il mondo moderno non deve essere più venerato e temuto come un segreto. (...). Il mondo può esssere osservato. (...). L'unità del mondo, allora, non è un segreto, ma un paradosso. Essa è il paradosso dell'osservatore del mondo, che si intrattiene nel mondo, ma non può osservare se stesso"[18] (De Giorgi, Luhmann, 1996: 49-50).

Este horizonte indeterminado, o mundo moderno, é também um mundo paradoxal e esta paradoxalidade torna-se evidente porque o problema da terra só é um problema na modernidade. Antes, havia a idéia da submissão divina sobre o possuir ou não possuir, ou seja, o mundo na antiguidade não tinha uma forma, era como era e assim a única alternativa para o fim do próprio mundo era o caos, a barbárie. Em um certo sentido, o mundo era a simples não-necessidade das formas dadas ou, ainda, em outras palavras, a contingência de tudo que é assim, porque assim o é. O mundo, naquele mundo, apresentava esta forma, e não outra.

Observamos que, modernamente, este "mundo paradoxal" evolui também no seu aspecto jurídico, ou seja, se, na antiguidade, o mundo era cheio de segredos ou desenhava-se o mundo para saber como se mover, todas as explicações eram inicialmente formuladas pelo Direito Divino, depois, pelo Direito Natural, hoje, no Direito Positivo moderno, estas explicações de mundo e demarcações perderam completamente sentido, porque as suas delimitações não são mais as delimitações geográficas. A sociedade moderna interrompe drasticamente com as demarcações geográficas, por isso, trabalharemos com a idéia de sociedade do mundo, em outras palavras, podemos dizer que vivemos em uma única sociedade, cujas diferenças regionais estão também contempladas, em que percebemos que o sistema global não obtém sua forma através de um ato originário, mas pela diferenciação.

---

[18] "O mundo antigo era pleno de 'segredos'; como a essência das coisas, a vontade de Deus era ele mesmo um segredo e não era um fato, ou mesmo era um fato em modo muito limitado, pelo conhecimento, mas muito para a admiração extasiada... O mundo moderno não deve ser mais venerado e temido como um segredo... O mundo pode ser observado... A unidade do mundo, então, não era um segredo, mas um paradoxo. Esse é o paradoxo da observação do mundo, que se entretém no mundo, mas não pode observar a si mesmo". Tradução livre.

Cada determinação de mundo só pode ser realizada na sociedade e só por meio desta. A indeterminação deste mundo não deve ser confundida com a representação antiga do mundo, a qual o considerava como um local cheio de segredos, desconhecido ou, ainda, abandonado de propósito por Deus ao ignoto. Assim como a indeterminação não se refere mais às demarcações ou distinções de terra e território. Indeterminação do mundo significa que este pode ser determinado, sempre de modo diferente. Esta indeterminação do mundo pressupõe a evolução semântica que acompanha e torna possíveis suas representações ligadas à terra, esta agora diferenciada de mundo. Terra é delimitada, medida, dividida, apropriada. Mundo é um horizonte e como tal resta indeterminado. Ocupamo-nos, assim, da terra.

Capítulo II
Significados e representações da terra

"Terra rosa terra nera,
tu vieni dal mare,
dal verde riarso,
dove sono parole
antiche e fatica sanguigna
e gerani tra i sassi –
non sai quanto porti
di mare parole e fatica,
tu ricca come un ricordo,
come la brulla campagna,
tu dura e dolcissima
parola, antica per sangue
raccolto negli occhi;
giovane, come un frutto
che è ricordo e stagione –
il tuo fiato riposa
sotto il cielo d'agosto,
le olive del tuo sguardo
addolciscono il mare,
e tu vivi rivivi
senza stupire, certa
come la terra, buia
come la terra, frantoio
di stagioni e di sogni
che alla luna si scopre
antichissimo, come
le mani di tua madre,
la conca del braciere"[19]
(Pavese, 1998: 121).[20]

---

[19] "Terra rosa, terra negra, tu vens do mar, do verde queimado, onde são palavras antigas e fadiga sangüínea e gerânios entre pedras, não sabes quantas portas de mar palavras e fadiga, tu rica como uma recordação, como a deserta campanha, tu dura e dolcíssima palavra, antiga por sangue colhido nos olhos; jovem, como um fruto que é recordação e estação – o teu respiro repousa sob o céu de agosto, as azeitonas do teu olhar adoçam o mar, e tu vives revives sem estupor, certa como a terra, escura como a terra, lagar de estações e de sonhos que à lua se descobre antiquíssima, como as mãos da tua mãe, a cavidade do braseiro". Tradução livre.

[20] Pavese foi considerado por Italo Calvino como uma das vozes mais isoladas, entre suas obras está "Lavorare staca", estes poemas foram escritos entre 1936 a 1943.

A palavra terra pode ser analisada das mais diversas perspectivas, desde a religião até o Direito, passando naturalmente pelas artes de forma marcante. Como podemos ver pela poesia de Cersare Pavese, escrita em outubro de 1945, onde a terra, ao mesmo tempo, rosa e negra vem do mar, lugar onde se trabalha e se cansa, onde a cada nova estação nascem diferentes frutos, terra que torna o mar doce, onde se vive e revive, assim, também, a terra é o lugar onde se morre, mas é também lugar de sonho. Em alguns casos, "terra" pode ter um significado positivo e outro negativo, somente porque tem um aspecto positivo é que pode apresentar outro negativo, ou seja, só porque é positivo é negativo. Falamos quotidianamente na "Mãe Terra", para designar a origem de tudo e de todos, ao mesmo tempo, dizemos que estamos "à terra", ou seja, estamos arrasados. Como é possível, simultaneamente e nas mais diversas áreas do conhecimento, uma palavra exprimir tanto e ter significados tão diversos?

Qual a diferença entre um indígena da América Latina quando se refere à "mãe terra" e um clássico jurista alemão[21] quando escreve "a terra é a mãe do direito"? Poderíamos passar, nessa perspectiva, para uma análise psicanalítica e buscar o significado transubjetivo desta expressão.

O terceiro planeta do sistema solar, assim definido pelos mais diversos dicionários, tem uma grande dimensão na vida quotidiana, a terra mãe, o limo e lugar de nascimento e morte, tem sido representado com ênfase desde o início da história da humanidade, veja-se, por exemplo, nos textos bíblicos,[22] a contínua referência à Terra Prometida ou, ainda, o significado de viver bem na terra para poder "alcançar o céu".

Em todo este simbolismo prescritivo, vemos novas concepções, temos sempre novas coisas a dizer sobre este planeta, que, nos tempos pré-históricos, era visto como plana em relação ao céu. Hoje não temos mais grande dúvidas (apesar da diversidade das teorias que tentam explicá-la) sobre a dimensão e profundidade desta, mas quotidianamente novas descobertas são feitas, novas apropriações, novas ocupações, novas devastações. A cada momento da evolução desta sociedade, novos simbolismos são atribuídos à terra, podemos dizer que existe uma correlação entre os novos fenômenos e os novos simbolismos atribuídos à terra.

Percebemos que o simbolismo originário da semântica *terra* está vinculado com a idéia de reprodução dos indivíduos. A idéia de que Adão

---

[21] Nas mais diversas obras, Carl Schmitt trata deste argumento.

[22] "No princípio, Deus criou o céu e a terra. Ora a terra era solidão e caos, e as trevas cobriam o abismo; mas sobre as águas adejava o sopro de Deus (Gen. Cap. 1 vrs. 1-2) ... Disse depois Deus: Germine a terra vegetação, ervas que dêem sementes, e árvores frutíferas que produzam fruto da sua espécie com a própria semente dentro de si, sobre a terra. E assim foi. (vers. 11)".

tenha sido feito de barro ainda é uma certeza para algumas populações, as quais acreditam que os homens foram produzidos pela terra fecundada.

Sob tal perspectiva, buscaremos, nas manifestações mais relevantes da cultura antiga e moderna, os conteúdos que possam nos dar a noção de como a idéia originária de terra está cristalizada, ainda, nas culturas atuais. Naturalmente, não é possível percorrer toda a história para buscar este sentido. Logo, nossa investigação deve, necessariamente, ser seletiva, por isso, a escolha está orientada ao nosso tema central do qual entendemos ocuparmo-nos neste trabalho.

A pesquisa sobre a temática terra nos faz refletir sobre a possibilidade de fazer uma evolução semântica das representações da terra. Quando falamos em evolução semântica, a entendemos como o complexo de transformações e significados através dos quais se condensam modelos de representação de problemas sociais, os quais tornam possível individualizar soluções plausíveis. Percebemos que a semântica *terra* recolhe essas representações e delineia orientações para o agir social. É, por isso, que encontramos representações místicas e figurativas, histórias e religiosidade no tocante à terra. Quando mundo e terra coincidem, a ligação dos indivíduos com a terra é imediata; o horizonte da ação coincide com o horizonte visível, as constantes transferências das comunidades em busca de outras terras aumentam a possibilidade de sobrevivência junto às possibilidades de desfrutar a própria terra.

5. A fecundidade da terra

As primeiras representações da terra são ligadas à reprodução. A imagem da terra é a imagem da fecundidade. É a imagem da "mãe". Criação e procriação coincidem. Homens e plantas são filhos da terra. A semente do homem, como a semente da planta, reproduz-se através da terra. A terra é fecunda porque pode ser fecundada, assim como a mulher. O tempo da terra, como o tempo da mulher, é o tempo da possibilidade da fecundação. A exuberância da terra é a exuberância da mulher. A terra é mãe. Flor, fruta e planta são prosperidades, assim como próspero é o seio e o ventre da mãe. A "terra-mãe" é a terra do Pai. A terra do Pai é a terra de todos. A terra é o elemento da natureza que fornece ao homem o modelo simbólico primordial da maternidade, da vida e da morte.

As representações da terra como mãe são freqüentes em populações que viviam da agricultura, ou dos povos primitivos os quais acreditavam na terra como uma "deusa", é deusa porque é mãe, é deusa porque fornece os meios para a sobrevivência, é deusa porque, na hora da morte, também está presente. A solidariedade entre os homens e a natureza é representada pela "Grande Mãe", capaz de dar vida e morte, prazer e desprazer, riqueza e pobreza. É a figura da Grande Mãe que dá sentido à vida diária, porque ela está presente na religiosidade, nos costumes e na própria estrutura social. Este vínculo é tão forte que, em algumas culturas, expressa-se de maneira drástica, por exemplo, os antigos indianos queimavam as florestas e plantavam nas cinzas, para não agredirem a Grande Mãe, quer dizer, estes não se permitiam arar a terra para não violentar a Grande Mãe. Estamos falando de populações primitivas que estavam em constantes processos migratórios, e, além do mais, falamos de um período em que a abundância da terra era evidente, porque as necessidades destas populações eram limitadas. Viviam em função da terra, da ligação com esta, tanto no sentido positivo como negativo.

Os rituais celebram a terra regeneradora em uma multiplicidade de sons, danças, evocações através dos quais se desenvolve uma sexualidade regeneradora. A sacralidade da terra reacende a sexualidade, delineando a regeneração através da procriação. A semente do homem é a semente da terra, por isso, a terra é sagrada e nela revivem os Pais. Dessa forma, a fecundidade da terra, no sentido agrário, é representada pelas boas sementes, das quais se esperam recolher bons frutos; a terra mãe, também, é identificada com os campos sobre os quais o trabalho masculino a torna produtiva.

No conceito grego de terra, também, há uma referência fundamental à "mãe universal", alimentadora de todos os seres vivos, razão primeira da existência. Já no conceito romano, observamos uma ligação com a agricultura, ou seja, com a reprodução. Este fato reproduz-se nas obras de arte. Assim, na arte romana, a terra também vem representada com a figura feminina, com um seio sobre a terra, o que significa a reprodução, os frutos e a agricultura. A terra, para os romanos, é a responsável pela vida no sentido de que é dela que tiramos os frutos para a sobrevivência.

Esses simbolismos e representações encontram na literatura um "terreno fértil", como podemos observar através da obra de T.S. Eliot, "La terra desolada",[23] nesta lenda entre o rei e o pescador, podemos observar os sentidos negativo e positivo da terra que abordamos no início do texto. Quer dizer, o tema da terra pode se tornar negativo quando esta não tem condições de ser fecunda e regeneradora, ou seja, quando não representa o grande jardim do mundo. Mas é sobretudo positiva, porque a terra fecunda faz com que os indivíduos no contato com ela possam recuperar toda a sua autenticidade.

---

[23] Esta obra está dividida em cinco partes: *La sepoltura dei morti, Una partita a scaccchi, Il sermone del fuoco, Morte per acqua, Ciò che disse il tuono*. Eliot escreve esta obra em 1921, ele foi um poeta modelo para os demais poetas de seu e de outros tempos.

> "Ci sono alluvione e siccità
> sugli occhi e nella bocca, acqua morta
> e sabbia morta si contendono il primato.
> Prosciugato sviscerato suolo
> irride alla vanità dello sforzo
> ride senza allegria.
> È questa la morte della terra"[24]
> (Eliot, 1995: 151).

Mas esta terra de enchentes e de secas é, também, representada pela sua fecundidade, que vem associada à figura reprodutora feminina, o contato com a terra é representado como um retorno, a terra representa em si mesma o grande poder do início e do fim. Nos romances ruralistas, podemos ver a relação terra e homem como uma unidade, a terra tem um significado transcendental, não é estranha ao homem do campo, não é estranha aos ditos "verdadeiros filhos da terra". Por isso, somente através da natureza, podemos observar a própria natureza.

O simbolismo representado pela terra, além dela própria, é um conjunto fundamental para a vida do homem na terra, ou seja, é em si mesma terra, água e ar, quer dizer, é a sobrevivência, é a vida, somente através dela podemos projetar futuros, somente nela podemos ter expectativas, pois é nela que tudo cresce e que tudo morre. Nesse sentido tão romântico, a terra não é estranha ao homem, ele faz parte dela, ele é filho dela.

Os romances brasileiros e latino-americanos reforçam esse simbolismo; a terra como mãe, o limo é o lugar de nascimento dos homens, nutre obras e obras literárias, textos místicos, textos sagrados todos se servem deste simbolismo para justificar o início e o fim. A terra é, ao mesmo tempo, o sinal da origem e o sinal do retorno – ou do fim, ou melhor, no contato com a terra, o homem pode encontrar todo o significado de sua existência.

As marcas das representações da terra encontram-se também nas históricas representações esotéricas que, continuamente, utilizam a terra para a interpretação da personalidade, do caráter dos indivíduos e da qualidade natural dos homens. Para os esotéricos modernos e contemporâneos, a terra tem um significado muito especial, vê-se que os antigos filósofos helênicos referiam-se a uma visão quaternária de vida e mundo, ou seja, as quatro estações, as quatro fases fundamentais de desenvolvimento dos indivíduos, os quatro temperamentos, os quatro elementos: fogo, água, ar e terra; acrescentando um quinto elemento identificado como a "quinta essência". Nesta visão, a terra contrapõe-se simbolicamen-

---

[24] "Existem aluviões e secas sobre os olhos e na boca, água morta e areia morta contestam o primado. Ressecado e desvicerado solo, escárnia à vaidade do esforço, ri sem alegria. É esta a morte da terra". Tradução livre.

te ao ar, também aqui a terra é a matriz de tudo. Para o esoterismo, a integração do quinto elemento proporciona a visão do visível e do invisível, do manifesto e do não-manifesto. Os chineses, por exemplo, viam na água, no fogo, na madeira, no metal e na terra, os elementos básicos do Cosmo. Já para os astecas, cada evento que germina na terra apresenta as seguintes fases: formação, desenvolvimento, ápice e, por fim, retorno ao estado de anulamento. Os maias consideravam a lua senhora da terra e dos ciclos vitais.

Os signos zodiacais giram em torno dos quatro elementos, ou seja, a água, o ar, o fogo e a terra. Nos signos de touro, virgem e capricórnio, há uma relação direta do elemento terra; nos demais, vemos a relação com o ar, com a água e com o fogo. Da relação da terra com os signos, temos que a terra está conectada com touro através do aspecto labiríntico e secreto da natureza; a terra com virgem representa a meditação proposta pela terra através das estações, terra e capricórnio representam um vínculo de terra pura, de platônica memória.

A terra para os esotéricos, de modo geral, é a mãe de toda a natureza, é a fertilidade. Por isso, os nascidos sob os signos de Touro, Virgem e Capricórnio são tidos como pessoas trabalhadoras, persistentes e realistas; sempre com os pés no chão, *ou seja, assim como a terra persiste a toda sorte de devastação, exploração e uso inadequado do solo, os que pertencem a estes signos zodiacais persistem na luta diária de forma realista, assim como é real a luta na terra e pela terra.*

6. Terra – local de vida e morte

As imagens da criação e da procriação, presentes nos mitos da origem, são conservadas através do ritual expresso na "festa", com peculiaridades que derivam das diferenças culturais, religiosas e lingüísticas, mas representam a terra como a "cavernosidade" da qual o homem sai e à qual o homem retorna. Grutas, cavernas e minas são as vísceras da terra. O ventre da "mãe" contém o nascimento da vida, a geração e a regeneração, a potência e o abandono. Nessa sexualidade universal, começa e termina a vida. Saímos da terra e retornamos à terra. Saídos das vísceras da terra semeada, fortificados e regenerados na vicissitude da potência da natureza, quando a força impetuosa da vida consome-se, homens e plantas retornam à terra. O mito da terra é o mito da unidade da vida e da morte, da sexualidade e do abandono. Em muitas culturas primitivas, os homens vivem e morrem consumindo terra. A conservação da terra faz rever, através da digestão da morte, o mito da unidade.

Durante toda a história brasileira, a terra é representada pela justiça que pode produzir, mas sobretudo pela injustiça, pela concentração da propriedade privada, em que o direito à terra vinha apenas com a morte, mesmo este direito, nestas circunstâncias, na atualidade, vê-se que não é efetivamente um direito, pois para ter acesso a um pedaço de chão, na hora da morte (expressão freqüentemente utilizada pelos homens da terra), é necessário pagar altos preços. Na metade dos anos 1900, João Cabral de Melo Neto referia-se à cova fúnebre:

> "... É de bom tamanho,
> nem largo nem fundo,
> é a parte que te cabe
> deste latifúndio.
>
> Não é cova grande,
> é cova medida,
> é a terra que querias
> ver dividida".
> (Melo Neto *apud* Aguira, 1999:279-280)

A divisão das terras, ou melhor, a possibilidade de ser "proprietário" aparece somente com a morte, sendo que o sonho do acesso à terra concretiza-se somente porque não se materializa e, ainda mais, considera a cova de tamanho perfeito, nem larga nem funda, mas é a justiça produzida, é a parte que lhe cabe do maior latifúndio. João Cabral de Mello Neto, com "Morte e Vida Severina", retrata fielmente o início e o fim, as várias representações da terra, em que o pequeno camponês é forçado a deixar sua terra natal em busca de uma vida melhor na cidade.

A tensão do nordeste brasileiro demonstra a luta inglória pela terra, a morte de camponeses, o desespero das famílias, a fome. José Ribamar Ferreira Gullar, nos anos da ditadura militar brasileira, traz esta realidade contraditória, cuja terra desejada torna-se a terra maldita pela exploração dos grandes fazendeiros. Sua poesia gira em torno desta idéia e tem como título: "João Boa Morte, cabra marcado prá morrer", onde retrata a vida das famílias em busca de uma justiça, a morte de um líder das ligas camponesas foi o que motivou tal poema, carregado de tristeza, ódio e desejo de um palmo de terra, retrata também a submissão do homem do campo em busca de um lugar para trabalhar, neste período, o desejo de ser proprietário é forçosamente substituído pela necessidade de um trabalho que seja na terra, para assim manter a família.

> "Que diabo tem nesta terra,
> neste nordeste maldito,
> que mata como uma guerra
> tudo que é bom e bonito?
>
> (...) Essa guerra do Nordeste
> não mata quem é doutor.
>
> (...) Não temos terra nem pão,
> (...) Seu doutor, tenho família,

sou homem trabalhador.

Me ceda um palmo de terra
Pra eu trabalhar pro senhor".
(Gullar *apud* Aguiar, 1999: 303- 312)

Nesse contexto, a terra representa o mito da unidade de vida e morte, da terra podemos tirar os alimentos, mas é também nesta mesma terra que se concretizam verdadeiras lutas, verdadeiras guerras, ilusões e desilusões. Esta terra é, ao mesmo tempo, a salvação (no sentido de vida) e a morte; é, ao mesmo tempo, bonita e maldita. Mas no caso específico destas terras, estas produzem também uma constante discriminação, é a terra onde "doutor" não morre, mas é a terra onde não se tem terra nem pão. É também a terra da submissão, o que significa a morte da dignidade humana, esta mesma submissão significa a vida dos filhos do trabalhador, ele necessita de um palmo de terra porque tem família e é da bondade da mãe terra que tira os frutos para vida. Na poesia de Mário Quintana, também, encontramos estes e outros sentimentos que representam o mito da unidade da terra:

"Terra! Um dia comerás meus olhos..
Eles eram
No entanto
O verde único de tuas folhas
O mais puro cristal de tuas fontes ...

Meus olhos eram os teus pintores!
Mas, afinal, quem precisa de olhos para sonhar?
A gente sonha é de olhos fechados.

Onde quer que esteja ... onde for que seja...
Na mais profunda treva eu sonhei contigo,
Minha terra em flor!"
(Quintana, 1998: 175).

O poder da terra sobre os indivíduos é representado com um sentido de poder de morte, de alegria, de vida, de sonho, de apego e da bela "minha terra em flor", que também representa o sentimento de posse sobre ela, quando o poeta trata da "minha terra", refere-se à sua terra natal (Alegrete/RS), assim como para grande parte dos ruralistas o sentimento de "terra natal" expressa o eterno desejo do retorno a esta, mesmo que, na morte, este é o retorno à terra, porque saímos dela e a ela temos que voltar.

Pode-se observar o mesmo simbolismo representado através das religiões. Na religião católica, a terra representa a figura da maternidade, da natureza, onde a vida renova-se ciclicamente entre o nascimento e a morte, ela é também fonte de solidariedade entre os indivíduos, por isso, é conhecida como a "Grande Mãe", é o lugar de fonte inesgotável da vida e da passagem para a vida eterna. Tão forte é o significado religioso que a Palestina é conhecida, universalmente, como a "Terra Santa", "Terra Prometida".

Podemos encontrar uma das mais importantes representações do mito da unidade da terra no filme de Aleksander Dovcenko (1894-1956), o qual, tratando da luta dos pequenos agricultores pela propriedade da terra, mostra, cinematograficamente, como a terra reflete o início e o fim. A história desenvolve-se na Ucrânia, onde os pequenos agricultores lutam pela propriedade coletiva da terra. Neste grupo, encontra-se um jovem maravilhado com as novas possibilidades oferecidas pela mecanização da agricultura e, nesse sentido, desenvolve toda uma luta para o desenvolvimento daquela comunidade através da propriedade coletiva da terra. Mais tarde, este mesmo jovem é morto e, no seu funeral, entre os ramos de árvores de maçã, vê-se um morto ao lado de uma nova vida, quando uma mulher começa a sentir as dores do parto. Relação entre a vida e a morte referida à terra.

7. A representação da luta pela terra

A descoberta do "novo mundo", inicialmente, era representada somente pelos ocidentais, como conquista e ocupação, são idéias da Europa dos séculos XV e XVI, assim como era presente, neste período, o sentimento de barbárie, traduzido em "colonização e civilização". Esta barbárie confronta-se diretamente com a perspectiva selvagem (mas muito desenvolvida) dos indígenas. Para estes, a ocupação dos ocidentais significou: fratura violenta e barbárie do mito da unidade, do mito da própria origem e do retorno a esta origem, isto é, a terra é a vida e a morte. Esta fratura é violenta e destrutiva em um modo que não pode ser representado, senão através da perspectiva dos próprios indígenas. Para eles, a ocupação ocidental significou destruição da origem e violência do fim, catástrofe do mito, "morte na vida", destruição de cada possível representação.

Para os indígenas, a "conquista" fez a terra tornar-se: "terra de luta pela terra". Luta pela reapropriação material da vida, pela reapropriação das vísceras das cavernas, pela sexualidade da vida, pela sacralidade dos deuses e da sexualidade. Ocupação e extermínio dos vivos que vivem a morte como experiência. Para a cultura ocidental, não pode ser vivida como experiência. Nas culturas indígenas, esta experiência foi vivida. Esta é a gênese arquétipa da luta pela terra, a qual podemos observar, no Brasil, desde o seu descobrimento.

Por isso, tratamos da luta pela terra neste capítulo que, originalmente, ocupa-se das representações da terra. Não se pode entender a história real da luta pela terra, que já dura cinco séculos, se não tivermos presente o significado arquétipo da terra, também, se não observarmos o fato de que a expropriação da terra significa destruição das possibilidades de viver a conexão de símbolo e materialidade e, por conseguinte, destruição da vida que continua na vida.

Embora com significados diferentes, a terra sempre representou e representa um foco de atenção importante nas obras literárias de todos os séculos. Etnias e religiões diversas enfocam sempre a temática, constantemente a terra vem aliada à temática da água e do fogo, por exemplo, na arte medieval, vemos representada, por várias vezes, a idéia de "terra e água" ou a idéia de "terra e oceano".

A formosura da "nova terra" foi transformada em um grande palco de lutas, inicialmente, com os nativos; a seguir, com os invasores; depois, com os imigrantes; e, até hoje, a luta segue. Esta mesma luta é representada desde o princípio pela literatura portuguesa e, depois, pela brasileira. Na literatura portuguesa, o enfoque não é dado somente no sentido da formosura da nova terra, mas também tentam representar o encontro entre dois povos que não se conheciam e que se comunicam pacificamente, segundo o olhar português, através das danças e dos ritmos dos nativos. Esta reunião de desejo, simbolismo e conquista é muito bem representada na carta de Pero Vaz de Caminha, em que, nas primeiras observações escritas, já temos presente as várias formas de violência que os indígenas sofreram. Uma violência que, inicialmente, apresenta-se no plano simbólico e depois no plano físico. O relato de Caminha, dos primeiros dias vividos no Brasil, sobre o encontro "pacífico" de duas culturas, pode ser visto através de alguns pontos desta carta: "Aos hóspedes, sentaram cada um em sua cadeira (...) Comiam conosco do que lhes dávamos ... Andavam já mais mansos e seguros entre nós, do que nós andávamos entre eles ... Assim, Senhor, a inocência desta gente é tal, que a de Adão não seria maior, quanto à vergonha".

Para os portugueses, essa situação era uma situação perfeitamente normal, não havia e nunca houve uma preocupação com a cultura que já existia, o importante era que os hóspedes se sentassem à mesa e comessem o que lhes era oferecido, depois disso, que essa gente inocente comungasse da mesma fé que os conquistadores. Logo após esta violência simbólica, houve também a violência física, mesmo que, segundo os colonizadores, esta brava gente *sentia-se segura entre os ocidentais, assim, essa brava gente foi transformada em escravos.*

Na metade dos anos de 1500, o padre José de Anchieta descreve a vida na terra brasileira e sua luta para a catequização dos nativos. Esta descrição pode ser vista através dos relatos das primeiras missas, bem como nas poesias que escrevia Anchieta, nas quais podemos observar uma eterna luta do padre em demonstrar a importância da religião para a salvação das almas desta gente que vivia na escuridão. Essa escuridão era reforçada pelos deuses nos quais acreditavam, deuses que não salvam almas porque não são o verdadeiro Deus.

Ainda, nesse período, vem para o Brasil Pero de Magalhães Gandavo, que também descreve as novas terras, mas este apresenta já uma terra de lutas e de diferenças, tratando como moradores do Brasil os fazendeiros, os sesmeiros. Os indígenas e escravos eram os servos e não moradores. Assim lendo partes de suas descrições, podemos identificar estes aspectos através das seguintes passagens:

> "Os moradores desta costa do Brasil todos têm terras de sesmarias dadas e repartidas pelos capitães da terra, e a primeira coisa que pretendem alcançar são escravos para lhes fazerem e grangearem suas roças e fazendas, porque sem eles não se podem sustentar na terra ... E assim há também muitos escravos da Guiné: estes são mais seguros que os índios da terra porque nunca fogem e não têm para onde".

Ou seja, os índios são da terra, assim como as árvores e as riquezas naturais. Este cronista do século XVI apresenta já o Brasil dos grandes latifúndios. Latifúndios distribuídos pelos capitães que exploram os nativos e os escravos para que as grandes fazendas tenham sucesso. Termina sua descrição apresentando o país através das fazendas que possuem os "moradores" do Brasil, os quais seria mais oportuno denominá-los de "invasores" deste.

Seguindo a história dos "invasores" na nova terra, encontramos os relatos das missas de padre Antônio Vieira no final dos anos de 1600, o qual trata da relação entre os senhores e os escravos, assim expressando-se:

> "... estes atravessam o mar oceano na sua maior largura, e passam da mesma África à América para viver e morrer cativos ... Os outros nascem para viver, estes para servir... Já se, depois de chegados, olharmos para estes miseráveis, e para os que chamam de seus senhores, o que se viu nos dois estados de Jó é o que aqui representa a fortuna, pondo juntas a felicidade e a miséria no mesmo teatro. Os senhores poucos, os escravos muitos ..."

Assim, podemos ver que, desde o período colonial até a modernidade, a terra vem tendo suas mais diversas representações relacionadas com a luta, com a evolução histórica da sociedade brasileira. No primeiro período, temos descrições da imensidão da terra, da sua profundidade, de seus segredos e, logo em seguida, a descrição dos grandes latifúndios, da luta entre senhores e servos, os preciosos minérios brasileiros e sua exploração podem ser lidos em Cláudio Manuel da Costa (metade dos anos 1700):

> "... Vê-se o outro mineiro, que se ocupa
> Em penetrar por mina o duro monte
> Ao rumo oblíquo, ou reto; tem defronte

Da gruta, que abre, a terra extraída;
Os lagrimais das águas que retira
Ao tanque artificioso logo solta..."
(Costa *apud* Aguiar, 1999: 49).

Sua poesia revela a ocupação, a exploração, as características do próprio solo, as belezas das grutas depois destruídas e as "lágrimas" das abundantes águas dos rios brasileiros. No segmento da sua poesia, relata ainda a relação da agricultura com a mineração, as conseqüências da própria exploração também são marcadas pelo poeta mineiro, além dos significados simbólicos, econômicos, o poeta também faz, no final de sua poesia, uma referência à lei e à idéia de justiça: "Que pagam nossos Pais, que já tiveram a morada A morada do Éden e não puderam guardar por muito tempo a lei imposta (Ó natureza ao Criador oposta!)".

No período Imperial, seguem as descrições sobre os escravos nos poemas abolicionistas, nas relações de produção e exploração da terra, na relação dos escravos com os senhores de terra e suas famílias, expressos nas poesias de Castro Alves, José de Alencar e outros. Neste período, foi muito rica a produção literária do nordeste brasileiro, assim como foi muito forte a exploração neste mesmo espaço geográfico. A poesia e a literatura contaram a história de toda a colonização e exploração do nordeste, fatos freqüentes nos romances ruralistas.

Assim, também, nos primeiros tempos da República, com Machado de Assis, Afonso Arinos e Euclides da Cunha, a terra e a luta pela justiça a ela inerente são representadas tanto em discursos políticos como em poesia, prosa, verso e romance. Nesse período, com Euclides da Cunha, também, as diferenças entre as terras do norte e do sul são demarcadas: "O gaúcho, o peleador valente, é certo, inimitável numa carga guerreira... o jagunço é menos teatralmente heróico...".

Após a consolidação da República, a terra continua sendo representada no seu significado social e econômico por Coelho Neto, o qual, caracterizando o ambiente das grandes fazendas, narrava também a luta não só pela terra, mas descrevia com muita ênfase as contradições, assim se escreve no romance Póvoa Feudal: "Vizinhas da casa, como uma póvoa feudal, espalhavam-se as construções agrárias: paióis e tulhas, o moinho, o engenho d'água, chiqueiros, o aprisco e, ao alto, o curral murado de taipa cuja terra, revolta e vermelha de estravo, parecia encharcada de sangue".

Um pouco antes da ditadura militar, temos uma forte expressão da luta pela terra e do sofrimento da população através dos versos de Solano Trindade:

"...O opressor convoca novas forças
vem de novo
ao meu acampamento...

> Nova luta.
> As palmeiras
> Ficam cheias de flechas,
> Os rios cheios de sangue,
> matam meus irmãos,
> matam minhas amadas,
> devastam meus campos,
> roubam as nossas reservas;
> tudo isto,
> para salvar a civilização
> e a fé ..."
> (Trindade *apud* Aguiar, 1999: 295).

A cada novo momento político brasileiro, a terra assume novos simbolismos e novas preocupações nas organizações de trabalhadores rurais. A terra é sempre a mãe, a produtora de frutos e de uma vida melhor, mas, também é motivo para muitas lutas, que podem ser analisadas desde a morte até uma nova vida, esta luta pela terra tem várias representações, na poesia, nos romances, no cinema, nas artes e na fotografia.

A luta pela terra tem sido, igualmente, motivo para vários filmes, os quais relatam o sofrimento e também algumas conquistas dos movimentos sociais organizados. Além de filmes e novelas brasileiras, observamos uma forte referência à questão agrária, porém a temática foi e está sendo desenvolvida com objetivos diferentes, sob essa ótica, existem alguns filmes que têm como principal meta demonstrar a situação do campo, a luta por um pedaço de terra. Entre as principais produções cinematográficas, podemos citar, em primeiro plano, o filme "Terra para Rose", que representa a luta pela terra e, além disso, representa a terra "real" como lugar de vida e morte. Seguindo nesta linha, igualmente, o filme "Sonho de Rose"; ou ainda podemos citar outros dois significativos filmes: "Futuro da Terra" e "A luta pela Terra". Ao mesmo tempo, existem algumas produções televisivas que têm como objetivo confundir, ou melhor, demonstrar que a luta pela terra não tem um sentido. Nesse caso, podemos citar o exemplo da novela produzida pela rede Globo: "O Rei do Gado", a qual transmitia sempre duplas mensagens, tornando a questão fundamental – luta pela terra, a partir do movimento social – como uma questão de polícia, de violência, de superficialidade.

Grandes fotógrafos brasileiros dedicaram-se à produção de fotos sobre a terra, o mais notável é Sebastião Salgado, que, através da simplicidade da seleção das imagens, consegue apresentar a gravidade da situação nos seus mais diversos aspectos, reproduzindo de forma viva imagens atuais, que nos reportam à história inicial da sociedade brasileira. Da mesma forma, muitos outros fotógrafos dedicam-se à questão social brasileira, os quais também sofreram (e ainda sofrem) pressão dos proprietários dos meios de comunicação para que não divulguem a realidade do sofrimento e da luta pela "mãe terra".

A terra mãe é cantada e declamada nos versos de Chico Buarque com música de Milton Nascimento, cujos desgarrados da terra estão no chão:

"Como estão?
Desgarrados da terra?
Como assim?
Levantados do chão?
Como embaixo dos pés uma terra
Como água escorrendo do chão?

Como em sonho
Correr numa estrada?
Deslizando no mesmo lugar?
Como em sonho perder a passada
E no oco da Terra tombar?

Como então?
Desgarrados da terra?
Como assim/
Levantados do chão?
Ou na planta dos pés uma terra
Com água na palma da mão?..."

Para Chico Buarque e Milton Nascimento, a terra é motivo de luta constante, ambos os cantores conheceram de perto a luta brasileira por um pedaço de chão, ambos conheceram a luta rural pela sobrevivência dos pequenos agricultores e dos desgarrados da terra, que embaixo dos seus pés tinham uma terra, uma terra que lhes foi tirada. Em uma terra do nordeste brasileiro onde se afirmava a inexistência de água, mas na verdade era uma terra que tinha água na palma das mãos.

8. O sentido jurídico da terra

A terra não adquire, originariamente, um significado jurídico, porque, na sociedade arcaica, quando podemos mais apropriadamente chamar de comunidade da terra, ainda, não se conheciam qualificações dos comportamentos do tipo jurídico. A terra era terra da comunidade. A comunidade era originariamente nômade e identificava-se com a terra a cada nova ocupação. Só com o aproveitamento agrário da terra as comunidades fixaram-se em determinados locais e/ou territórios, mas ainda não era necessário delimitar a terra em modo diferente da delimitação implícita na ocupação.

Por estas razões, o significado originário da terra foi do tipo mítico-religioso, o que vai se perpetuando na vida das novas gerações através da ritualidade. Todavia, já no sentido mítico-religioso, podem-se isolar significados do tipo religioso-jurídico. Estes significados derivam da gratificação que a terra, através de seus produtos, produz e/ou coloca à disposição para os habitantes da comunidade. O percurso que descreve esta extensão dos significados originários da terra é descrito, por exemplo, por David Hume. O filósofo escocês refere-se aos indivíduos chamando-os de "filhos da terra", ele afirma que a natureza é indulgente com a debilidade humana e não deixa esta "filha preferida" nua e sem ajuda. A "velha mãe terra" já fez uma imputação contra a avareza, um dos sete pecados capitais. A mãe terra, ainda segundo Hume, é promotora de justiça. Utilizando uma passagem de V.A. Pope,[25] escreve Hume:

> "...Quando perciò la Terra chiede giustizia, a Giove fu facile emettere la sentenza in suo favore; la sua decisione al riguardo fu che, poichè Avarizia, l'accusata, aveva così gravemente ingiuriato la Terra, che aveva promossa la causa, le si ingiungeva di prendere il tesoro che aveva proditoriamente rubato alla Terra, squarciandole il petto,e, nello stesso modo di prima, cioè aprendole il petto, restituirglielo, senza toglierne o trattenerne alcunchè. Da questa sentenza deriva, disse Giove agli astanti, che in tutte le età future i seguaci dell'Avarizia dovranno sotterrare e nascondere le loro ricchezze e così restituire alla terra quello che le hanno tolto"[26] (Hume, 1974: 756-57).

A idéia de Hume é que a apropriação da terra pode ser só apropriação de seus frutos, mas não se pode roubar a terra da própria terra. Tal apropriação não pode tocar a terra. A terra não pode ser motivo de exclusão. A justiça da "mãe", entendida como generosidade, proteção, cuidado, exclui a expropriação discriminadora. Trata-se de uma justiça distributiva, eqüitativa que ainda não sente a necessidade de uma regulamentação jurídica. A regulamentação entendida como delimitação do espaço do agir, então, entendida como espaço da liberdade, a qual faz parte dos indivíduos e, por isso, reconhecida em uma instância superior de governo da comunidade.

Em termos psico-analíticos, pode-se dizer que só a idéia de paternidade, da masculinidade, da virilidade, isto é, da força, por conseguinte, da violência, poderá substituir evolutivamente a justiça materna. Em outras palavras, a apropriação da terra como ato dos indivíduos poderá efetuar-se

---

[25] Trata-se da obra Moral Essays in Four Epistles.

[26] "... Quando, por isso, a Terra pede justiça, a Giove foi fácil emitir a sentença a seu favor; a sua decisão cautelar foi que, uma vez que Avarizia (Avareza), a acusada, havia assim gravemente injuriado a Terra, que promovia a causa, se lhe intimava de pegar o tesouro que havia traidoramente roubado à Terra, lacerando-lhe o peito, e, do mesmo modo que antes, isto é, abrindo-lhe o peito, restituí-lo, sem tirar ou subtrair nada. Desta sentença, decorre, disse Giove aos presentes, que em todas as épocas futuras os seguidores de Avarizia (da Avareza) devam soterrar e esconder as suas riquezas e assim restituir à terra aquilo que lhe privaram". Tradução livre.

somente quando a força e a violência, na forma de poder organizado, autodelimitarem-se e, assim, impõe-se como direito.

Encontramos indicações úteis para a reconstrução deste percurso também em John Locke. Segundo Locke, a terra foi dada aos homens por Deus, para que estes pudessem organizarem-se para a conservação e sobrevivência do gênero humano. Por isso, a terra é justíssima *tellus*, onde afirma que a essência do poder político é, antes de tudo, jurisdição sobre a terra, esta terra que, para Locke, foi dada ao homens por Deus, portanto todos têm direito de auto-observação, o que significa comer e beber dos frutos desta mesma terra:

> "La tierra y todo lo que hay en ella le fue dada al hombre para soporte y comodidad de su existencia. Y aunque todos los frutos que la tierra produce naturalmente, asì como las bestias que de ellos se alimentam, pertenecen a la humanidad comunitariamente"[27] (Locke, 1998:56).

Locke, na sua consideração sobre sociabilidade, coloca, no centro da discussão, a questão da liberdade da pessoa humana, isto é, a liberdade de cada indivíduo em relação aos demais. O espaço da realização desta liberdade é assegurado pela propriedade. Sob esse enfoque, continua o mesmo autor:

> "Aunque la tierra y todas las criaturas inferiores pertenecen en común a todos los hombres, cada hombre tiene, sin embargo, una propriedad que pertenece a su propria persona; y a esa propriedad nadie tiene derecho, excepto él mismo"[28] (Locke, 1998:56).

Também para Locke parece que existe uma unidade originária entre a pessoa e a terra. Mas trata-se de uma unidade de natureza absolutamente diversa daquela da qual temos falado até então. Para Locke, não é a terra que constitui a referência necessária para a identidade da pessoa, mas é a propriedade da terra. Em outras palavras, o homem é pessoa só enquanto proprietário. Abre-se assim, sobre a base desta naturalização de um artifício, um percurso de pensamento e não só de pensamento, mas de tragédia e luta que, através de Kant, levará até a perversão do pensamento contemporâneo do que chamamos "liberalismo".

Na origem deste percurso, observamos que um dos problemas sobre o qual mais se tem debatido diz respeito aos limites da propriedade. Quer

---

[27] "A terra e tudo o que existe nela foi dada aos homens como suporte e comodidade de sua existência. E ainda todos os frutos que a terra produz naturalmente, assim como as béstias de que eles se alimentam, pertencem à humanidade comunitariamente". Tradução livre.

[28] "Ainda que a terra e todas as criaturas inferiores pertençam em comum a todos os homens, cada homem tem, sem dúvida, uma propriedade que pertence a sua própria pessoa; e a essa propriedade ninguém tem direito, exceto ele mesmo". Tradução livre.

dizer, no início da reflexão sobre estes limites, o debate centrava-se no plano metafísico e ontológico no sentido de que, fixada a autonomia da pessoa e de sua liberdade através da propriedade, a discussão dos limites desta propriedade tornou-se um corolário ontológico, resultado de um princípio ontológico metafísico. Todavia, a questão não é de fato metafísica. Quando a economia percebe que os recursos têm um valor, estes devem ser limitados, pois, de fato, antes, não tinham um valor econômico. Para que tenha este valor é necessário determinar os recursos que poderiam ser limitados. A terra enquanto recurso universal e originário foi o primeiro recurso que se tornou necessário limitar. Tal limitação denominou-se ocupação, demarcação, distribuição, apropriação, posse, propriedade. Se desejarmos recolher o significado universal de disputas e debates que, aparentemente, possam parecer de natureza filosófica ou teológica ou metafísica, devemos ter presente que se tratam somente de tentativas do pensamento, que se esforça em colher e depois de justificar o sentido de grande transformação.

A grande e universal artificialidade que consiste na invenção da limitação dos recursos tão ilimitados que os seus confins e sua extensão não eram conhecidos, mas somente representados, torna possível, não somente a criação de um dos primeiros espaços jurídicos dentro das comunidades originárias da terra, mas, ao mesmo tempo, constitui o pressuposto de uma imprevisão na evolução do espaço da economia.

Direito e economia nascem, neste sentido da terra, mais exatamente da sua artificial delimitação. Não é por acaso que, por exemplo, um filósofo como Harrington, na tentativa de descrever os pressupostos da "sua" República utópica, dá-se conta do fato de que as primeiras leis fundamentais são as Leis Agrárias e as Leis Eleitorais:

> "Le leggi agrarie, più di tutte le altre, sono sempre state un grande spauracchio, e così è avvenuto anche qui al momento della loro emanazione; per cui, all'epoca, fu addirittura ridicolo vedere quanto spavento apparve sui volti di tutti quanti, per una cosa che, essendo per il bene di tutti, non poteva danneggiare alcuno"[29] (Harrington, 1985: 194).

O que Harrington nos faz perceber é um outro fato, ou seja, a invenção da limitação dos recursos, que torna possível a produção de um espaço jurídico e econômico, pressupõe, por sua vez, que seja estabelecido, de qualquer forma, um espaço que constitui a unidade da diferença dos dois

---

[29] "As leis agrárias, mais que todas as outras, sempre foram amedrontadoras, e assim veio também aqui o momento da sua emanação; no qual, à época, foi de fato ridículo ver quanto temor aparecia nas faces de todos, por uma coisa que, sendo para o bem de todos, não podia causar dano a ninguém". Tradução livre.

primeiros, trata-se do espaço da política. Aqui o conceito de política deve ser entendido na perspectiva grega de política, ou seja, a política torna possível a economia doméstica privada, quando esta era a simples organização do espaço público. Queremos com isto dizer, não só como afirmava Locke, que o poder da política surge da jurisdição sobre a terra e que o domínio é, em primeiro lugar, exclusivamente, domínio sobre a terra; em um modo mais específico, queremos dizer que o domínio político é, originariamente, poder de delimitar a indeterminada extensão da terra e poder de tornar visível a própria delimitação.

O jurista que mais se ocupou do problema relativo à determinação do significado jurídico da terra foi Carl Schmitt, desde o início de sua obra, "*Il nomos della terra*", a mais significativa sobre a relação terra e direito, coloca: "... Il pensiero degli uomini deve nuovamente rivolgersi agli ordinamenti elementari della loro esistenza terrestre. Noi siamo alla ricerca del regno di senso della terra"[30] (Schmitt, 1998:15).

Schimtt expressa a estreita relação da terra com o direito, como podemos observar na sua pesquisa sobre o próprio sentido do reino da terra, e não somente o sentido da terra, contudo também seus significados. Se a existência dos homens é uma existência terrestre, ou melhor, se a existência dos homens é absolutamente possível só na terra, ou seja, é a existência sobre a terra, logo o ordenamento da terra constitui-se como um ordenamento elementar, originário da existência dos homens.

Segundo Carl Schmitt, a terra tem um tríplice significado jurídico. O direito é direito da terra; não no sentido que tem a terra como objeto, todavia, no sentido de que o direito é imanente e vem da terra. A terra conserva dentro de si o direito e é recompensa ao trabalho dos indivíduos. O terreno cultivado e arado pelos homens é recompensado e tem confins definidos. A terra mostra o direito em si, enfim, a terra apresenta, através do solo, suas delimitações como pedras e muros. E conclui Schmitt, o direito é terreno e refere-se à terra:

> "Così la terra risulta legata al diritto in un triplice modo. Essa lo serba dentro di sé, come ricompensa del lavoro; lo mostra in sé, come confine netto; infine lo reca su di sé, quale contrassegno pubblico dell'-ordinamento. Il diritto é terraneo e riferito alla terra"[31] (Schmitt, 1998:20).

---

[30] "... O pensamento dos homens deve novamente voltar-se aos ordenamentos elementares da sua existência terrestre. Nós estamos a procura do reino de sentido da Terra". Tradução livre.

[31] "Assim, a terra resulta ligada ao direito em um tríplice modo. Ela o conserva dentro de si, como recompensa do trabalho; mostra-o em si, como confim preciso; enfim porta-o em si mesma, qual contraprestação pública do ordenamento. O direito é constitutivo da terra e referido à terra". Tradução livre.

Para o autor, historicamente os grandes fatos jurídicos estão estreitamente relacionados com a ocupação de terras, fundação de cidades, assim, o ordenamento inicial do espaço é a origem do ordenamento jurídico concreto.

Vemos uma permanente ligação entre os vários conceitos de terra, da "mãe terra" à "terra como fundamento de qualquer direito", como afirmava Schmitt, segue-se um longo percurso evolutivo, porém entendia-se desde o início que a mãe terra deveria ser a produtora e promotora de justiça *justissima tellus*, entendendo o conceito de justiça sempre vinculado ao período histórico ao qual nos referimos.

A tríplice imanência do direito à terra, na terra e pela terra, não só constitui um pressuposto da produção de uma multiplicidade de significados jurídicos da terra, mas torna possível, também, na simultânea multiplicação de possibilidades de relação econômica com a terra, então, a multiplicidade de significados econômicos desta.

A manutenção da distinção de direito e economia torna possível a fratura originária no sentido de que a terra "chama" a uma contínua produção de outras distinções artificiais, até encontrar um limite da produção de sentido e representação, ao qual (o limite) não é mais possível falar simplesmente de terra. Pode-se falar em terra a partir de uma qualificação que é resultado de uma seleção de sentido produzido no âmbito do direito ou mesmo no âmbito da economia. É possível afirmar que uma vez que é construída a distinção, como fratura da unidade originária, o movimento de produção das distinções torna-se um processo contínuo, ou seja, é impossível não fazer distinções. Enquanto terra, a terra não tem valor. A ela pertencem somente significados originários. A evolução social utiliza a terra somente através do recurso das qualificações jurídicas e econômicas que são as únicas que, de modo geral, atribuem sempre mais significados e assim atribuem valor.

A terra, neste sentido, retorna a ser, na evolução social, o Planeta, o lugar arquétipo, a nossa origem, o seio que nos recolhe depois da morte. Deste ponto de vista, é difícil entender a fome de terra que caracteriza grupos de indivíduos e movimentos sociais na sociedade brasileira atual. Compreende-se porque é difícil explicar uma fome de qualquer coisa que em si não tem valor e, então, não tem valor econômico. Um dos objetivos deste trabalho será exatamente a tentativa de descrever este paradoxo. No entanto, parece-nos oportuno, mais uma vez, analisar a multiplicação de qualificações jurídicas e econômicas de terra, porque, exatamente esta multiplicidade permite-nos observar e, só assim, podemos "desvelar" este paradoxo, o qual apenas referimos.

Basta um simples exercício escolástico, como a observação da voz terra no vocabulário jurídico de Plácido e Silva, para darmo-nos conta da multiplicidade de distinções produzidas a partir da fratura originária. Partimos da definição geral de terra: "na linguagem comum: exprime a crosta terrestre, como toda e qualquer porção da matéria orgânica que dela se extrai, ou dela se destaca, seja por ação do homem, como pela ação da natureza". Esta terra é privada de qualificações, é somente uma construção física e química: é um elemento originário, nada mais. A terra adquire um sentido quando torna-se terra do direito, isto é, quando torna-se qualificação daquele direito que dela (da terra) surgiu e a essa era imanente, como escrevia Plácido e Silva, a terra:

> "No Direito Público: designam o território, já envolvendo o sentido de uma parte da terra sujeita a um regime administrativo, ou pertencente a uma nação. No Direito Privado: são as porções de superfície do globo terrestre, aproveitadas para as iniciativas dos homens, como edificações de cidades... São suscetíveis de apropriações. Podem ser públicas ou privadas...".

Estas terras não são somente terras no direito público ou privado, mas são também terras devolutas, terras não cultivadas, etc. Todas estas terras recebem qualificações e significados.[32]

No direito brasileiro, a "mãe terra" ocupa um lugar de destaque, especialmente quando se trata dos direitos dos povos originários, a terra

---

[32] Juridicamente, a terra no Brasil tem as seguintes definições, segundo o vocabulário Jurídico de Plácido e Silva: *Terras devolutas*: são as terras que, embora não destinadas nem aplicadas a algum uso público, nacional, estadual ou municipal, nem sendo objeto de nenhuma concessão, ou utilização particular, ainda se encontram sob o domínio público, como bens integrantes do Domínio da União, dos Estados ou dos Municípios. Assim, ainda são terras ainda vagas, ou não aproveitadas, destinando-se à venda aos particulares, consoante regras e exigências dispostas em leis próprias. Atualização do mesmo autor: são considerados bens da União e se destinam à defesa das fronteiras, das fortificações e construções militares, das vias federais de comunicação e à preservação ambiental. O seu destino deverá ainda compatibilizar-se com a política agrícola e com o plano nacional de reforma agrária. São indisponíveis por ações discricionárias, se necessárias à proteção dos ecossistemas naturais. *Terras não cultivadas*: ou incultas, são as que se encontram ainda em estado nativo, ou não estão sendo objeto de uma cultura, ou exploração agrícola. *Terras rurais*: são as que, fora das zonas urbanas, ou suburbanas, destinam-se às criações, para que nelas se instalem as fazendas, as lavouras, os campos de criação, ou as várias indústrias agropecuárias. *Terras agrícolas*: assim se qualificam todas as terras, ou terrenos propícios e destinados à agricultura. *Terras de campo*: são as que, situadas fora do quadro urbano ou suburbano, localizam-se em planícies, sendo geralmente apropriadas para culturas agrícolas e criações. *Terras alodiais*: são as que se mostram livres de qualquer encargo, sendo atribuído a seu proprietário um domínio pleno. *Terras indígenas*: aquelas pertencentes aos índios, por natureza ou disposição legal. *Terras tributárias*: são as que se encontram sujeitas a certos encargos ou ônus. *Terra fresca*: alagadas ou molhadas, próprias a certas culturas, como arroz. *Terra firme*: não estão sujeitas a enxurradas, alagamentos ou inundações. *Terras emprazadas*: são dadas em aforamento, ou em prazo, em virtude do que o primitivo senhorio alodial perde o domínio útil, que se transfere ao foreiro ou enfiteuta. Nas terras emprazadas destacam-se dois domínios: o útil e o direto. Este é que se conserva com o primitivo dono das terras dadas em aforamento, e dos proprietários que lhe sucederem. *Terras de aluvião*: são as que se vão compondo, ou formando por depósitos e aterros naturais, ou pelo desvio das águas dos rios. *Terras de avulsão*: assim se diz da porção de terra que, pela violência de uma força natural, se destaca de um prédio para se juntar a outro.

torna-se o ponto central na discussão, os direitos constitucionais dos índios, no dizer de José Afonso da Silva: "... para eles, ela tem um valor de sobrevivência física e cultural. Não se ampara seus direitos se não se lhes assegura a posse permanente e a riqueza das terras por eles tradicionalmente ocupadas". A temática da terra, na Constituição de 1988, foi muito debatida, justamente pela dimensão desta, tanto nos povos originários quanto para a população em geral, que vê na terra o eterno retorno, esta é uma das formas de justificar porque pessoas complemtamente desvinculadas da produção agrária têm um desejo latente de ser proprietários de terras mesmo em um momento economicamente desfavorável.

Todas estas definições de terra no Direito Agrário brasileiro ou mesmo todos os dispositivos constitucionais não garantem acesso à terra, não garantem nem mesmo futuros, as definições são semânticas, trabalhadas juridicamente, mas que possuem, também, um valor simbólico grande. Neste sentido D. Hume. já afirmava:

> "Problemi concernenti la proprietà privata, scrive, hanno riempito infinitivi volumi di giurisprudenza e di filosofia, se per entrambe aggiungiamo i commenti al testo originale; e alla fine possiamo sicuramente affermare che molte delle regole ivi stabilite sono incerte, ambigue ed arbitrarie"[33] (Hume, 1974: 53).

A questão da codificação jurídica de alguns direitos será discutida no decorrer deste trabalho, ressaltando apenas que D. Hume, nos anos 1700, já apontava criticamente para as leis incertas, ambíguas e abstratas. Na modernidade, vários juristas e filósofos têm se ocupado em aprofundar esta crítica. A realidade nos demonstra historicamente, por um lado, a dificuldade de implantação de direitos subjetivos e; por outro lado, observamos que a regulamentação destes mesmos direitos são feitos para que estes realmente não sejam efetivados. A América Latina é o grande "palco" desta cena.

O simbolismo da terra assume também, como acabamos de descrever, um sentido jurídico, econômico e social. Ao longo da história, foi considerada como uma fonte infinita de riqueza, como fundamental meio de produção, como uma vertente de riqueza e como base principal para o poder; além disso a terra é o fator originário da produção, ou seja, é requisito fundamental para qualquer tipo de produção. Esta terra com todas estas possibilidades igualmente é terra que demarca e divide, também é *nomos* da terra.

---

[33] Os problemas concernentes à propriedade privada, escreve, encheram infinitos volumes sobre direito e filosofia, e comentários ao texto original; e, ao fim, podemos seguramente afirmar que muitas das regras estabelecidas são incertas, ambíguas e arbitrárias." Tradução livre.

9. Idéia de território e demarcações jurídicas

Antes de qualquer definição jurídica das demarcações do mundo é importante dar um passo atrás na história e entender o sentido da palavra grega *nomos,* das várias traduções e explicações para esta palavra, definição que seguindo C. S. não utilizaremos é a idéia de *nomos* como Lei,[34] ou como ordenamento concreto, embora *nomos,* no seu significado original, indique uma imediata força jurídica não mediada pela lei, mas como um evento histórico-constitutivo, um ato de legitimidade que só confere sentido à legalidade da mera lei, mas utilizaremos a seguinte definição:

> "La parola greca che designa la prima misurazione, da cui derivano tutti gli altri criteri di misura; la prima occupazione di terra, con relativa divisione e ripartizione dello spazio; la suddivisione e distribuzione originaria, è nomos"[35] (Schmitt, 1998: 54).

A palavra *nomos* origina-se do grego *nemein,* que indica uma presa originária, um dividir, um cultivar e um produzir, por isso, a idéia de que *nomos,* antes de mais nada, significa posse de terra. *Nomos* em alemão significa *Nehmen*, a qual indica presa originária, que é ao mesmo tempo um dividir no sentido de *divisio primaeva,* além disso, a idéia de cultivar, de produzir. Também existe uma forte correlação entre *Nehmen* e *Nahme*, ou seja, a idéia de apropriação. Para Schmitt, o primeiro significado de *nomos,* indicando *"la presa di un possesso di terra"*, em alemão *Landnahme.*

A semântica *nomos* foi estudada e pesquisada por diversos autores e correntes, assim Erich Przywara, na obra "Humanitas", também desenvolve a origem da palavra *nomos* desde sua raiz, e relacionando com as idéias de *crazie* (poder mediante supremacia de *presa di possesso*) e *archie* (o que vem das origens), assim *nomos* compenetra *archie e crazie* em que nem o que vem das origens nem o poder mediante supremacia de posse podem existir sem *nomos.*

Também filólogos ocuparam-se longamente na compreensão da semântica, nestes casos nos referimos a E. Laroche, que estudou a raiz *NEN*, seus estudos nos permitem uma visão detalhada da construção da palavra *nomos,* tratando da palavra composta por *oikonomos* com a idéia de que esta representa a raiz da semântica *NEN*, que pode oferecer uma síntese de conceitos como organização, ordenamento e administração.

---

[34] No Antigo Testamento, existe esta evidente confusão, onde *nomos* equivale a Lei.

[35] "A palavra grega que designa a primeira medida, da qual derivam todos os outros critérios de medida; a primeira ocupação da terra, com relativa divisão e repartição do espaço; a subdivisão e distribuição originária, é nomos". Tradução livre.

Muitos outros estudos e referências[36] foram realizados a partir da semântica *nomos*, mas segundo C. Resta, o ponto mais importante é:

"La svolta più importante è il passaggio dalla tenda dei nomadi alla dimora stabile, l'oikos. Questo passagio presuppone una presa di possesso della terra [Landnahme], che si differenzia a ragione della sua definitività dalle prese di possesso e divisione dei nomadi, che sono sempre e solamente provvisorie"[37] (Resta, 1999:115-116).

Esta passagem é importante e reporta sempre à idéia de que, a cada *presa di possesso*, está vinculada a idéia de divisão e repartição da terra. Também Caterina Resta fala da "mãe terra":

"Ma è sempre nella a tellus come madre di ogni diritto che il in ultima istanza affonda le proprie radici: solo da essa, come aveva messo in luce Bachofen, può scaturire quella misura a partire dalla quale gli uomini tracciano le suddivisioni e ripartizioni del terreno, stabiliscono confini e limiti, ordinamenti e localizzazioni per la loro convivenza"[38] (Resta, 1999: 20).

Outra vez aparece a idéia da mãe terra, a terra como produtora de justiça, assim a ligação entre o direito e a terra, observação que já fizemos anteriormente sobre esta interligação, além disso a idéia da repartição e subdivisão da terra. Ou seja, *nomos della terra* é também um ordenamento concreto fundado e orientado na *justissima tellus* e, ao mesmo tempo, é localização e ordenamento que se define a partir de um espaço delimitado, é a primeira repartição de terras, que, a cada mudança do espaço, impõe-se uma nova forma de ocupação, divisão e distribuição. Vemos que a idéia de divisão de terras, relacionada à conquista territorial, aparece também na Bíblia.

O significado de *nomos*, no dizer de Portinaro, assume outras características:

"Nel mondo umano, dall'ordine naturale il trapassa all'ordine artificiale: l'occupazione, la divisione e la coltivazione della terra segnano

---

[36] Por exemplo, a tese de Filone, em que a palavra *nomos* com acento na primeira sílaba significa Lei, já *nomos* com acento na última sílaba tem outro significado, ou seja, é um *pascolo,* um campo, um lugar de resistência.

[37] "O movimento mais importante é a passagem da tenda dos nômades à moradia estável, o *oikos.* Esta passagem pressupõe uma presa *di possesso* da terra 'landnahme', que se diferencia em razão de sua definição da presa *di possesso* e divisão dos nômades, que são sempre e somente provisórias." Tradução livre.

[38] "Mas é sempre na justíssima *tellus* como mãe de cada direito que o *nomos* em última instância aprofunda as próprias raízes: somente desta, como esclarecia Bachofen, pode derivar aquela medida a partir da qual os homens traçam as subdivisões e repartições do terreno, estabelecem confins e limites, ordenamentos e localizações para sua convivência" Tradução livre.

il corso di un progressivo allontanamento dalla hysis in quanto rappresentano processi sociali di sottomissione della natura ad un disegno artificiale: a ciò che è dato subentra ciò che è fatto"[39] (Portinaro, 1983:28).

Então a descoberta do novo mundo também provoca novas divisões, distribuições não somente de terras firmes, mas também de mares. Como afirma Caterina Resta, esta nova terra demonstra que na Europa se tem um direito internacional fundando no *Nomos* terreno, limitado ao solo europeu, dividido e reconhecido; porém, do outro lado do mar livre, existia um mundo de absoluta anomia e ilimitado, quer dizer a descoberta da América significou uma verdadeira revolução do espaço, além disto o fim do *nomos da terra* eurocêntrico, o fim de um direito eurocêntrico. No dizer do autor, enquanto a história universal não está concluída, enquanto a sociedade continua no seu processo de evolução, enquanto podemos projetar futuros, enquanto novos eventos seguem ocorrendo; também surge um "novo *nomos*". Na atualidade, a idéia de nomos ainda é importante, pois quotidianamente estamos dividindo espaços globais. É claro que eventos como o encontro com o "novo mundo" provocaram mudanças estruturais na idéia de divisão de espaços, mas não podemos prever a dimensão que novos eventos podem acarretar na idéia de *nomos*, porque a cada novo ordenamento nos referimos a um novo *nomos*.

A idéia de *nomo*s – *presa di possesso* – reporta-nos a explorar também a idéia de território, ou melhor, de conquista territorial,[40] como um conceito da modernidade, já que antes se utilizava a idéia de divisão de terras, hoje podemos entender com mais facilidade que a cada conquista de um novo território está imanente à idéia de divisão, ocupação e repartição das terras.

A conquista territorial abordada por Schmitt pode ser observada da perspectiva interna a um ordenamento de direito internacional já existente,

---

[39] "No mundo humano, da ordem natural o nomos transpassa a ordem artificial: a ocupação, a divisão e o cultivo da terra assinalam o curso de um progressivo afastamento da physis enquanto representam processos sociais de submissão da natureza a um desenho artificial; o que é dado subentra o que é fato." Tradução livre

[40] Carl Schmitt define conquista territorial como: "il processo di ordinamento e di localizzazione concernente la terraferma e costituente il diritto" (o processo de ordenamento e localização concernente à terra firme e constituinte de direito) p. 73, sobre este argumento Otto Brunner: "Lo Stato moderno, siamo soliti dire, è nato, in Germania, non nell'ambito dell'impero ma sulla base dei territorio. Questi territori sono noti alla storia costituzionale già dalla fine del XII secolo...Infatti è la signoria sulla terra, la superiorità sulla terra che costituisce secondo la dottrina più antica il territorio" (O estado moderno, nasceu na Alemanha, não no âmbito do Império, mas sobre a base dos territórios. Estes territórios são conhecidos na história constitucional já desde o fim do século XII... de fato é a senhoria sobre a terra, a superioridade sobre a terra que constitui, segundo a doutrina mais antiga, o território) p. 231.

assim obtendo-se imediatamente o reconhecimento, de outra perspectiva que destrói o ordenamento espacial, fundando um novo *nomos*.

Então as implicações jurídicas são evidentes a cada nova ocupação, independentemente se, no início, era possível falar em conquista de território ou não, porém não aprofundaremos este argumento, o qual pode ser amplamente encontrado na bibliografia alemã, mas passaremos imediatamente para o século XVI, quando se iniciam as grandes descobertas e as implicações diretas relativas ao Direito Internacional, onde o novo *nomos* está ligado aos novos territórios, na suas repartições e apropriações de terra, sendo que a divisão das terras é uma conseqüência do processo de conquista.

As grandes conquistas de novos territórios já vêm descritas no Antigo Testamento, desde quando se falava em divisão das terras segundo o destino divino. Com o processo evolutivo da sociedade, outras formas de divisão de terras foram ocorrendo, a cada nova descoberta de novos territórios, novos mundos; eram feitas demarcações específicas. Nesse momento ainda não havia o problema da propriedade da terra, porém temos muitas guerras localizadas com relação às posses primitivas de terra, nesse período, tratava-se basicamente de povos migratórios, o que não significa que a cada nova ocupação poder-se-ia considerar como uma conquista de território justamente por causa do caráter migratório, de qualquer modo, desde o princípio da história da humanidade, a terra foi sendo demarcada de modos diversos. No início, falávamos de ocupação de terras, o que mais tarde levou-nos a entender tal evento como ato primordial para a instituição do direito, especialmente do direito internacional, porque a cada ocupação de terra se cria:

> "... sempre, all'interno, una sorta di *superproprietà* della comunità nel suo insieme, anche se la ripartizione successiva non si arresta alla semplice proprietà comunitaria e riconosce la proprietà privata, pienamente «libera», del singolo"[41] (Schmitt, 1998: 24).

Se internamente uma ocupação cria sempre *una sorta di superproprietà*, vemos que, nas relações externas, o grupo de ocupantes encontra-se frente a outros grupos e/ou a outras potências, temos então uma questão de Direito Internacional a ser afrontada. Logo, quando se ocupa uma determinada proporção de terra, esta poderia ser "livre" no sentido de que não estava ocupada por ninguém ou era uma terra já ocupada com grupos já reconhecidos. Podemos citar a América Latina que, na perspectiva de um direito eurocêntrico, era uma terra "livre", embora ocupada por diver-

---

[41] "... sempre, no interior, uma sorte de superpropriedade da comunidade no seu conjunto, ainda que a repartição sucessiva não se arreste a simples propriedade comunitária e reconheça a propriedade privada, plenamente «livre» do indivíduo". Tradução livre.

sas tribos indígenas, ora estas populações não foram por estes reconhecidos como "seres humanos",[42] o que dava o direito aos conquistadores de se sentirem em terras livres. A preocupação com os grupos externos nasce somente com as ameaças de outros europeus que não os primeiros a chegar na América. Nesse sentido, cada país da América Latina tem uma história particular a ser revista. Veja-se, por exemplo, que para Francisco Vitória a descoberta do novo mundo não pode ser considerada como um título jurídico legítimo.

De qualquer forma, a conquista da América, legítima para uns e ilegítima para outros, provoca alterações no panorama europeu, onde, inicialmente, é posta a questão dos direitos dos espanhóis em relação às demais nações européias. Aqui tratamos fundamentalmente de um problema de direito internacional; mas a conquista traz também problemas de direito administrativo, ou seja, como se fará a organização das terras conquistadas? Trata-se também de um problema de direito civil quando se aborda a questão dos habitantes originários.

A resolução da problemática que diz respeito ao direito Internacional é levada para o Papa, o qual deverá resolver a situação, assim temos o Tratado de Tordesilhas, que é precedido pelas bulas *Inter Coetera* 3 e 4, promulgadas pelo Papa Alessandro VI, em maio de 1493, que não foram aceitas por Portugal, fazendo uma revisão desta bula nasce, em 7 de junho de 1494, o Tratado de Tordesilhas. A intervenção do Papa justifica-se como demonstra Bartolomé Bennassar:

> "... se justificaba en la societas christiana por el hecho de que el Papa como «dominus orbis» podía disponer de las tierras de los paganos o de los infieles y concedérselas con plena soberanía a un príncipe cristiano, en cuyo caso la evangelización de dichas tierras se convertía en una obligación, a cambio de la concesión de soberanía"[43] (Bennassar, 1996: 77).

Com relação à problemática de uma perspectiva do direito administrativo, deveria ser definida uma doutrina com relação à atuação política

---

[42] Veja-se, por exemplo, que Bacone sustentava que os índios, porque eram canibais, eram também da própria natureza, ou seja, estavam fora da humanidade e, portanto, privados de qualquer direito. Assim também Sepúlveda considera os índios como selvagens e bárbaros e, portanto, privados de direito e as terras por estes habitadas pode ser considerada como "terra livre" para qualquer conquista. Podemos ainda citar sobre este argumento Aristóteles que também os considerava como canibais e criminosos. Todas estas idéias são fortemente combatidas por Vitória que afirma que os índios não cristãos não poderiam estar privados de direitos em relação aos europeus cristãos.

[43] "... se justificava na sociedade cristã pelo fato de que o Papa como dominus orbis podia dispor das terras dos pagãos ou infiéis e concedê-las com plena soberania a um príncipe cristão, em cujo caso a evangelização de tais terras se convertia em uma obrigação, em troca da concessão de soberania". Tradução livre.

das primeiras descobertas e conquistas. Desta forma, Colombo foi nomeado Almirante e tinha como dever governar o mar, as ilhas e a terra firme que havia descoberto e as que ainda seriam descobertas; tinha ele poderes civil e criminal, o que, mais tarde, em função de guerrilhas internas, entra em choque com o direito militar oriundo da conquista e o poder civil emanado pelo Rei.

Mas outro grande problema na área civil teve que ser afrontado pelos conquistadores, o problema indígena, o que inicialmente parecia apenas uma atividade[44] de adequar os índios ao trabalho e catequizá-los, transformou-se num problema na medida em que o Almirante considerava estes como seus súditos, e a Coroa entendia-os como seus súditos.

Essa discussão remete-nos para a questão da "senhoria territorial". Para tal nos reportamos a Otto Brunner:

> "... Questi «territori», sono noti alla storia costituzionale già dalla fine del XII secolo, allorchè compare il princeps terrae, il dominus terrae, il signore della terra (Landesherr). Infatti è la signoria sulla terra (Landesherrschaft), la superiorità sulla terra (Landeshoheit) che costituisce secondo la dottrina più antica il territorio"[45] (Brunner, 1983:231).

A senhoria sobre a terra era, originalmete, um complexo de direitos de diferentes naturezas reunido nas mãos de um único senhor. Este sistema perdura por muito tempo, ou seja, até os dias atuais ainda nos referimos aos "senhores da terra" no sentido privado, já no sentido público de domínio de um determinado território, a situação é diversa, embora a luta pela autonomia territorial continue, temos várias guerras "pós, neomodernas" que confirmam esta hipótese.

Os povos primitivos já possuíam a idéia de demarcação dos territórios conquistados, vemos que, na época tribal, os guerreiros estavam sempre ocupados na defesa dos respectivos territórios, os quais eram defendidos e desfrutados coletivamente no sentido de que os povos nômades eram proprietários individuais dos meios de produção e de defesa. Ainda hoje, discute-se se, para os nômades, o território era entendido como propriedade coletiva ou o território era "possesso" coletivo. Importante notar que mesmo os componentes da tribo que não contribuíram diretamente na conquista de um novo território sentiam-se envolvidos na

---

[44] Esta atividade tinha como denominação *"encomienda"*, que nada mais era do que a recomendação da Coroa onde um determinado grupo de indígenas estava sob a responsabilidade de um espanhol, o espanhol chamava-se *"encomendero"*.

[45] "Estes «territórios» são notórios à história constitucional já do fim do século XII, quando então aparece o *princeps terrae*, o *dominus terrae*, o senhor da terra (*Landesherr*). De fato é a senhoria sobre a terra (*Landesherrschaft*), a superioridade sobre a terra (*Landeshoheit*) que constitui, segundo a doutrina mais antiga, o território". Tradução livre.

defesa deste, não que esta idéia seja suficiente para definir o território como propriedade coletiva. A respeito disso, Franco Negro, posicionando-se na idéia de "possesso" coletivo, afirma:

> "... la teoria del possesso collettivo, inteso come semplice detenzione collettiva della terra, la quale veniva sfruttata da tutti i componenti della tribù in quanto tali, salvo l'abbandono di essa quando territori più fertili potevano essere occupati"[46] (Negro, 1970: 15).

Importante notar que havia, já nesse período (pré-história), a preocupação com a conquista de novos territórios que possuíssem abundâncias naturais, a defesa deste era comum a todos. Parece-nos que a idéia de propriedade ainda é muito rudimentar, mas vemos claramente a idéia de posse privada e posse coletiva. O autor de "Die Anhänge des Eigentums", Nippold, distingue a propriedade privada como sendo os utensílios, as armas, as roupas; já como posse comum, considerava o território do grupo ou da tribo, delimitado territorialmente e que consentia aos habitantes o direito de buscar, nas "abundâncias naturais", o sustento.

Somente no neolítico, o território será utilizado para o cultivo. Na Idade do Metal, tivemos a passagem do pastoreio para a agricultura, embora, na Idade do Bronze, afirme-se a agricultura.

10. Reflexões conclusivas

A semântica *terra* ultrapassa limites da ciência e da religião. Reportando-nos às idéias de alguns filósofos, de poetas, escritores, historiadores, geógrafos e outros, justamente porque através deles podemos evidenciar os vários significados que a terra, originalmente, vem recebendo. Desse modo, podemos concluir que, de acordo com todos os referenciais até agora estudados, a terra, em sentido amplo, representa, ao mesmo tempo, a promotora de felicidade (pelo nascimento de tudo); promotora de justiça (no sentido de devolver à terra aquilo que dela tiramos); em um certo sentido, promotora da vida porque todas as coisas úteis para a vida dos homens nascem da terra. Além disso, Hume, por exemplo, expõe que, nas atuais condições de pobreza da humanidade (referindo-se sempre aos anos de 1700), a terra continuava oferecendo possibilidades ilimitadas para a sobrevivência, por isso a importância de uma posse comum da terra, pois, da mesma forma que não se é proprietário individual do ar, a terra também deve ser de propriedade coletiva, não deve ser subdividida, seguindo sem-

---

[46] "... a teoria da posse coletiva, entendida como simples detenção coletiva da terra, a qual vinha desfrutada de todos os componentes da tribo enquanto tais, salvo o abandono desta quando territórios mais férteis podiam ser ocupados". Tradução livre.

pre o argumento de que os demais elementos vitais para a vida do homem não são de propriedade individual.

Assim como os demais autores estudados, também David Hume coloca, na semântica *terra*, uma série de simbolismos, vemos que, no decorrer do processo evolutivo, a análise da terra como uma problemática sempre foi estudada muito mais a partir dos seus significados simbólicos do que da real e efetiva problemática. Queremos dizer que a distribuição da terra sempre foi impregnada deste sentimentalismo e romantismo e, na época atual, vemos ainda presentes e muito vivos estes qualificativos dados à semântica *terra*. Por exemplo, o sistema da política tem interesse na questão da terra não pela função política que a terra possa representar, mas justamente por seu significado simbólico, da mesma forma o sistema do direito. Já no sistema econômico moderno, observamos uma revelação desses pressupostos, porque a terra, em si, não representa riqueza, mas sim a possibilidade de, a partir dela, criar-se uma empresa que seja rentável e competitiva mundialmente.

Então a perspectiva de análise deve ser enfocada no sentido da revelação de determinados dogmas, símbolos, pré-noções; não apenas no sistema econômico, mas em todos os sistemas sociais da sociedade moderna. É bem verdade que o sistema econômico antecipou-se aos demais no sentido de desfazer mitos históricos. Basta, para tanto, vermos o grande problema da pequena agricultura nos mais diversos países do mundo. Só é possível sobreviver da agricultura se esta se apresentar sustentável, competitiva, ou seja, onde se fez a distribuição de terras através de diferentes modalidades de Reforma Agrária; isso não foi suficiente para garantir futuros, a propriedade também neste caso representa muito mais riscos que a não-propriedade. Nesse sentido, detectamos, por todo o mundo, pequenos proprietários rurais que trabalham na terra "nas horas vagas", quer dizer, são trabalhadores que têm um emprego e/ou outra fonte de renda e aproveitam estas horas para cultivar algo para si e suas famílias. A simples posse de terra nada garante; mais do que isto, garante o pagamento muitas vezes de altas taxas, mesmo assim pelo significado simbólico que até a atualidade a semântica terra tem, estes pequenos proprietários não estão dispostos a vender seu "pedaço de chão".

Para o sistema da economia, estes simbolismos são irrelevantes, enquanto para o sistema da política moderna são fundamentais para a existência e sobrevivência do sistema tal como está organizado (se é que podemos falar em organização do atual sistema político), assim também o sistema jurídico que, se por um lado, deve garantir e assegurar a propriedade privada; de outro, vê-se pressionado pelas "ditas forças sociais", a reconhecer uma função jurídico-social da propriedade da terra, isto é, o sistema do direito é obrigado a ver os paradoxos da propriedade da terra especialmente na periferia da modernidade.

De certa forma, também o sistema da religião utiliza-se desta visão simbólica para manter "os filhos de Deus" unidos na Terra. Vejamos a grande influência da Igreja Católica na periferia da modernidade na luta pela posse da terra. No Brasil, o Movimento dos Trabalhadores Rurais Sem Terra nasce com apoio – e naquele momento político brasileiro, também com a proteção – da Igreja, e até hoje a Pastoral da Terra faz estudos e apoios logísticos ao movimento. Não significa que o sistema da religião deixe de ver a problemática da não-distribuição da terra no Brasil, o grande problema é que também o sistema da religião aproveita-se destes simbolismos, sem desmitificá-los.

É verdade que, nos movimentos sociais organizados, estes simbolismos passam por uma dita "crise", ou seja, hoje não se solicita apenas terra para quem nela trabalha, mas condições para que esta seja rentável. É claro que simbolismos construídos há mais de dois mil anos não são fáceis de se dismitificar, porém para que possamos afrontar o problema da posse, distribuição e propriedade da terra este é um passo inicial e fundamental.

Sob essa perspectiva, tentaremos mostrar, no capítulo a seguir, como a terra, através de seus significados polissemânticos, foi abordada pelos clássicos. Interessante notar como esta polissemia do conceito com a modernidade inicia a sua própria desestruturação ou desconstrução até o ponto em que assume conotações muito específicas nos sentidos econômico e político, mas, sobretudo, econômico.

O percurso que traçamos para estudar a terra permitiu-nos ver que a terra pode ser não apenas dividida, mas é também objeto de apropriação, assume evolutivamente conotações diferenciadas. Podemos ver com esta primeira parte da pesquisa que, se no início da história da humanidade, a terra era fundamentalmente uma representação de ordem natural até chegar à idéia de propriedade da terra, esta passa a ter também um significado jurídico e, sobretudo, econômico. Assim o problema da justificação da propriedade da terra é um problema que somente depois dos anos 1700 assume novas características e, nesse ponto, é fundamental o estudo dos aspectos histórico-econômicos relativos à polissemântica terra. Por isso, no final da Segunda Parte, ocupar-nos-emos de autores como Quesnay, Smith, Marx. No início da parte que segue, ainda trataremos do pensamento dos clássicos a respeito da semântica *terra* e da propriedade da terra, enfocando aspectos importantes até aquele momento. Ou seja, através do pensamento de Hobbes, Harrington, Locke, Vico, Rousseau, Hume e Kant, veremos os aspectos relativos à terra do ponto de vista filosófico, jurídico, histórico e, também, de uma perspectiva utópica e idealista.

Segunda Parte

Posse e propriedade da terra na modernidade

Apresentação

"Ao lado da riqueza em mercadorias e escravos, ao lado da riqueza em dinheiro, apareceu a riqueza em terras. A posse de parcelas do solo, concedida primitivamente pela gens ou pela tribo aos indivíduos, fortalecera-se a tal ponto que a terra já podia ser transmitida por herança. O que nos últimos tempos eles exigiam antes de tudo era ficarem livres dos direitos que as comunidades gentílicas tinham sobre essas parcelas, direitos que para eles se tinham transformado em obstáculos" (Engels, 1980: 187-188).

Antropólogos, filósofos, juristas e históricos têm-se ocupado da definição de um período em que se pode já falar de propriedade da terra. As divergências entre as várias correntes são evidentes. O próprio processo evolutivo, até chegar à idéia de propriedade, percorre caminhos diferentes, não podemos imaginar que antigas civilizações e culturas diferenciadas tinham a mesma idéia de propriedade. No caso específico da propriedade da terra, tem todo um evoluir particular em cada cultura, ou seja, a idéia de propriedade da terra depende de usos e costumes de tribos, famílias, grupos sociais e comunidades.

Tendo presentes estas dificuldades, trabalharemos, neste capítulo, alguns autores que podem nos ajudar não só a compreender a origem da propriedade da terra, todavia, e, especialmente, sobre o significado da propriedade da terra no decurso do processo de evolução social. Assim, V. Figuier demonstra que a propriedade da terra se dá na Idade do Metal, na passagem do pastoreio para a agricultura, cujas famílias poderiam ocupar as terras segundo suas possibilidades de trabalho e aproveitamento do solo. Todavia, ainda, nesse período, as terras eram de propriedade coletiva, o que mais tarde dará origem à propriedade privada. Cada família poderia ocupar determinada terra. Com o passar das estações, vem a necessidade de definir a idéia de "posse" de alguém. Observamos que a fonte para a propriedade da terra, na sua gênese, estava vinculada à idéia de trabalho. Ou seja, não havia ainda o instituto da propriedade, mas uma delimitação subjetiva de espaço que poderia ser ocupado para recolher o que a natureza oferecia. Depois desta etapa, no momento em que a comunidade evolui no sentido da produção agrária, quer dizer, as comunidades vêem a necessidade de plantar e colher alimentos, a terra é demarcada segundo as possibilidades de trabalho de cada família e/ou de cada comunidade.

Estas idéias introdutórias serão reanalisadas por nós através do estudo de alguns clássicos. Sob tal contexto, ocupamo-nos apenas de apresentar de forma resumida a questão da propriedade da terra, utilizando-nos de três culturas diferentes, onde não existe uma ligação *a priori* entre elas. Falamos das culturas chinesa, inca e romana, a partir destas, pretendemos demonstrar que o problema da propriedade da terra é universal e que, ao longo do processo evolutivo de cada uma destas sociedades, soluções diferentes foram encontradas. Ou seja, cada sociedade resolve, de modo diferente, a questão do que mais será definido como instituto jurídico: "a propriedade".

Estudar o conceito de propriedade desde sua origem implica, necessariamente, admitir um pressuposto básico, no qual propriedade sempre significa um mínimo de *appartenenza, di poteri esclusivi*,[47] este pertencer e esta propriedade foram evoluindo no passar do tempo até chegarmos à idéia de propriedade da terra. Foram surgindo várias semânticas, por exemplo, na antiguidade, utilizava-se a expressão *"godimento della proprietà"*, quando se estuda a propriedade coletiva da terra na China, existe a descrição de que, na época proto-histórica, a terra era distribuída segundo o número de homens válidos para o trabalho, estes deveriam ter entre os 20 e 60 anos, a este processo era denominado o *"godimento della proprietà"*, era somente um direito "privado/familiar" de uso do solo coletivo. Somente mais tarde, com T'ang (619-907), ocorre uma nova distribuição de terras, gerando novas formas de propriedade. Por volta do ano 1000, tem-se uma importante mudança, onde a propriedade retorna a ser livre.

O Estado Inca utilizava a categoria do "usofructo":

"Cuando el Inca conquistaba una provincia y adquiría de esta forma la propiedad de todas las tierras, concedía la mayor parte de ellas a los ayllus,[48] reservándose una parte generalmente mínima .para sí mismo y dedicando otra al Sol y a sus sacerdotes. A cambio del usufructo de la mayor parte de las tierras y de su eventual ayuda en caso de hambre, de catástrofe o de agresión, los miembros de las comunidades estaban

---

[47] Expressão ulizada por P. Grossi nas suas conferências e lições – vide "La propreità e le proprietà", a cura de Ennio Cortese. Milano: Giuffrè editore, 1988.

[48] Ayllu significa: um grupo de parentesco teoricamente endogâmico, de descendência patrilinear.

obligados a realizar para el Inca prestasiones de trabajo en sus tierras y en las del Sol"[49] (Bennassar, 1996: 24).

A terra, mesmo com sua infinidade de significados, representa para os indígenas o meio de sobreviver bem na terra, mesmo as terras designadas ao Sol poderiam ser utilizadas em situações limites. Note-se que o grande Inca tinha também o poder mítico de assegurar a fecundidade do solo, e assim também o poder de fazer reinar a paz no seu Império. Para esta população, a idéia de propriedade privada da terra não existe, mas existia sim, e bem definida, a idéia da demarcação dos diferentes territórios indígenas. A distribuição das terras internamente obedecia a critérios estipulados por cada tribo. Por exemplo, entre os índios do atual México, a distribuição periódica das terras ocorria a partir do casamento.[50]

Se referirmo-nos ao período da chegada dos europeus na América, veremos que as culturas existentes já tinham uma organização própria, a comunidade era fundamentada na vida agrária e pastoril, as cidades já tinham uma história.[51] Toda a organização social destas comunidades era fundamentada na terra, os chefes organizavam a distribuição das mesmas, e os membros da comunidade e/ou família deveriam plantar para seu sustento, bem como designar parte do produto ao chefe. Em algumas culturas, a terra era de exploração coletiva, ou parte coletiva e parte distribuída para cada família. Entretanto, não nos ocuparemos das formas de distribuição das terras nas diferentes tribos, queremos somente demonstrar que cada cultura encarou o problema da propriedade da terra sempre de acordo com suas características e seus estágios evolutivos.

A necessidade inicial da propriedade nasce a partir do momento em que os indivíduos não podem mais pensar em viver somente dos frutos que crescem espontaneamente, no dizer de Grozio:

---

[49] "Quando o Inca conquistava uma província e adquiria, desta forma, a propriedade de todas as terras, concedia maior parte destas aos *ayllus*, reservando-se uma parte geralmente mínima para si mesmo e dedicando outra ao Sol e a seus sacerdotes. Em troca do usofruto da maior parte das terras e de sua eventual ajuda em caso de fome, de catástrofe ou de agressão, os membros das comunidades estavam obrigados a realizar para o Inca prestações de trabalho em suas terras e nas terras do Sol". Tradução livre.

[50] Segundo Bartolomé Bennassar: "En México, las fuentes indígenas describen el calpulli como un grupo de familias con relaciones de parentesco más o menos estrechas con una o dos familias de jefes locales que aseguran la dirección de la comunidad. Estos jefes organizan la distribución periódica de las tierras entre las familias de calpulli, correspondiendo a cada uno de ellos una parcela de tierra a partir de su matrimonio o, en su defecto, un trabajo no agrícola" (No México, as fontes indígenas descrevem o calpulli como um grupo de famílias com relações de parentesco mais ou menos estreitas com uma ou duas famílias de chefes locais que asseguram a direção da comunidade. Estes chefes organizavam a distribuição periódica das terras entre as famílias de *calpulli*, correspondendo a cada um deles uma parcela de terras a partir do seu matrimônio ou, na dificuldade, um trabalho não agrícola) (1996:18-19).

[51] Em 1519, Cortés escreve ao Rei Carlos V dizendo que a cidade de Tenochtitlán é a cidade mais linda do mundo, uma nova Veneza.

"Hinc discimus, quae fuerit causa, ob quam a primaeva communione rerum primo mobilium, deinde et immobilium, discessum est: nimirum quod cum non contenti homines vesci sponte natis, antra habitare, corpore aut nudo agere, aut corticibus arborum ferarumve pellibus vestito, vitae genus exquisitius delegissent, industria opus fuit, quam singuli rebus singulis adhiberent. Quo minus autem fructus in commune conferrentur, primum obstitit locorum, in quae homines discesserunt, distantia, deinde justitiae et amoris defectus, per quem flebat, ut nec in labore, nec in consumtione fructuum, quae debebat, aequalitas servaretur. Simul discimus, quomodo res in proprietatem iverint; non animi actu solo neque enim scire alii poterant, quid alii suum esse vellent, ut eo abstinerent, et idem velle plures poterant; sed pacto quodam aut expresso, ut per divisionem, aut tacito, ut per occupationem"[52] (Grozio *apud* Hume, 1974: 1026).

Grozio demonstra assim a origem da ocupação, ou seja, os homens não conseguiam mais viver em comunidade como primitivamente, onde tanto os bens móveis como imóveis eram utilizados em comum, nem mesmo estavam satisfeitos com o que a terra oferecia espontaneamente, não era mais possível viver em cavernas, não era mais possível viver sem roupas. Em resumo, evolutivamente, vem a necessidade de uma maior comodidade e, por conseguinte, a necessidade do trabalho, onde cada um deveria ocupar-se da satisfação de suas carências, bem como as da comunidade, mas, depois, nas palavras de Grozio: "a falta de amor e justiça, porque no trabalho no consumo dos frutos obtidos era possível conservar uma igualdade que era necessária". Da mesma forma, apreende-se como foram as primeiras possessões das coisas, dos objetos. Essa posse não foi inicialmente objeto de boa-vontade, ou da satisfação do desejo de um em detrimento de outro, ou ainda, as diferentes pessoas podem desejar o mesmo objeto, a definição do que é de um e não de outro se dá, inicialmente, por intermédio de um pacto, ou de uma divisão e, assim, no dizer de Grozio, temos as "ocupações". Esta definição do que é propriedade e

---

[52] "Nisso aprendemos qual foi a causa pela qual nos afastamos da primitiva comunhão das coisas móveis, e depois também imóveis: e isto porque os homens não contentes de nutrir-se daquilo que nascia espontaneamente, de habitar nas cavernas, de estarem nus ou vestidos de folhas de árvores ou peles de feras, e tendo escolhido um gênero de vida mais cômodo, se fez necessário o trabalho com o qual alguém deveria aplicar-se às coisas singulares. A que fossem conferidos em comum os frutos do trabalho se opôs inicialmente a distância dos lugares aos quais os homens se deslocavam, e depois a falta de justiça e de amor, pelo que, nem no trabalho, nem no consumo dos frutos deste obtidos, se estava em grau de conservar a igualdade que era necessária. Ao mesmo tempo, aprendemos em que modo surgiu a posse sobre as coisas; isto não poderia acontecer somente por um estado de ânimo; de fato uns não podiam saber que coisas os outros quisessem que lhes fosse próprio, a fim de se resguardarem do desejo da mesma coisa; e eram muitos a poder desejar a mesma coisa; mas isto advém por meio de qualquer pacto, ou expresso, e que então desse lugar à divisão, ou mesmo tácito, e que então desse lugar à ocupação". Tradução livre.

de quem é a propriedade nasce da necessidade de viver em sociedade, em que deve haver uma colaboração coletiva, para tal, mesmo na pré-história, seria impensável viver sem definir alguns padrões mínimos de convivência com outros indivíduos, desse modo, as primeiras ocupações e/ou as primeiras posses se tornam fundamentos para a definição da propriedade.

Formalmente, o ciclo histórico do instituto da propriedade inicia com o direito romano, porém, temos presente a idéia de que a posse da terra é bem anterior ao direito romano, basta que nos reportemos para as civilizações originárias[53] no México, por exemplo. Ou também podemos falar da Grécia antiga, onde a propriedade, no início, não constituía um problema diretamente, mas o grande problema social era a distribuição das terras, o que mais tarde vem a ser "resolvido" com a propriedade, o que na verdade não resolve, mas torna complexo o problema.

Todavia, antes de abordarmos os aspectos apresentados pelos autores modernos sobre a propriedade da terra, vale ressaltar que, desde o princípio, a terra, ou seja, sua apropriação e distribuição partiam, na maior parte das civilizações, da idéia de uma propriedade coletiva,[54] originalmente, na Roma antiga, a propriedade era coletiva, só mais tarde, transforma-se em propriedade individual. Partiam também do pressuposto de que a sua distribuição deveria obedecer, fundamentalmente, ao critério de quanto àquela tribo ou família (mais tarde) poderiam produzir, isto é, a quantidade de terra a ser distribuída dependia das possibilidades de trabalhá-la.

A questão da propriedade da terra na Roma antiga teve um caráter todo particular: observamos que já Rômulo, depois da fundação de Roma, também fez uma nova distribuição das terras com critérios precisos para a época e para a forma de governo então vigente:

---

[53] Segundo Bartolomé Bennassar: "La primera originalidad de la agricultura de los indios americanos consiste en basarse en plantas desconocidas para el antiguo continente, surgidas, con toda probabilidad, en el suelo americano, cuyo cultivo permitió la sedentarización de poblaciones de recolectores y de cazadores. Entre los años 5.000 y 3.000 antes de nuestra era, los frijoles (judías verdes) se convirtieron en plantas cultivables; entre el 3.400 y el 2.300 sucedió lo mismo con il maíz. Pero es en la época siguiente, entre el 2.300 y el 900 antes de J.C., cuando las densidades humanas del valle de Tehuacán estudiadas por los investigadores del la fundación de Peabody realizaron un verdadero salto hacia adelante: se trata indubiamente de una revolución agricola" (A primeira originalidade da agricultura dos índios americanos consiste em se basear em plantas desconhecidas para o antigo continente, surgidas, provavelmente em solo americano, cujo cultivo permitiu a sedentarização de populações de colhedores e de caçadores. Entre os anos 5000 e 3000 antes da nossa era, os feijões se converteram em plantas cultiváveis; entre 3400 e 2300 acontece o mesmo com o milho. Mas é na época seguinte, entre 2300 e 900 a.C., quando as densidades humanas do vale do Tehuacán, estudadas pelos pesquisadores da fundação de Peabody, realizaram um verdadeiro salto a frente: trata-se indubitavelmente de uma revolução agrícola) (1996:13).

[54] Cabe ressaltar que, na Índia, a propriedade se reconhece no Código de Manu. A propriedade individual, porém idéia indiana de propriedade é da idéia ocidental de propriedade. Veja-se Negro (1970, p. 26), assim como o início da propriedade no Egito.

PROPRIEDADE DA TERRA
Análise sociojurídica

"Secondo la tradizione Romolo, dopo la fondazione della città, assegnò ad ogni aterfamilias la proprietà di due iugeri di terreno (*a iugera*), cioè di circa mezzo ettaro, trasmissibili ereditariamente (heredium), inalienabili ed indivisibili"[55] (Negro, 1970: 46-47).

No Império Romano, vemos uma evidente preocupação com a divisão das terras, o que mais tarde provocará lutas sociais pela propriedade das mesmas. As primeiras lutas romanas são identificadas em 754-510 a.C., a plebe revolta-se com a falta de terras e exige uma distribuição justa das terras do Império, o que provoca também uma mudança no sistema tributário da antiga Roma, mais tarde (século V e metade do século seguinte), outro movimento de luta pela terra pode ser identificado, este é fruto do esgotamento das "terras do Lazio", levando em conta a importância da agricultura nesse período. O esgotamento destas terras provocou mudanças, chegando a ponto de, no século II a.C., as "produtivas terras do Lazio" serem destinadas somente ao "pascolo". Assim, incrementa-se o movimento dos plebeus contra o enriquecimento dos patrícios, tendo presente que os primeiros deveriam ausentar-se por longos períodos em função das constantes guerras daquele momento, o que os submetia muitas vezes à condição de escravos, enquanto os segundos iam ocupando as terras dos primeiros. Esse contexto faz com que, no ano 232 a.C., Caio Flamingo faça outra distribuição de terras:

"Nel 232 a.C. Caio Flaminio, divenuto tribuno, riusciva a fare approvare una legge agraria relativa alla distribuzione alla plebe dell'agro gallico e piceno, in tal modo indirizzando di nuovo le energie del popolo romano verso lo sviluppo agricolo"[56] (Negro, 1970: 54).

A distribuição de terras nunca foi um processo isolado do desenvolvimento evolutivo de uma dada sociedade. A distribuição de terras, desde a Antiguidade, sempre esteve vinculada a algum interesse político, social e econômico. No caso específico do qual estamos tratando, devemos ter presente que, com esta nova distribuição das terras, pretendia-se um incremento na agricultura. Falamos de um contexto de guerras, justamente neste período era o momento das Guerras Púnicas, um momento precedente às Leis dos Gracchi.

Vemos que, desde o início, no direito romano, a tradição do conceito de propriedade reporta-nos para a idéia de que o direito de propriedade

---

[55] "Segundo a tradição, Rômulo, depois da fundação da cidade, consignou a cada pai de família a propriedade de dois *iugeri* de terreno (*bina iugera*), isto é cerca de meio hectare, transmissível hereditariamente (*heredium*), inalienável e indivisível". Tradução livre.

[56] "Em 232 a.C., Caio Flamingo, tornando tribuno, conseguiria fazer aprovar uma lei agrária relativa à distribuição à plebe *di agro gallico e piceno*, de tal modo endereçando de novo as energias do povo romano verso ao desenvolvimento agrícola". Tradução livre.

entre os romanos já era um direito absoluto, é um princípio ilimitado sobre alguma coisa. Isto em linhas gerais, porque aprofundando o estudo sobre a propriedade, no antigo direito romano, vemos que estes já impunham algumas limitações a este direito absoluto: "A propriedade, em Roma, constituiu direito absoluto e perpétuo, excluindo-se a possibilidade em exercitá-lo vários titulares" (Fachin, 1988: 15).

É de domínio comum entre os juristas modernos a importância do direito romano para a definição dos elementos da propriedade, assim a propriedade quiritária foi fundamental para a definição e elaboração de um conceito moderno sobre o instituto da propriedade.

Atualmente, a propriedade pode ser definida, de forma genérica, como sendo um conjunto de regras abstratas, das quais depende de um modo de acesso, de uso e de controle de qualquer coisa que possa ser objeto de uma lide social, assim a propriedade pode referir-se a um objeto real ou a um objeto abstrato, por exemplo, a posse da terra é uma propriedade de algo real, concreto. Já uma fórmula, ou a própria propriedade intelectual são questões abstratas, mesmo assim são objetos, bens ou coisas que são da propriedade de alguém, de um grupo; ou ainda são objetos de desejos de propriedade de indivíduos, grupos, indústrias.

A questão da propriedade absoluta, mesmo tendo suas raízes históricas no direito romano, é objeto de muitas controvérsias, nesse sentido, a Revolução Francesa foi importante para delimitar o poder absoluto do Estado, assim afirma Borges:

> "O direito de desapropriar, conferido ao Estado pelas Constituições que se inspiravam nas Declarações de Direito advindas da Revolução Francesa e do movimento de independência dos Estados Unidos, consolidou a propriedade. Foi uma conquista na área dos direitos individuais contra o absolutismo do Estado" (Borges, 1992: 2).

O Código Napoleônico, art. 544, faz uma referência ao direito de propriedade como direito absoluto quando afirma que a propriedade é o direito de gozar e dispor das coisas da maneira mais absoluta, desde que seu uso não viole as leis ou regulamentos. No direito brasileiro, desde o princípio, o direito de propriedade era garantido na sua plenitude, como diz o art. 179 da Constituição Imperial, o que vem reafirmado nas demais Constituições, com algumas poucas restrições sobre, por exemplo, jazidas minerais, que eram consideradas como questão de segurança nacional. Depois se agregam às Constituições a idéia de interesse social, de bem-estar social, até chegar à Constituição de 1946 que trata da justa distribuição da propriedade, com igual oportunidade para todos e, paradoxalmente, a Constituição de 1967, em plena ditadura militar, trata da função social da propriedade, o que vem reafirmado na Constituição de 1988. A partir desse enfoque, faremos um estudo mais aprofundado sobre a evolução jurídica da propriedade no Brasil no próximo capítulo quando trataremos exclusivamente deste tema.

Assim, como reafirma, modernamente, Carl Schmitt, a terra é a *madre del diritto*", ou ainda seguindo P. Grossi, que infere que não é tanto a terra que pertence ao homem, mas é muito mais o homem que pertence à terra, onde a propriedade individual aparece mais como invenção desconhecida, porém esta "mãe" ou esta invenção desconhecida muito evoluiu e tornou-se bastante complexa, ou seja, se, no início da história, podemos admitir tais pressupostos, na modernidade, temos que ver a outra parte da forma, tal seja, podemos hoje ainda definir a terra como mãe? Podemos hoje afirmar que a propriedade privada da terra assegura futuro? Os tempos mudaram, a evolução dos sistemas sociais tendem a demonstrar exatamente o contrário, se a terra antes poderia ser mãe, na modernidade, ela tem que ser mãe produtiva e lucrativa, acima de tudo.

Porém, continuamos pesquisando nossa hipótese inicial, onde dizíamos do nosso interesse em identificar o sentido moderno do "grito pela terra", assim refletindo sobre estas diferentes culturas, observamos a universalidade do problema da apropriação, posse e propriedade da terra. A forma de encaminhar o problema depende do estágio de evolução social de cada sociedade. Utilizamos os exemplos ora relatados com esta intenção, ou seja, por um lado, demonstrar a universalidade da problemática; por outro, demonstrar a sua paradoxalidade. Quando a universalidade parece evidente, porém, referimo-nos à paradoxalidade desta questão, queremos dizer que a propriedade, que na sua origem era coletiva, representava um paradoxo na medida em que propriedade coletiva também significa propriedade de ninguém, assim como pode ser propriedade de todos. O que nos leva a pensar no caráter artificial que tem hoje a idéia da propriedade da terra, ou seja, inicialmente a propriedade era um dom de Deus, depois, a natureza das pessoas definia o seu direito ou não à propriedade. Hoje, temos todo um aparato jurídico para definir a propriedade da terra, que não soluciona conflitos, mas cria sempre novos conflitos.

Na sociedade diferenciada funcionalmente, a propriedade da terra não deveria mais se constituir como um problema, ocorre que a sociedade atual é formada pelo centro e pela periferia da modernidade. Paradoxalmente, ocupamo-nos da propriedade da terra no Brasil não como único problema sociojurídico da sociedade brasileira, mas porque o percebemos exatamente como resultado deste processo de evolução social, onde problemas como este estão "resolvidos" no centro da modernidade, mas, na sua periferia, ainda existem. E existem não como resultado de atrasos econômicos, sociais ou políticos, mas justamente como resultado deste processo. Significa a forma visível de como a periferia da modernidade mostra a "modernidade da sua periferia".

Temos então um centro da modernidade onde esta questão não é mais um problema, ou seja, a estrutura da propriedade da terra não importa. Mas, na periferia da modernidade, esta questão além de visível, latente e real, permanece como um problema fundamental. A propriedade da terra continua sendo um problema de ordem jurídica, social, econômica e moral. Desse modo, provocando uma situação de desequilíbrio social, produzida não pela própria periferia, mas pela modernidade, que não pode mais ser encarada como resíduos de antigas estruturas. É um problema da sociedade moderna e para afrontá-lo é necessária uma arquitetura conceitual que nos permita evidenciar esta problemática.

Podemos vislumbrar, na primeira parte deste estudo, as várias representações de mundo e da terra nas mais diversas áreas do conhecimento, assim, neste segundo capítulo, pretendemos observar a questão da propriedade da terra através do pensamento de autores clássicos, os quais nos fazem entender porque hoje, em uma sociedade diferenciada funcionalmente, a propriedade da terra é um paradoxo da modernidade da sociedade moderna.

Capítulo I
Conceito de propriedade da terra nos clássicos ocidentais

1. Conceito de propriedade da terra em Thomas Hobbes (T.H.)

"Cosicchè, troviamo nella natura umana tre cause principali di contesa: in primo luogo la rivalità; in secondo luogo la diffidenza; in terzo luogo l'orgoglio"[57] (Hobbes, 1989:101).

Repensando a idéia originária de como a propriedade vinha sendo definida, deparamo-nos com o pensamento de Hobbes, o qual colocava a questão da propriedade individual como passo importante para que os indivíduos saíssem do estado natural e assim pudessem constituir a sociedade civil. A propriedade, para ele, tinha uma função política e econômica, em que o Estado cria as regras para o exercício do interesse geral e, como instituto econômico, proporciona aos indivíduos liberdade para as iniciativas individuais, entendendo que os limites do indivíduo são definidos pelo Estado, em que a vontade do soberano é sempre justa.

Hobbes vivia em uma Europa caracterizada por um sistema político que se concentrava no absolutismo monárquico, com organizações burocráticas centralizadas e de pouca produção normativa, mas com um capitalismo fundiário nascente. Nesse período, observamos, na Europa, uma efervescência de "absolutismo", que vem agravar ainda mais a situação dos pequenos agricultores, já que a situação burocrática não os favorecia, pois os governos absolutistas estavam mais preocupados em armamentos do que em manter a pequena agricultura. Então, é justamente neste período que nasce, na Europa, um novo capitalismo fundiário. Nesse contexto, sugerem também as obras do absolutista mais conhecido até então: Thomas Hobbes, o qual por alguns é tido como o difusor da primeira expressão

---

[57] "Deste modo, encontramos na natureza humana três causas principais de contenda: em primeiro lugar, a rivalidade; em segundo lugar, a desconfiança; em terceiro lugar, o orgulho." Tradução livre.

do positivismo jurídico, pelo seu modelo de organização absolutística do sistema da política, a qual parece ser até os dias atuais uma das premissas do Estado Moderno. A teoria hobbesiana é influenciada pelo contexto histórico-social da Europa, ou seja, um mundo de guerras civis e religiosas e, além de tudo, há um momento histórico muito particular, em que se discutia profundamente a descoberta do "Novo Mundo", por isso, podemos entender, seguindo a interpretação de Carl Schmitt, que o estado de natureza é "terra di nessuno, ma non per questo un non-luogo". Para ele, a América era um domínio do estado de natureza, entendido, por isso, como uma liberada luta pré-estatal entre impulsos e interesses egoísticos. Veja-se que para Hobbes os "americanos" são utilizados para exemplificar a idéia de que o homem é o lobo do próprio homem no estado de natureza.

A teoria hobbesiana é importante também no sentido de verificar como, segundo ele, os indivíduos no estado de natureza sentem o desejo de serem proprietários, quando ele afirma que, no estado de natureza, os indivíduos pensam que tudo a eles pertence. Para a evolução dos indivíduos, ao estado civil, é fundamental a definição da propriedade. Só desta forma se pode alcançar a paz e a segurança, requisitos fundamentais para a vida em sociedade. O fim dos indivíduos é a paz, a segurança da vida e dos bens, mas este estágio atinge-se somente com a passagem do estado de natureza para o estado civil, porque fundamentalmente, no estado de natureza, as relações eram dominadas pelas paixões, pelo egoísmo, pela ambição, pela vontade de dominar; já no estado civil, o que ele define como estado de "paz", é o estágio em que os indivíduos não estão mais no nível de guerra uns contra outros, também porque, no estado civil, suprime-se o uso da força individual e, ainda, ingressa-se no estado civil por intermédio de um contrato, cujos indivíduos renunciam os direitos naturais de cada um para aceitarem o "soberano" ou uma "assembléia". Dessa forma, a paz e a segurança estavam garantidas nas mãos de um homem (o soberano), o qual teria um poder absoluto sobre todos os demais membros da sociedade. Assim as ações do soberano são as medidas e os parâmetros para a justiça, em outros termos, a validade de uma lei civil e sua justiça justificam-se e fundamentam-se no fato de terem sido postas e determinadas pelo soberano.

Para justificar a idéia de primeiro ocupante de uma determinada terra, Hobbes reporta-se à idéia de que a família representa a origem do poder sobre os indivíduos e infere que, pela lei da natureza, o pai, em primeiro plano, era o "senhor" absoluto da mulher e dos filhos; em segundo lugar, estabelecia as leis conforme seus critérios de prazer; em terceiro, exercia também a função de juiz nas controvérsias; em quarto lugar, não era obrigado a qualquer lei humana que o fizesse seguir um caminho e/ou tomar uma decisão diferente daquela que ele (o pai) considerasse como correta; e, por fim, trata também da questão que nos interessa particularmente:

> "... qualsiasi terra sulla quale si stabiliva e della quale faceva uso per il bene proprio e della famiglia, gli apparteneva in nome del diritto del primo occupante, se l'aveva trovata inabitata, o del diritto di guerra, se l'aveva conquistata con la forza... chi non era proprietario di terre, ma era versato nelle arti necessarie alla vita dell'uomo, veniva ad abitare presso la famiglia, per esserne protetto"[58] (Hobbes, 1988: 550).

Nesse período, ainda era importante ser proprietário de terra, assegurava futuro. Veja-se que aquele membro da família que, por razões diversas, não poderia ser proprietário estava eternamente vinculado ao núcleo familiar e sujeito às regras definidas pelo "senhor da casa", para assim viverem em harmonia com a lei natural e com os usos e costumes daquela época, em que a propriedade da terra poderia ser conquistada de várias formas, inclusive com a guerra[59] entre pares-claro, sempre dependendo das intenções desta guerra, porque o chefe de uma família está sujeito somente às suas determinações, que devem sempre ser justificáveis perante Deus, se assim for, podendo adquirir uma terra inclusive de um par. Hobbes justificava este fato juridicamente, dizendo que, para o direito natural, as intenções podem ser legitimadas em vários casos, um destes é aquele que constringe uma ação em função de uma necessidade de assegurar os meios de sobrevivência.

Na teoria hobbesiana, a propriedade da terra é negada aos súditos, o mesmo não vê nenhuma motivação que estes possam ser proprietários e diz:

> "I sudditi, infatti, quando entrano a far parte della famiglia, sono privi di qualsiasi titolo a pretendere una porzione delle terre o altre cose, salvo la sicurezza: alla quale anzi sono obbligati a contribuire con tutte le forze e, se necessario, con tutte le fortune loro"[60] (Hobbes, 1988: 551).

A possibilidade de ser proprietário era restrita aos senhores porque, no processo de conquista (ao qual os súditos não tinham acesso), a terra

---

[58] "... qualquer terra sobre a qual se estabelecia e da qual se fazia uso para o próprio bem e da família, pertencia-lhe em nome do direito do primeiro ocupante, se a havia encontrada desabitada, ou do direito de guerra se a havia conquistado com a força... quem não era proprietário de terra, mas era versado nas artes necessárias à vida do homem, vinha a habitar junto à família, para ser protegido". Tradução livre.

[59] Para Hobbes, a necessidade e a segurança constituem, segundo Deus, justificativa "justa" para o início de uma guerra.

[60] "Os súditos, de fato, quando passam a fazer parte da família, são privados de qualquer título a pretender uma porção das terras ou outras coisas, salvo a segurança: à qual são obrigados a contribuir com todas as forças e, se necessário, com toda sua sorte". Tradução livre.

pertencia a quem a havia conquistado; o conquistador, por sua vez, poderia fazer desta terra o que lhe fosse conveniente. Porém, os súditos poderiam receber terras em troca do serviço militar, por exemplo. Assim Hobbes demonstra que existem dois tipos de propriedade, isto é, aquela que deriva de um "dom de Deus", a qual, em um Reinado, só pode pertencer ao rei; e aquela na qual alguém recebe um título de outro, por obediência ou por prestação de serviços. Nas palavras do autor: "a primeira forma exclui o direito de possuir de todos os demais, na segunda o direito de todos os outros súditos da própria terra, mas não aquele do soberano".

Para justificar esta afirmação, Hobbes refere-se às terras de Canaã, ao Antigo Império Romano, à Grécia e todos os demais conquistadores que, após terem conquistado uma terra, faziam com ela o que lhes fosse oportuno. Para ele, é uma verdade universal que todas as terras conquistadas, logo após a vitória, são de posse de quem a descobriu. Assim também as terras dos Reis ingleses, por exemplo, estas eram-lhes doadas pelo povo. E assim justifica esta última idéia:

> "Nessuno può negare che le terre, che il Conquistatore donò a Inglesi e ad altri, e che oggi costoro detengono in virtù di patenti concesse da lui o di altri atti di trasmissione, erano in piena ed intera sua proprietà, altrimenti non sarebbero validi i titoli degli attuali posssessori"[61] (Hobbes, 1988: 553).

Deste modo, podemos também observar as idéias do autor no que diz respeito às capacidades política e natural[62] do soberano, isso quando afirma que caso a autoridade concentre-se nas mãos de uma assembléia – aristocracia ou democracia – o soberano pode ser proprietário de terra, mas somente em função de sua capacidade política, neste caso, nenhum homem tem direito sobre estas terras ou sobre parte delas. Em outro caso, quando o poder não está concentrado em uma assembléia, todavia nas mãos de um único soberano, as duas capacidades naturais e políticas estão reunidas única e exclusivamente na figura do soberano, a propriedade da terra é *indistinguibili – não é possível fazer uma diferença.*

---

[61] "Ninguém pode negar que as terras, que o Conquistador doou aos Ingleses e outros, e que hoje estes detêm em virtude de patentes concedidas por ele ou por outros atos de transmissão, eram suas propriedades inteira e plenamente, de outra forma não seriam válidos os títulos dos atuais possessores". Tradução livre.

[62] Conforme Hobbes: "Tutto ciò che un monarca compie o comanda, con il consenso del popolo del regno suo, giustamente si può dire che lo compie o lo comanda in virtù della propria capacita politica; mentre tutto ciò che ordina solo oralmente, o per mezzo di lettere recanti la sua firma, o il timbro di uno dei suoi sigilli privati, lo ordina in virtù della sua capacità naturale" (Tudo aquilo que um monarca define ou comanda, com o consenso do povo do seu reino, justamente se pode dizer que o definiu ou o comandou em virtude da própria capacidade política; enquanto tudo aquilo que ordena apenas oralmente ou por meio de cartas requer a sua assinatura, ou o timbro de um de seus conselheiros privados, ordena-o em virtude da sua capacidade natural" (Hobbes, 1988: 554).

Alguns juristas observam esta distinção entre a capacidade natural e política, como a diferença entre o direito público e o direito privado, assim Hobbes passa a descrever como era a aquisição (através da herança) de terras no Antigo Império Romano. Observa-se que o povo germânico, o qual não havia sido conquistado pelos imperadores romanos, era tido como uma "população selvagem, pagã", que vivia apenas das guerras e da rapina, por isso diziam que ser alemão significava ser "homem de guerra", os quais exerciam sobre suas famílias um poder absoluto, assim a sucessão da propriedade das terras era definida pelo chefe da família, enquanto ainda estava vivo, e a terra que este não havia definido em vida a quem pertencia passava, após sua morte, para as mãos do filho primogênito e, se este último morresse sem ter passado esta terra para os seus próprios filhos, esta propriedade, originalmente do pai, passava para os irmãos menores por ordem de idade; se não houvesse irmãos passaria para as irmãs, e se não tivesse nem irmãs e irmãos passava para um tio da parte do marido ou da mulher, dependendo de quem era inicialmente a propriedade da terra. Era uma transmissão cosangüínea, ou seja, natural.

Outro aspecto que devemos considerar da teoria é a idéia do justo e do injusto para entendermos o significado originário da propriedade, ou seja, Hobbes afirma que a justiça é a vontade constante de dar a cada um o "seu", por isso, onde não existe o "seu", não existe a propriedade, não existe a injustiça; e a propriedade não existe onde não há um poder coercitivo instituído, ou seja, onde não tem um Estado. Partindo do pressuposto que todos os homens têm direito a todas as coisas, então, onde não existe o Estado constituído não existe a justiça. E assim afirma Hobbes:

> "Cosiché la natura della giustizia consiste nel rispettare i patti validi, ma la validità dei patti non ha principio se non con la costituzione di un potere civile sufficiente a costringere gli uomini a mantenerli; ed è allora che ha pure principio la proprietà"[63] (Hobbes, 1989: 117).

Em síntese, não se pode falar em justiça ou injustiça antes da constituição de um Estado, somente este poderá fazer respeitar os pactos estipulados, assim a propriedade só é valida se for fonte de pacto, por isso, na teoria hobbesiana, a justiça e a propriedade são princípios para a constituição do Estado, ou seja, a justiça é a vontade de dar a cada um o que é seu.

Porém, a idéia de que cada um tem o direito de ter o "seu" será definida no âmbito do Estado constituído, pois que somente o poder de um soberano poderá regular esta situação, caso contrário, os homens con-

---

[63] "De tal modo que a natureza da justiça consiste em respeitar os pactos válidos, mas a validade dos pactos não tem princípio senão com a constituição de um poder civil suficiente a constranger os homens a mantê-los; e é, então, portanto, que têm princípio a propriedade". Tradução livre.

tinuariam vivendo em um estado de permanente guerra uns contra os outros, sendo necessário que a propriedade fosse o fundamento da paz, dependente sempre do poder soberano. Para resumir sua idéia sobre a propriedade, Hobbes diz:

> "Queste regole della proprietà (ossia del meum e tuum) e di bene e male, legittimità e illegittimità nelle azione dei sudditi, sono le leggi civili, vale a dire, le leggi proprie a ciascuno Stato in particolare"[64] (Hobbes, 1989: 150).

Assim o soberano, através do Estado, deve tomar decisões no sentido de que o *meum e tuum* não sejam objeto e causa de guerras; e é fundamentalmente para isto que existe o Estado, ou seja, para assegurar uma condição de paz e justiça, até porque a idéia "do meu e do teu" são idéias inúteis.

Quando trata da "alimentação" do Estado, faz referência à idéia de que esta depende da abundância e da distribuição do material necessário para a vida. A abundância é delimitada através dos produtos da terra e do mar (*le due mammelle della nostra Madre Comune*), e Deus dá aos homens o dom de mudar e transformar os produtos naturais através do trabalho, para assim serem satisfeitas as necessidades vitais. E é, por meio da distribuição do material necessário para a vida, que se constitui o meu e o teu, ou seja, a propriedade. Esta distribuição está vinculada ao poder do soberano, porque a propriedade é conseqüência do Estado, é um decreto do soberano, a qual é fundamentada nas leis que somente o detentor do poder soberano pode fazer. Assim, Hobbes recorda o que os antigos chamavam de *nomos* – para definirem a idéia de distribuição – aqui é entendida como lei, a qual definia a cada um o seu.

> "In questa distribuzione, la prima legge concerne la divisione della terra stessa; divisione nella quale il sovrano assegna a ciascuno una porzione di terra, secondo che egli stesso – e non secondo che uno o quanti si voglia dei sudditi – giudichi conforme all'equità e al bene comune"[65] (Hobbes, 1989: 206).

E para exemplificar esta situação, como fazem outros autores, também Hobbes reporta-se para os exemplos bíblicos, em que relata que aos filhos de Israel faltavam os produtos para a sobrevivência e que, só quando

---

[64] "Estas regras constitutivas da propriedade (ou seja, do *meum* e *tuum*, do que é meu e do que é teu) e do bem e do mal legítimo e ilegítimo nas ações dos súditos, são as leis civis, vale dizer, as leis próprias a cada Estado em particular" Tradução livre.

[65] "Nesta distribuição, a primeira lei concerne à divisão da própria terra; a divisão na qual o soberano assinala a alguém uma porção de terra, segundo o que ele mesmo – e não segundo a vontade dos súditos – julgue conforme à eqüidade e ao bem comum". Tradução livre.

se "apropriassem" da Terra Prometida, poderiam resolver esta questão, demonstra que a divisão de terras foi feita em modo arbitrário. Assim, desde o princípio, a propriedade de um súdito não excluía o domínio do soberano, mas somente aquele de outros súditos, porque o soberano (que é o próprio estado), age sempre pensando na paz e na segurança comum, bem como a distribuição das terras deve seguir esta linha, "di conseguenza ogni distribuzione che per ipotesi il sovrano compia in contrasto con tale fine contraddice la volontà di ogni suddito, che ha affidato la propria pace e la propria salvezza alla sua discrezione e coscienza, e perciò per volontà di ciascuno di essi va ritenuta priva di effetto"[66] (p.207).

Mas o poder do soberano não termina com a "justa" distribuição das terras, ele, além de ter o poder de distribuir, também, define que produtos podem ser exportados, por exemplo. Também para quem se vai vender os produtos da terra é uma decisão que deve tomar o soberano, porque somente ele – iluminado por Deus – sabe o que deve fazer para manter a paz, o Estado civil.

O poder absoluto de uma propriedade da parte de um proprietário pode significar uma doutrina[67] que tende à dissolução do Estado, o que deve ocorrer é que cada um tenha uma propriedade graças ao soberano, por isso vinculada a ele (soberano), que exclui a um outro súdito o direito àquela propriedade.

Para Hobbes, os indivíduos têm um desejo natural de se tornarem proprietários, porém a propriedade deve ser fonte de um pacto válido. Este pacto terá fundamento jurídico somente quando o Estado estiver constituído. Os dois princípios fundamentais para a constituição do Estado são a justiça e a propriedade.

A idéia do vínculo entre os proprietários de terra e o sistema da política é amplamente discutido pelo utopista James Harington, o qual diz que para fundamentar a República são necessárias duas leis fundamentais: a lei agrária e a lei eleitoral. O autor, ao construir a idéia da República de Oceana, utiliza-se de alguns argumentos mítico-religiosos e, a partir destes, pretende uma distribuição igualitária das terras.

---

[66] Ou seja "em conseqüência cada distribuição que por hipótese o soberano estabelece em contraste com tal fim contradiz a vontade de cada súdito, que confiou a própria paz e a própria salvação a sua discricionariedade e consciência, e por isso por vontade de qualquer um destes pode ser privada de efeito". Tradução livre.

[67] Esta é para Hobbes a quinta "dottrina tendente alla dissoluzione dello Stato è che ogni privato ha una proprietà assoluta sui beni, tale a escludere il diritto del sovrano" ("...doutrina tendente à dissolução do Estado é que cada indivíduo privado tenha uma propriedade absoluta sobre os bens, de modo a excluir o direito do soberano") (p. 265-1989) – Leviatano.

2. Conceito de propriedade e função da terra em James Harrigton (J.H.)

"O Oceana, la più benedetta e fortunata di tutte le terre! Come meritatamente e con generosità la natura ti ha dotata di tutti i beni del cielo e della terra, dal momento che il tuo suolo sempre fertile non è mai coperto di ghiaccio, né è funestato da un astro inclemente, e dove Cerere e Bacco sono perpetuamente affratellati"[68] (Harrington, 1985: 93).

A obra de James Harrington, "The commonwealth of Oceana",[69] aparece na metade dos anos de 1600, precisamente em 1656, na Inglaterra. A República de Oceana contribui para as "perturbações" da sociedade inglesa daquele século, momento no qual foram elaborados diversos projetos constitucionais, que serviam de guia orientador para a construção de um novo Estado, o qual nasce depois da revolução. Nos anos em que aparece a obra de J.H., a Inglaterra havia feito a primeira experiência revolucionária da Idade Moderna, um momento de efervescência em todas as áreas, seja na economia, na política, na filosofia e também na pesquisa científica, isto é, velhas certezas são colocadas à prova e muitas vezes rejeitadas, a cultura laica teve uma grande expansão. Buscava-se um novo modelo de Estado vinculado à nova realidade social, econômica e política.

James Harrington nasce em 1611, filho de uma família importante social e politicamente, iniciou seus estudos na faculdade de Direito em Oxford, embora fosse um "aplicado aluno", deixou a universidade e decidiu viajar para assim conhecer outras realidades e outras línguas, não que com isso tenha abandonado seus fortes interesses intelectuais. Foi na Holanda onde se dedicou a estudar a forma de governo, depois esteve na França onde observou com atenção o governo de Luiz XII e Richelieu, onde estuda a estrutura centralizada e racional. Seu interesse era saber se para uma política ser eficiente era necessário ser absolutista. Esta resposta encontra na Itália, onde se pode observar eficiência política com democracia. Depois de viajar pela Europa, retorna para a Inglaterra, onde encontra um conflito grande entre o Rei e o Parlamento.

J.H. sempre se declarava fiel ao rei, mas era, na verdade, um intelectual comprometido com as idéias republicanas. Este paradoxo, aliado às

---

[68] "Oh Oceana, a mais bendita e afortunada de todas as terras! Como meritosamente e com generosidade a natureza te dotou de todos os bens do céu e da terra, do momento que o teu solo sempre fértil não é nunca coberto de gelo, nem é desgraçada por um astro inclemente, e onde Cerere e Baco são perpetuamente irmanados." Saudação feita por J. H. no início de sua obra.

[69] Possivelmete, o significado de Oceana seja: "Senhoria do Oceano", porque para ele, ao contrário do que ocorreu em Veneza, a sua República impôs suas leis ao mar.

suas experiências com as viagens e suas profundas reflexões teóricas, encaminharam-no para escrever uma obra de cunho, antes de tudo, baseada na utopia, na política, na sociedade, na economia e depois fundamentalmente no direito, porque toda sua obra é fundamentada na lei mais importante da sociedade – a lei agrária –, a mesma encontrou dificuldades para a publicação, só o fazendo em função de seu passado aristocrático, o que até certo ponto lhe permitiu discutir suas idéias políticas, porém esta mesma história pessoal não o livrou do cárcere. Suas idéias eram muito avançadas para a sociedade em que vivia, ele buscava constantemente uma "república igualitária". Mesmo com seu pensamento adiante do tempo em que viveu, para ele cidadãos com todos os direitos de gozo das prerrogativas eleitorais, por exemplo, eram somente os proprietários.

O equilíbrio da propriedade da terra só poderia ser sustentado em um regime republicano. Este importante fundamento da obra de J.H. o conduziu a afirmar que era necessário, antes de qualquer coisa, "fixar, segundo um princípio de igualdade, a distribuição da propriedade da terra e de seus rendimentos", porque somente com esta distribuição igualitária se poderia constituir uma "república igualitária", com um justo equilíbrio entre economia e estrutura do próprio estado.

Na República de Oceana, Harrigton confronta constantemente suas idéias com: Cicerone, Platão, Aristóteles, Machiavelli, Hobbes, Grozio, entre outros. Julgamos importante fazer uma rápida apresentação do autor no sentido de contextualizar sua obra, a qual veremos somente a parte que interessa para esta pesquisa.

Toda a fundamentação para a República de Oceana inicia com algumas idéias centrais: riqueza, poder,[70] domínio e depois propriedade. A idéia é que a riqueza torna os homens dependentes não por sua livre escolha, mas como forma de sobrevivência, por necessidade e por fome. Para tanto, traz o exemplo das pessoas que sentem necessidade de pão, e o "ter pão" concentrado nas mãos de um rei ou de uma única pessoa, os que têm esta necessidade estão sob o poder deste. O poder por sua vez é fundamentado no domínio, e o domínio constitui-se na propriedade real ou pessoal. Aqui se trata da propriedade de bens, de dinheiro e de terras.

A propriedade da terra[71] está vinculada ao poder dos senhores, a distribuição das terras confere um determinando poder, mas se um senhor é proprietário de toda a terra em uma comunidade, o seu governo nada mais é que uma monarquia absoluta. Outra situação onde poucas pessoas

---

[70] O poder é originariamente adquirido pelos bens da fortuna, ou seja, a propriedade. Já a autoridade provém dos bens da mente, é uma virtude natural ou adquirida.

[71] As observações feitas por J. H. da sociedade nos anos de 1600 não lhe fizeram ver que, já nesse período, havia uma mudança no sistema da economia, onde a propriedade da terra já não era a única fonte de riqueza. Este foi um período onde o comércio já tinha um grande peso na vida econômica.

possuem a propriedade da terra (aqui pode ser a nobreza, o clero, etc. – o autor apresenta o exemplo da Espanha nos anos 1600), nesse caso, trata-se de uma monarquia mista, mas se:

> "... l'intero popolo è padrone della terra, o tiene la terra suddivisa in modo tale che nessuna persona o nessun gruppo, nell'ambito dei pochi o dell'aristocrazia, abbia una preponderanza, il governo (senza l'intervento della forza) è una repubblica"[72] (Harrington, 1985: 103).

O autor define-se desde o início, a partir de suas viagens[73] pela Europa, como um republicano.[74] A questão da força vem aliada à fundamentação política do governo, ou ainda quando o governo não estipulou um equilíbrio entre os proprietários, este (o governo) resulta naturalmente violento. No caso em que a propriedade é dividida em duas partes, a primeira com o Príncipe, a segunda com a população, não se pode imaginar um equilíbrio do poder, mas sim, nas palavras do autor: "querer fixar o equilíbrio significa impor a miséria". A monarquia não pode tolerar a divisão das terras propostas na República de Oceania, porque a conduziria a uma república, assim nem mesmo uma república pode permitir o acúmulo de riqueza, porque isto poderia conduzir a uma monarquia. A divisão das terras era fundamental para o equilíbrio da propriedade. Para fundamentar essa idéia serve-se do exemplo do rio Nilo, cujas terras não são produtivas antes de se subdividir nos seus afluentes, mas onde se divide é extremamente fértil, assim, também em uma república que faz um ajuste da divisão das terras a população será seguramente mais igualitária. E, desse modo, refere-se sobre a riqueza individual:

> "Dove c'è una qualche misura nelle ricchezze, un uomo può esser ricco; ma se vorrete avere una ricchezza infinita allora non vi sarà mai fine nel desiderio d'accumularla, ritenendo esser insufficiente ciò che si ha; e quali pene ognuno dovrà sopportare, per restare alla fine povero!"[75] (Harrington, 1985: 203).

---

[72] "... todo o povo é patrão da terra, ou tem a terra subdividida em modo tal que nenhuma pessoa ou grupo, no âmbito dos poucos ou da aristocracia, tem uma preponderância, o governo (sem o intervento da força) é uma república". Tradução livre.

[73] Estas viagens foram tão significativas na vida de J.H. que, ao construir um modelo de educação para a República de Oceana, coloca como requisito que os alunos pudessem utilizar e fazer viagens como uma forma de educação ativa, porque, segundo ele, as viagens poderiam proporcionar múltiplas experiências e desenvolver o interesse cultural através do contato direto com os eventos sociais que ocorrem em locais diferentes. Ele pretendia com a educação um "cidadão organicamente preparado, consciente, com conhecimentos operativos e não somente conhecimentos abstratos".

[74] Para ele, a monarquia corresponde à tirania; a aristocracia, à oligarquia; a democracia, à anarquia. Estas relações se dão, segundo o autor, não pela corrupção intrínseca de cada uma destas formas de governo, mas pelo deslocamento entre os sujeitos sociais e o controle pela posse de terras.

[75] "Onde existe qualquer medida nas riquezas, um homem pode ser rico; mas se quiser ter uma riqueza infinita então não terá mais fim o seu desejo de acumulá-la, entendendo ser insuficiente aquilo que se tem; e tais penas ninguém deverá suportar, por restar, no fim, pobre". Tradução livre.

PROPRIEDADE DA TERRA
Análise sociojurídica

Também faz uma referência a Esparta, que quando tinha uma divisão das terras era inatacável, porém quando a mesma desaparece, junto, desaparece a "potência" de Esparta. Portanto, é fundamental que as terras sejam divididas e organizadas, é este tipo de situação que exige a Lei Agrária, entendendo que esta foi primeiro estipulada por Deus,[76] mas não existe tipo de governo que possa governar sem uma lei agrária. Neste período, poder está diretamente relacionado com a propriedade da terra, e o autor adverte que, enquanto "uma propriedade produz poder", esta deve estar fundamentada em bases seguras. Assim, os políticos não são designados por Deus, mas diretamente na relação de produção e alteração do equilíbrio da propriedade.

Da mesma forma, as forças do exército, tão importante neste período, estão vinculadas ao equilíbrio da propriedade, pois sem a distribuição e o equilíbrio da propriedade, a "espada pública" teria somente um nome sem força e sem sentido.

Observa-se, no decorrer do texto, que a propriedade sempre foi uma categoria jurídica, assim, o equilíbrio do proprietário era estabelecido a partir da "Lei Agrária", que por sua vez produzia também uma uniformidade social, visto que os indivíduos não eram por natureza egoístas, mas os homens são contemporaneamente criaturas sensuais e filosóficas, por isso formar um governo, segundo J.H., significava "dar vida a uma criatura política sobre a imagem de uma criatura filosófica", já a sensualidade abordada por ele significava que existia uma base instintiva, que serviria para a autoproteção e autodefesa contra qualquer forma de violência.

Na sua percepção, toda a população era, praticamente, "proprietária", embora conhecesse a estratificação social existente, pensava que proprietários e não-proprietários pudessem ser complementares entre si, e os não-proprietários poderiam sempre se tornar proprietários, pois era a propriedade que dava dignidade aos indivíduos, era um fator de emancipação para todos, inclusive para as mulheres. É justamente nesta situação que podemos observar a dificuldade do autor[77] de se liberar de uma mentalidade "liberal burguesa". Veja-se que assim como a Lei Agrária deve assegurar na "sua" república o equilíbrio no plano econômico, onde o fundamento era a igualdade, este mesmo fundamento valia para o sistema da política, ou seja, todos os cidadãos tinham direito de participar diretamente nos processos eleitorais (assim pensava que a igualdade fosse assegurada), mas os servos eram "naturalmente" excluídos deste processo.

---

[76] Para J. H., na sua República, a Igreja não podia ser autônoma, mas sim deveria fazer parte do Estado.

[77] Giusepppe Schiavone, tradutor italiano da "República de Oceana", assim define a utopia de J. H. "A sua utopia, como método científico, vinha do passado e se projetava problematicamente no futuro".

Quando trata desta "dita igualdade", ignora os servos como possíveis candidatos a uma eleição. Assim define a questão de uma república igualitária: "... è quella che è egualitaria nell'equilibrio proprietario o fondamento nelle sovrastrutture, cioè nella sua legge agraria e nella sua rotazione" (Harrington, 1985:124).[78]

A Lei Agrária definida é uma lei para toda a vida, ou seja, é perpétua. Ela instaura e conserva o equilíbrio da propriedade por meio de uma distribuição "igualitária" da propriedade. Esta distribuição igualitária significa que a nenhum homem ou a nenhum pequeno grupo de homens ou, ainda, a poucos da aristocracia, é permitido *sopravanzare l'intero popolo nei suoi possessi terrieri*. Em outro sentido, esta lei é considerada como fundamental. Na República de Oceana, existem duas leis fundamentais: a agrária e a eleitoral. Assim, o fundamento do governo é o insieme destas leis, sendo que a primeira define a propriedade, ou seja, aquilo que os indivíduos podem definir como coisa própria e podem gozar e proteger este bem, e a segunda – a Lei Eleitoral – é produzida do primeiro grande fundamento, qual seja a Lei Agrária:

> "..., o il centro di questa repubblica, sono le leggi agrarie e le leggi elettorali; le leggi agrarie, con l'equilibrio della proprietà, garantiscono l'uguaglianza alla base; le leggi elettorali, con il principio dell'eguale rotazione, portano l'uguaglianza in ogni ramo o esercizio del potere sovrano"[79] (Harrington, 1985: 193).

O equilíbrio da propriedade era assegurado em Oceana, Marpesia e Panopea através do décimo terceiro ordenamento, no qual vinha fixado que o limite máximo de renda anual dos habitantes desta República era de duas mil esterlinas por ano. Isto para os que já eram proprietários de terra e com validade também para os que seriam no futuro, assim também quando se faz a divisão dos bens entre os filhos, os rendimentos advindos da divisão da terra não podem superar este valor estipulado, a divisão deve ser o mais igual possível, ou nas palavras do autor "dividir em modo próximo ao igual", mesmo tendo em vista as regras gerais que estipulam que ao filho mais velho cabe uma proporção maior, mesmo para este não se pode ultrapassar o valor fixado. Isto vale também para o caso das filhas mulheres, embora com outros valores, vale destacar que J.H. propôs para as mulheres o valor de mil e quinhentas libras esterlinas.

---

[78] "..., é aquela que é igualitária no equilíbrio proprietário ou fundamento nas supra-estruturas, isto é, na sua lei agrária e na sua rotação". Tradução livre.

[79] "... ou o centro desta república são as leis agrárias e as leis eleitorais; as leis agrárias, com o equilíbrio da propriedade, garantem a igualdade na base; as leis eleitorais, com o princípio da igual rotação, portanto a igualdade em cada ramo ou exercício do poder soberano". Tradução livre.

De toda esta inovação proposta na Inglaterra daquele período, muito se disse, embora para que a obra pudesse ser publicada, J.H. assegurou que se tratava apenas de um romance, mesmo assim a aristocracia local dizia da inutilidade de uma Lei Agrária, do perigo que esta poderia representar para uma República; que esta lei, tal como vinha apresentada, destruía as famílias e causava danos à indústria.

Para todas estas críticas, houve fortes respostas, dizendo, por exemplo: que se não existe um controle sobre quanto cada um pode receber através do cultivo da terra, correr-se-ia o risco da manutenção dos grandes latifúndios, o que seria uma grande calamidade para o futuro de uma República. A Lei Agrária produz segurança para o governo, porque um povo que faz a divisão das terras através desta Lei Agrária a faz com boa vontade. O caso de Oceania demonstra que o rendimento máximo fixado em duas mil libras esterlinas de renda por ano, significa que esta República será dividida em cinco mil lotes, o que significa que um proprietário não se permitiria desrespeitar a Lei Agrária porque isto significaria "um acordo para derrubar um ao outro, ou seja, derrubar a si mesmo", assim a República mantém seu equilíbrio.

"... cioè che le terre possano essere tenute nelle mani di cinquemila soltanto, è improbalile, anche se come tutte le cose nel mondo non completamente impossibile"[80] (Harrington, 1985: 201).

Já sobre a idéia de que a sua república pudesse destruir a família, sua resposta é muito dura para a época, ele afirma que a "sua" lei agrária é uma homenagem ao amor puro e sem marcas, ou seja, na sua república, as filhas não podem se tornar princesas, porque para tal é necessário dar a esta filha um alto dote, este alto dote não é amor verdadeiro, mas é um amor bastardo, e segue desta forma:

"Ma se la nostra legge agraria esclude l'ambizione e la cupidigia, finalmente avremo cura dei nostri figli, dei quali stranamente ci siamo occupati fino ad ora poco più che dei nostri cani e dei nostri cavalli. Il talamo matrimoniale sarà allora veramente legittimo e la razza che abiterà in questa republica non sarà spuria"[81] (Harrington, 1985: 206).

Embora o modelo de República proposto fosse fechado, o próprio autor reconhece a idéia de improbabilidade e impossibilidade, porém,

---

[80] "..., isto é, que as terras podem ser retidas nas mãos de cinco mil apenas, é improvável, ainda se, como todas as coisas no mundo não são completamente impossíveis" Tradução livre.

[81] "Mas se a nossa lei agrária exclui a ambição e a cobiça, finalmente teremos cuidado dos nossos filhos, dos quais estranhamente nos ocupamos até agora pouco mais do que nossos cães e cavalos, o casamento será então verdadeiramente legítimo e a raça que habitará nesta república não será espúria". Tradução livre.

estes dois conceitos não foram seguramente considerados de todo quando propõe seu utópico modelo de República. Outro conceito que J.H. aborda é a idéia de decisão, segundo ele, não podemos decidir sobre aquilo que queremos ter, mas somente sobre aquilo que já temos. No decorrer deste trabalho, especialmente quando fazemos nossas ponderações sobre a problemática que estamos afrontando, trabalhamos com estas três semânticas repetidas vezes, porém, sempre que as utilizamos, referimo-nos aos conceitos desenvolvidos pela Teoria dos Sistemas Sociais.

Nos dias de hoje, assim como nos anos de 1600, a utopia de J.H. pode ser amplamente questionada. Como obra filosófica, trouxe muitas discussões tanto em nível teórico como prático, suas idéias foram e ainda são amplamente discutidas, vemos que também J.H. parte de uma visão simbólica da terra para construir assim sua teoria, quando ao início do texto faz uma referência à sua república como sendo aquela que possui a terra mais fértil, mais produtiva e naquela é possível obter a igualdade entre os cidadãos, mas sempre entre os cidadãos.

Na modernidade, temos claramente uma evolução diferenciada do que era o desejo do autor estudado, primeiro, que hoje podemos ver o quão desigual é o equilíbrio entre proprietários proposto na República de Oceana; segundo, que já naquela época – abordamos este aspecto anteriormente – a propriedade da terra era sim importante, existia um forte vínculo entre os sistemas da economia e o sistema da política, mas já o próprio autor propõe duas leis fundamentais diferentes, a lei agrária e a lei eleitoral, mesmo assim J.H. não dá importância ao recente desenvolvimento do comércio destes anos. Sem dúvida o aspecto mais intrigante da sua teoria é que, ao mesmo tempo, a propriedade da terra é fundamental para o equilíbrio social e também propõe outra lei que depende sempre da primeira. É bem verdade que sua obra é utópica, porém nos traz muitas reflexões pertinentes para o atual problema da propriedade da terra.

Já em seu tempo, J.H. afirmava que sempre as leis agrárias eram "temidas" pelas transformações que poderiam produzir, vemos que também na modernidade as leis agrárias sempre foram carregadas de significados muito mais mitológicos do que propriamente jurídicos. No Brasil, por exemplo, cujo problema da propriedade da terra continua sendo analisado de uma perspectiva que vai de utópica para mitológica, observamos que cada nova lei para regulamentar a questão da terra gera um debate nacional. A lei da reforma agrária até hoje não foi aplicada, outras leis que vêm derivando desta têm o mesmo efeito. Como exemplo recente podemos abordar a questão da definição de terras produtivas e improdutivas, foi um debate nacional, qual a conclusão? Não se sabe, com segurança, qual o critério utilizado pelos mais diversos sistemas sociais para esta questão. O sistema da política – influenciado pelos grandes proprietários – por um lado propõe um critério, o mesmo sistema –; por outro lado, influenciado pelos não-proprietários – propõe outros critérios, o que significa que o sistema jurídico coloca uma definição e esta passa, por muitos anos, sendo discutida pelo sistema da política, no final das contas, não se têm resultados concretos.

Aprendemos com J.H. a importância de se ter a propriedade da terra, mas acima de tudo, a análise sociojurídica da problemática que estudamos necessita ultrapassar os mitos, os simbolismos que acreditamos de forma quase inerente quando tratamos da questão da terra e detectamos como na modernidade este fenômeno modificou-se. Hoje, a propriedade pode ser mais um risco do que uma segurança. De qualquer maneira, J.H. foi fundamental para demonstrar o quão importante era a propriedade da terra na Idade Média e suas repercussões.

Para J.H., o equilíbrio da propriedade é o ponto de sustentação de uma República. Nesta República, a felicidade dos seus habitantes é alcançada através da riqueza, do poder (este adquirido pelos bens da fortuna, ou seja, pela propriedade), pelo domínio e pela propriedade da terra. Conforme o autor, a propriedade da terra é o fundamento de qualquer possibilidade que os indivíduos têm de ser felizes e viver com uma boa qualidade de vida. Nesse sentido, uma República somente poderá progredir tendo como fundamento a Lei Agrária e a Eleitoral.

A seguir, com John Locke, passaremos a ver uma outra concepção de propriedade da terra, que também pode ser um elemento constitutivo do equilíbrio social. Porém, no pensamento de J.L., com relação à propriedade, figura como pressuposto fundamental o trabalho. Este não apenas define a propriedade como também a delimita. Locke, ao contrário de Harington, traz a questão da propriedade da terra para o plano real, para o mundo vivido. Locke afirma que Deus deu a propriedade da terra em comum, mas também deu aos "seus filhos" a possibilidade de gerenciarem a propriedade da terra como melhor lhes conviesse, assim, temos em Locke um referencial do pensamento liberal, como veremos.

3. O conceito de propriedade da terra em John Locke (J.L.)

"E non è strano, come forse può parere a prima vista,che la proprietà del lavoro riesca a superare la comunità della terra, perché è proprio il lavoro che pone in ogni cosa la differenza di valore..."[82] (Locke, 1982: 257).

---

[82] "E não é estranho, como talvez possa parecer à primeira vista, que a propriedade do trabalho consiga superar a comunidade da terra, porque é o próprio trabalho que põe em cada coisa a diferença de valor" Tradução livre.

Para Locke, a propriedade privada tinha limites naturais, ou seja, um limite objetivo que é o trabalho, um subjetivo: a necessidade. O trabalho, além de definir os limites da propriedade, também, é a sua justificativa. Da mesma forma para as necessidades materiais que servem para satisfazer as vitais, limitam a propriedade e geram um direito natural em cada indivíduo para a propriedade, bem como para com os frutos da terra, o que inibe os proprietários de deixar terras sem cultivar ou de destruir os frutos da terra, tudo isto porque, para Locke, o direito era limitado ao uso e cada um tem um igual direito de satisfazer suas necessidades vitais.

Para a teoria política de Locke, a propriedade é crucial, sendo que, no estado de natureza, fundamenta-se no trabalho. Este é um dos pontos inovadores da teoria de Locke, que fundamenta a propriedade[83] não mais na questão da satisfação de necessidades, mas sim no trabalho – como um primeiro estágio –, o que permite observar que a propriedade não era somente uma categoria econômica, mas muito mais; era um dos fundamentos da política, evento comum na sociedade pré-moderna que ainda não conhecia a diferenciação funcional. Já no segundo estágio da definição de Locke sobre a propriedade, ainda no estado de natureza, mas com a invenção do dinheiro, a propriedade toma uma nova dimensão na vida em sociedade, pois permite uma acumulação ilimitada não somente de bens, contudo, também, da terra, sendo justamente por este aspecto da teoria de J.L. que Macpherson o considera um "individualista possessivo", pois esta acumulação ilimitada não era somente permitida, mas devia ser tutelada pelo sistema político.

Como muitos teóricos de seu tempo, Locke inicia a discussão da questão da propriedade fazendo referência a dois aspectos, fundamentalmente: o primeiro é quanto à própria natureza, e o segundo, no tocante à relação divina,[84] ou seja, assim como se levarmos em consideração a razão natural que os homens, quando nascem, já têm o direito para sua conservação e preservação, o que significa um direito à alimentação e todos os demais requisitos para o viver; da mesma forma que Deus doou a terra aos homens, para que nela vivessem em comum e, além disso, que através dos "frutos" desta "mãe" pudessem viver e procriar. Porém, admitindo-se estes dois pressupostos iniciais, é difícil entender como as pessoas puderam

---

[83] Propriedade, para Locke, significa, em linhas gerais: vida, liberdade e bens.

[84] A influência da religião católica foi marcante em muitos filósofos e a muitas escolas, em especial, a escola da filosofia natural, neste sentido, J.L. direciona uma dura crítica a Filmer, que faz suas interpretações sobre por exemplo, reinado a partir da interpretação bíblica. Alguns autores, como Gough e Polin, afirmavam que J.L. acreditava piamente em Deus e sustentavam que a garantia da liberdade e as obrigações da moral, mais precisamente a relação entre liberdade e obrigação moral, era sustentada pela existência de Deus na medida em que essa relação garantia a coincidência entre ordem racional e natural.

PROPRIEDADE DA TERRA
Análise sociojurídica

apropriar-se de alguma coisa. Assim Locke afirma que, partindo destes pressupostos, é praticamente impossível entender e justificar a propriedade, e segue:

"... no me limitaré a la respuesta que acabo de dar, digo, sino que también mostraré cómo los hombres pueden llegar a tener en propiedad varias parcelas de lo que Dios entregó en común al género humano; y ello, sin necessidad de que haya un acuerdo expreso entre los miembros de la comunidad"[85]

A Lei da Natureza, descrita pelo autor, apresenta uma ordem do mundo em três níveis diferentes: Deus, homens e criaturas inferiores, sendo que entre os dois últimos grupos havia uma forte separação, que pode ser vinculada à propriedade. Deus deu a terra a todos os homens para que pudessem sobreviver, e, assim, também o homem é sempre propriedade do próprio Deus, por isso J. L. observa que não existe uma hierarquia entre os indivíduos, pois, perante o Criador, somos todos iguais e não se pode pensar em uma subordinação entre os homens, a qual poderia ter provocado uma destruição se uns fossem objeto de uso de outros. Embora reconheça que algum tipo de subordinação política tenha existido desde o início, essa ordem apresentada é muito simplista e refere a uma relação dualista entre homens e natureza assegurada pelo Criador. A subordinação desta relação é por Locke apresentada de forma empírica, enquanto para outros autores, como Filmer, é presente ontologicamente, com isso Locke pretendia destruir o absolutismo proposto por Hobbes. Em Hobbes, observamos referência mais constante à subordinação quando traça o paralelo de que o homem não é social por natureza, isto é, a subordinação não é natural, mas é artificial.

E, então, a propriedade sonhada por Deus, ou seja, a propriedade em comum não é possível pelas razões que a seguir apresentaremos através do pensamento liberal de Locke, porque assim como Deus entregou aos homens a propriedade em comum, forneceu a estes a razão, com esta puderam os homens de então e os contemporâneos de Locke, como também os homens modernos, criarem e recriarem várias formas de propriedade, várias formas de posse e de apropriação daquilo que, inicialmente, era dito como comum a todos os filhos de Deus. Se tudo foi dado por Deus, tudo é de propriedade comum, porém afirma Locke:

"..., sebbene le cose di natura siano date in comune, tuttavia l'uomo, in quanto è padrone di se stesso, e proprietario della propria persona,

---

[85] "... não me limitarei à resposta que acabo de dar, digo, que também mostrarei como os homens podem chegar a ter em propriedade várias parcelas do que Deus entregou em comum ao gênero humano, e isto, sem necessidade de que haja um acordo expresso entre os membros da comunidade". Tradução livre. (Locke, 1998: 56).

e degli atti e del lavoro di questa, ha sempre avuto in sé il primo fondamento della proprietà, e ciò che costituiva la massima parte di quanto egli impiegava per la sussistenza e il conforto della propria esistenza, quando l'invenzione e la tecnica migliorarono i comodi della vita, era assolutamente suo, e non apparteneva ad altri in comune"[86] (Locke, 1982: 260).

Mesmo com o pressuposto inicial da coletividade das coisas da natureza, o homem é proprietário de si mesmo, então, o fundamento da propriedade já se encontra no próprio homem, mas este fundamento só tem sentido com o trabalho, pois é o trabalho que irá conferir a propriedade de determinadas coisas da natureza. Nessa perspectiva, a questão da propriedade da terra é a primeira a ser enfrentada, que dizer, se reportarmos-nos às idéias religiosas veremos que a terra e tudo o que nela existe foi dada aos homens para sua sobrevivência e para sua felicidade, porém esta sobrevivência e esta felicidade, com a evolução social, assumem formas não desejadas nem mesmo por Deus. Mas nosso objetivo principal não é demonstrar se o desejo de Deus foi concretizado ou não, isso é função do sistema da religião, nós estamos preocupados em ver o significado que a propriedade da terra assume evolutivamente, e, justamente por esta razão, retornamos, com freqüência, à história inicial da humanidade e conseqüentemente ao mundo "criado por Deus".

No princípio, tudo era comunitário: os frutos da terra, os animais... Ainda que nada fosse de propriedade privada de alguém, chega um certo momento em que alguém acaba se apropriando de algo que originariamente era comum e passa a ser de sua propriedade. O exemplo, nesse sentido, dado por J.L., é a caça cujos índios selvagens sentiam-se donos da sua própria presa, ou melhor, faziam com que, de alguma forma, fossem "donos", o que eles tinham privadamente conquistado era de seu direito, nenhuma outra pessoa poderia ter direito sobre este objeto antes daquele que o capturou.

Tratando da propriedade da terra, o discurso não muda, pois, mesmo que a *terra e todas as criaturas inferiores pertençam em comum a todos os homens,* cada um terá a propriedade sobre si próprio, ou no dizer do autor, *uma propriedade que pertence à própria pessoa,* e esta propriedade pertence aos indivíduos, individualmente. Por exemplo, o trabalho desenvolvido deve pertencer a quem o procede, assim os frutos deste trabalho também devem ser propriedade de quem o realiza. E a partir desta consi-

---

[86] "... se bem que as coisas da natureza são dadas em comum, o homem, enquanto é patrão de si mesmo e proprietário da própria pessoa, dos atos e do trabalho desta, sempre teve em si o primeiro fundamento da propriedade, e aquilo que constituía a máxima parte de quanto ele empregava para a subsistência e o conforto da própria existência, quando a invenção e a técnica melhoraram o conforto da vida, era absolutamente sua e não pertencia aos outros em comum". Tradução livre.

deração de Locke, o mesmo aborda a questão de como no princípio se deu o fenômeno inicial da apropriação de algo que era da comunidade em geral e que um indivíduo, a partir do fruto de seu trabalho individual, modifica ou melhora determinada coisa, porque ao retirar da natureza algo que era do bem comum e trabalhar para a melhoria desta coisa ou objeto, dá ao indivíduo o direito sobre a coisa ou o objeto, porém esta apropriação inicial não pode deixar a comunidade em dificuldades:

> "Porque este trabajo, al ser indudablemente propiedad del trabajador, da como resultado el que ningún hombre, excepto él, tenga derecho a lo que ha sido añadido a la cosa en cuestión, al menos cuando queden todavía suficientes bienes comunes para los demás"[87] (Locke, 1998: 57).

Ou seja, quem recolhe os frutos da terra é o proprietário destes frutos, mas a isso justamente o autor questiona: *A quem este frutos pertenceram inicialmente?*, e assim o trabalho inicialmente é o que diferencia os frutos que são de propriedade de um e não de outro, mas estes frutos, por princípio, eram de propriedade coletiva, porém alguém poderia perguntar: *Foi um roubo apropriar-se do que pertencia comumente a todos?*, Outrossim, se para colher um fruto fosse necessário o consentimento de toda a coletividade, *este homem teria morrido de fome, apesar da abundância que Deus havia dado,* e assim temos um referimento específico à nossa temática de estudo quanto a J.L. Desse modo, as terras que pertenciam a uma coletividade passam pela apropriação de alguém nas terras que inicialmente eram comuns:

> "Vemos en las tierras comunales que siguen siendo tales por virtud de un convenio, que la apropiación de alguna de las partes comunales empieza cuando alguien las saca del estado en que la naturaleza las ha dejado"[88] (Locke, 1998: 57-8).

E quando alguém "saca" da propriedade coletiva algo ou, ainda, quando "saca" uma parte da terra e nela trabalha os frutos adquiridos a partir do trabalho realizado ou na propriedade da terra ou melhorando o objeto do qual se apropriou, inicialmente, são de sua propriedade, para Locke, nessa fase inicial, o que dava direito sobre algo era o trabalho desenvolvido na melhoria deste objeto ou desta terra. Para esta apropriação inicial, era impensável o consentimento de toda a comunidade, ou seja, o trabalho realizado individualmente para transformar o que foi tirado do

---

[87] "Porque este trabalho, ao ser indubitavelmente propriedade do trabalhador, dá como resultado que nenhum homem, exceto ele mesmo, tenha direito ao que tenha sido acrescentado à coisa em questão, ao menos, quando requerem, todavia, suficientes bens comuns para os demais" Tradução livre.

[88] "Vemos nas terras comunitárias que continuam como tais por virtude de um convênio, que a apropriação que uma das partes comunitárias começa quando alguém as retira do estado em que a natureza as havia deixado". Tradução livre.

estado natural dava o direito de ser proprietário deste objeto, independentemente da permissão de toda a comunidade.

Inicialmente, esses eram os pressupostos para a apropriação de algo, veja-se, por exemplo, que o índio selvagem considerava como sua propriedade o cervo que caçou, pois empregou um determinado trabalho para tal, mesmo que todos os membros da tribo tivessem iguais direitos sobre este cervo antes que ele fosse capturado por um integrante da tribo, estas regras da própria natureza não valem somente para os não-civilizados, embora seja verdade que o mundo "civilizado" cria constantemente leis positivas que regulamentam e determinam a propriedade, porém a lei original a qual se reporta J.L. segue sendo vigente.

Embora, ainda na modernidade, tenhamos alguns frutos da natureza que são, com certas limitações, de propriedade comum, a idéia de propriedade evoluiu e hoje temos uma normatização que nos permite definir os limites de uma propriedade, seja coletiva ou privada, a vigência da lei da natureza poderia levar ao caos jurídico e social no sentido de que se cada um pudesse pegar da natureza tudo aquilo que ela produz espontaneamente, teríamos a lei dos que mais podem "sacar", ou seja, qualquer um poderia aumentar sua propriedade dependendo do quanto conseguisse retirar e apropriar-se. Aqui, outra vez, o autor transporta-se para as idéias religiosas quando questiona sobre a abundância dada por Deus aos homens, ou melhor, até que ponto podemos usufruir desta mesma abundância. Em outras palavras, não se pode mais pensar que a propriedade seja objeto de mera conquista daquilo que podemos utilizar e somente o excedente seria da comunidade. Hoje, percebemos a evolução dos sistemas sociais. E por isso a questão mais relevante, já nos tempos de J.L., não são mais os frutos produzidos naturalmente, nem mesmo os animais, mas a problemática da propriedade deve ser vista a partir da perspectiva da própria terra:

> "Mas, como la cuestión principal acerca de la propiedad no se refiere hoy día a los frutos de la tierra ni a las bestias que en ella habitan, sino la tierra misma al ser ésta la que contiene y lleva consigo todo lo demás, diré que la propriedad de la tierra se adquiere también, como es obvio, del mismo modo que en el caso anterior"[89] (Locke, 1998: 60).

Quer dizer, assim como a apropriação de objetos se dava, inicialmente, através do trabalho, ou melhor, da exploração, também, com relação à propriedade da terra, a situação inicialmente não foi diferente, ou seja, a

---

[89] "Mas como a questão principal acerca da propriedade não se refere, hoje em dia, aos frutos da terra, nem aos animais que nela habitam, senão à própria terra por ser ela que contém e leva consigo todos os demais, direi que a propriedade da terra se adquire também, como é óbvio, do mesmo modo que no caso anterior". Tradução livre.

terra que foi por alguém trabalhada e melhorada e a este pertence, mais tarde, este privado coloca delimitações na terra cultivada e assim faz uma importante demarcação jurídica no sentido de que esta terra a ele pertence e a nenhum outro, porém, a terra era inicialmente propriedade comum do grupo social. Assim como um membro do grupo pode se apropriar de determinada porção de terra, todos os demais têm o mesmo direito, porque, teoricamente, Deus deu a todos o dom do trabalho e da razão. Tendo em vista que a exploração e/ou a melhoria de determinada proporção da terra que um homem se apropria da coletividade não tenha causado prejuízo aos demais, visto que este direito é dado a todos, e a terra existia em abundância, ou seja, basta que os indivíduos estejam disponíveis a trabalhar e melhorar a terra para terem direitos sobre esta terra, este direito lhes confere o título de proprietário. Não se podia imaginar que a terra toda ficasse para sempre à disposição de toda a coletividade sem o cultivo, então valendo citar textualmente J. L.: "..., y es el trabajo lo que da derecho a la propiedad, y no los delirios y la avaricia de los revoltosos y los pendencieros"[90] (Locke, 1998: 61).

Quando o autor refere-se à Inglaterra, ou melhor, às terras em comum, ressalta que como nesta sociedade tem muita gente com dinheiro e trabalham com comércio e, sobretudo, estão subordinados a um governo, nenhuma pessoa pode apropriar-se de um pedaço de terra sem ter o consentimento do que ele denomina de "co-proprietário", porque essas terras são coletivas não pelo estado de natureza, não porque Deus deu aos homens o mundo, mas porque o povo inglês tinha terras coletivas a partir de um pacto, ou a partir de leis. Essas leis e esses pactos não podem ser desrespeitados, é claro que cada comunidade ou paróquia tinha suas próprias leis e pactos, e estes diziam respeito às terras de determinada Nação, e não de toda Humanidade.

Quando J.L. faz sua crítica ao pensamento religioso, observa ainda que Deus, de certa forma, forçou os homens ao trabalho, ao cultivo. A submissão à cultivação e ao domínio de determinadas terras são pressupostos interligados, assim, quando Deus disse que devíamos "crescer e procriar", implicitamente nos dava também o direito de nos apropriarmos dos bens que nos foram colocados à disposição e, desta forma, também, o direito à propriedade privada. Porém, ressalta que, inicialmente, a propriedade era definida pelo trabalho e que nenhum homem conseguiria apropriar-se de toda a terra através de seu trabalho; assim também existe uma delimitação natural da propriedade privada, qual seja, o trabalho que se pode realizar em determinada proporção de terra; os indivíduos singular-

---

[90] "... e é o trabalho que dá direito à propriedade, e não os delírios e a avareza dos revoltosos e dos briguentos". Tradução livre.

mente podem apropriar-se somente daquela proporção de terra que podem cultivar, experiência defendida desde o início da história da propriedade, em que cada um poderia ser proprietário da terra que pudesse cultivar.

A evolução social (a questão do dinheiro, por exemplo) demonstrou imediatamente que poderia haver pessoas que trabalhassem a terra que tenha sido conquistada por outros, temos então a escravidão ou qualquer outra forma de exploração do trabalho alheio para que um particular pudesse ser proprietário de uma proporção muito maior daquela que singularmente e/ou com ajuda de sua família poderia cultivar. Porém, o valor da terra, obtido através de acordos tácitos e da monetarização da própria terra, fez com que a idéia originária que cada um poderia ter tanta terra quanto pudesse cultivar se modificasse, ou seja, é possível ter tanta terra quanto se pode comprar ou adquirir a partir de determinadas convenções.

Quando um privado apropria-se de determinada proporção de terra não é que a diminui, mas a torna muito maior, o seu trabalho fará com que aquela terra, que está ali como Deus havia deixado, através do domínio de alguém, torne-se muito maior, porque será produtiva, e seus frutos poderão ser aproveitados por todo o grupo social. Do mesmo modo que era inconcebível que alguém se apropriasse de bens que, por natureza, eram da comunidade e os deixasse estragar, isso seria um desrespeito com a natureza e com a coletividade, pois a lei que vigorava era aquela de que só se poderia tomar posse de objetos que poderiam ser úteis para a vida daquele indivíduo.

Outro aspecto abordado é a idéia de que, mesmo que possa parecer estranho em um primeiro momento, a propriedade do trabalho supera a comunidade da terra, exatamente porque é o próprio trabalho que põe em cada coisa um valor diferente, ou seja, uma terra que é trabalhada adequadamente produz os produtos úteis para a vida dos homens. Com este mesmo sentido, J.L. trata das terras da América que, ainda, não são trabalhadas devidamente e as pessoas, com isso, não conhecem ou ainda não descobriram a riqueza destas terras, faz inclusive uma comparação dizendo que um "rei" na América pode ser comparado com um jornaleiro na Inglaterra. Tal fato demonstra o quanto o trabalho na terra pode modificar determinadas situações sociais. O autor, referindo-se à produtividade de uma terra, utiliza o exemplo dos países da América para afirmar sua tese e comprovar que terras tão ricas quanto estas de nada servem se não são trabalhadas, infere: "são ricas terras e pobres na comodidade da vida". Em verdade, tratando do Continente Americano dos anos de 1600, é fácil fazer tais afirmações em considerar a história deste continente recém-nascido para os olhos de um ocidental.

J.L., ao fazer este tipo de afirmação, desconsidera a rica experiência indígena vivida muito antes que chegassem os colonizadores europeus,

PROPRIEDADE DA TERRA
Análise sociojurídica

cujas tribos eram autônomas na colheita de frutos naturais e também na cultivação, veja-se a questão do plantio do milho entre os indígenas do México. De qualquer modo, o que o autor coloca para o debate é a importância do trabalho para que a terra tenha algum valor; sem o trabalho a terra nada vale. Todas essas observações conduzem J.L. a dizer que o fundamento da propriedade é inerente ao próprio indivíduo:

> "De todo lo cual resulta evidente que aunque las cosas de la naturaleza son dadas en común, el hombre, al ser dueño de sí mismo y propietario de su persona y de las acciones y trabajos de ésta, tiene en sí mismo el gran fundamento de la propriedad"[91] (Locke, 1998: 70).

Dessa forma, chegamos à idéia e à fundamentação de propriedade propostas por J.L., em que é praticamente inerente aos indivíduos a idéia de propriedade, sendo sempre o trabalho o primeiro princípio que pode fundamentar ou apropriar-se de algo que antes era de toda a coletividade, e que existia em abundância muito maior do que os homens pudessem utilizar. Com o processo evolutivo social, inicia-se a demarcação dos limites da propriedade, estabelecidos através de pactos, onde cada reinado definia os limites que a este pertencia. Ou seja, mediante acordos, as Nações foram definindo suas próprias terras, seus próprios limites territoriais, porém, no princípio, havia bastante terras disponíveis, muito além do que se poderia pensar em ocupar, por isso, embora as terras fossem demarcadas (como já observamos no início deste texto), continuavam sendo de uso comum, o que vai modificar radicalmente esta situação é o uso do dinheiro, que deu à terra algum valor monetário e a tornou escassa.

Para o autor, os bens que um indivíduo não poderia utilizar para si próprio não poderiam ser de modo algum desperdiçados, deveria doar ou consumir, pois o direito a se apropriar de algo implicava a plena utilização do que se havia apropriado. Com o tempo, este fato torna-se problemático, já que a terra cultivada pode dar muito mais do que se pode consumir ou dividir com outros, neste sentido, com a introdução do dinheiro, é possível acumular sem que os bens estraguem. O dinheiro, então, é algo que os homens podem conservar sem que tenham perdas e, além de tudo, podem trocar por produtos que realmente sejam úteis para a sua vida, também, através do dinheiro, podem conservar suas posses.

No final do capítulo sobre a propriedade, Locke evidencia com clareza a sua visão e os fundamentos capitalísticos da propriedade da terra, inicialmente, a sutileza de entender que o trabalho poderia assegurar o direito à propriedade, o que nos faz questionar: como ficam aqueles que

---

[91] "De todo o qual, resulta evidente que, ainda que as coisas da natureza são dadas em comum, o homem, ao ser dono de si mesmo e proprietário de sua pessoa".

por diversas razões não podem trabalhar? A possibilidade de acumulação, segundo as habilidades individuais, é possível? Ao nos reportarmos à sociedade daquela época, veremos que não existia um governo e/ou uma situação social que desse alguma igualdade tanto no desenvolvimento do trabalho individual como na apropriação. Assim vemos o verdadeiro Locke – um grande proprietário e, além de tudo, muito preocupado em salvar as instituições da propriedade. Macpherson, por sua vez, define a teoria de Locke como "individualismo possessivo", especialmente no que diz respeito ao segundo estágio de Locke, quando este insiste que a propriedade, ainda no estado de natureza, mas com a invenção da moeda, suprime as limitações iniciais do direito de propriedade e assim os indivíduos podem acumular ilimitadamente, inclusive, a terra.

Locke conclui o capítulo, o qual trata exclusivamente da propriedade, afirmando que a terra, ou melhor, a posse da terra deve ser regulamentada por uma constituição positiva. A partir das observações sobre a relação trabalho e propriedade, o trabalho deu origem a um título de propriedade sobre os bens comuns da natureza, e a propriedade é limitada ao que se pode consumir:

> "Così che non vi poté esser allora alcun motivo di controversia intorno a quel diritto, né alcun dubbio intorno all'estensione del possesso ch'esso conferiva. Diritto e comodità andavano insieme, perchè come un uomo aveva diritto a tutto ciò in cui avesse impiegato il suo lavoro, così non era tentato di lavorare per più di quanto potesse usare. Il che non lasciava luogo a controversie intorno al titolo né a violazione del diritto altrui: si vedeva facilmente quale porzione un uomo tagliava per sé, ed era tanto inutile quanto disonesto tagliarne troppa o prenderne di più di quanto non se ne avesse bisogno"[92] (Locke, 1982: 263).

A propriedade, depois de definida enquanto tal, significa: vida, liberdade e posse. A garantia desta propriedade só pode ser encontrada no estado civil, por intermédio de uma lei positiva. Mas esta propriedade é, antes de qualquer coisa, fruto do trabalho. Ao conservar a sua propriedade, os indivíduos estão também conservando a própria vida, por isso, só existe uma sociedade política em que se pode conservar e defender o direito de propriedade. Em síntese, para Locke, o objetivo fundamental da sociedade civil é conservar a propriedade.

---

[92] "Assim que não lhes pode ser então um motivo de controvérsia em torno daquele direito, nem nenhuma dúvida acerca da extensão da posse que este conferia. Direito e comodidade andavam juntos, porque como um homem tinha direito a tudo aquilo em que houvesse empregado o seu trabalho, assim não era tentado a trabalhar por mais do que pudesse aproveitar. O que não dava lugar a controvérsias em torno do título nem a violações do direito dos outros: via-se facilmente qual porção um homem recortava para si, e era tanto inútil quanto desonesto recortar muita ou pegar para si mais do que aquilo que se tivesse necessidade". Tradução livre.

Como foi visto, para J.L., o fundamento da propriedade encontra-se no próprio indivíduo, que, através do seu trabalho, confere-lhe sentido, sendo justamente o trabalho que dará aos indivíduos a possibilidade de se tornarem proprietários de terras. A terra, que inicialmente era propriedade coletiva, agora, torna-se propriedade privada através do trabalho que o indivíduo realizou para obtê-la. A propriedade torna-se algo inerente aos próprios indivíduos. Por isso, para Locke, a propriedade é vida e liberdade.

Contemporaneamente, mas vivendo em uma realidade diversa da Inglaterra do século XVII de Locke, Giambattista Vico vivia, ainda, uma Itália dos séculos precendentes, ou seja, uma Itália agrária, onde os cidadãos eram os proprietários de terra, com suas peculiaridades e a tradição do direito romano. Foi justamente esse modelo de direito e de sociedade que exerceu influência direta ao pensamento do Vico, filósofo e jurista. O direito, para este autor, deveria orientar para o bem, promover a igualdade e a justiça. Embora Vico não tenha proposto uma lei agrária, a questão da propriedade da terra é inerente ao seu discurso. O seu texto "Direito Universal" é inspirado nas questões agrárias da Roma antiga, e o conceito de justiça está vinculado com a idéia de verdade, tendo como função equilibrar o útil.

Ao apresentar as leis do campo, Vico propõe um retorno para a primeira lei agrária, a qual era definida por três domínios distintos: bonitário, quiritário e o eminete. Serão estes e outros aspectos que abordaremos a seguir através do pensamento deste autor.

4. Conceito de propriedade da terra em Giambattista Vico

"Os fracos querem as leis. Os poderosos lhes recusam. Os ambiciosos, para granjear popularidade, promovem-nas. Os príncipes, para igualar os poderosos com os débeis, protegem-nas" (Bruno, Vico, 1988: 161)

O filósofo-histórico Giambattista Vico propõe uma nova forma de entender a sociedade daquele período. O autor inicia suas observações críticas na Universidade de Nápoles, criticando os métodos geométrico, analítico e dedutivo, bem como as análises feitas até então dos problemas sociais através dos métodos das ciências naturais. Assim, surge o napolitano Vico[93] que, em um momento de pouca produção filosófica italiana, vem para marcar época com sua filosofia, filologia, história e direito. O "Vico" que nos interessa, sobretudo, é o jurista[94] e filósofo, no qual

---

[93] Vico também sofreu fortes críticas dos seus co-cidadãos napolitanos, os quais diziam que ele, como filósofo pretendia começar de onde outros autores teriam terminado.

[94] Riccardo Orestano, em "Introduzione allo studio del diritto romano", assim o define: "Vico è Vico...Giurista, quale fu e quale egli sempre si professò, ma anche historico, filologo, filosofo e non

encontramos importantes contribuições para a nossa temática. Portanto, analisaremos a seguir duas obras fundamentais do autor: Ciência Nova[95] e Direito Universal,[96] que, para o autor, o direito nasce com o *primogênito despontar das caracteres e das línguas.*

Nos anos de 1600, ainda, não era evidente a separação entre justiça e direito. Hoje podemos observar que direito não significa justiça e nem justiça, direito. Na modernidade, podemos afirmar que a justiça não tem nada a ver com o direito, ou seja, o direito não tem como função produzir justiça. Porém, Vico, como tantos outros juristas, não pensava nesta possibilidade, para eles o direito não é um sistema que evolui, assim, Vico afirma, no Direito Universal, a respeito da justiça:

> "La forza della verità, o la ragione umana, è virtù quando contrasta alla concupiscenza, ed è giustizia quando indirizza e pareggia le utilità; in ciò consistendo l'unico principio e l'unico fine del diritto universale"[97] (Vico, 1974:56).

Desse enfoque, o direito, que permite orientar para o bem, é naturalmente útil quando equipara *"pareggia"*, quando propõe a igualdade, quando do produz – em linguagem moderna, mas inadequada – justiça, por isso, o autor repete, muitas vezes, que a verdade é o princípio de cada direito natural, assim respeitando estes pressupostos é possível definir o que é de cada um. A justiça é entendida como a verdade, como a razão humana que permite chegar a uma dada igualdade, desta maneira, o direito, que tem como função orientar para o bem e para as virtudes, no dizer vichiano, "acolhe" na razão estes dois pressupostos, a justiça que deve equilibrar o que é útil e a virtude que permite ver como se consegue o útil. Para entender Vico e utilizar seu método, permitimo-nos aproveitar a riqueza das palavras do mundo moderno, através do romance "Terra degli uomini", de Antoine De Saint-Exupéry, o qual demonstra a relação utilidade, verdade e terra da seguinte forma:

> "La verità non è affatto in ciò che si può dimostrare. Se in un certo terreno, e non in altro, gli aranci mettono solide radici e si coprono di

---

si soprebbe dire quale più grande senza detrarre all'uno o all'altro" ("Vico é Vico... Jurista, qual foi e como sempre se professou, mas também histórico, filólogo, filósofo e não se poderia dizer qual o maior sem depreciar ou um ou outro") (Orestano, 1987: 103).

[95] Existem pelo menos nove redações desta obra, onde o autor vai modificando e melhorando suas idéias.

[96] São, na verdade, três livros que retratam três momentos diversos do autor: De uno universi iuris principio et fine uno (1720), De constantia iurissprudentis (1721), Notae (1722).

[97] "A força da verdade ou a razão humana é virtude quando contrastam à concupiscência, e é justiça quando endereçam e equiparam as utilidades; nisto consistindo o único princípio e o único fim do direito universal". Tradução livre.

frutti, quel terreno é la verità degli aranci"[98] (Saint-Exupéry, 2000: 332).

Então, a justiça para Vico era a verdade e o fato, a verdade se produz através do fazer. O direito é o direito natural, é um princípio da natureza da razão humana, a verdade faz parte da razão. Esta mesma verdade exprime-se como virtude ou justiça, a primeira faz parte do caráter da moral; a segunda, a justiça, faz parte do caráter do Direito, porque, como já dissemos, em Vico, a justiça tem a função de equilibrar o útil. Assim, de uma parte, temos a verdade; de outra, o direito, que, como diria Marx, seria "o direito diz a verdade". Da mesma maneira, a questão da igualdade é uma utilidade que foi equiparada e distribuída igualmente, esta igualdade é a fonte de todo o direito vichiano.

O autor não desenvolveu uma "Lei Agrária", porém, repetidas vezes, os primeiros direitos fundamentam-se nas leis agrárias. Observando as leis já existentes sobre a propriedade da terra e sobre a divisão do solo, Vico afirma que esta divisão dos campos, junto com a religião,[99] com o matrimônio e o direito de asilo são os elementos fundamentais para os direitos humanos e, também, para a história da humanidade.

Antes da explicação da origem de uma lei agrária, Vico recorda que, inicialmente, o que foi chamado de lei foi uma sentença assim expressa:

> "Ma abbiam veduto dianzi, esser stata chiamata «legge» quella sentenza resa dai duumviri contra Orazio. Essa non venne pubblicata per la lettura di un qualche scritto, ma fu a voce proferita ed espressa con una certa maniera di canto, ..., e fu perciò detta «carmine»"[100] (Vico, 1974: 184).

Fazendo toda uma análise retrospectiva, referindo-se à antiga Roma do período de Rômulo, Vico observa que para os romanos de então a lei agrária e a sociedade civil tiveram origem simultâneas, porém estes não explicam a origem da lei agrária. Dessa forma, Vico propõe um exercício lingüístico para entender a origem da palavra *agrária*, mesmo com todo um exercício etimológico, não é fácil entender o significado originário, e a explicação para este não entender pode ser encontrada na pobreza e/ou

---

[98] "A verdade não está absolutamente naquilo que se pode demonstrar. Se num certo terreno, e não num outro, as laranjas estabelecem sólidas raízes e cobrem-se de frutos, aquele terreno é a verdade das laranjas". Tradução livre.

[99] Suas primeiras influências filosóficas vieram dos padres jesuítas, tinha a idéia de "conciliar o sistema filosófico platônico-cristão com uma filologia de caráter científico que pudesse englobar, a um só tempo, a história das línguas e a história das coisas". Os Pensadores, 1988.

[100] "Mas, pelo contrário, tinham visto ter sido chamada de «lei» aquela sentença posta pelos duumviri contra Orácio. Esta não foi publicada pela leitura de um escrito qualquer, mas foi a voz proferida e expressa como uma certa forma de canto, ..., e foi por isso dita «carmine»". Tradução livre.

na infância das palavras daquele período, onde recebiam os significados pela semelhança de outras palavras, desta forma o nome:

"..., in quel tempo remotissimo, venne apposto il nome di «legge» a quell'agrario provvedimento, cui abbiam detto dianzi esser stata la prima legge introdottasi con un politico significato; e ciò ebbe luogo con atti simili a quelli usati dapprima per la ricerca delle acque, perchè ebbesi ugualmente a ricercare i clienti per le selve ove si erano appiattati, a cavargli dai lor ripostigli, ed a ricondurgli alle case degli ottimi ..."[101] (Vico, 1974: 188-90).

Desta maneira, o autor segue afirmando que, na antiguidade a pobreza da linguagem, das palavras, conduzia a entender um procedimento agrário como lei, porém esta "lei" teve então um significado muito mais político que jurídico, da mesma forma, foi o que ocorreu quando se pesquisava sobre a água, muito mais que legisladores ou portadores jurídicos, eram apenas comunicadores de tais leis agrárias, pois sua tarefa era apenas comunicar tais eventos. Estes eram os *viri*. Os portadores destas "leis" promoviam já uma divisão social, ou seja, a sociedade civil apresentava-se dividida entre duas ordens aquela dos viri e aquela dos homens.

Assim vemos que o pensamento mitológico, histórico e jurídico de Vico, já representado na explicação da gravura que introduz "Ciência Nova", quando afirma:

"O feixe significa as primeiras repúblicas heróicas, a discriminação dos três domínios (isto é, o natural, o civil e o soberano), os primeiros impérios civis, as primeiras alianças não equalizadas outorgadas com a primeira lei agrária, mediante a qual tais alianças erigiram as primeiras cidades sobre os feudos rústicos dos plebeus, uma espécie de subfeudos das feudos nobres dos heróis, e que sendo soberanos, tornaram-se tributários da maior soberania das ordens heróicas reinantes" (Bruno, Vico, 1988: 133).

Veja-se que o autor utiliza-se de vários simbolismos durante toda sua obra, ou seja, o feixe nada mais é do que a representação das repúblicas, como as três formas de domínio para chegar no "mundo jurídico", quando afirma que se outorgam as primeiras leis agrárias, que para ele são as primeiras leis que depois irão fundamentar as demais no que diz respeito aos direitos dos indivíduos. Suas representações são significativas juridi-

---

[101] "..., naquele tempo remotíssimo, vem posto o nome de «lei» àquele provimento agrário, do qual havíamos dito ter sido a primeira lei introduzida com um significado político; e isto teve lugar com atos similares àqueles usados antes pela procura das águas, para que se pusesse igualmente procurar os clientes para as selvas onde foram ocultadas, a cavar nos seus repositórios, e a reconduzir-lhes às casas dos *ottimi*...". Tradução livre.

camente, pois inclusive a balança faz-se presente no sentido de representar as leis da igualdade e, somente as leis que promovem a igualdade, são as leis efetivas. A estes símbolos, Vico caracteriza-os como *o universo das mentes e de Deus.*

Para o autor, nada pode consolidar-se fora do estado natural, ele diz textualmente que os indivíduos inicialmente sentem necessidade, depois, ocupam-se do útil, a seguir, do que lhes é conveniente. Assim, quando trata dos governos, diz que estes devem ser conformes à natureza dos governados; mais adiante, no princípio de n. 80, afirma que os homens deixam-se naturalmente submeter à razão dos benefícios, para com isso extraírem o útil, o qual é o que se pode esperar da vida civil. Estas reflexões o portam à seguinte definição de propriedade:

> "Propriedade é dos fatores que as conquistas feitas mediante a virtude não se deixem escapar por negligência, mas, seja por necessidade ou conveniência, se afrouxem pouco a pouco e quanto menos eles possam. Destas duas dignidades provêm as nascentes perenes dos feudos, que, com romana elegância, se denominam «beneficia»" (Bruno, Vico, 1988: 158).

Deste modo, seguindo as "dignidades" apresentadas em Ciência Nova, Vico mais uma vez reforça a idéia de que as leis sobre os campos podem ser definidas como primeira lei agrária, a qual define três distintos domínios: o bonitário, quiritário e, por fim, o eminente, que será a senhoria. O autor faz um comentário a respeito do censo feito por Sérvio Túlio, que seriam as planificações para as repúblicas aristocráticas, nas quais tal censo serviu para que os plebeus conseguissem dos nobres o domínio bonitário dos campos, por esta razão criam-se os tribunos da plebe, para que estes defendessem a liberdade natural dos plebeus, mais tarde se reconhece a liberdade civil destes tribunos. O domínio bonitário nasce com a instituição da sociedade civil, esta é a primeira lei agrária que refere o autor.

Já sobre o domínio quiritário foi através dos nobres tornada comum aos plebeus, esta foi no dizer de Vico:

> "(...) dado que a lei do domínio quiritário, pelos nobres tornada comum aos plebeus, foi a primeira lei escrita em pública tábua (pela qual, de modo exclusivo, foram criados os decênviros[102]), por seu aspecto de liberdade popular todas as lei que igualaram a liberdade e depois se

---

[102] No texto em italiano, a palavra decênviros é decemviri – que significa a magistratura italiana, onde 10 pessoas comandam, a palavra originalmente escrita por Vico em latim é "decemviri", que advém da palavra decèmviri, quer dizer a magistratura romana de 10 membros, e está relaciona com a lei das XII Tábuas.

inscreveram nas tábuas públicas foram atribuídas aos decênviros" (Bruno, Vico, 1988: 201).

Para aprofundar sobre o argumento das leis agrárias, o autor faz repetidas vezes referências às leis agrárias dos Gracco (aqui falamos da propriedade na antiga Roma), que, no ano de 133 a.C., propunha uma reforma agrária que pudesse favorecer à pequena propriedade, especialmente porque estes eram extremamente importantes para as guerras de então. Interessante notar que Vico se refere sempre às leis agrárias já constituídas, mais adiante veremos referências à Lei das XII Tábuas.

À idéia de terra que Vico põe em evidência durante todo seu percurso filosófico-mitológico a respeito da nossa problemática, ele afirma:

"E, com absoluta propriedade, os filhos da Terra foram chamados pelos gregos 'gigantes', pois a mesma Terra, conta-se era a mãe dos gigantes das fábulas" (Bruno, Vico, 1988: 177).

Vico, para explicar o processo de apropriação das terras, faz um retrospecto histórico demonstrando que, como já analisamos anteriormente, os indivíduos vivem em sociedade pela necessidade de manutenção e satisfação das necessidades básicas. Vico afirma que os homens *vivem sofrivelmente em sociedade*", este viver em sociedade significou no início ocupar as costas dos oceanos. Este processo de ocupação de solos tornou a vida das tribos mais estável, ou seja, as primeiras "propriedades de terras" deram-se pelo fato da ocupação e da estabilização sobre estas, e deste processo de posses resultou o domínio do mundo, por isso que os latinos diziam: *condere gentes, condere regna, condere urbes, fundare gentes, fundare regna, fundare urbes.*[103] Ou seja, a necessidade de viver em sociedade se dá porque os homens evoluem e, neste processo, os frutos que crescem espontaneamente na natureza já não são mais suficientes para as famílias, ou para as comunidades, assim surge também a necessidade de delimitar o território conquistado. Para representar esta situação Vico, desde o início de sua obra, na explicação da gravura dos "Princípios da Ciência Nova", à qual já referimos anteriormente, diz do feixe ao representar as primeiras repúblicas.

Retornando ao aspecto que mais nos interessa, a lei agrária, a qual, para Vico, é a primeira lei da política, o domínio bonitário, que já referimos. Mas o autor refere-se sempre à importância de Roma para o estudo das leis agrárias, assim comentando sobre a importância deste império, afirma:

---

[103] "Quer dizer: Estabelecer as famílias e/ou raças, os reinos, as cidades; fundar (construir e/ou assentar) as raças, os reinos, as cidades" (Vico, 1988: 188).

PROPRIEDADE DA TERRA
Análise sociojurídica

"... E se avessero potuto giovarsi con ugual vantaggio di quelle occasioni i Campani, i Numantini od i Cartaginesi, soli popoli dai quali, come lo attesta Cicerone in una delle seu orazione sulla legge agraria, ebbe Roma a temere di essere sopraffatta, avrebbesi il gius dei padri campani, numantini o cartaginesi"[104] (Vico, 1974: 146-148).

Nessa perspectiva, Vico demonstra a importância da "Romana República", na qual não aparece a lei agrária, como aparecem as demais leis, as leis agrárias foram, sem dúvida, as que deram fundamento a uma sociedade civil, aparecem em um vocabulário vulgar, segundo o autor, como lei de divisão dos campos, sob a qual os *padri* concederam à plebe a forma de domínio bonitária. O problema é que, muitas vezes, estes mesmos *padri* afastam injustamente a plebe dos campos, sem que estes tivessem alguma via legal de proteção, porém era necessário criar uma nova forma de apropriação a estes. Ainda, os romanos, ao alargarem seu império, deixam aos trabalhadores somente o direito bonitário.

Aqui cabem alguns comentários específicos de como Vico compreendia o direito na antiga Roma. Os romanos, ao dominarem o mundo que dominaram, não fizeram apenas um domínio político, mas fizeram com que todos aceitassem o direito das gentes, que eram o direito das *genti maggiori* e o direito das *genti minori*; os primeiros vivem na idade heróica,[105] conhecem o direito privado de fazer justiça; já as gentes menores fazem parte da sociedade civil, com um governo instituído, com alguma organização política. No caso das "gentes maiores", era evidente o uso da força, os indivíduos pegavam (*presa de possesso*) com suas mãos o que lhes servia e se apropriavam destes bens para o uso, colocavam os devedores em correntes. Já como o direito civil, posterior aos direitos das gentes maiores, temos a violência também, porém, como definia Vico, tínhamos uma imitação simbólica da violência. Assim definiu Vico estes dois tipos de *genti*:

"Nomino genti maggiori quelle che vivevano avanti la formazione delle civili società e l'instituizione delle leggi ... Ma coll'appellazione di genti minori, io voglio significare le nazioni già pervenute alla condizione di civili società e di politici governi, nominandosi ugulamente «dei delle genti minori» quelli che, come Quirino, furono consagrati da politiche società"[106] (Vico, 1974: 112).

---

[104] "...E se pudessem beneficiarem-se, com igual vantagem, daquelas ocasiões os Campani, os Numantani, ou os Carteginesi, os únicos povos que, como atesta Cícero em uma das suas orações sobre a lei agrária, levaram Roma a temer ser subjugada, haveria o direito dos patriarcas (padri) campani, numantani ou carteginesi" Tradução livre.

[105] Para Vico, a humanidade era dividida em épocas, na época arcaica, tivemos a era da gente heróica, ou seja, os primeiros "padri".

[106] "Denomino genti maggiori (gentes maiores, grandes povos) aqueles que vivem frente à formação das sociedades civis e instituições das leis... Mas com a denominação de genti minori (gentes menores,

Os romanos demonstraram, ao longo da história, sua particular capacidade de transformar os costumes violentos em "direito da pública violência", com isso, sendo observados e admirados por todos os demais povos. Como conseqüência temos, ainda hoje, a grande influência do direito romano no direito positivo moderno. Desta maneira, Vico, que já percebia esta situação no seu período, fala da primeira lei da sociedade politicamente organizada, ou seja, a transformação se dá através de regras, mas que conservam as formas simbólicas do velho direito.

A explicação que Vico apresenta para chegar na primeira lei agrária passa pelo seguinte processo: a plebe decide abandonar os campos, porque os clientes (são os indivíduos que trabalhavam nestes campos) não aceitavam mais a obrigação de cultivar as terras em vantagem à nobilidade. A plebe revolta-se, com isso, põe fim à união da nobreza (os *optimus*), os *padri* estipulam acordos com a plebe, propondo uma condição mais justa. Os clientes poderiam trabalhar para si os campos, pagando aos *padri* um tributo, porém a propriedade era ainda dos *optimus*, e estes tinham o direito de *nexus* (como se estes fossem ainda acorrentados). Este é o fundamento principal utilizado por Vico para chegar à primeira lei agrária e considerá-la como lei fundamental para a constituição da sociedade civil. Fazendo, dessa maneira, outra importante observação de ordem filológica quando diz que todas as leis tinham um objeto próprio, tinham um nome ou mesmo o título de um determinado procedimento, a lei agrária, de então, deveria chamar-se lei da divisão dos campos, mas foi definida como lei agrária, tudo em função da pobreza de vocabulário da antiguidade. Esta lei deu aos povos o domínio bonitário, quer dizer, o domínio sobre os bens.

Assim tivemos a primeira lei agrária, a segunda lei referida por Vico, também é fruto da rebelião da plebe, para os quais foi então atribuído o livre domínio dos campos, dos quais antes (com a primeira lei), era-lhes apenas assegurado o domínio bonitário, ou seja, com a segunda lei a plebe terá *absoluta padronanza,* ou ainda, *iure optimo.*

Aos *padri* anteriores ficou o direito do *nexu* contra os devedores, o direito que, no futuro, foi usado contra os plebeus por causa dos empréstimos usurários, porém sempre que ocorria uma transferência de propriedade transferia-se simbolicamente uma corrente, que significava a transferência, junto com a propriedade, do direito de *nexu*, o que refere também a tão citada Lei das XII Tábuas. Por isso, Vico diz que a propriedade não foi diretamente a propriedade do solo, mas foi usufruto. A primeira manifestação de propriedade foi feita através das *messi* (ou seja,

---

pequenos povos), eu quero significar as nações já elevadas à condição de sociedade civil e de governo político, chamando-se igualmente «dei delle genti menori» (das gentes menores) aqueles que, como Quirino, foram consagrados pela sociedade política". Tradução livre.

PROPRIEDADE DA TERRA
Análise sociojurídica

os grãos que eram produzidos na antiguidade), dos frutos da terra, quando os homens apropriam-se dos frutos da terra, recolhendo-os. Este é o primeiro gênero de apropriação de terras, o primeiro modo de distinção do *dominium* introduzido pelo direito natural. Nesse sentido, falamos ainda de domínio, e não de aquisição. A palavra *messi*, em latim, significa *fruges,* que por sua vez significa ou leva-nos à idéia de homens frugais, seriam basicamente os que têm a virtude de se apropriarem moderadamente dos bens.

A seguir, teremos os primeiros contratos, ou manifestações primeiras do que modernamente chamamos de contrato, os quais nascem baseados na promessa de consignar os bens (as permutações foram, no dizer vichiano, os primeiros contratos). Sendo importante ressaltar que o consignar os bens móveis significa um modo de domínio do direito natural e acolhido no direito das gentes, antes do processo de estipular os contratos, tivemos, no direito romano, a idéia de promessa limitada aos bens móveis, mas, depois, quando se deu o domínio das terras, produziu-se o *traditio*, ou seja, o consignar os bens, em que temos, então, evidente o princípio do consignar para procurar também o domínio do solo.

O significado da propriedade, que inicialmente era a apropriação, alargou-se quando os indivíduos começaram a recolher os frutos da terra e deveriam conservá-los para o inverno, ou seja, teremos a idéia de acumulação de bens. Este modo de conservar os "frutos da terra", incluído a lenha, foi a primeira *fatica dell'uomo*, e disto: "Da questo stato di cose cominciò ad aversi custodia in luogo di proprietas; e da domus (casa), dominium, giacché si riparavano o rimanevano custotoditi dalla casa"[107] (Vico, 1974: 418).

Assim, teremos a idéia de propriedade como custódia de algo, enquanto de *domus* a idéia de casa, que nos traz a noção de domínio, onde os indivíduos deveriam reparar a casa. Mais tarde, com o aumento da população, inicia-se o processo de colocar em custódia, também, o solo, que era denominado pelos juristas romanos de *fondi*, o que se dava através da definição de confins, ou seja, nas palavras de Vico: "Così l'animo del dominio concretato attraverso questa impostazione di confini, istituì la proprietà. A partire da questo momento furono accolti i termini di «uso» in luogo di «possedimento» e di «autorità» in luogo di «dominio»" (Vico, 1974: 418).

As observações que estamos fazendo desde a introdução do nosso trabalho, a terra como mãe, retorna sempre. Qual o significado da terra historicamente? Tanto mais tentamos compreender, tanto mais somos con-

---

[107] "Deste estado de coisas começou a se ter custódia em lugar de propriedade; e da *domus* (casa), *dominum*, uma vez que habitavam ou permaneciam guardiães da casa". Tradução livre.

victos da dificuldade de encontrarmos uma única resposta: a terra é mãe, é a salvação desde o início da história. Porém, esta mesma terra, na modernidade, tem outros significados e para entendê-los, somente recordando, freqüentemente, seu significado histórico. Como é possível que há mais de 2.000 anos da lei dos Graccos ainda devamos lutar pela propriedade da terra? Como é possível que a modernidade não tenha ainda resolvido o problema dos pequenos e grandes proprietários? Quais as diferenças entre a luta pela Reforma Agrária dos termos de Rômulo e Remo para os dias atuais? Seguimos nossas reflexões mais uma vez retornando ao pensamento de clássicos como Vico.

Podemos ver, como na obra de Vico, compassada com seu tempo e determinantemente influenciada pela sua contextualidade histórica e social, partindo de uma análise mitológico-simbólica da terra, a propriedade dá-se inicialmente através de três diferentes formas de domínio. Encontramos uma forte vinculação entre o sistema do direito e o sistema da política nas postulações sobre a lei agrária como fundamento constitutivo da sociedade civil. Vico também trata da importância dos primeiros contratos agrários. E é exatamente para aprofundar a temática dos contratos, que passamos a nos apoiar no pensamento de Jean Jacques Rousseau.

5. Conceito de propriedade da terra em Jean-Jacques Rousseau (J.J.R)

"Ogni uomo ha il diritto di rischiare la propria vita per conservarla"[108] (Rousseau, 1997: 49).

Jean-Jacques Rousseau, com suas inspirações idealistas, fundamentadas no seu modo de vida e nas suas viagens, assim como outros importantes autores contemporâneos seus, percorreu a Europa para conhecer os mais diversos tipos de sistemas políticos, depois do seu percurso e também de um tempo que passou com David Hume, escreveu sua obra mais importante, "O Contrato Social", a qual passaremos a analisar somente sob os aspectos que dizem respeito à nossa problemática. J.J.R. não foi um teórico que se dedicou ao estudo da propriedade, porém, no "seu" Contrato Social, aparecem questões importantes que fazem entender melhor a problemática moderna da propriedade da terra. De outra monta, a importância da sua obra é sentida ainda hoje, especialmente pelas contribuições do Contrato nas constituições modernas.

A trajetória jurídico-política de Rousseau pode ser apresentada em três fases: uma primeira fase jusnaturalística, "in cui lo stato di natura

---

[108] "Todo homem tem o direito de arriscar a própria vida para conservá-la". Tradução livre.

originario assume valore positivo e diviene normativo nei confronti di uno stato civile che ne è l'allontanamento e la corruzione"[109] (Tarello, 1976: 322); uma segunda fase contratualista, a qual se expressa pelo "Contrato Social", que apresenta um valor positivo e normativo no estado civil, expressa através do Contrato a racionalidade do Estado; e uma terceira fase relacionada com a ética, para ele, a idéia de liberdade era fundamental e permeou toda a sua obra.

Sua teoria apresenta aspectos novos[110] que rompem com as velhas idéias a respeito do contrato. Para Rousseau, o contrato social era como se fosse um encontro entre as vontades subjetivas individuais e concretas dos contraentes, pois entendia o homem como um ser racionalmente social, em que as condições de racionalidade da sociedade como um todo coincidem com as racionalidades individuais, cujos indivíduos são feitos "da" e "para" a sociedade. Por isso, somente através de um contrato social, é possível a liberdade dos indivíduos, é através da racionalidade do contrato social que se pode eliminar, na esfera do direito, os conflitos que ocorrem na vida de fato, assim se pode propor um direito como norma de fato.

A propriedade para Rousseau, assim como a vida social dos indivíduos é resultado da lei, esta por princípio sempre é justa porque é a expressão da vontade geral. Tentaremos, na seqüência, aprofundar a temática da propriedade neste autor, tendo presentes as delimitações modernas que seus conceitos apresentam, especialmente, a limitação da idéia de liberdade – um conceito fundamental da teoria russoniana – assim como a idéia de vontade geral e lei. Não é nosso objetivo polemizar com o autor, mas demonstrar que, apesar dessas limitações, contribuições importantes podemos obter através de seu pensamento.

A sociedade idealizada de J.J.R. poderia realizar valores fundamentais dos indivíduos, tais como a liberdade e a igualdade, estes princípios encontram-se fundamentados no próprio contrato, cuja alienação total de cada associado com todos os seus direitos para com a comunidade, assim, coloca-se tudo à disposição da vontade geral, em que cada um é como se fosse um membro do corpo humano, o qual é indivisível do todo. Em verdade, Rousseau propõe, com seu contrato social, uma igualdade e uma liberdade social que ainda não tinham sido produzidas na história da

---

[109] "... em cujo estado de natureza originário assume valor positivo e torna-se normativo em relação a um estado civil que é o afastamento e a corrupção". Tradução livre.

[110] Outras teorias importantes do contratualismo encontramos na Europa daquele período, referimo-nos a Hobbes, Locke em particular. Por exemplo, no contratualismo de Hobbes os indivíduos são colocados em uma dada interação não normatizada socialmente ou politicamente, já em Locke temos uma forte conotação moral, onde os indivíduos vivem por natureza em condição social. Embora Rousseau não rejeite a idéia de lei natural, o "seu" contratualismo é diverso, ou seja, para ele a lei natural faz com que os indivíduos conservem a si mesmos desenvolvendo um sentimento de amor próprio.

humanidade, e que, muito dificilmente, pode-se realizar enquanto sociedade, especialmente na época moderna, mas o seu projeto era justamente este: uma sociedade igual e livre. Assim podendo-se discutir longamente as suas idéias sobre este livre e igual.

Esta liberdade natural dos indivíduos se dissolve no contrato social e ganha a liberdade civil, ou seja:

> "In forza del contratto sociale l'uomo perde la sua libertà naturale e un diritto senza limiti a tutto ciò che lo attira e che può raggiungere; guadagna la libertà civile e la proprietà di tutto quanto possiede. Per non ingannarsi a proposito di queste compensazioni, bisogna distinguere con cura la libertà naturale, che trova un limite solo nelle forze dell'individuo, dalla libertà civile, che è limitata dalla volontà generale, e il possesso che è solo il frutto della forza, o il diritto del primo occupante, dalla proprietà che può solo fondarsi su un titolo positivo"[111] (Rousseau, 1997: 29).

Vemos que para ele a garantia da propriedade se dá através de um direito positivo, este, por sua vez, está vinculado à aquisição de um estado civil, pois somente no estado civil que os indivíduos são "patrões" de si mesmos. No início, os indivíduos, como membros de determinada comunidade, colocam-se tal como são e com o que possuem, não é com a integração em dada comunidade que a propriedade torna-se do "soberano", mas como afirma o próprio Rousseau:

> "Ma, come le forze della città sono senza paragone maggiori di quelle di un privato, così il possesso pubblico è di fatto più forte ed irrevocabile, senza essere più legittimo, almeno per gli stranieri"[112] (Rousseau, 1997: 29).

Em realidade, o Estado, na relação com seus membros, é o dono de todos os seus bens, estipulados através do contrato social. É no Estado que se concentra toda a fonte de direitos, ou melhor, o Estado é a base para a definição dos direitos, porém este não pode ser o dono de outros Estados, ou de outra potência como é definido no contrato, justamente para preservar o direito do primeiro ocupante que advém de algum privado.

---

[111] "Por força do contrato social, o homem perde a sua liberdade natural e um direito ilimitado a tudo aquilo que consegue e pode alcançar, obtém a liberdade civil e a propriedade de tudo quanto possua. Para não se enganar a propósito destas compensações, precisa distinguir com atenção a liberdade natural, que encontra limite somente nas forças do indivíduo, da liberdade civil, que é limitada pela vontade geral, e a posse que é somente o fruto da força, ou o direito do primeiro ocupante, da propriedade que pode somente fundar-se sobre um título positivo". Tradução livre.

[112] "Mas, como as forças da cidade não podem ser compradas com aquelas de um indivíduo, assim a posse pública é de fato mais forte e irrevogável, sem ser mais legítima, ao menos para os estrangeiros". Tradução Livre.

PROPRIEDADE DA TERRA
Análise sociojurídica

Porém, o direito de um primeiro ocupante pode ser considerado como um verdadeiro direito somente *"dopo l'istituizione di quello di proprietà"* (p. 31). Rousseau não exclui o que já afirmavam outros autores, de que os homens têm direito a condições dignas de sobrevivência, este para o autor é um direito natural, todavia é uma ação positiva que o torna proprietário. E assim se pode entender porque o direito do primeiro ocupante é débil no estado de natureza, porém, no estado civil, é um direito que Rousseau define como um direito digno.

No capítulo nono do Contrato Social, o direito do primeiro ocupante é assim definido:

> "In generale, per autorizzare su un terreno qualunque il diritto di primo occupante, si richiedono le seguenti condizioni. In primo luogo, che il terreno non sia ancora abitato da nessuno. In secondo luogo che ci si limiti a occuparne la quantità necessaria per ricavarne di che vivere. In terzo luogo che se ne prenda possesso, anziché con una vana cerimonia, col lavorare alla sua coltivazione, unico segno di proprietà che, in mancanza di titoli giuridici, abbia diritto al rispetto altrui"[113] (Rousseau, 1997: 31).

Os critérios definidos por Rousseau não são exatamente novos, as idéias, até então, sobre os direitos dos primeiros ocupantes, passavam pelo critério de ser o primeiro a ocupar determinada proporção de terra; o outro critério era o de ocupar a quantidade de terras necessárias para a sobrevivência, vemos que já, na antiga China (50.000 a.C.), as terras eram distribuídas segundo o número de homens válidos para o trabalho; assim também, na Antiguidade, o trabalho que se desenvolvia sobre determinada terra dava direito de possuir esta. Embora Rousseau defina assim as primeiras ocupações, ele mesmo, no Contrato Social, apresenta vários questinamentos sobre o direito do primeiro ocupante, enfatizando suas preocupações sobre os limites deste direito desde a Antiguidade. Como exemplo de suas preocupações colocamos questionamentos, tais como: "Como pode um homem ou um povo apropriarem-se de um território imenso e privar todo o resto da humanidade, se não através de uma usurpação que será punida, enquanto tira de outros homens a sede e os alimentos ofertados a estes em comum da natureza? Bastará colocar os pés em um território comum e pretender ser o proprietário deste?"

---

[113] "Em geral, para autorizar sobre um terreno qualquer o direito do primeiro ocupante se exigem as seguintes condições. Em primeiro lugar, que o terreno não seja ainda habitado por ninguém. Em segundo lugar, que se limite a ocupar a quantidade necessária para extrair os meios para viver. Em terceiro lugar, che prenda possesso, não com uma vã cerimônia, mas ao trabalhar o seu cultivo, único signo de propriedade que, na falta de títulos jurídicos confere direito ao respeito por parte dos outros". Tradução livre.

Nessas relações iniciais que Rousseau encontra os fundamentos para entender por que as terras privadas acabam tornando-se território público e com direito de soberania, assim sendo, os patrões do solo serão também dominadores dos habitantes que ali se encontravam.

Esse processo é considerado como alienante, porque a comunidade, além de se privar de seus bens anteriores, acaba assegurando e legitimando a posse, tendo como "direito" seu somente o gozo da propriedade, assim temos um paradoxo apontando por Rousseau, que, segundo ele, é fácil de explicar – ou seja, a distinção entre o direito do proprietário e do soberano. Desta forma, os indivíduos inicialmente se unem sem nada possuir, mas para viverem em sociedade, se apossam de um determinado terreno e usufruem conforme a vontade deste soberano, então, o direito individual de cada um sobre uma determinada aquisição de terras é subordinado ao direito da comunidade sobre todo o referido território, para assim ter-se estabilidade e vínculo social, bem como força real no exercício da soberania, o que conclui Rousseau abordando aspectos fundamentais que servem de base para todo o sistema social:

> "Il patto fondamentale, invece di distruggere l'uguaglianza naturale, sostituisce, al contrario, un'uguaglianza morale e legittima a quel tanto di disuguaglianza fisica che la natura ha potuto mettere tra gli uomini i quali, potendo per natura trovarsi ad essere disuguali per forza o per ingegno, diventano tutti uguali per convenzione e di diritto"[114] (Rousseau, 1997:33).

E com uma nota, a respeito da relação igualdade/desigualdade, infere Rousseau que, nos governos "cativos", a igualdade é apenas ilusória, servindo somente a fazer com que os pobres continuem na sua miséria e os ricos na sua riqueza, reforça, ainda, que as leis neste caso servem apenas para a utilidade dos ricos, sendo nocivas para os pobres. "Perciò lo stato sociale giova agli uomini solo in quanto posseggano tutti qualcosa e nessuno di essi abbia qualcosa di troppo" (p. 211). Por isso, somente a vontade geral[115] pode dirigir a força do Estado, pois este tem como obje-

---

[114] "O pacto fundamental, ao invés de destruir a igualdade natural, substitui, ao contrário, uma igualdade moral e legítima àquele tanto de desigualdade física que a natureza pode colocar entre os homens, os quais, podendo por natureza encontrar-se desiguais por força ou por engenho, tornam-se todos iguais por convenção e direito". Tradução livre.

[115] Sobre a pureza da vontade geral J.J.R. afirma: "Per avere la schietta enunciazione della volontà generale è dunque importante che nello Stato non ci siano società parziali e che ogni cittadino pensi con la propria testa. Tale fu l'unica e sublime istituzione del grande Licurgo. Se poi vi sono società parziali bisogna moltiplicarne il numero e prevenire la disuguaglianza, come fecero Solone, Numa e Servio. Queste sono le sole precauzioni valide perché la volontà generale sia sempre illuminata e perché il popolo non s'ingann" ("Para ter a genuína enunciação da vontade geral é, portanto, importante que no Estado não existam sociedades parciais e que cada cidadão pense com a própria cabeça. Tal foi a única e sublime instituição do grande Licurgo. Se depois existem sociedades parciais é

tivo primeiro o bem comum, e a sociedade só pode ser governada a partir deste fundamento. E é através do pacto social que se estabelecem, entre os cidadãos, direitos iguais. A concepção da justiça em Rousseau é de que esta vem sempre de Deus, é sua única fonte, mas se soubéssemos verdadeiramente entendê-la não teríamos a necessidade de governo e/ou de leis.

Para a definição de Estado, Rousseau, também, como outros autores para outras semânticas, reporta-se para a idéia de terra como mãe, ou melhor, como nutriente dos indivíduos para medir um corpo político. J.J.R. propõe dois critérios fundamentais: a extensão do território e o contingente populacional, quando analisa estes fundamentos, faz todo um retorno aos simbolimos que a terra pode representar, a relação da terra com o Estado apresenta esta característica, ou seja, são os indivíduos que fazem o Estado, e é a "mãe" terra que os nutre, sendo os habitantes tantos quanto a terra pode nutrir:

> "Sono gli uomini che fanno lo Stato ed è la terra che nutre gli uomini; il rapporto conveniente, pertanto, si ha quando la terra basta a nutrire gli abitanti e gli abitanti sono tanti quanti la terra ne può nutrire. In questa proporzione risiede il aximum di forza di un certo numero di abitanti; infatti, se c'è un eccesso di terra, la difesa è gravosa, insufficienti le culture, sovrabbondante il prodotto; si ha la causa prossima delle guerre difensive; mentre, se la terra non basta, lo Stato si trova a dipendere dai vicini per supplire alla scarsezza dei prodotti e si ha la causa prossima delle guerre di offesa"[116] (Rousseau, 1997: 69-71).

É importante ver como o autor, assim como seus contemporâneos utilizavam para suas análises filosóficas os sentidos simbólicos da semântica *terra*, todas as relações estipuladas pelo Estado com os indivíduos passavam por estes aspectos, é bem verdade que Rousseau não se atém, como James Harrington, por exemplo, à importância de uma lei agrária como propôs este para sua República de Oceana, mas define a importância de um solo fértil para a independência de um determinado Estado, aprofunda ainda as questões relativas ao clima,[117] ao tipo de território, ou seja: "são os homens que fazem o Estado e é da terra que se nutrem!"

---

necessário multiplicar o número e prevenir a desigualdade, como fez Solão, Numa e Servio. Estas são as únicas precauções válidas para que a vontade geral seja sempre iluminada e para que o povo não se engane".

[116] "São os homens que fazem o Estado e a terra que nutre os homens; a relação conveniente, portanto, existe quando à terra basta a nutrir os habitantes e os habitantes são tantos quantos a terra possa nutrir. Nesta proporção, reside o máximo de força de um certo número de habitantes; de fato, se existe um excesso de terra, a defesa é difícil, insuficientes as culturas, sobreabundante o produto; se tem próxima a causa das guerras defensivas; enquanto, se a terra não basta, o Estado se encontra dependente dos vizinhos para suprir a escassez dos produtos e se tem próxima causa das guerras de ataque". Tradução livre.

[117] Quando o autor trata, no capítulo oitavo, sobre a liberdade fazendo uma referência a Montesquieu, descreve textualmente: "A liberdade, não sendo um fruto de todos os climas, não é levada a todos os povos".

Aprofunda ainda mais os argumentos simbólicos quando descreve que em cada região específica existem causas naturais que definem o tipo de governo, por exemplo, em terras áridas que, por isso mantêm-se incultas, só podem ser habitadas por selvagens; os bárbaros, por sua vez, ocupam terras que produzem através do trabalho o extremo necessário para a sobrevivência destes. Nestes dois casos, é impossível instaurar um Estado, já onde existe a abundância e a fertilidade do solo, dando muitos frutos em câmbio de pouco trabalho, é adequado para o sistema monárquico.

Como dissemos no início, Rousseau, embora não tenha criado uma teoria exclusiva sobre a propriedade da terra, deixa evidente, na sua principal obra, "Contrato Social", sua preocupação com a temática, por exemplo, quando trata da igualdade, o qual remete para a vontade geral e para o corpo político a determinação de quanto, como e quando cada indivíduo pode apropriar-se de determinada coisa. Para ele, era na propriedade que se poderia encontrar o direito central e basilar, no qual devia o Estado reconhecer e tutelar os indivíduos, o que também vale para a propriedade da terra.

As contribuições de J.J.R. para o mundo jurídico são notórias. O Contrato Social propõe uma nova visão da questão relativa ao contrato e esta foi importante para fundamentar a idéia hodierna que temos deste instituto. Era através do contrato que a vida social dos indivíduos poderia ser regulamentada com uma fundamentação igualitária e livre, assim também a propriedade. Deste modo, através do Contrato Social, é possível ter toda uma nova regulamentação da vida social.

É através do Contrato Social que os indivíduos perdem a liberdade natural para adquirirem a liberdade civil e a propriedade de tudo o que já possuem. Desta forma, a garantia da propriedade da terra não é mais assegurada por um dom de Deus, mas por um direito positivado. É uma mudança importante, pois a propriedade da terra passa a ser regulamentada juridicamente. Também, juridicamente deve ser regulamentada a propriedade da terra na concepção de David Hume, embora ele faça uma crítica aos manuais jurídicos que propõem uma regulamentação da vida social. No caso específico da legislação agrária, Hume é categórico em afirmar que as leis são inutilmente colocadas e discutidas nos livros, além disso, as leis agrárias representavam para a sociedade daquela época um risco: um risco de perda de prestígio e de poder.

Podemos ver a seguir como Hume, influenciado por James Harrington, analisa a questão da propriedade da terra como resultado de condições concretas da vida humana.

6. Conceito de propriedade da terra em David Hume

"Tutte le cose utili alla vita dell'uomo nascono dalla terra; ma poche cose nascono nella condizione richiesta per utilizzarle. Quindi occorre che vi sia, oltre al contadino e al proprietario terriero, un'altra classe di uomini che, ricevendo da essi le materie prime, le lavorino nella forma adatta e ne trattengano una parte per il proprio uso e mantenimento"[118] (Hume, 1974: 492).

David Hume, um dos importantes clássicos da política dos anos setecentos, ao qual nos reportamos desde o início da nossa pesquisa, tem como a obra mais importante, "A Treatise of Human nature", publicada em Londres 1739-40. Hume foi filho da nobreza escocesa, realizou seus estudos na Universidade de Edimburgo, onde interessou-se fundamentalmente por conhecer as obras de Bacone, Locke e Newton. Além destes autores, também dedicou atenção para a obra de James Harrington, especialmente quando estudou a questão da propriedade, em particular, da propriedade da terra.

Ao escrever a *"Dissertazione sulle passioni"*, dedica uma atenção especial para a questão da propriedade. Suas primeiras observações dizem respeito ao sentido de possuir algo. Um sentido não somente jurídico, mas sobretudo emocional, em que cada proprietário considera sua propriedade como a melhor, a mais produtiva. Tratando da temática que nos interessa, onde refere a questão da terra, em que para o proprietário daquela terra, esta sempre é a terra mais fértil. Assim considera a propriedade como uma "espécie de relação", que produz uma conexão entre o indivíduo e a coisa, do mesmo modo relaciona a questão do poder, porque ser proprietário de algo significa que, pelas leis da sociedade, se tem o direito de gozar e dispor de todos os benefícios desta mesma propriedade. Deste modo, cada objeto próprio é alterado em função deste sentimento de propriedade, esta por sua vez é sempre a mais bela, mais forte, mais produtiva; estes sentimentos fazem aflorar a paixão e o orgulho, afirma:

> "Perciò la proprietà è una specie di causazione che autorizza la persona a produrre modificazioni nell'oggetto e suppone che la sua condizione sia migliorata ed alterata grazie ad esso"[119] (Hume: 1974. 852).

Quer dizer, a propriedade de um objeto faz nascer uma relação entre o objeto e o possuidor deste, uma relação que não é apenas jurídica, mas que, segundo Hume, é uma relação que produz uma conexão, que dá ao proprietário o poder sobre o objeto. Porque ser proprietário significa, conforme as leis da sociedade, aproveitar de todas as potencialidades deste

---

[118] "Todas as coisas úteis à vida do homem nascem da terra; mas poucas coisas nascem na condição exigida para utilizá-las. Por isso, ocorre que exista além do camponês e do proprietário de terra, uma outra classe de homens que, recebendo destes as matérias-primas, trabalhe-as na forma adaptada e retenham uma parte para seu próprio uso e manutenção". Tradução livre.

[119] "Por isso, a propriedade é uma espécie de causazione que autoriza a pessoa a produzir modificações no objeto e supor que a sua condição seja melhorada e alterada graças a isso". Tradução livre.

bem. Desta forma, a terra é o local de onde tudo provém, ou seja, é da terra que vêm todas as coisas úteis para a vida do homem. Embora Hume não seja um utopista como Harrington, ele também se utiliza de uma simbologia para entender o significado da semântica *terra* na vida dos homens. Hume observa que, na vida diária, estamos preocupados com a utilidade das coisas, por isso a terra, além de necessária, é útil aos homens na medida em que estes possam cultivá-la. A utilidade a que se refere não é apenas a prática, mas a moral a qual não pode estar desvinculada da justiça, felicidade. A utilidade não está separada das demais virtudes sociais, mas é, para Hume, o fundamento da parte principal da moral. Ou seja, é a utilidade que explica e justifica os vários aspectos da justiça e, desta forma, é também ela que disciplina as várias formas de propriedade. Assim, não basta que se identifique o que é propriedade de um ou de outro; é necessário que as regras que definem os limites da propriedade possam atender aos interesses desta sociedade.

Umas das questões mais discutidas pelos filósofos de sua época era a forma de governo. Hume também aborda esta questão relacionando-a com a questão da propriedade, afirma que se a forma monárquica pode parecer perfeita, é porque para alguns homens essa mesma perfeição advém da forma republicana, porque o prestígio às leis, aos métodos, às instituições estáveis, ao equilíbrio à ordem no governo livre são pressupostos somente da república, diz:

> "In una monarchia civilizzata, soltanto il principe non subisce restrizioni nell'esercizio della sua autorità ed egli soltanto possiede un potere che è limitato soltanto dal costume, dall'esempio e dal senso del proprio interesse... Il popolo, per quanto concerne la sicurezza della sua proprietà, non dipende che dal sovrano"[120] (Hume: 1974, 311).

A dependência direta de um soberano não significa absolutamente segurança, porque o soberano não está preocupado com os interesses privados de forma singular, assim é que, segundo Hume, nasce uma espécie de governo, o qual pode ser denominado como *tirannide*, mas que com uma administração "justa e prudente" pode dar um pouco de segurança ao povo. Quando tratado especificamente da relação entre propriedade e forma de governo, proferi que, tanto na monarquia civilizada como na república, o povo tem segurança de gozar de sua propriedade, porém ambas as formas, na relação com aqueles que possuem a suprema autoridade, dis-

---

[120] "Em uma monarquia civilizada, o príncipe não admite restrições no exercício de sua autoridade, porém possui um poder que é limitado pelo costume, pelo exemplo e pelo senso do próprio interesse... O povo, por quanto concerne à segurança da sua propriedade, de nada depende que não do soberano". Tradução livre.

PROPRIEDADE DA TERRA
Análise sociojurídica

põem de muitas honras e outras tantas vantagens. Somente que, na república, os que aspiram a maior poder, ou a maior segurança na sua propriedade devem observar *"verso il basso"*; já na monarquia, quem deseja este vínculo deve observar o poder *"verso l'alto"*, concluindo esta relação, afirma que na república se desenvolvem as ciências de forma natural, já na monarquia, desenvolvem-se, mais naturalmente, as belas artes.

Desta forma, a questão da propriedade não é vista pelo autor como uma questão natural, ou seja, a propriedade não tem um fundamento originário na natureza, mas é o resultado das condições concretas em que se desenvolve a vida humana, é o resultado "dos artifícios humanos", ou seja: "del vario modo in cui l'uomo, in condizioni diverse, reagisce alla situazione varia in cui si trova a vivere" (p. 906). A propriedade apresenta tantos e tão diferentes critérios que não pode ser apenas fruto de um instinto da natureza humana, contudo é artifício humano. Por isso, é fundamental que exista uma lei que possa regular a propriedade.

A propriedade exerce um determinado poder no direito e também no sistema da política, mas ao contrário do que afirma J.H., não é a distribuição igualitária da propriedade que garante o equilíbrio do poder, ele infere – *"Primeiros Princípios do Governo"* – que um governo pode durar por muitos anos, mesmo que a distribuição do poder e da autoridade não coincidam, para ele, a idéia de que o fundamento de um governo é estipulado pela propriedade pode ser tranqüilamente refutado, tendo em vista o próprio exemplo da Inglaterra. Porém não deixa de reconhecer que grande parte do aparato estatal está voltada para a garantia da propriedade, para ele, é apenas poética a idéia de que os homens recebem da natureza todas as riquezas sem restrições, não concorda com o princípio de que os homens possuam tanta bondade,[121] que não possa haver interesse pela propriedade do vizinho, claro que a propriedade está vinculada à natureza, mas depende do estatuto e da situação em que cada indivíduo se encontra. Já a relação entre propriedade e governo apresenta-se de forma parcial:

---

[121] Embora o autor faça uma crítica inicial quanto à inaplicabilidade das leis, mas segundo ele, as boas leis podem gerar ordem e modernização no governo, enquanto a tradição e os costumes inspiram pouca humanidade e pouca justiça, em verdade ele está fazendo uma referência ao povo romano, onde afirmava que este povo, que tanto admiramos na sua vida privada, era muito depravado, por isso a importância das leis. Para ele, as leis são fontes de segurança e felicidade. Porém, quando trata da questão dos excessos, observa: "... Allo stesso modo, come l'eccessiva severità delle leggi spesso comporta una grande negligenza nella loro esecuzione, così la loro eccessiva indulgenza produce naturalmente crudeltà e barbarie! È in ogni modo pericoloso obbligarci a oltrepassare i loro sacri confini" (Do mesmo modo, como a excessiva severidade das leis freqüentemente comporta uma grande negligência na sua execução, também a sua excessiva indulgência produz naturalmente crueldade e barbárie! É de todo o modo perigoso obrigarmo-nos a ultrapassar os seus sagrados confins) (p. 606).

"... l'opinione che gli uomini hanno che la proprietà dia diritto al governo è efficace quando esiste già un legame almeno parziale fra governo e proprietà; in caso diverso è più forte l'opinione che rende gli uomini attaccati all'antica forma di governo; e proprio tale opinione impedisce all'altra di affermarsi e fa apparire le pretese al governo di chi ha la proprietà come un'usurpazione"[122] (Hume, 1974: 209).

Para Hume, a divisão do que é de um e não do outro deriva de uma situação de indigência, em que cada um deve satisfazer suas próprias necessidades e assim se cria a situação onde se deve definir os limites do que é de um e o que é do outro. Deste modo, a nobreza, para preservar o que é de um e não de outro, deve manter sua autoridade sobre a população, mas sem uma grave tirania. A tirania não promove os interesses internos da nobreza, fundamentalmente, porque uma nobreza que tem um poder comum sobre a população – tipo a veneziana – preserva a paz e a ordem entre os homens, sejam nobres ou não. Não acredita que os homens, de modo geral, possam ser dotados de tanto respeito com relação à questão da propriedade que fossem capazes de renunciar por uma questão de justiça à propriedade do outro, se assim fosse, manter-se-ia em um permanente estado de liberdade, uma perfeição que a natureza humana seria incapaz. Para D.H., a nobreza tem a capacidade de agir como um corpo unitário, que dá estabilidade ao governo e à sociedade. Esta é dividida em apenas duas classes sociais: a nobreza e o povo.

Segundo o autor, na Antiguidade "a massa populacional" poderia ser dividida em agricultores e pessoas adaptadas para a manufatura (comércio), com isso queria demonstrar que apenas superado o período inicial (que para ele era definido como selvático), em que se vivia da caça e da pesca, havia esta divisão, já que a terra poderia assegurar o sustento a um número maior de pessoas; os que restavam se dedicavam ao comércio, a uma atividade mais refinada. Esta mão-de-obra dedicava-se ao que o autor definia como atividade de "arte do luxo", a qual aumentava a felicidade do Estado, mas questiona se esta mesma mão-de-obra não poderia ocupar-se de outras atividades, por exemplo, a expansão do próprio Estado, mas faz a seguinte consideração:

"... È certo che tanto minori sono i bisogni e i desideri dei proprietari e dei lavoratori della terra, tanto minor numero di braccia essi impiegheranno; in conseguenza le eccedenze della terra invece di mantenere

---

[122] "... a opinião que os homens têm da propriedade dê direito ao governo é eficaz quando existe já um vínculo pelo menos parcial entre governo e propriedade; em caso contrário, é mais forte a opinião que torna os homens unidos à antiga forma de governo; e exatamente tal opinião impede a outro de afirmar-se e de mostrar as pretensões ao governo de quem tem a propriedade como uma usurpação". Tradução livre.

commercianti e artigiani possono sostenere flotte ed eserciti in molto maggiore misura che non dove un gran numero di attività sono richieste per soddisfare il lusso di singoli individui"[123] (Hume, 1974: 445).

E assim observa a relação dos súditos, não-proprietários de terra com o Estado, dizendo que a grandeza de um Estado não depende da felicidade dos súditos, porém um Estado não é jamais maior do que toda "*le braccia*" que pode ser empregada no serviço público. A comodidade dos privados entende, ao contrário, que esta "*braccia*" seja empregada a seu serviço privado, ou seja, uma situação vem a prejudicar a outra. Para ilustrar esta situação, reportamo-nos ao exemplo da antiga Esparta, no que diz respeito às relações agrárias.

E ainda tratando da questão da produção agrícola, demonstra que esta atividade pode produzir tantos excedentes que acaba por desestimular os que a produzem, já que não existe uma demanda para a quantidade produzida, este fator leva à indolência, fundamentalmente porque falta este escâmbio com produtos que possam satisfazer a vaidade e o prazer, e este conseqüentemente leva ao não-cultivo das terras. Esta situação é diferente com os proprietários de terra, porque estes "estudam a agricultura" no sentido de incrementar a produção, incrementando simultaneamente o escâmbio através das manufaturas. Nesse sentido, afirma ainda que a terra fornece uma quantidade muito maior de bens essenciais para a vida dos indivíduos do que aqueles que podemos obter, ou seja, ainda se vê a terra como fonte de riqueza.

Esta mesma fonte de riqueza produz uma desigualdade no sentido de quando uma população cresce em número significativo. Hume fala ainda do estágio selvático cujo número originário dos indivíduos aumenta, observa-se que alguns possuem grandes extensões de terra, outros são confinados em pequenas propriedades e uma terceira categoria são os que nada possuem, ou seja, os não-proprietários de terra. Assim aqueles que possuem grande propriedade empregam os que nada possuem, inicialmente estes recebiam pequenas quantidades de produtos (sistema vigente até os dias atuais), e deste modo se estabelece o que é definido como "interesses fundiários", onde os proprietários podem acumular riqueza e prospectar futuros, já os trabalhadores da terra apenas, por questões de sobrevivência, consumirão estes produtos recebidos em troca de seu trabalho. Neste ponto, mais uma vez, o autor deixa transparecer sua visão burguesa, separa-

---

[123] "É certo que tanto menor são as necessidades e os desejos dos proprietários e dos trabalhadores da terra, tanto menor número de braços estes empregam; em conseqüência o excesso da terra invés de manter comerciantes e artesão, pode sustentar frotas e exércitos em uma medida muito maior do que quando existe um grande número de atividades que são requeridas para satisfazer o luxo dos indivíduos particulares". Tradução livre.

tista[124] e racista;[125] pois afirma que estes trabalhadores consomem tudo aquilo que poderiam economizar por muitos anos. De qualquer modo, o Estado deve controlar a quantidade de propriedade de cada indivíduo, de maneira que possa constituir-se em interesse monetário. Além disso, a propriedade é necessária em todas as sociedades, onde a justiça adquirir sua finalidade olhando para o interesse público.

Deste modo, as leis que regulam a justiça e determinam a propriedade têm como finalidade o bem da humanidade. Para alcançar um estágio de felicidade não basta que as propriedades sejam separadas, mas é necessário também que se observem as regras que fazem esta divisão no sentido de observar sempre a paz e o interesse da sociedade, bem como o tipo de governo que existe nesta sociedade, para que a mesma lei que propõe a justiça na distribuição da propriedade não seja obscura e produza apenas a insegurança. Nesse sentido, para definir as regras que regulam a propriedade, é fundamental conhecer a natureza e a situação dos indivíduos daquela sociedade e ainda:

"... per stabilire delle leggi che regolino la proprietà, bisogna conoscere la natura e la situazione dell' uomo, bisogna rispingere le apparenze che possono essere false, anche se speciose; e bisogna cercare quelle regole che sono, nell' insieme, più utili e benefiche. Il senso comune ed un po' d'esperienza bastano per questo scopo, se gli uomini non si abbandonano ad una avidità troppo egoistica o ad un eccessivo fanatismo"[126] (Hume, 1974: 905-6).

Para Hume, a propriedade é o resultado das condições concretas, na qual se desenvolve a vida humana, a disciplina da propriedade apresenta uma variedade de critérios, que não se pode fazer sair diretamente de um instituto simples da natureza humana, essa é, antes de tudo, o resultado de artifícios humanos. O autor refere várias vezes o fato de que é a utilidade que pode explicar e justificar os diversos aspectos da justiça, assim como há várias formas em que vem disciplinada a propriedade, são fundamen-

---

[124] Hume afirma categoricamente que existem muitas razões para confirmar que os povos que vivem nos trópicos e nos círculos polares são inferiores ao resto da espécie "e siano incapaci di tutte le più alte conquiste della mente umana" (e somos incapazes das mais altas conquistas da mente humana) (p. 399).

[125] Para o autor, os negros e outras 4 ou 5 espécies humanas são naturalmente inferiores aos brancos: "Non è mai esistita una nazione civilizzata che non sia stata di razza bianca e nemmeno è esistito qualche individuo eminente nell'azione o nella speculazione che non sia stato bianco" (Nunca existiu uma nação civilizada que não fosse formada de raça branca e nem mesmo existiu qualquer indivíduo eminente na ação ou especulação que não fosse branco) (p. 399- 400).

[126] "Para estabelecer as leis que regulam a propriedade é preciso conhecer a natureza e a condição do homem, é necessário refutar as aparências que possam ser falsas, ilusórias; e é preciso procurar aquelas regras que são, no conjunto, mais úteis e benéficas. O senso comum e um pouco de experiência bastam para este escopo, seus homens não se abandonam uma avidez muito egoísta ou a um excessivo fanatismo". Tradução livre.

talmente as formas de vida que vão definir as várias formas de propriedade. E assim fortifica seu discurso sobre os diversos interesses sociais, ou literalmente "os interesses da sociedade", que pedem e exigem leis particulares para casos particulares, mas não conseguem determinar qual lei ou qual regra.

Se considerarmos a questão da propriedade sob esta mesma perspectiva, como fazem muitos juristas, vê-se que somente o primeiro "possesso" comporta a propriedade na concepção de Hume. Ou seja, a propriedade significa o primeiro "possesso", onde nenhuma outra pessoa possa requerer qualquer direito. Para aprofundar este discurso seria necessário encarar outra questão semântica e jurídica: o que é o primeiro "possesso"? E veremos as diferenças abismais entre os vários juristas dos anos de 1700 até a modernidade. Assim, segue o autor, para encarar o problema, retornamos ao problema inicial, à lei, à observância de uma determinada lei suprema, onde as leis particulares devem ser seguidas e respeitadas porque: "a salvação e o interesse público requerem em via ordinária uma aplicação equânime e imparcial de tais leis" (p. 907). E agora vem o problema principal: e quando a estas leis falta utilidade? Esta falta produz insegurança, assim é difícil definir a propriedade, pois se devem adotar critérios que não comportam formas objetivas, por exemplo, para falar em primeiro "possesso", o autor questiona; de quanto tempo é necessário? Dias? Anos? Para isto a importância das Leis Civis que suprimem a idéia da natureza e podem estabelecer alguns termos que definam a prescrição, sempre segundo os horizontes permitidos pela lei.

As leis civis sempre foram importantes para regulamentar as questões atinentes à propriedade, pois de certa forma podem modificar as regras de justiça natural. Estas mesmas leis deveriam sempre fazer uma interligação e/ou uma referência com a constituição do governo, aos usos desta sociedade, ao clima, à religião, ao comércio, em resumo, conforme o autor, às condições de vida de cada sociedade.

Nas condições de vida de cada sociedade, cabe perguntar o que é a propriedade de uma pessoa? Quais as leis que regulamentam esta propriedade e que possam fazer uma distinção entre o que é de um e não é do outro? Para dar estas definições, será necessário reportar-se a muitos e diferentes estatutos, ordenamentos, procedimentos que, muitas vezes, são inflexíveis e análogos, porém, para o autor, o ponto fundamental nesta circunstância é ver "o interesse e a felicidade da sociedade", porque onde estes não sejam contemplados: "... nulla può apparire più stravagante, innaturale ed anche supertizioso di tutte, o della maggior parte delle leggi sulla giustizia e sulla proprietà"[127] (Hume, 1974: 910).

---

[127] "... nada pode parecer mais extravagante, artificial e também superticioso de todas, ou da maior parte das leis sobre a justiça e sobre a propriedade". Tradução livre.

Em toda sua obra, não fica evidente o que é o bem ou a felicidade de toda a sociedade humana, porém vê-se com clareza sua perspectiva burguesa, quando fala da felicidade da sociedade humana, seguramente refere-se a uma parte da sociedade, ou seja, aquela que ele, ao seu tempo, considera sociedade. Outro argumento encarado, continuamente, pelo autor é a utilidade das coisas, assim refere-se à questão da terra; dessa maneira, também, direciona-se à questão da propriedade individual quando questiona sobre: *"o que é a propriedade de uma pessoa?"*, e o próprio responde dizendo que é alguma coisa que legalmente é permitido ser de um e não de outro; porém em seguida questiona: *"mas quais regras temos para distinguir estes objetos?"*, e assim coloca para nossa reflexão a idéia de procedimentos análogos, costumes, circunstâncias que em alguns casos e em alguns momentos pode parecer constante e inflexível e, em outras circunstâncias, pode ser variável e arbitrário. E de um certo modo conclui a discussão (abrindo novas reflexões), dizendo que o ponto fundamental, ou melhor, nas suas palavras, "o último ponto" é o interesse e a felicidade da sociedade humana. E assim "resolve" a justiça sobre a propriedade.

Mas a justiça sobre a propriedade não é matéria resolvida, porque fundamentalmente a justiça é absolutamente necessária para o bem-estar da humanidade e para a existência da sociedade "feliz". Quando estes pressupostos não são observados, tanto o direito como a propriedade não têm fundamento. E estes fundamentos não podem enfraquecer o "sagrado" direito do respeito à propriedade, mas ao contrário:

> "...questi sentimenti debbono derivare nuova forza dai ragionamenti che stiamo facendo. Infatti, quale più solido fondamento si può desiderare o concepire per qualche dovere, dell'osservare che la società umana, o perfino la natura umana, non può sussistere senza la sua osservanza e che essa giungerà ad un maggior grado di felicità e di perfezione, quanto più inviolabile sarà il rispetto che si tributerà a quel dovere?"[128] (Hume, 1974: 913-914).

Estes sentimentos, fundamentos, aparecem como dilemas, mas o fato importante é que a justiça deve promover sempre a utilidade pública para o bem viver da sociedade civil, porque a justiça nasce, do que Hume chama, de um simples instinto originário colocado no coração dos homens, e mais "radicato dalla natura in lui con lo stesso intento salutare con cui vi ha posti gli altri istinti" (p. 914). Neste ponto, retorna à idéia da

---

[128] "...estes sentimentos devem adquirir nova força com as reflexões que estamos fazendo. De fato, qual é o mais sólido fundamento que se pode desejar ou conceber por qualquer dever, do observar que a sociedade humana, ou por fim a natureza humana, não pode subsistir sem a sua observação e que esta alcançará um maior grau de felicidade e de perfeição quanto mais inviolável será o respeito que se tributará àquele dever ?" Tradução livre.

propriedade como sendo objeto da justiça que é individualizada como um simples instinto originário, e este, por sua vez, pode ainda ser um sujeito no qual ainda se pode fazer novas descobertas e, assim, descobrir novos sensos do próprio corpo humano que até agora não tenha sido objeto de reflexão.

"Di più: per quanto sembri una proposizione molto semplice il dire che la natura, con un sentimento istintivo, individua la proprietà, tuttavia troveremo che, a questo scopo, occorrono diecimila istinti differenti e che si debbono adoperare intorno ad oggetti massimamente intricati e difficili a sceverare. Infatti, quando si chiede una definizione di proprietà, si trova che il rapporto di proprietà si risolve in un possesso ottenuto mediante occupazione, o mediante il lavoro, per mezzo di prescrizione, o di eredità, o di contratto ecc"[129] (Hume, 1974: 914-915).

Realmente os instintos são simplesmente instintos, e não nos ocorre pensar que a questão da propriedade possa ser estudada desta perspectiva, pois distinguir instintos significa indicar coisas diferentes, significa dizer que temos bons e maus instintos, mas em que podemos nos fundamentar para afirmar o que é bom ou ruim? Por isso, a grande dificuldade que perdura até a modernidade, para definir o que é e quais são os limites de uma propriedade da terra, por exemplo, o que temos como referencial é o que diz também Hume, ou seja, a propriedade pode ser originada de um "possesso", de uma herança. Porém, o que nos vemos obrigados a refletir na modernidade é qual o significado moderno desta propriedade, sendo importante, portanto, o retorno aos autores clássicos como Hume, mas não encontramos todas as respostas; pelo contrário, suas reflexões nos intrigam ainda mais, além disso nos faz ver que a complexidade da propriedade segue um longo processo evolutivo, um processo que apresenta a cada dia novos problemas, tal como o significado de ser proprietário vem se modificando e, nos dias atuais, as máximas do século anterior já não servem, e ainda hoje estão deslocadas da realidade.

Com isso não deixamos de reconhecer que, na periferia da modernidade, a propriedade da terra é diferente da modernidade, mas também na periferia a propriedade não produz mais segurança e prestígio como há pouco tempo atrás. O próprio autor já falava da complexidade de conceitos como herança, contrato etc., ou seja, os instintos podem ser entendidos

---

[129] Ainda: porquanto pareça uma proposição muito simples dizer que a natureza, com um sentimento instintivo, particularize a propriedade, todavia, temos que a este escopo ocorrem dez mil instintos diferentes e que devem operar em torno a objetos excessivamente intrincados e difíceis de distinguir. De fato, quando se pede uma definição de propriedade, acha-se que a relação de propriedade se resolve em uma posse obtida mediante ocupação, ou mediante o trabalho, por meio de prescrição, ou de hereditariedade, ou de contrato etc." Tradução livre.

com simplicidade, mas produzem efeitos tão complexos que a simplicidade aparente de um instinto torna-se muito problemática. Em outras palavras, a problemática da propriedade é muito mais profunda do que podemos refletir no presente, porque a cada evento novos problemas surgem e estes requerem soluções imediatas. Os eventos instintivos podem ser somente instintivos, a propriedade requer a racionalidade e a normatividade. Porém, a regulamentação do instituto da propriedade deve ter presente que:

> "Tutte le leggi di natura che regolano la proprietà, come tutte le leggi civili, sono generali e riguardano soltanto alcune circostanze essenziali del caso, senza prendere in considerazione i caratteri, le situazioni e le relazioni della persona interessata o le conseguenze particolari che possono derivare dalla determinazione di queste leggi a qualche caso particolare che si presenta"[130] (Hume, 1974: 1024-25).

Outra vez o autor apresenta os vários problemas que derivam do formalismo jurídico, mesmo reconhecendo que a propriedade deva ser regulamentada por leis gerais e inflexíveis, porque assim requer a utilidade pública, o que não significa que estas mesmas leis possam promover a felicidade da sociedade, embora seja justamente esta a finalidade, ou seja, as leis da propriedade devem servir no melhor modo à utilidade pública, o que não significa, mais uma vez, que estas mesmas leis possam prever todos os inconvenientes derivados da própria lei da propriedade.

Desde o início da sua obra, D.H. faz uma forte crítica aos manuais que tentam resolver todos os problemas relativos ao instituto da propriedade, dizendo que, em tese, estes autores pensam em resolver todos os problemas atinentes à propriedade, mas que, em verdade, são apenas questões teóricas, porque os problemas do instituto da propriedade ultrapassam os limites do que vinha sendo pensado e escrito. Nesse sentido, as questões particulares e os inconvenientes são impossíveis de prever, mas ocorrem e, de certa forma, o autor faz uma crítica ao sistema jurídico, que não está apto para enfrentar exatamente estes inconvenientes, os quais são cruciais para entender o instituto da propriedade.

Na modernidade, podemos entender que as leis não servem para a promoção da justiça social, mas no período referido pelo autor ainda tratávamos de uma sociedade dividida por classes sociais, por segmentos, por castas; porém, hoje, vivendo em uma sociedade diferenciada funcionalmente, podemos perceber o direito como generalizador de expectativas, e não mais como "um promotor do bem social". Assim, o direito de

---

[130] "Todas as leis da natureza que regulam a propriedade, como todas as leis civis, são gerais e referem-se apenas a algumas circunstâncias essenciais do caso, sem levar em consideração as características, as situações, e as relações da pessoa interessada ou as conseqüências particulares que possam derivar da determinação destas leis a qualquer caso particular que se apresente." Tradução livre.

PROPRIEDADE DA TERRA
Análise sociojurídica

propriedade, modernamente, não é mais estudado como um direito natural ou divino. A regulamentação do direito de propriedade diz respeito ao sistema jurídico, que, através do acoplamento estrutural, é influenciado também pelo sistema da economia, pelo sistema da política, porém uma decisão jurídica sobre o direito de propriedade só pode ser tomada a partir do sistema jurídico, e esta só pode ser modificada através de uma outra decisão jurídica.

Interessante notar é que a questão da propriedade privada tem sido, historicamente, uma preocupação das mais diversas áreas do conhecimento, em cada uma destas recebe uma conotação diferente, mas Hume apresentava esta preocupação dizendo que as leis são ambíguas, incertas e arbitrárias, mas, ao mesmo tempo, são fonte de segurança e felicidade; e mesmo que nasçam sempre em atraso, com relação ao Estado elas são o produto fundamental da ordem e da liberdade.

E assim podemos concluir com Hume, retornando ao seu pensamento inicial, ou seja, todas as coisas úteis para a vida dos homens nascem da terra. A abordagem de Hume é, sem dúvida, uma abordagem simbólico-jurídica, ou melhor, ele propõe uma passagem do sentido simbólico da propriedade da terra para um sentido jurídico, este último influenciado pelo primeiro. Em outras palavras, a propriedade da terra produz uma certa relação entre o proprietário e sua terra, ou seja, existe uma relação "íntima" entre o meu e o eu ou entre a coisa e o objeto. Para aprofundarmos este argumento, recorremos a Kant, onde a propriedade é algo inerente ao proprietário.

O conceito de propriedade da terra, em Kant, não é um conceito do direito natural, mas é um conceito da realidade prática. E ser proprietário de algo é possível somente no estado jurídico. O "meu" jurídico é aquilo a que "eu" estou vinculado, ligado, absorvido, e o uso de qualquer outro "eu" poderia me fazer muito mal. Este é Kant, que apresenta a idéia de posse dividida em dois tipos: a sensível e a inteligível. Ao tratar especificamente da propriedade da terra, Kant afirma que a primeira aquisição originária foi a posse da terra. Este argumento foi amplamente discutido pelos autores modernos, entre eles Carl Schmitt. Assim, as contribuições de Kant são importantes para entendermos os aspectos filosóficos da posse da terra, como veremos a seguir.

7. Conceito de propriedade da terra em Immanuel Kant (I.K.)

"Il mio giuridico (meum iuris) è quello con cui sono così legato, che mi danneggerebbe l'uso che un altro potrebbe farne senza il mio consenso."[131] (Kant, 1991: 55).

---

[131] "O meu jurídico é aquele com o qual sou tão ligado que me danificaria o uso que um outro pudesse fazer sem a minha permissão". Tradução livre.

O filósofo Kant influenciou fortemente o idealismo alemão dos anos de 1700, sua posição política foi decisiva para tal, ele era um liberalista antiabsolutista. Para entendermos o significado kantiano da propriedade, reportamo-nos para o texto referente à *"La metafisica dei costumi"*, onde, no primeiro capítulo, trata da idéia do "meu e do teu". Ou seja, a idéia de propriedade vem aliada à idéia de "ligação", de vínculos com o uso. Kant, também, fala que o uso sem o consentimento do possuidor (ainda não podemos falar em proprietário) danaria o possuidor, o que nos porta para a idéia de posse, bem como de "godimento" da posse. Ele mesmo afirma que a condição subjetiva da possibilidade do uso é a posse.

Mas a posse pode, igualmente, significar respeito a algo, classificado pelo autor, como coisa externa. Este objeto externo pode ser considerado como "meu", somente quando seja lícito pressupor que "eu" – no sentido de proprietário – me sinta lesado pelo uso de outra pessoa. Ou seja, ainda não tenho a posse formal. Porém, ter algo de externo como "meu" seria, na percepção kantiana, algo contraditório, por isso, divide a idéia de posse em dois aspectos: a sensível e a *intelligibile*. Na primeira divisão, temos a posse física; na segunda, a posse jurídica do mesmo objeto. Porém, suas reflexões filosóficas questionam a possibilidade da posse inteligente: "Un possesso intelligibile (ammesso che un tal sia possibile) è un possesso senza possessione (detentio)" (p. 56).

O objeto externo que está em "meu" poder é algo que "eu", pelo "meu" livre arbítrio, fisicamente, tenho o poder de usar segundo o "meu" prazer. Esta máxima não pressupõe somente uma faculdade, mas um ato de arbítrio; é, então, um pressuposto, *a priori,* da razão prática, o fato de considerar cada objeto do nosso arbítrio como um "objetivamente possível" meu ou teu. E a este postulado Kant define como *lex permissiva:*

> "Si può chiamare questo postulato una «legge permissiva» («lex permissiva») della ragione pratica, vale a dire una legge che ci dà il potere, assolutamente non ricavabile dai soli concetti del diritto in generale, di imporre a tutti gli altri l'obbligazione, che essi altrimenti non avrebbero, di astenersi dall'uso di certi oggetti dell'arbitrio, perchè noi prima di loro li abbiamo presi in nostro possesso"[132] (Kant, 1991: 57).

Então, a idéia objetivamente possível encontra seus fundamentos não nos tradicionais conceitos gerais de direito, mas na lei "permissiva da razão prática". Ou seja, se consideramos um objeto como nosso, devemos tê-lo em nossa posse, caso contrário, não nos sentiríamos lesado com o uso de outro de um objeto supostamente "meu". Se não se tem este objeto

---

[132] "Pode-se chamar este postulado uma lei permissiva da razão prática, vale dizer, uma lei que nos dá o poder, absolutamente indeduzível, pelos conceitos do direito em geral, de impor a todos os outros obrigações, que esses de outra forma não haveriam de se abster do uso de certos objetos do arbítrio, porque nós antes deles adquirimos a nossa posse". Tradução livre.

em posse, não se poderia sentir injustiçado se outro fizesse uso adequado ou inadequado deste mesmo objeto. Nesse sentido, Kant fala que quando se tem uma posse é como se fosse unido juridicamente a tal objeto, este (o objeto) não está desconectado do possuidor, ou do sujeito, nada pode influenciar ou modificar um dado objeto que não o seu "possuidor", portanto o autor fala da união jurídica ou, ainda, de que o objeto não está fora do sujeito – entendendo aqui sujeito como o possuidor do objeto.

Os objetos externos do arbítrio pessoal podem ser de três espécies:

1– uma coisa corpórea externa do indivíduo;

2– o arbítrio de um outro relativo a um fato determinado.

3– o estado de um outro na relação com um sujeito

Estas três espécies representam respectivamente as seguintes categorias: "sostanza, causalità e comunanza tra me e gli oggetti esterni secondo le leggi della libertà" (p. 58).

De forma geral, a definição kantiana do "meu externo" é: "o meu externo é aquele que se encontra fora de mim; é um objeto que não pode ser utilizado por outro, somente 'eu' posso utilizá-lo, porque somente 'eu' o possuo, se qualquer outro 'eu' o utilizasse estaria ferindo a minha liberdade; esta é a definição nominal do 'meu e teu' externos. A definição real, o 'meu' externo, é 'quello di cui non mi si può impedire l'uso senza ledermi'" (Kant, 1991: 60). Para que um objeto externo possa ser definido como meu ou teu, deve-se haver a posse deste.

Esse possuir pode ser apresentado na sua expressão jurídica, porém todas as proposições do direito são proposições *a priori* porque, conforme afirma Kant, são leis da razão:

"Il giudizio giuridico «a priori» riguardo al possesso empirico è «analítico», perchè non dice nulla di più di quanto risulta da questo concetto secondo il principio di contraddizione, vale a dire che, se io sono il possessore di una cosa (ossia vi sono unito fisicamente), colui che se ne impossessa contro il mio consenso (per es., mi strappa la mela dalla mano) lede e danneggia il «mio» interno (la mia libertà), epperò nella sua massima egli sta in aperta contraddizione con l'assioma del diritto. La proposizione che ha per oggetto un possesso empirico conforme al diritto non oltrepassa dunque il diritto di una persona in rapporto a se stessa"[133] (Kant, 1991: 61).

---

[133] "O juízo jurídico *a priori* relativo à posse empírica é analítico, porque não diz nada de mais do quanto resulta destes conceitos segundo o princípio da contradição, vale dizer que, se eu não sou o possuidor de uma coisa (ou seja, não lhe sou unido fisicamente), aquele que se lhe empossa contra a minha permissão (por exemplo, me subtrai a maçã da mão) lesa e danifica o meu interior (a minha liberdade), e, porém, na sua máxima, ele está em aberta contradição com o axioma do direito. A preposição que tem por objeto uma posse empírica conforme o direito não ultrapassa, portanto, o direito de uma pessoa em relação a si mesmo". Tradução livre.

Ainda, no primeiro capítulo, "Princípios metafísicos da doutrina do direito", o autor, quando trata do argumento: posse do meu e do teu, o aborda enfocando também a questão de uma posse fora do "eu", e assim coloca, como exemplo, a possibilidade de um "eu" apropriar-se de uma parte da terra, este é considerado como um ato de arbítrio, mas não um ato de usurpação, porque o possuidor se fundamenta na idéia originária da propriedade coletiva da terra e sobre a vontade geral, esta seria a aquisição originária, ou a primeira posse de uma determinada porção de terra.

Para entender a idéia de primeira posse, temos que vinculá-la à idéia de terreno livre, ou seja, como podemos definir que tal porção de terra seja realmente livre, que qualquer um pode apropriar-se como primeiro possuidor desta terra? São questões ainda não resolvidas, porém Kant remete-nos para a idéia de que é difícil definir o "originalmente livre", porque se pode dizer que um terreno ou uma porção de terras é originalmente livre antes de um ato jurídico. Importante ressaltar que o autor esclarece que a liberdade do solo significaria originalmente a não-exploração individual do próprio solo, tivemos então originalmente uma posse em comum, e que terá como "proteção" um contrato. Dessa maneira, um solo que não pode ser livre sem um contrato deve pertencer a toda a comunidade que pode utilizá-lo, por esta razão afirma:

> "Questa comunanza «originaria» del suolo, e quindi anche delle cose che vi si trovano sopra («communio fundi originaria»), è un'idea che ha realtà oggettiva (giuridicamente pratica) ed è del tutto distinta dalla comunanza «primitiva» («communio primaeva»), la quale è una leggenda"[134] (Kant, 1991: 62).

Segundo ele, é uma lenda pensar que todos em nome de todos renunciariam à propriedade privada do solo; se o tivessem feito, teria sido através de um contrato do qual não temos comprovações históricas. Para entendermos o processo da posse, é necessário distinguir o local de onde se pretende fazer esta apropriação e o *incolatus,* isto é, a apropriação estável de uma parte da terra. O processo de posse de uma determinada terra, a posse física, é já o direito sobre uma coisa, não ainda suficiente para que "eu" possa considerá-lo como "meu"; com relação aos demais, a posse física de um determinado solo é uma primeira posse, que está em conformidade com o que Kant denomina "lei da liberdade externa", assim um privado toma para si um determinado solo que originalmente era de posse comum:

---

[134] "Esta comunhão originária do solo, e, portanto, também das coisas que são encontradas sobre ele (communio fundi originaria), é uma idéia que possui realidade objetiva (juridicamente prática) e é em tudo distinta da comunhão primitiva (commuio primaeva), a qual é uma lenda". Tradução livre.

"La prima presa di possesso ha dunque per sé un fondamento giuridico («titulus possessionis»), che è l'originario possesso comune; e la proposizione: beato colui che possiede («beati possidentes»), dal momento che nessuno è tenuto ad autenticare il proprio possesso, è un principio fondamentale del diritto naturale che stabilisce la presa di possesso giuridica come un principio d'acquisto, sul quale ogni primo possessore può fondarsi"[135] (Kant, 1991: 63).

E assim podemos observar que o conceito de posse jurídica não é empírico, mas um conceito que parte de uma realidade prática. Entretanto, Kant avança ainda mais e afirma que ter – no sentido de possuir – qualquer coisa externa como minha, é possível somente em um estado jurídico, sob um poder legislativo público, ou seja, somente no estado civil se pode ter um "meu" e "teu" externo. No estado natural, um "meu" e um "teu" externos têm espaço somente provisoriamente, é no estado civil que se pode assegurar um "meu". Mas como se faz para definir em primeira instância um "meu" e um "teu"? Neste momento, devemos retornar um pouco na filosofia kantiana para identificarmos a idéia de aquisição.

Eu determino algo externo como "meu", quando faço com que este objeto torne-se "meu". Neste primeiro momento, a minha aquisição não é protegida juridicamente, a aquisição é originária quando não derivou do "meu" de um outro. Nada de externo é originalmente "meu", mas o que é externo pode ser adquirido originalmente como "meu". Kant define o princípio da aquisição externa da seguinte forma:

"Ciò di cui io (secondo la legge della «liberta» esterna) mi «impadronisco» e di cui ho il potere di far uso come di un oggetto del mio arbitrio (secondo il postulato della ragione pratica), insomma ciò che io (conformemente all'idea di una «volontà» collettiva possibile) voglio che sia mio, ciò è mio"[136] (Kant, 1991: 71-72).

E, a seguir, o autor identifica as etapas da aquisição originária, quais sejam:

1– pegar um objeto que não seja de nenhum outro, o que será chamado de *presa di possesso;*

---

[135] "A primeira presa di possesso há, portanto, por si um fundamento jurídico (titulus possessiones), que é a originária posse comum; e a preposição: bendito aquele que possui (beati possidentes), do momento que nenhum teve que autenticar a própria posse, é um princípio fundamental do direito natural que estabelece a presa di possesso jurídica como um princípio de aquisição, sobre o qual cada primeiro possuidor pode fundamenttar-se". Tradução livre.

[136] "Aquilo que eu (segundo a lei da liberdade externa) me torno dono e do qual tenho o poder de fazer uso como um objeto do meu arbítrio (segundo o postulado da razão prática), em suma o que eu (conforme à idéia de uma vontade coletiva possível) quero que seja meu, o que é meu". Tradução livre.

2– declaração de que este objeto está em minhas mãos, e eu agirei conforme meu arbítrio sobre esta coisa, objeto ou terra;

3– a apropriação do objeto.

E, finalmente, podemos chegar no ponto mais importante para o nosso estudo da filosofia kantiana, que é, justamente, quando o autor afirma que a primeira aquisição não pode ser outra que não a do solo, entendendo solo como porção de uma determinada terra habitada. Segundo, para cada porção de terra, é possível uma aquisição originária, e mais, o princípio da possibilidade desta aquisição fundamenta-se na idéia de que o solo era originalmente comum a todos, e cada indivíduo tem o direito de estar onde está. Este é um processo – a idéia de que a terra pertence a todos que nela habitam – que precede de qualquer ato jurídico, é a posse originariamente comum. A ação jurídica desta aquisição é a ocupação, que é um ato advindo do arbítrio:

"... La volontà però che la cosa debba essere mia (e mio in conseguenza anche un posto determinato e circoscritto sulla terra), vale a dire l'appropriazione («appropriatio»), non può essere in un acquisto originario che un atto «unilaterale» («voluntas unilateralis s. proaria»). L'acquisto di un oggetto esterno dell'arbitrio per mezzo di un atto unilaterale della volontà è «l'occupazione». L'acquisto originario di questo oggetto, e in conseguenza anche di un suolo determinato, può dunque aver luogo soltanto per mezzo dell'occupazione («occupatio»)"[137] (Kant, 1991: 77-78).

Retornando ao argumento da aquisição, Kant afirma ainda que não é atividade desenvolvida em uma terra, nem mesmo as primeiras delimitações, que darão o direito da aquisição, mas o "meu" e o "teu" derivam da propriedade, do que ele define como a substância. O direito de um possuidor sobre uma coisa significa somente a autorização que tem um indivíduo de usar, segundo seu próprio arbítrio, assim podemos aproximar da idéia de propriedade, cujo objeto externo, que enquanto *sostanza* é o seu de algum outro, é a propriedade deste último sobre a qual residem os direitos de dispor deste objeto segundo a vontade deste proprietário.

---

[137] "... A vontade, porém, que a coisa deva ser minha, vale dizer a apropriação, não pode ser outro, em uma aquisição originária, que um ato unilateral. A aquisição de um objeto externo do arbítrio por meio de um ato unilateral da vontade é a ocupação. A aquisição originária deste objeto, e em conseqüência também de um solo determinado, pode portanto ter lugar apenas por meio da ocupação". Tradução livre.

Capítulo II
A propriedade da terra: uma perspectiva econômica

"São as relações econômicas e políticas dos homens que transformam a terra em terra de pasto e plantio; a mata em reserva de índios, drogas do sertão, látex, castanha, lenha, madeira, peles; o rio em reserva de peixes e caminho; a sombra em repouso; os espaços em lugares: sem fim, sertão, floresta, cerrado, seringal, centro, sítio, latifúndio, posse, fazenda, arraial.
Assim, há a idade da droga do sertão, do descimento do índio, da borracha, do plantar pra comer, do plantar pra vender; da grilagem, da luta pela terra, da agropecuária, da violência do capital" (Ianni, 1978: 230).

Trataremos da propriedade da terra, uma terra que pode ter vários significados, como visto nos mais diversos autores estudados até este momento, encontrando posições diferenciadas entre eles, bem como posições que se interligam. Tratamos de apresentar com estes autores os aspectos relevantes não apenas no âmbito jurídico da propriedade, mas também nos aspectos histórico e filosófico. Assim podemos ver como o pensamento filosófico ocidental entendia a questão da propriedade da terra, onde temos um Hobbes preocupado com a superação do estado de natureza dos indivíduos através da propriedade individual; depois, deparamo-nos com Harrignton, um utopista que influencia Hume e outros teóricos de seu tempo, que, ao criar a república de Oceana, coloca a importância da Lei Agrária e da Lei Eleitoral; seguindo nosso percurso teórico, deparamo-nos com Locke, para o qual a propriedade, inicialmente, era comum e mais tarde foi delimitada pelo trabalho. A seguir, estudamos Vico, sempre vinculado com o mundo romano, onde demonstra que é da Lei Agrária que surgem as demais leis; depois, passando pela França, encontramo-nos com Rousseau, o qual também dá grande importância para a propriedade como resultado de uma lei, em que o contrato social é o fundamento de tudo, porque é somente através do contrato que se pode chegar à liberdade e à igualdade – princípios fundamentais da sua teoria; e chegamos em Hume, onde todas as coisas úteis para a vida do homem nascem da terra e, assim, Hume desenvolve toda uma idéia de utilidade, mas fundamentalmente para ele a propriedade é o resultado das condições concretas, em que se desenvolve a vida humana; e, desse modo, alcançamos a expressão mais forte do idealismo alemão com Kant, o qual, antes de tratar da questão da propriedade da terra, ocupa-se longamente da idéia filosófica do meu e do teu. Com estes autores, refletimos sobre os pressupostos históricos, filosóficos e jurídicos sobre a propriedade da terra.

O estudo sobre a idéia de propriedade nos autores acima referidos serve-nos para contextualizarmos nossa problemática de estudo, ou seja, qual é, segundo os filósofos apresentados, a origem da idéia de propriedade. Agora, porém, faz-se necessário passarmos ao estudo de uma perspectiva que enfoque a mesma questão, todavia, de um ponto de vista econômico, para tal estudaremos os seguintes autores: François Quesnay, Adam Smith e Karl Marx.

8. A propriedade da terra em François Quesnay

"Si è creduto che la politica considerasse l'indigenza degli abitanti della campagna uno sprone necessario per stimolarli a lavorare: ma tutti sanno che le ricchezze sono la grande molla dell'agricoltura e che ne abbisognano molte per coltivare bene"[138] (Quesnay, 1966: 14).

O doutor Quesnay, como o denominava Marx, com sua doutrina fisiocrática, representa um momento de transição para o sistema mercantilista de Adam Smith. A economia era a forma fisiológica da sociedade, era sua estrutura material. De modo geral, os fisiocratas tinham como objeto de estudo a produção de riqueza, o sujeito desta produção de riqueza não é o indivíduo, mas sim o Estado. Para os mercantilistas, o Estado era considerado como indivíduo no que diz respeito ao direito internacional; porém, do ponto de vista interno, o Estado representava a atividade econômica como objeto de disciplina jurídica; para os fisocratas, o Estado é um contexto no qual se produzem riquezas, estão preocupados com a produção e com o dinheiro, ou seja, o estado é o *locus* de produção das riquezas, e riquezas naturais, especialmente em Quesnay, significam os produtos que vêm do solo, que sejam a agricultura e os minerais.

---

[138] "Acreditou-se que a política considerasse a indigência dos habitantes do campo um instrumento necessário para estimular-lhes a trabalhar: mas todos sabem que as riquezas são a grande mola da agricultura e que precisamos de muita riqueza para cultivar bem". Tradução livre.

Marx, referindo-se ao Doutor Quesnay nos manuscritos de 1844, afirma que a fisiocracia é a dissolução da propriedade feudal, por isso, porta a uma transformação econômica significativa, ou seja, a reconstrução desta mesma propriedade feudal, que será denominada pelo referido doutor como econômica, porque o fundamento de toda a riqueza se reduz na terra e na agricultura. Assim expressa-se Quesnay, nos seus escritos econômicos, comparando as atividades de comércio e manufatura:

> "... Questi due rami esistono soltanto grazie all'agricoltura. L'agricoltura fornisce la materia della manifattura e del commercio e paga l'una e l'altro: ma questi due rami restituiscono i loro guadagni all'agricoltura, che rinnova le ricchezze che si spendono e si consumano ogni anno"[139] (Quesnay, 1966: 69).

O autor entende a economia como um todo formado de partes interligadas, mas ressalta que a terra é a grande produtora de riquezas, para ele, cada riqueza pode ser reduzida à terra e à agricultura. A terra é reconhecida como riqueza real, assim é indispensável na vida dos indivíduos em sociedade. Portanto, alguns autores como, por exemplo, Schumpeter, o definem como um economista que apresenta uma elaboração explícita de interdependência, e mais, diz que Quesnay apresenta um equilíbrio que até então a economia política não havia conhecido. Da mesma forma que o autor apresenta fundamentais contribuições para o mundo econômico, também no campo do direito apresenta aspectos importantes. Ele considera a teoria do direito natural vinculada ao social e ao geral, mas sempre concentrada nos aspectos econômicos. Sob tal aspecto, a propriedade é, segundo a ordem natural, propriedade individual tutelada pela sociedade política. Veja-se que o conceito de direito natural está vinculado à idéia de gozo de determinado objeto, ou seja, direito natural do homem é definido como direito que o homem tem, de sobre as coisas idôneas, ao seu gozo, assim a posse natural torna-se direito de propriedade.

Enquanto em outros autores deparamo-nos imediatamente com significados simbólicos para definir a palavra *terra*, em Quesnay, deparamonos com significados essencialmente econômicos. Para ele, a economia era produção, e produção era terra, como já observamos a terra é a riqueza real, não no sentido de mãe reprodutora, mas no seu profundo significado econômico. Vemos neste autor, com estas observações, a modernidade de seu pensamento, hoje, a terra não é mais mãe, nem protetora; ou melhor, pode até ser, mas para tal deve ser produtiva, deve produzir riquezas. A economia, dizia Quesnay, deve ser definida como o máximo gozo e com

---

[139] "... Estes dois ramos existem apenas graças à agricultura. A agricultura fornece a matéria da manufatura e do comércio e paga uma e outra: mas estes dois ramos restituem o seu ganho à agricultura, que renova a riqueza que se gasta e se consome cada ano". Tradução livre.

o mínimo dispêndio. A terra tem sentido econômico e para tal deve ser a terra trabalhada de forma a satisfazer as necessidades dos indivíduos:

"Le terre, ripeto, sono delle ricchezze soltanto perchè i loro prodotti sono necessari per soddisfare i bisogni degli uomini e perchè sono questi bisogni stessi che determinano le ricchezze: così più vi sono uomini in un regno il cui territorio è molto esteso e fertile, più vi sono ricchezze"[140] (Quesnay, 1966: 100).

Quesnay apresenta três estratos sociais diferenciados: a classe dos proprietários, a produtiva e a estéril. Os proprietários tinham uma grande influência no sistema da política, por exemplo: para que houvesse aumento de impostos, os proprietários deveriam dar seu consentimento, porque a base dos impostos era concentrada na renda fundiária e no capital fundiário na cidade. Apesar disto, Quesnay considerava os proprietários importantes para o Estado, fundamentalmente, pelo que estes consumiam, porque os seus rendimentos os dispensavam do trabalho, ou seja, nada produziam, porém a utilidade destes para o Estado era importante pelas taxas que estes pagavam para suprir as necessidades do Estado, bem como para fazer sua defesa.

"È necessario che i proprietari dei beni terrieri, che ricevono questi redditi, li spendano annualmente perchè questo genere di ricchezza si ditribuisca a tutta la nazione...I proprietari sono utili allo Stato solo per il loro consumo, i loro redditi li dispensano dal lavorare; non producono niente; se i loro redditi non venissero distribuiti alle professioni lucrative, lo Stato si spopolarebbe per l'avarizia di questi proprietari ingiusti ed avidi"[141] (Quesnay, 1966: 201-202).

Para o sistema econômico desenhado por Quesnay, em que a terra, enquanto riqueza real, era fundamental, aparece uma categoria social importante para produzir os bens que a terra permite, estes são os *fittavoli*: "Fittavoli sono coloro che prendono a fitto e coltivano i fondi rustici e che producono le ricchezze e le risorse più essenziali al mantenimento dello Stato"[142] (Quesnay, 1966: 01)

---

[140] "As terras, repito, são as riquezas apenas porque os seus produtos são necessários para satisfazer as necessidades dos homens e porque são estas necessidades mesmas que determinam as riquezas: assim quanto mais homens existem em um reino cujo território é muito extenso e fértil maiores são as riquezas". Tradução livre.

[141] "É necessário que os proprietários de terras, que recebem estas rendas, gastem-lhes anualmente para que este gênero de riqueza se distribua a toda a nação... Os proprietários são úteis ao Estado somente pelo seu consumo, as suas rendas lhes dispensam de trabalhar; não produzem nada; se as suas rendas não fossem distribuídas aos profissionais lucrativos, o Estado se esvaziaria pela avareza destes proprietários injustos e gananciosos". Tradução livre.

[142] "*Fittavoli* são aqueles que alugam e cultivam os fundos rústicos e que produzem as riquezas e os recursos mais essenciais à manutenção do Estado". Tradução livre.

PROPRIEDADE DA TERRA
Análise sociojurídica

Esta categoria é a que realmente produz no sentido de que são eles que mantêm estáveis as necessidades prioritárias da população, por isso são fundamentais para o Estado, mesmo que estes não tenham poder decisional, pois quem decide são sempre os proprietários, sua função é considerável.

Modernamente, temos o que Quesnay já conhecia, os empresários agrícolas que não são os proprietários terreiros, mas alugam dos pequenos e grandes proprietários de porções de terra para o cultivo de produtos que, no caso específico da América Latina, servem para a exportação. É comum encontrarmos este tipo de situação na grande produção de trigo ou soja. Já ao seu tempo, Quesnay advertia para a importância que têm os arrendatários para um reino e, portanto, o governo devia a estes grande atenção.

Nos seus escritos econômicos, Quesnay apresenta várias categorias de trabalhadores que ainda hoje conhecemos, por exemplo, quando trata dos *fittavolo* entende que estes são fundamentais para a riqueza de um Estado, mas que estes são divididos entre os arrendatários ricos e pobres, e que naquele período, era possível distinguir um do outro pela forma como trabalhavam a terra, ou melhor, ele colocava que somente os *fittavolo* ricos poderiam servir-se de cavalos, que era o meio mais moderno para a agricultura daquele momento. Mas a divisão não era somente entre os arrendatários ricos e pobres. Também existiam os *mezzadri:* nesta situação, o proprietário não produzia diretamente, mas dava sua terra, ao que, no Brasil, podemos traduzir como meeiros, ou seja, a terra era do proprietário, as despesas para as atividades agrárias ora eram divididas entre proprietário e meeiro, ora ficavam a cargo somente do meeiro, e os frutos que a terra produzia eram divididos pela metade. Vale ressaltar que, na Itália, esta forma de exploração da terra foi completamente abolida nos anos 60. Outra categoria trabalhada pelo autor é a dos *bifolchi,* estes eram agricultores sem qualificação e sem nenhuma possibilidade de alugar uma terra ou de serem meeiros. Neste caso, os proprietários de terra, que não conseguiam alugar suas terras ou arrendá-las, utilizavam a mão-de-obra dos *bifolchi,* e estes não utilizam os cavalos, mas os bois; somente os ricos arrendatários conseguiam comprar cavalos e utilizá-los na produção agrária. Também os *mezzadri* utilizavam os bois, e não os cavalos.

Quesnay ocupou-se, longamente, do argumento que acabamos de tratar, porém permitimo-nos levantar o argumento pelo caráter socioeconômico que representou nos anos de 1700 a utilização de bois e cavalos na agricultura de então; por sua vez, o argumento nos interessa porque, ainda hoje, na periferia da modernidade, vivenciamos situações muito similares. Mas para o autor, a terra como fonte real de riqueza só o é quando os agricultores são ricos, ou melhor, quando fazem com que a terra seja produtiva, somente a partir deste momento é que o Estado se torna grande, e assim se expressa o "doutor", como lhe tratavam Marx e outros:

> "Più gli agricoltori sono ricchi, più aumentano con i propri averi il prodotto delle terre e la potenza della nazione. Un fittavolo povero non può coltivare che a svantaggio dello Stato, perchè non può ottenere col suo lavoro quelle produzioni che la terra accorda soltanto ad una coltura opulenta"[143] (Quesnay, 1966: 18-19)

Mais uma vez, observamos o vínculo estreito entre a produção agrária e a riqueza dos Estados. Nesse período, a agricultura era fundamental, a produção de grãos era o produto básico na França, também, no resto da Europa, porém Quesnay faz suas análises econômicas a partir da sua pátria, a França. Propunha uma produção equilibrada, uma produção que respeitasse as diferentes terras existentes na França, assim como a utilização da mão-de-obra disponível, deixando sempre evidente que aos proprietários cabia a função de consumo, aos ricos *fittavoli* a função da grande produção. Os *fittavoli* são importantes, mesmo quando ganham pouco com sua produção, em função do baixo preço dos grãos, porque estes, fundamentalmente, são os que fazem as demais categorias de trabalhadores do campo[144] trabalharem e os mantêm, o que, para um Estado, é extremamente vantajoso. O autor dá bastante importância para os *fittavoli*, afirmando que onde eles não estão são os bois que aram a terra, e os trabalhadores perdem-se (no sentido de se destruírem) na miséria; o meeiro que já é pobre não pode dar trabalho aos demais colonos e com isto verifica-se o fenômeno do abandono do campo. Dessa forma, os meeiros, os pequenos agricultores e os trabalhadores com baixa qualificação deveriam ser aproveitados nos mais diversos tipos de cultura, mas não tinham uma função importante, até porque, muitas vezes, não havia sequer condições de trabalhar a terra com os bois. Eles desenvolviam suas atividades agrárias com os próprios braços e deveriam ser mantidos pelos *fittavoli* ou pelo Estado.

Quesnay ainda acrescenta que *estes pobres cultivadores são pouco úteis para o Estado,* não representam o verdadeiro agricultor – o *fittavolo* – este, verdadeiro agricultor, promove a riqueza da Nação porque transforma a terra em terra fértil e multiplica os animais e, além de tudo, mantém no campo o homem do campo e, assim, promove o bem geral.

---

[143] Quanto mais ricos são os agricultores, mais aumentam com os próprios bens o produto das terras e a potência da nação. Um fittavolo pobre não pode cultivar outra coisa que não a desvantagem do Estado, porque não pode obter com o seu trabalho aquela produção que a terra acorda apenas a uma cultura opulenta." Tradução livre.

[144] Quesnay não utilizava a categoria "trabalhadores do campo", mas como já observamos apontava para vários segmentos de pessoas que trabalhavam a terra, por exemplo, os meeiros, os trabalhadores pouco qualificados, que, em italiano, eram os *bifolchi*. Hoje uma expressão que denota um significado negativo, poderíamos comparar com o que muitas vezes fazemos no Brasil que chamamos de colono, aquele que possui "teoricamente" uma baixa qualificação.

PROPRIEDADE DA TERRA
Análise sociojurídica

No passado, era possível transformar a terra em dinheiro, fazendo deste um vínculo para a estabilidade econômica. Assim vemos que, por exemplo, em Quesnay, os proprietários de terra têm também a função de desenvolver atividades políticas, a administração da justiça com todas as responsabilidades que esta comporta. A grande fonte de riqueza é a natureza, especialmente, a terra que é trabalhada pelos indivíduos, por isso o autor desenvolve a idéia da supremacia do sistema da economia, onde defende a idéia de propriedade privada, cuja ordem do sistema econômico depende do corpo político e também de um ordenamento teleológico global. Para ele, a ordem domina a propriedade, e a propriedade, a liberdade, ou seja, a ordem domina tanto a propriedade como a liberdade. Ainda, em Quesnay, o não-valor e a abundância não são riquezas; alto preço e escassez são miséria; abundância e alto preço são opulência. Estas idéias de Quesnay reportam-nos para o pensamento econômico de Smith e Marx. Por conseguinte, passaremos, então, a estudar Smith para depois concluirmos esta etapa com Marx, e assim teremos uma visão também jurídica da propriedade da terra.

9. A propriedade da terra em Adam Smith

"Nessuna società può essere florida e felice se la grande maggioranza dei suoi membri è povera e miserabile" (Smith, 1973: 78).[145]

Smith estava preocupado com a terra a partir de uma perspectiva econômica. Não desenvolveu um conceito específico de propriedade da terra, nem mesmo propôs um modelo econômico fundamentado em proprietários e não-proprietários. Na sua teoria, detectamos a preocupação com o que a terra pode oferecer para a riqueza da nação. De certa forma, apóia muito sua teoria em Quesnay, Mandeville e Locke, em alguns momentos, concordando com estes autores; em outros, propondo questões diversas, porém a influência destes no seu pensamento é evidente. Toda teoria de Smith é desenvolvida no sentido de entender a relação entre trabalho e valor.

Ocupa-se da análise econômica desde quando a sociedade ainda não conhecia formas econômicas modernas, quando, no estágio primitivo, que precede à distribuição e à acumulação de terras, as primeiras relações entre a quantidade de trabalho e seu valor davam-se por relações de troca, em tal situação, o produto inteiro era de "propriedade" de quem lhe havia conseguido, ou através da colheita dos frutos, que cresciam espontaneamente, ou através da caça. Inicialmente, o sentido da propriedade de algum objeto estava vinculado à forma como, individualmente, os homens con-

---

[145] "Nenhuma sociedade pode ser florida e feliz se a grande maioria dos seus membros é pobre e miserável". Tradução livre.

seguiam obtê-lo, assim os frutos da terra pertenciam a quem os havia recolhido, porque a terra era comum a todos, todavia, com a evolução social; quando a propriedade da terra deixa de ser comum e passa a ser propriedade privada, os proprietários não permitem mais "o recolher livremente", ou seja, com a propriedade privada da terra, os proprietários cobram de formas diferenciadas até mesmo o recolher os frutos que crescem espontaneamente, e como diz Smith, estes proprietários permitem-se recolher os grãos, inclusive, onde não plantaram.[146] Então temos, em sociedades que ainda não conheciam a divisão de terras e a sua apropriação, todo o produto do trabalho dos indivíduos pertencente a quem o havia trabalhado. Este trabalhado originariamente pode ser, até mesmo, o simples fato de recolher o que crescia espontaneamente na natureza, mas esta não é uma situação sob a qual quem recolhia os frutos seria o proprietário da terra onde os havia encontrado e, também, não tinha necessidade de dividir com outros os frutos encontrados.

Com o processo de evolução da sociedade, quando se começa a delinear um sistema econômico, aparecem os proprietários, o que significa que os não-proprietários não podem mais recolher livremente o que cresce sem ser plantado, mas devem pagar uma cota aos proprietários sobre o que recolhem; esta constitui no que Smith chama de renda da terra, o que depois vai influenciar no preço dos produtos. Mas esta é uma situação já bastante avançada, retrocedendo um pouco na história da divisão das terras, temos como primeiro impacto desta divisão o fato de que os indivíduos não podiam mais aproveitar livremente os espaços de terra, não podiam mais se aproveitar integralmente dos produtos cultivados ou recolhidos, temos então a propriedade privada da terra, que inicia, segundo Smith, com a apropriação e acumulação de terrenos.

Em síntese, sobre a situação inicial da propriedade privada da terra, temos não só o fato de que esta deixa de ser comum aos membros de uma determinada tribo ou qualquer outro grupo social, mas o proprietário exige uma cota de cada produto recolhido ou cultivado na sua propriedade, e seguindo Smith:

> "Non appena la terra diviene proprietà privata, il proprietario esige una quota di quasi tutti i prodotti che il lavoratore può coltivare o raccogliere su di essa. La sua rendita rappresenta la prima deduzione dal prodotto del lavoro impiegato sulla terra"[147] (Smith, 1973: 66).

---

[146] Embora Smith não faça, no texto original, uma referência a Quesnay, esta era uma idéia que ele já havia desenvolvido, vemos a influência de Quesnay em Smith em várias etapas do desenvolvimento das suas observações.

[147] "Não apenas a terra torna-se propriedade privada, o proprietário exige uma cota de quase todos os produtos que o trabalhador pode cultivar ou colher. A sua renda representa a primeira dedução do produto do trabalho empregado sobre a terra". Tradução livre.

PROPRIEDADE DA TERRA
Análise sociojurídica

Ou seja, apenas temos uma divisão entre os que têm propriedade de terra e os que não têm; o que não é somente uma divisão, mas uma diferença que, na Idade Média, era significativa, pois vivíamos ainda uma sociedade dividida em estratos sociais e não funcionalmente diferenciada, significando que quem tinha propriedade de terra estava diretamente vinculado ao poder político, assim como ao poder jurídico, o que dava uma permissão natural aos patrões agrários de definirem como e quais as regras para o trabalho na agricultura. É basicamente este aspecto abordado por Smith, dentre tantos outros, que estamos estudando. Toda sua teoria, no que diz respeito ao trabalho agrário, refere-se ao aspecto da relação entre o trabalho agrário e o valor dos produtos.

Observa Smith que, a cada novo progresso da sociedade, temos, também, um progresso na renda agrária, este se dá direta ou indiretamente, mas está vinculado ao progresso da sociedade, em resumo, progresso da sociedade significa incremento da riqueza real do proprietário. Este proprietário, ao vender o produto que lhe excede, ou mesmo na simples relação de troca de produtos, faz com que aumente significativamente a renda advinda da terra, que se dá, também, através de novas técnicas na plantação e no cultivo. O preço, produto agrário anual é dividido, segundo Smith, em três aspectos: renda da terra, salário dos trabalhadores e aproveitamento dos fundos. Estes aspectos, por sua vez, constituem a renda de três outras categorias: dos que vivem da renda, dos que vivem do salário e, por fim, dos que vivem destes fundos. Essa ordem é a ordem originária da sociedade civil.

Com relação à riqueza dos países e o vínculo com os proprietários de terra, assim se expressa Smith:

"... nei ricchi paesi europei, una grandissima, e spesso la maggior parte del prodotto della terra è destinata a reintegrare il capitale del ricco agricoltore indipendente; l'altra è detinata a pagare il suo profitto e la rendita del proprietario terriero"[148] (Smith, 1973: 329).

Para Smith, o capital necessário para a cultivação de uma determinada terra também teve sua evolução, ou seja, os ricos agricultores, do período referido pelo autor, necessitavam de pequenas cotas do produto da terra para pagar os custos, por exemplo, na sociedade feudal, em que mesmo para manter os animais no trabalho agrário era possível fazê-lo através do que a própria natureza oferecia, isto é, os animais eram pouco cuidados e alimentavam-se nas terras não cultivadas, com o progresso da

---

[148] "... nos ricos países europeus, uma grandíssima, e freqüentemente a maior parte do produto da terra é destinada a reintegrar o capital do rico agricultor independente; a outra é destinada a pagar o seu lucro e a renda do proprietário de terra". Tradução livre.

agricultura e da sociedade em geral, outras necessidades surgem, outras formas de trabalho fazem-se necessárias. Vimos, já em Quesnay, toda uma classificação de trabalhadores agrários, bem como o aluguel de parte da propriedade dos ricos agricultores. Em muitas situações, também analisadas por Smith, os trabalhadores agrários eram de "propriedade" dos ricos agricultores, ou dos ricos proprietários de terra, os quais, na percepção de Quesnay, tinham como um importante objetivo consumir.

Outra situação que aborda Smith é a de que dos grandes proprietários não se pode esperar melhoramentos na propriedade. A situação é ainda mais difícil quando estes decidem empregar como trabalhadores, na sua propriedade, escravos; estes, como não podem ter nem a expectativa de se tornarem operários, ou muito menos, proprietários de terra, trabalham somente para a sua manutenção. As palavras de Smith neste sentido são: "uma pessoa que não pode conquistar uma propriedade, não pode ter outro interesse que comer o mais possível e trabalhar o menos possível". E assim faz uma série de exemplos para demonstrar que a utilização de escravos não é rentável para os grandes proprietários, porque esses trabalham sempre sob uma grande violência dos patrões. Quer dizer, os escravos não poderiam conquistar o direito de serem proprietários, então trabalhavam o mínimo necessário para sua manutenção, enquanto os demais trabalhadores recebiam cotas de participação do produto. Estes sim poderiam ter uma mínima possibilidade de vida melhor por conquistarem uma propriedade ou porque quanto mais produziam, apesar de todas as manobras dos proprietários, mais ganhavam.

No próximo capítulo, veremos que, no Brasil, a mão-de-obra escrava foi fundamental para o desenvolvimento da agricultura, quando o autor apresenta exemplos de onde a mão-de-obra escrava não era produtiva, refere-se sempre aos países europeus e não poderia ser diferente, até porque a América era um fenômeno recente.

Também em Smith vemos uma relação constante entre os que habitavam no campo e os que viviam na cidade, no estágio de uma sociedade civil, o comércio só desenvolve-se em função desta permanente relação de troca e vínculo. O que, inicialmente, fazia-se apenas com o escâmbio de produtos, mas, com a evolução do sistema econômico, surge a moeda, que passa a substituir as relações primárias de compra/venda. Os ganhos, tanto na cidade como no meio rural, não significam perda de um e ganho de outro, os ganhos são recíprocos, assim a divisão do trabalho é vantajosa para ambos:

"Quanto più grande è il numero e il reddito degli abitanti della città, tanto più esteso è il mercato che essa offre a quelli della campagna; e quanto più esteso è tale mercato, tanto più vantaggioso esso è per un gran numero di persone"[149] (Smith, 1973: 373).

Mesmo vendo esta relação estreita entre campo e cidade avançando na leitura de sua teoria, em vários momentos, deparamo-nos com a idéia do cuidado estético que os agricultores devem ter com suas terras, pela beleza e pelo prazer que isto pode dar ao proprietário da terra. Além deste fato, Smith apresenta também uma justificativa que diz respeito à história da humanidade, ou seja, a cultivação das terras foi a destinação originária dos indivíduos e parece que, de um certo modo, os homens modernos (da época de Smith) conservam esta idéia por ter sido a primeira significativa ocupação econômica que os indivíduos desenvolveram no início de sua história. Este fato nos faz refletir também sobre os homens "pós-neo-modernos",[150] que, como constatamos na pesquisa empírica, ainda hoje, muitos profissionais liberais, que viveram sempre na cidade, expressam um desejo de serem proprietários de terra. Porém este argumento aprofundaremos na análise da pesquisa empírica. Para o autor, no curso natural da história, o capital da sociedade forma-se, em primeiro lugar, através da agricultura, depois da manufatura e, por fim, do comércio externo, isto é, antes da fundação de qualquer cidade, em qualquer território, a agricultura foi fundamental, tanto para a manutenção de dada sociedade quanto para o desenvolvimento da manufatura e do comércio.

Inicialmente, quando a terra servia somente para a retirada dos meios de sobrevivência, era dividida entre os membros da família; mais tarde, quando a terra torna-se um meio de poder, deram-se as grandes transformações. A terra, onde, inicialmente, qualquer um poderia aproveitar-se dos frutos que cresciam espontaneamente, passa, no momento sucessivo, a ser de posse de determinadas tribos ou grupos sociais, que demarcam as terras encontradas como suas; a seguir, as terras fazem parte das famílias, a divisão da terra é feita em diversos modos, em alguns casos, o filho mais velho tinha mais direito; em outros, inclusive a mulher poderia herdar a terra. Foi um processo diferente nas diferentes culturas, porém quando a propriedade da terra passa a ter um significado econômico, político e jurídico, tudo muda radicalmente. Então os grandes proprietários passam a ser "príncipes", onde a sua propriedade lhes dá o direito sobre tudo o que é cultivado na sua terra, ele também é o proprietário da mão-de-obra

---

[149] "Quanto maior é o número e a renda dos habitantes da cidade tanto maior é o mercado que esta oferece àqueles do campo; e quanto maior é tal mercado tanto mais vantajoso esse é para um grande número de pessoas." Tradução livre.

[150] Diante de tantas denominações que se faz para a sociedade atual, encontramos uma certa dificuldade para classificar os indivíduos, utilizamos para tal a expressão de Raffaele De Giorgi, que, em tom provocativo – científico, utiliza a idéia sempre entre aspas "pós-neo", veja-se para tal o texto "Direito, Democracia e Risco".

que utiliza para o plantio e o cultivo. O proprietário de terra era o senhor que, ao mesmo tempo, podia definir a guerra, assim como a paz e fazia tudo em função da segurança que a propriedade da terra lhe dava. Depois, a passos relativamente lentos, a legislação sobre a propriedade da terra impõe algumas transformações, por exemplo, a lei do filho primogênito, assim teremos as primeiras divisões da propriedade da terra.

A cada escâmbio três elementos são fundamentais:

"Salario, profitto e rendita sono le tre fonti originarie di ogni reddito, così come di ogni valore di scambio...Chiunque trae il suo reddito da un fondo che è suo proprio, deve trarlo o dal suo lavoro o dai suoi fondi o dalla terra"[151] (Smith, 1973: 53).

Em se tratando dos produtos da terra, pode ocorrer o que o autor chama de preço natural, quer dizer que, quando o preço de um produto não é suficiente para pagar a renda da terra ou o salário do trabalhador ou, mesmo, o investimento feito para a produção de tal produto, este será vendido pelo preço natural, ou seja, o produto não está sendo pago pelo que vale, ou pelo investimento feito para produzi-lo. Estamos tratando deste argumento para demonstrar o quanto também Smith ocupou-se da questão da terra em seu significado econômico, isto é, os produtos que podem ser produzidos a partir do trabalho na terra.

10. A propriedade da terra em Karl Marx

"La terra, finché non è sfruttata come mezzo di produzione, non è un capitale.
Le terre-capitale possono essere aumentate proprio come tutti gli altri strumenti di produzione"[152] (Marx, 1998: 113).

A teoria marxista também se ocupou da questão da propriedade da terra. Marx dedica boa parte de sua obra a este argumento. A terra, em Marx, não deixa de lado os significados simbólicos, porém ele procurou sempre aliar ao significado simbólico o econômico; o que não quer dizer que ele, para tal, abandone a história, a sociologia ou a filosofia, porém, utilizando-se destas outras ciências, propõe para a idéia de terra um significado que ultrapassa os limites simbólicos normalmente dados. Para ele, a terra é como se fosse a continuidade do corpo do agricultor, ou seja, não é possível

---

[151] "Salário, lucro e renda são as três fontes originárias de toda renda, assim como de todo valor de troca... qualquer um que extrai a sua renda de um fundo que é seu, deve extraí-lo ou do seu trabalho, ou dos seus fundos, ou da terra". Tradução livre.

[152] "A terra, até que não é desfrutada como meio de produção, não é um capital. As terras-capitais podem ser aumentadas assim como todos os outros instrumentos de produção". Tradução livre.

PROPRIEDADE DA TERRA
Análise sociojurídica

separar o homem do campo do próprio campo. Embora o significado simbólico esteja evidente, é também clara a forma como o autor desenvolve a idéia de propriedade da terra com um enfoque econômico e moderno.

No âmbito da economia política, a propriedade privada vem aliada ao trabalho, assim a definição de propriedade privada passa a ser compreendida como algo exterior ao indivíduo. Marx, criticando esta visão, descreve que a propriedade privada, enquanto atividade que é por si, enquanto sujeito, enquanto pessoa, é o trabalho:

> "Cosí, sotto l'apparenza di un riconoscimento dell'uomo, l'economia politica, il cui principio é il lavoro, non è, anzi, altro che la messa in atto conseguente della negazione dell'uomo, dal momento che egli non sta piú in una tensione esterna nei confronti dell'essenza esterna della proprietà privata, ma è diventato egli stesso questa essenza, in tensione, della proprietà privata."[153] (Marx, 1968: 102).

A idéia de propriedade da terra, assim como outras formas de propriedade, evolui historicamente, quer dizer, em cada época da história da humanidade, desenvolveram-se relações sociais e relações de produção diferenciadas, fazendo com que, em cada momento histórico, a propriedade da terra fosse assumindo novas características. Marx ocupou-se fundamentalmente do processo de proletarização do homem do campo. Ele diz textualmente que a propriedade burguesa é o resultado das relações sociais burguesas. Trataremos, com maior profundidade, deste argumento ao analisarmos a pesquisa empírica.

A definição de propriedade, portanto, não é algo independente, não é uma idéia abstrata, o importante é que se possa compreender o processo pelo qual passou, originalmente, a idéia de renda e propriedade e, segundo Marx, contrariando e criticando Proudhon,[154] a propriedade não é uma categoria extra-econômica é, além de tudo, a origem da propriedade, demonstrada pelo autor, tem um caráter místico e misterioso, com relação a este argumento é bom recordar uma observação marxista:

> "Ora veder del mistero nell'origine della proprietà, cioè trasformare in un mistero il rapporto in cui è la produzione stessa con la distribuzione degli strumenti di produzione, non significa, per parlare il lin-

---

[153] "Assim, sob a aparência de um reconhecimento, a economia política, cujo princípio é o trabalho, não é outra coisa que a ativação conseqüente da negação do homem, no momento que ele não está mais numa tensão externa nas relações da essência externa da propriedade privada, mas tornou-se ele mesmo esta essência, em tensão, da propriedade privada". Tradução livre.

[154] Proudhon, ao afirmar que a propriedade é um roubo, a considera ilógica e instável, este fato faz com que os trabalhadores sejam cada vez mais pobres e os proprietários cada vez mais ricos.

guaggio di Proudhon, rinunziare ad ogni pretesa di scienza economica?"[155] (Marx, 1998b: 105)

Para Marx, são as relações sociais e econômicas que fundamentam a propriedade, sendo determinantes do valor e da utilidade de cada terra, assim Marx aponta uma nova perspectiva cuja fertilidade da terra nada tem de misteriosa ou de puramente natural, cada momento econômico define o que determinada terra deve produzir. No dizer de Octavio Ianni, são as relações econômicas e políticas que transformam a terra em terra de pasto ou de plantio, estas mesmas relações definem quais as terras que devem ser definidas como áreas para proteção dos indígenas; são, como sempre afirmava Marx, as relações de produção que definirão as características sociais de determinada terra. A terra então é a história da própria sociedade, que evolui tais quais as necessidades de produção evoluem e/ou se modificam. A terra e o trabalhador são as fontes originárias de toda a riqueza, que com a produção do capitalismo acabam por se exaurir. Ou seja, o capitalismo agrário é definido como arte de despojar não só o trabalhador, mas o próprio solo, assim os processos capitalistas que criam o aumento da fertilidade de um determinado solo, ao mesmo tempo, reduzem estas *"fontes duradouras de fertilidade"* (Marx, 1982: 578), conforme dizia Marx; do mesmo modo este processo capitalista: *"perturba o intercâmbio material entre o homem e a terra"* (Marx, 1982: 578).

Assim, podemos observar a mudança que o capitalismo impôs sobre a terra, que deixa de ser algo simbólico para ter um significado essencialmente econômico, fazendo surgir uma nova categoria econômica: a renda fundiária. A relação entre a terra, enquanto terra, e a renda fundiária, enquanto renda fundiária, é assim apresentada:

> "La terra in quanto terra, la rendita fondiaria in quanto rendita fondiaria hanno ivi perduto la loro distinzione di stato e sono diventate semplicemente capitale e interesse che non hanno piú nulla da dire o meglio parlano soltanto piú in termini di denaro"[156] (Marx, 1968: 92).

Para Marx, assim como para Say e Smith, o direito dos proprietários fundiários tem sua origem no roubo. Fazendo uma citação de Smith, Marx coloca que os proprietários fundiários amam colher onde não plantaram e, além de colher, ainda ousam tirar uma outra renda dos produtos naturais

---

[155] "Ora ver o mistério na origem da propriedade, isto é, transformar em um mistério a relação na qual a própria produção com a distribuição dos instrumentos de produção, não significa, para usar a linguagem de Proudhon, renunciar a toda pretensão de ciência econômica?". Tradução livre.

[156] "A terra enquanto terra e a renda fundiária enquanto renda fundiária perderam a sua distinção de Estado e tornaram-se simplesmente capital e interesse que não têm mais nada a dizer, ou melhor, falam somente mais em termos de dinheiro". Tradução livre.

PROPRIEDADE DA TERRA
Análise sociojurídica

deste solo que não lhes pertence. Desta forma, temos que a *signoria* da propriedade privada começa com a propriedade fundiária.

No quinto capítulo de *O Capital*, o autor trata dos processos de trabalho onde, desde o início, afirma que o trabalho é um processo que se desenvolve entre o homem e a natureza, cujo homem, através de sua ação, controla a natureza na medida em que coloca o seu próprio corpo para o processo de apropriação dos produtos da terra que servem para a sobrevivência dos indivíduos, ou seja, Marx considera a terra como meio de trabalho:

> "La terra (nella quale dal punto di vista economico è inclusa anche l'acqua), come originariamente provvede l'uomo di cibarie, di mezzi di sussistenza bell'e pronti, si trova a essere, senza contributo dell'uomo, l'oggetto generale del lavoro umano"[157] (Marx, 1997: 122).

Mais do que isto, segue afirmando que a terra dá ao trabalhador *locus standi* e ao processo de trabalho o seu campo de ação. Ou seja, no processo de trabalho, as atividades dos indivíduos operam através de um meio de trabalho. Com o advento do capitalismo, o agricultor, aquele ao qual a terra é como se fosse uma parte inseparável do seu corpo, torna-se operário assalariado. O crescimento do capitalismo interrompe o intercâmbio entre o homem e a terra:

> "..., ossia il ritorno alla terra degli elementi costitutivi della terra consumati dall'uomo sotto forma di mezzi alimentari e di vestiario, turba dunque l'eterna condizione naturale di una durevole fertilità del suolo. Cosí distrugge insieme la salute fisica degli operai urbani e la vita intellettuale dell'operaio rurale"[158] (Marx, 1997: 339-340).

Assim como na agricultura moderna, também na indústria, o modelo capitalista, no dizer de Marx, constitui-se em uma arte de roubar do solo e em uma arte de roubar o operário, a cada novo progresso na agricultura capitalista, a cada tentativa de incremento da fertilidade do solo, teremos uma menor fertilidade nas fontes, que, anteriormente, eram as que perpetuavam esta fertilidade. Para ele, a produção capitalista desenvolve um processo, em combinação com o processo produtivo, que leva a uma destruição do que ele denomina as principais riquezas, o homem (trabalhador) e a terra. Assim expressa-se no segundo Manuscrito econômico-filosófico:

---

[157] "A terra (na qual, do ponto de vista econômico, está incluída também a água), como originariamente provia o homem de alimentos, de meios de subsistência belos e prontos, se acha, sem a contribuição do homem, como o objeto geral do trabalho humano". Tradução livre.

[158] "..., ou seja, o retorno à terra dos elementos constitutivos da terra consumados pelo homem sob a forma de meios alimentares e de vestuário, perturba, portando, a eterna condição natural de uma durável fertilidade do solo. Assim destrói, ao mesmo tempo, a saúde física dos operários urbanos e a vida intelectual do operário rural". Tradução livre.

"La distinzione tra capitale e terra, tra profitto e rendita fondiaria, cosí come tra entrambi e il salario, l'industria, l'agricoltura, la proprietà privata immobiliare e mobiliare, è ancora una distinzione storica, non fondata sulla natura delle cose, un momento cristalizzato dell'origine e della formazione del contrasto tra capitale e lavoro" [159] (Marx, 1968: 92).

Mais adiante, abordando a relação entre o proprietário fundiário e o capitalista, Marx recorda que ambos têm uma origem antiética, em que o proprietário fundiário vê, na figura do capitalista, o seu empregado, ou melhor, o seu escravo de ontem, que enriqueceu e que, de certa forma, ameaça o seu velho "patrão", já o capitalista reconhece no proprietário fundiário um patrão cruel e egoísta, porque o proprietário fundiário faz sempre viva e presente a sua origem nobre que adquiriu através da propriedade da terra.

Como é notório, para Marx, é no comunismo que a natureza social dos indivíduos terá sua máxima expressão e desenvolvimento, assim, a propriedade privada é um fator que impede o desenvolvimento social do homem. Para ele, a sociedade não é uma abstração em confronto com o indivíduo, este é um ser social, que encontra seu pleno desenvolvimento no comunismo, e não na propriedade privada, é neste sentido que ele afirmava que *em cada indivíduo particular se encontra a totalidade humana.*

A eliminação da propriedade privada representa a emancipação dos homens em todos os sentidos e atributos, como dizia Marx. A eliminação deste sistema só poderá ser concretizada através do comunismo[160] que é, enquanto negação da negação, a afirmação e, por isso, é um momento real para o desenvolvimento histórico da humanidade, ou melhor, como ele afirmava, é o momento da emancipação e da reconquista do próprio homem, e conclui:

"Il comunismo è la struttura necessaria e il principio propulsore del prossimo futuro; ma il comunismo non è come tale la meta dello svolgimento storico, la struttura della società umana"[161] (Marx, 1968: 126).

---

[159] "A distinção entre capital e terra, entre lucro e renda fundiária, assim como entre estes e o salário, a indústria, a agricultura, a propriedade privada imobiliária, e mobiliária, é ainda uma distinção histórica, não fundada sobre a natureza das coisas, um momento cristalizado da origem e da formação do contraste entre capital e trabalho". Tradução livre.

[160] Importante ter presente que a pré-condição proposta por Marx para uma sociedade comunista é o desenvolvimento da produtividade, e propõe o fim da divisão do trabalho, pois este deve ser imediatamente suprimido para o bem viver da coletividade. Com isso, Marx não desconsidera a divisão voluntária do trabalho, aprofundando este argumento em várias obras e nos seus manuscritos, onde ressalta que a divisão do trabalho implica a propriedade privada, o que é contraditório com o comunismo.

[161] "O comunismo é a estrutura necessária e o princípio propulsor do futuro próximo, mas o comunismo não é como tal a meta do desenvolvimento histórico, a estrutura da sociedade humana". Tradução livre.

A construção de um próximo futuro, ao qual se referia sempre Marx, significa, acima de tudo, o reconhecimento do momento histórico atual e anterior. Para entender o processo de expulsão do homem da terra da própria terra, compreender a separação do homem da terra da própria terra, isto é, para entendermos os reflexos do processo capitalista, é preciso retornarmos ao que Marx chamava de acumulação originária, quando, inicialmente, grandes massas são expulsas do campo para a cidade e assim fizeram parte da nova classe em formação – o proletariado. Este processo se deu nos mais diversos países em épocas históricas particulares de cada sociedade. O que identifica este processo, nos mais diversos locais, é a forma de exploração, expulsão, ou seja, os pequenos agricultores são forçados a vender suas pequenas propriedades de terra e migrar para as grandes cidades, ou a alternativa era que de pequenos proprietários de terra se tornassem operários para quem, muitas vezes, vendiam suas terras, este processo foi particularmente forte em toda a América Latina, e mais, não é um processo acabado, ainda hoje, dizem com razão os marxistas, este processo continua com formas mais sutis ou simbólicas, o homem da terra continua sem terra. E era também este mundo de exploração que Marx não queria somente compreender, mas acima de tudo, transformá-lo. A abolição da propriedade privada significa abolição de todo o tipo de alienação.

As contribuições de Marx são significativas para o melhor entendimento da nossa problemática, deixamos para o final desta nossa breve análise das contribuições marxistas um tema que nos vem interessando desde o início desta pesquisa: a diferença entre a propriedade da terra e a posse da terra. Marx nos alerta para a diferença entre a senhoria sobre a terra e a posse da terra e assevera: "a propriedade feudal da terra dá o nome ao seu dono como um reino dá o nome ao seu rei". Já quem tem a posse da terra, na relação com esta, tem uma íntima ligação, que não aquela de mera riqueza material, "a terra é individualizada junto com o seu senhor, essa aparece como o corpo prolongado – não orgânico – do seu senhor". E assim o senhor da terra, nas condições ora apresentadas, não tira somente vantagens desta terra.

Além desses aspectos, Marx também aborda a questão da fertilidade da terra, quando deixa claro que a idéia que se tinha de que a fertilidade era naturalmente garantida não é bem assim, já que são as relações de produção que vão alterar a terra, ou melhor, são estas relações que vão transformar a terra em terra-capital, ou seja, a terra será aquilo que as relações econômicas impuserem. A terra que era abundante foi invadida; a terra que era livre foi motivo de luta; a terra que era de todos foi transformada em propriedade privada.

11. Reflexões Conclusivas

Na primeira parte do presente trabalho, ocupamo-nos da terra mãe, da terra e do humano, da terra e do mundo, das representações simbólicas até as representações jurídicas. Esta mesma terra, na segunda parte deste trabalho, é também terra de invasão, de ocupação, de conquista, de posse, de propriedade. A terra que é propriedade de terra, este foi o principal objetivo desta segunda parte do trabalho, isto sem deixarmos de lado os significados que anteriormente havíamos estudado sobre a "mãe terra". Buscamos, através do pensamento de alguns clássicos, aprofundar o estudo de uma terra que foi transformada em propriedade, uma terra que antes se transformava em propriedade privada como uma questão de ordem natural, mas que já no início da modernidade era terra, a qual, como propriedade individual, permitiu aos indivíduos saírem do estado natural; ou ainda uma terra que poderia promover justiça. Enfim, a terra que antes era mãe vai evolutivamente se transformando até chegar à idéia moderna de propriedade da terra.

Fizemos este percurso histórico, filosófico e econômico para identificarmos as várias formas de compreendermos como a propriedade da terra foi estudada e abordada e, nesta nossa parte conclusiva, não pretendemos definir uma das perspectivas abordadas como a mais adequada na modernidade; contudo, pretendemos, sim, afirmar que, embora a questão da propriedade da terra venha sendo estudada desde a antiguidade, hoje, a propriedade não é mais uma questão crucial da modernidade, mas ainda é um problema latente na periferia da modernidade.

Para Niklas Luhmann, a propriedade da terra, que antigamente significava garantia de acesso, inclusão a outros sistemas sociais, na modernidade, assume outras características. Ou seja, se antes ser proprietário da terra significava inclusão social, hoje não tem mais este significado, mesmo na periferia da modernidade. A função que a propriedade da terra tinha, antes da sua monetarização, era garantir autonomia aos membros da sociedade civil. Com a monetarização, a propriedade da terra passa a ter significado econômico somente se esta terra é capaz de produzir e integrar-se nos sistemas da economia, como qualquer outra atividade. Como escreve Luhmann, antes não se podia perceber a distinção entre os vários sistemas sociais, e, desse forma, a propriedade da terra era a garantia da inclusão social de toda a família.

"Unter diesen Umständen waren am Eigentum wirtschaftliche, politische und familiale Aspekte kaum zu trennen. Eigentum wurde als Form des Rechts auf Selbsterhaltung angesehen, und nur dieses Recht berechtigte zur Inklusion in die Gesellschaft"[162] (Luhmann, 1988: 192).

---

[162] "Dadas estas condições, era quase impossível distinguir os aspectos econômicos, políticos e familiares da propriedade. Esta era considerada a forma do direito de auto-sustentação e somente este direito permitia a inclusão na sociedade". Tradução livre.

Com os autores que estudamos, podemos observar também uma evolução polissemântica da idéia de propriedade da terra. Percebemos que, nos anos em que escreveram de Hobbes a Kant, tínhamos ainda uma sociedade estratificada, cuja propriedade da terra tinha uma conotação, simultaneamente, política, econômica, jurídica e, ainda, moral; é nesse sentido que falamos em uma polissemia da propriedade da terra. Este fato ainda pode ser observado, desde um outro ponto de vista, por exemplo, para os primeiros autores estudados neste capítulo. Para eles, a idéia de povo e sujeito[163] era sinônimo de proprietário de terra, porque se pensava, ainda, que os proprietários, como tinham interesse na sua propriedade, também tinham interesse pela coisa pública. Para estes interessava sua propriedade por questões privadas, porém também interessava a coisa pública porque tinham interesse em representar a coisa pública enquanto tal. O interesse pelo público, nesse período, era possível somente para quem tinha já definido um interesse pela própria propriedade; povo e sociedade eram indicações de sociedade dos proprietários de terra. Esta é uma estrutura que existe muito presente no pensamento destes autores.

Evolutivamente, podemos observar como esta estrutura vai desaparecendo e sendo substituída, por exemplo, em Marx e em Smith. Marx a definiu como diferenciação através das classes sociais. Nós preferimos trabalhar com a idéia de diferenciação funcional. Vemos que, já em Marx, a propriedade da terra não está no centro, mas foi substituída por ele por "meio de produção". A classe central não é mais a nobreza, todavia a burguesia, este é um típico produto sociológico da modernidade.

Com a monetarização definitiva da economia, a propriedade da terra é relevante somente do ponto de vista da distinção entre ter ou não ter propriedade (esta diferença entre ter e não ter propriedade só interessa ao ponto de vista econômico) e passar de uma parte a outra, ou seja, tornar-se proprietário de terra ou deixar de sê-lo, depende fundamentalmente do dinheiro, do capital que se pode ter à disposição. Isto significa que ter propriedade não coincide mais com ser politicamente relevante ou moralmente digno, ou seja, com a monetarização, a propriedade da terra é um produto da economia, assim como todos os demais bens. Assim Luhmann sublinha que a monetarização definitiva da economia muda, de maneira drástica, a relevância da propriedade em senso *lato*, incluindo também a propriedade da terra. Não se trata de uma mudança momentânea, mas de um longo processo:

> "Daß Veränderungen registriert werden, ist ablesbar an den ständigen Geldnöten der Oberschicht, an der im späten Mittealter zunehmenden

---

[163] Não transcrevemos estes aspectos na nossa relação, porque são conceitos auto-evidentes entre os anos de 1600 e 1700.

Geldkritik, an den Unsicherheiten der Geldentwertungen (wenn es solche waren!) im Anschluß an die Edelmetallimporte aus Amerika, schließlich an den Handelstheorien des 17. Jahrhunderts"[164] (Luhmann, 1988: 194-195).

Luhmann propõe também uma nova idéia para entendermos a propriedade da terra como uma problemática: a questão da escassez. A terra é escassa no sentido que, se é propriedade de um, não é propriedade de outro e, assim, nasce a necessidade de fazer aceitar socialmente a diferença entre ser e não ser proprietário, ou seja, quando um é proprietário de um bem exclui outros de utilizarem este mesmo bem. Enquanto tínhamos uma sociedade estratificada, tratava-se de encontrar motivações que justificassem a propriedade de uns e a não-propriedade de outros. Com a diferenciação funcional, a motivação de aceitar a diferença vem resolvida através do dinheiro, e não mais através do empenho "político" dos proprietários de terra, ou seja, se, antigamente, podia-se justificar a propriedade da terra de um e não de outro através da natureza ou Deus, na sociedade funcionalmente diferenciada, não é mais possível. Esta passagem se dá entre os séculos XVII e XVIII:

"In dieser Zeit verlagert sich allmählich der Schwerpunkt der Auseinandersetzung mit Knappheit vom Sacheigentum (praktisch: Grundeigentum) auf das Geld. Die Fronten, an denen sich die alte Ordung verteidigt, werden unsicher. Alles erscheint als käuflich, selbst Seelenheil, selbst Staaten, selbst politische Ämter, selbst Adel, selbst öffentliche Einnahmen, selbst Grundbesitz. Das Problem liegt in der Eindämmung von Käuflichkeit und das Mittel in einer moralischen Diskreditierung des Geldes. In diesen Kategorien konnte jedoch nicht beobachtet und beschrieben werden, was geschieht. Erst John Locke deckt mit aller Schärfe diesen knappheitserzeugenden Mechanismus des Geldes auf: Er ermöglicht unlimitiertes Besitzstreben und damit ein Knappwerden aller Güter, unabhängig von Ausmaß und Qualität des natürlichen (biblischen!) Reichtums der Erde ... Für Locke liegt die Lösung dieses Problems noch im Bereich von Politik und Recht: in der Gründung einer Zivilgesellschaft der Eigentümer und im Austausch des natürlichen Eigentums in konventionelles Eigentum"[165] (Luhmann, 1988: 195).

---

[164] "O fato de que se registravam mudanças pode ser detectado na contínua necessidade de dinheiro dos estratos mais elevados, na crescente crítica ao dinheiro no fim da idade medieval, nas inseguranças das desvalorizações monetárias (admitindo que fosse tal!) em conexão com a importação de metais nobres da América, enfim nas teorias comerciais do século XVII". Tradução livre.

[165] "Nesse período, o ponto central da discussão sobre a escassez se transfere progressivamente da propriedade dos bens (em praticamente: da propriedade da terra) ao dinheiro. Tornam-se inseguros os fronts de defesa da ordem antiga: parece que tudo possa ser vendido inclusive a salvação da alma,

A diferenciação funcional quer dizer que, também, as diferenças sociais não podem mais ser observadas como naturais, mas são artificializadas, dessa forma a propriedade da terra, que antes era natural para quem era considerado como povo, atualmente, é uma construção artificial do sistema da economia, como qualquer outra coisa. Só que sendo artificial pode ser criticada, e este é outro fenômeno tipicamente moderno. Nos dias atuais, a propriedade é essencialmente econômica, porém sendo uma construção artificial, de uma sociedade diferenciada funcionalmente, pode gerar a crítica também no sentido de ser ou não ser proprietário de terra, este fato, como todas as demais diferenças sociais, pode ser transformado em um problema de ordem política. Um exemplo real e concreto é o caso do Movimento dos Trabalhadores Rurais Sem Terra.

Por isso, para entendermos a problemática moderna da propriedade da terra na periferia da modernidade, estamos trabalhando com Luhmann, o qual nos fornece uma arquitetura conceitual, permitindo-nos estudar velhos problemas com uma nova perspectiva metodológica, ou seja, é o estudo da sociedade na sociedade. Deste modo, podemos ver como a propriedade da terra, que, originalmente, era um problema que incluía, simultaneamente, questões da economia, do direito e da moral, tornou-se, na modernidade, uma questão meramente econômica. Porém, nesta mesma sociedade, diferenciada funcionalmente, a propriedade da terra, na periferia da modernidade, torna-se um problema de ordem política, o qual faz com que a periferia seja cada vez mais periferizada e o centro cada vez mais centro. Em outras palavras, quando a propriedade da terra deixa de ser uma questão de ordem natural, passa a ser uma das tantas artificialidades da sociedade moderna. Esta mesma artificialidade pode ser entendida desde o ponto de vista da inclusão, na sociedade moderna, ou da exclusão.

Deste modo, movimentos reais que lutam pela terra ou por qualquer outra forma de sobrevivência, com a sociedade diferenciada funcionalmente, foram artificializados e desempenham uma função importante para o sistema da política, ou ainda, para o sistema da política na periferia da modernidade e são cruciais no sentido de continuarem com o processo de periferização da própria periferia. A propriedade da terra, enquanto pro-

---

os estados, os cargos políticos, a nobreza, as receitas públicas, a propriedade da terra. O problema reside na repressão da venalidade da possibilidade de vender, o meio está no desacreditar moralmente o dinheiro. Mas com estas categorias não se podia observar e descrever o que estava acontecendo. Somente J.L. descobre de modo absolutamente evidente este mecanismo, o próprio dinheiro como gerador de escassez. Tal mecanismo possiblita um ilimitado desejo de posse, com isso, que todos os bens tornem-se limitados, independentemente da disponibilidade e da qualidade das riquezas naturais (bíblicas) da Terra... Para Locke, a solução do problema encontra-se, porém, ainda no âmbito da política e do direito: ela reside na fundação de uma sociedade civil dos proprietários e na transformação da propriedade natural em propriedade convencional". Tradução livre.

blema social, poderia ser resolvido em base a uma decisão do sistema da política, porém este sistema, historicamente, no Brasil, no que diz respeito ao acesso à propriedade da terra, tem sido um "decidir não decidindo", ou seja, o sistema do direito criou várias artificialidades para resolver o problema a partir de um ponto de vista jurídico, porém não é exatamente aí que se concentra a questão fundamental.

Terceira Parte

Evolução histórico-política e histórico-jurídica da questão da posse e propriedade da terra no Brasil

Apresentação

"A tentativa de implementação da cultura européia em extenso território, dotado de condições naturais, se não adversas, largamente estranhas à sua tradição milenar, é, nas origens da sociedade brasileira, o fato dominante e mais rico em conseqüências. Trazendo de países distantes nossas formas de convívio, nossas instituições, nossas idéias, e timbrando em manter tudo isso em ambiente muitas vezes desfavorável e hostil, somos ainda hoje uns desterrados em nossa terra". (Holanda, 1999: 31).

Nosso estudo partiu de uma inquietação a respeito de um "velho – novo" problema da sociedade brasileira que, sinteticamente, apresenta-se no questionamento: por que somos ainda hoje uns desterrados de nossas terras? Para compreender tal problema, fizemos um estudo histórico, filosófico, jurídico e mitológico, o qual apresentamos nas duas partes precedentes. Nesta terceira parte, abordaremos o problema de distribuição, posse e propriedade da terra no Brasil. Para tal, não queremos simplesmente recontar a história do Brasil, pois que isto já foi feito e refeito várias vezes e por correntes diferenciadas,[166] mas pretendemos vislumbrar a evolução social da sociedade brasileira por meio da ocupação, da conquista e da posse do solo destas novas terras. Necessitaremos, para tanto, em primeiro lugar, buscar alguns aspectos históricos que possam contribuir para o entendimento de como e por que temos hoje, no Brasil, a distribuição ou a não-distribuição eqüitativa das terras. Em seguida, buscaremos esse entendimento por meio de leis e decretos que propiciam a distribuição, a posse e a propriedade da terra no Estado brasileiro.

---

[166] Interessante notar as diversidades entre os vários historiadores, tanto brasileiros como portugueses, no que diz respeito à descoberta do Brasil, bem como a interpretação realizada sobre os eventos históricos dos primeiros anos do Brasil-colônia.

Esta parte da nossa pesquisa foi construída a partir da investigação no Museu Torre do Tombo, em Lisboa, e tamém a partir da bibliografia[167] brasileira e européia sobre o descobrimento e a colonização. Consideramos importante acompanhar, também, a percepção moderna de historiadores portugueses sobre a "descoberta"[168] do Brasil. Outro aspecto metodológico que fundamentou nossa pesquisa foram as entrevistas e os grupos de discussão que realizamos. Destacaremos, no decorrer do segundo e do terceiro capítulos, algumas partes destas entrevistas.

Em 1500, no dia 22 de abril, os portugueses desembarcaram onde hoje é Porto Seguro. No dia 1º de maio daquele mesmo ano, Pedro Álvares Cabral oficializa a posse das terras brasileiras com a celebração de uma missa, que foi a segunda realizada no novo território.[169] Esse fato nos remete, outra vez, para a convicção de que Portugal conhecia a existência do Brasil e tinha interesse em conquistá-lo antes que outros tomassem posse de uma terra que já estava definida pela Bula Papal como pertencente a Portugal. Outro fator é a questão da igreja católica que, desde o princípio, sempre esteve presente na ocupação e na divisão de terras, o que se repete também na modernidade. As terras são ocupadas, e a Igreja dá sua "benção" e, conforme os diferentes momentos históricos brasileiros, estes dois fatores – ocupação/igreja – portam-se de maneiras diversas, como poderemos ver no decorrer deste estudo evolutivo.

A grandeza das terras brasileiras preocupava muito a Coroa, primeiro porque era extremamente difícil conhecer toda a nova terra e, segundo, porque havia a necessidade de controlar tudo o que fora descoberto, para depois proceder à distribuição da terra, assim como ao povoamento de homens brancos nestas novas terras.

Antes da fundação de cidades, criou-se no Brasil o sistema da feitoria. Inicialmente, localizavam-se no litoral e serviam como posto de comércio do pau-brasil. Esse comércio funcionava de forma rudimentar, em que os índios cortavam o pau-brasil, e os europeus davam em troca alguns objetos de pouco valor. Após, este pau-brasil era exportado para Portugal. Outras vezes, isso ocorria de forma ilegal, como era o caso dos franceses, que também exportavam o pau-brasil para a França.

---

[167] A transcrição dos textos respeitou a escrita dos originais, por isso, às vezes, a ortografia não está em consonância com o padrão vigente da língua escrita no Brasil.

[168] Utilizamos o termo "descoberta" mesmo tendo a convicção de que o Brasil não foi "descoberto" por Portugal. Os historiadores portugueses utilizam a expressão "achamento" do Brasil. Talvez esta semântica, escrita em português de Portugal, mas com um sentido do português do Brasil, seja mais significativa.

[169] Este "novo território" tem uma história de ocupação humana calculada entre 12 e 30 mil anos atrás, embora este ainda não seja um dado sobre o qual os cientistas sejam unânimes.

Como já afirmava Carl Schmitt, cada fundação de uma nova cidade[170] ou descoberta de novas terras estava diretamente vinculada à distribuição destas. Assim foi no Brasil colonial: as cidades foram sendo criadas conforme a necessidade de se proteger as terras descobertas de outras nações européias, que já se faziam presentes no Brasil, bem como em razão do descobrimento de novas riquezas e da conquista de todo o território.

Como Portugal, inicialmente, estava mais preocupado com as riquezas das Índias, a questão brasileira representava apenas um *status*, quer dizer, era secundária em relação ao progresso que poderia ser conquistado através da venda de produtos adquiridos nas Índias. Desse modo, a Coroa, desde o início do descobrimento, foi criando alternativas para distribuir as terras brasileiras a privados. As terras em que habitavam os índios[171] não era uma preocupação, nem mesmo depois da criação de leis que protegiam os silvícolas nas terras que habitavam.

Deste momento em diante, ocupar-nos-emos diretamente da questão brasileira a partir do referencial teórico-histórico que construímos nos capítulos precedentes. Pretendemos, nesta terceira parte, evidenciar alguns aspectos históricos da formação da sociedade brasileira, identificando como foram realizadas as primeiras distribuições de terras no contexto de 1500, intencionando demonstrar como foi o processo de "exploração" dos nativos. A seguir, identificaremos as primeiras leis que permitiam a distribuição e a posse da terra aos europeus – neste ponto, faremos uma retrospectiva histórica das principais leis que regulamentaram a questão da terra no decorrer do processo histórico brasileiro. Visamos a descrever os diversos processos de reforma agrária, mesmo que ainda não tenhamos tido a possibilidade de conhecer um efetivo processo de reforma agrária. Dedicaremos o segundo capítulo ao estudo das terras indígenas, no qual apresentaremos uma evolução jurídico-social. Por fim, concentrar-nos-emos na história e na atualidade do Movimento dos Trabalhadores Rurais Sem Terra e sua relação com os mais diversos setores que se ocupam da questão. Ao estudarmos o MST, abordaremos sua relação com o Estado e com a sociedade.

---

[170] Resumidamente temos o início do povoamento do Brasil através da formação cronológica das seguintes principais cidades e estados: 1504 – Santa Cruz, 1508 – Vila Viçosa, 1525 – Paraíba, 1526 – Recife, 1531 – São Sebastião e São Paulo, 1532 – Santos, 1549 – Salvador, 1612 – São Luiz, 1616 – Belém, 1671 – Paraíba, 1674 – Manaus, 1696 – Ouro Preto, 1722 – Cuiabá, 1743 – Porto Alegre, 1752 – Mato Grosso, 1747 – Rio Grande. Nota-se que a fundação destas cidades obedeceu a um critério de ocupação do Estado brasileiro para evitar a invasão sem controle de estrangeiros e para desenvolver a agricultura.

[171] Os índios, como vimos em uma parte específica deste trabalho, eram considerados bens da terra.

Capítulo I
Aspectos históricos

1. Portugal no contexto do descobrimento do Brasil

Para que possamos entender o significado da suposta descoberta do Brasil é preciso entender a situação na qual se encontrava Portugal e, em especial, Lisboa. Nos anos de 1500, Lisboa vivia, por um lado, em seu auge: era considerada a "senhora dos mares", sua arquitetura atingia o nível máximo de beleza, era a Lisboa manuelina, era a Lisboa do Rio Tejo, era a Lisboa que agradava a todos os demais europeus, em cujas praças os poetas ainda escreviam. Mas era também a Lisboa na qual o povo e os escravos brigavam pelos espaços públicos. Assim descreve Jaime Cortesão – importante autor português:

> "Era a Lisboa ardente e sequiosa, de escassos chafarizes, à beira dos quais o povo e os escravos brigavam pela vez; dos açacais com seu asno e os quatro cântaros engradados, apregoando a água pelas calçadas íngremes; e das mocinhas negras, quase nuas, que a transportavam e serviam com as airosas quartas" (Cortesão, 1994: 17).

Percebe-se que a Lisboa desta época vivia um momento de pleno desenvolvimento e, ao mesmo tempo, também era sede de permanentes desigualdades. Prevalecia, neste período, o sentimento de euforia das grandes navegações. Lisboa era a cidade que representava o grande poder de Portugal. A importância do descobrimento do Brasil também reforça a importância da "escola de Sagres", na qual os portugueses vinham aperfeiçoando as técnicas de navegação e de construção naval. Portugal descobre nas Índias um futuro de riqueza e prosperidade: era a terra dos rubis, das esmeraldas e, também, das especiarias. A riqueza descoberta por Portugal assegurava um futuro promissor para esta Nação de pequena dimensão geográfica, mas de grandes potencialidades marítimas. As notícias trazidas pelos marinheiros chegavam em Portugal como um sinal de grande mudança. O Rei Dom Manuel era um recente Rei, mas já importante pelas suas conquistas e descobertas.[172] O povo português deste período vivia um momento de euforia. E foi justamente com este espírito que se formou a expedição de Pedro Álvares Cabral. No dia 9 de março de 1500, saem do Rio Tejo treze naves com destino às Índias. Esta foi a versão oficial, hoje contestada por muitos historiadores brasileiros e portugueses. Sem dúvida, a questão do descobrimento do Brasil é uma das maiores controvérsias da história dos descobrimentos portugueses.

Mesmo sendo uma grande controvérsia, a descoberta representa para Portugal uma garantia futura. Recordamos que a Europa dos anos de 1500 não era tão abastada, o inverno era rigoroso, e os alimentos necessitavam de condimentos para sua manutenção. Embora inicialmente tenham visto esta perspectiva de garantia futura somente com a descoberta do caminho das índias, mais tarde viram que também no Brasil poderiam encontrar outras importantes fontes de riqueza, inclusive as famosas "especiarias".

A descoberta do Brasil também apontava nesse sentido, visto que a Europa Renascentista estava em constante busca de novas descobertas. Assim, o caminho das Índias, as descobertas de novas terras, os recentes estudos de artes e ciências mostravam o avanço contínuo. No prosseguimento das navegações partilhavam os interesses de outras Nações européias, pois dava aos povos europeus a possibilidade de alargar conhecimentos também sobre o Universo, bem como efetivar um grande desenvolvimento do comércio internacional. Em razão disto, a descoberta do Brasil significou muito mais estes avanços todos que propriamente a descoberta de uma nova terra. O valor desta descoberta concretiza-se mais tarde quando os portugueses descobrem as verdadeiras e grandes riquezas brasileiras.

Este argumento interessa-nos não somente como uma revisão histórica, mas auxilia-nos no sentido de entendermos a origem do problema

---

[172] Para comunicar aos demais Reis católicos as novas descobertas, o Rei de Portugal escreve uma carta, da qual ressaltamos alguns aspectos, que primeiro nos fazem ver a euforia portuguesa dos anos de 1500 e, segundo, a importância do descobrimento do Brasil vinculado aos progressos que daí advinham: "Muy altos y mui excelentes e muy poderosos Príncipes Señores padre e madre: estos dias pasados, despues que la primera nueva de la India llegó, no escribí luego á vuestras Señorias las cosas de allá, porque no era venido Pedro Alvares Cabral...El dicho mi capitan con trece naos partió de Lisboa à nueve de Marzo del año passado. En las octavas de la pascua siguiente llegó à una tierra que nuevamente descubrió, á la cual puso nombre de Santa Cruz,...la cual parece que nuestro Señor milagrosamente quiso que se hallase, porque es muy conveniente y necessaria para la navegacion de la India..." (Cortesão, 1994: 181). "Muito altos e muito excelentes e muito poderosos Príncipes Senhores pai e mãe: esses dias passados, depois que a primeira nave da India chegou, não escrevi logo a Vossa Senhoria as coisas de lá, porque não tinha chegado Pedro Alvares Cabral... O dito meu capitão com treze naos partiu de Lisboa nove de Março do ano passado. *Nas oitavas da Páscoa* seguinte chegou a uma terra que novamente descobriu, a qual pôs o nome de Santa Cruz, ... a qual parece que nosso Senhor milagrosamente quis que se chegasse, porque é muito conveniente e necessária para a navegação da Índia."

PROPRIEDADE DA TERRA
Análise sociojurídica

terra. Recordamos que, já naquela época, sabia-se que as terras brasileiras eram propriedade de Portugal, o que leva muitos historiadores a acreditarem que Pedro Álvares Cabral[173] tinha uma "missão secreta", ou seja, o então Rei de Portugal o incumbiu desta missão: chegar ao Brasil. Todas as hipóteses de mau tempo, que acarretaram o desvio da caravana, são facilmente derrotadas na leitura atenta das cartas escritas para o Rei. Já em 1327, no mapa desenhado por Dalorto, o Brasil aparecia desenhado, o qual situava esta terra a ocidente da atual Irlanda.

Porém, seguindo com nossos questionamentos para entendermos a história da distribuição das terras no Brasil, observamos várias questões históricas e jurídicas cujos reflexos são evidentes na atualidade. Os motivos pelos quais o Brasil foi descoberto ou achado[174] são muitos e poucos. Qual teria sido a verdadeira motivação para este descobrimento? Sabemos que as grandes descobertas dos séculos XVI e XVII fazem nascer um novo ordenamento jurídico, uma nova conformação do globo terrestre. Carl Schmitt trata deste aspecto referindo-se às novas linhas de demarcação do globo terrestre. A "descoberta" da América provocou a primeira tentativa de subdividir a terra segundo princípios do Direito Internacional. Essas demarcações iniciaram por volta de 1492. Portanto, o descobrimento do Brasil não é um acaso ou um desvio de rotas. Então, nesse sentido, investigamos qual poderia ter sido a influência do Tratado de Tordesilhas neste evento. Não encontramos respostas para esta nossa dúvida, mas de qualquer forma parece-nos que este evento pode ter sido também motivante para o "desvio" do caminho das Índias.

As terras brasileiras são, antes de tudo, ocupadas por populações originárias de várias tribos, com culturas diferenciadas e momentos evolutivos também diferenciados. A chegada dos ocidentais deu-se primeiro através da divisão das terras, terras estas que "não eram conhecidas", mas que já figuram nas cartas geográficas. O que queremos ressaltar é que o Brasil, antes de ser "descoberto", já tinha sofrido sua primeira divisão de terras, por isso iniciamos este nosso cronograma com o Tratado de Tordesilhas, o qual foi promulgado pelo Papa Alessandro VI em maio de 1493, sendo esta a primeira divisão das terras entre Portugal e Espanha; como já mencionamos na primeira parte deste trabalho, porém, Portugal não

---

[173] Embora a sua missão fosse de extrema importância, a história não deixa claro o motivo que levou o Rei a confiar esta viagem a Pedro Álvares Cabral, mas se sabe através dos relatos e cartas que ele era um homem de bom caráter. Assim o define Jaime Cortesão: "Concorrem nele, com a antinomia das sensibilidades mais ricas e perfeitas, um quê de forte e ingênuo, de bravo e enternecido, de grandioso e humilde, de magnanimidade aparatosa e modesta esquivança, que trazem à memória o Condestável, e, extremando-o dos demais capitães contemporâneos, o alevantam acima da moral comum das sua época" (Cortesão, 1994: 49).

[174] Na cartografia medieval, já aparecia uma ilha "imaginária" no Oceano Atlântico, a qual foi dado também o nome "imaginário" de Brasil.

estava satisfeito e exigiu uma reformulação, a qual ocorreu em bula, nascendo, então, em 7 de junho de 1494, o Tratado de Tordesilhas. Desse modo, tivemos a primeira definição jurídico-religiosa das terras que, mais tarde, serão "descobertas". Como primeiro marco legal, temos o *Tratado de Tordesilhas, de 7 de junho de 1494.*

Os precedentes histórico-jurídico desse tratado são: o Tratado de Alcaçovas em 1479, Bula *Inter Coeteras* de 1492, Tratado de Tordesilhas, de 1494, confirmado, em 1504, pela *Bula Ea Quae.* Seis anos depois, o Brasil é "encontrado", e a Coroa faz valer seus direitos sobre estas terras que, inicialmente, chamavam-se "Terra de Santa Cruz". Diante desses dados, parece evidente o desejo de Portugal em expandir suas viagens ultramarinas e fazer novas conquistas. Essa conquista foi realizada através de um processo de "invasão", luta e extermínio da população já residente. A colonização da terra foi feita através de sesmarias, monoculturas e utilização do trabalho de índios e escravos, fatores que contribuíram para a configuração do Brasil como um "palco" aberto para a proliferação dos latifúndios, como já observamos anteriormente. Sob esse enfoque, a seguir trataremos de argumentos jurídicos, os quais transformaram a "fazenda do rei: o Brasil", naquilo que, hoje, definimos como uma injusta distribuição de terras: é o Brasil dos latifúndios.

Ressaltamos um aspecto da descoberta do Brasil através da narração de um autor moderno português, do qual já utilizamos outros argumentos, visto que é interessante notar como ainda hoje percebem a descoberta os "descobridores". Assim conclui o seu texto Jaime Cortesão: "Sim, bem longe das aspirações ou caprichos do acaso, o Brasil nasce de nós, na plenitude do sentido e do ritmo, como um primeiro canto de epopéia" (Cortesão, 1994: 110).

Nota-se que, neste período, Portugal estava mais preocupado com as especiarias que vinham das Índias; pouco a pouco, porém, foram descobrindo as riquezas das terras brasileiras, sendo que o primeiro produto brasileiro que despertou grande interesse na Europa foi o pau-brasil, porque o seu miolo era importante na indústria têxtil européia. Com isso, não somente Portugal estava interessado nesta mercadoria, mas também, e com muita força, os franceses. Este é o Brasil que "nasce de nós", é o filho rico que estava perdido no espaço e no tempo, e que a "gentil mãe" (Portugal) encontrou. O encontro foi profícuo e inicia-se o comércio de um dos tantos "filhos deste filho" (pau-brasil). Esta terra foi descrita por Pero Vaz de Caminha como uma rica terra, cheia de atrativos jamais vistos; além do caráter malicioso, a descrição objetivava provocar o interesse dos portugueses, que viviam um período de "sonhos", pelas grandes possibilidades na nova terra, e este seria um primeiro canto de epopéia, o qual propiciará as instalações dos primeiros portugueses nas velhas novas terras.

Ruy Cirne Lima, a este respeito, afirma que nosso regime de distribuição de terras foi um reflexo do que Portugal já tinha experimentado, ou seja, nosso modelo de estrutura fundiária não conheceu nada de novo. Apesar das grandes diferenças entre Portugal e Brasil, a ocupação do solo brasileiro, segundo o autor, desconheceu esta e outras diferenças.

"A ocupação do nosso solo pelos capitães descobridores, em nome da Corôa portuguêsa, transportou, inteira, como num grande vôo de aguias rapaces, a propriedade de todo o nosso imensuravel território para além-mar – para o alto senhorio do rei e para jurisdição da Ordem de Cristo. A propriedade particular, consequentemente, nos veiu da Europa. Veiu de Portugal, e conferida aos os portuguêses, de acordo com as leis portuguêsas, e ainda oara, de conformidade com estas, ser conservada, exercida e alienada" (Lima, 1935: 9).

2. A conquista, ocupação e distribuição de terras no Brasil-Colônia

Nos parágrafos anteriores, discutimos os momentos iniciais da colonização do Brasil e o caráter público[175] das terras descobertas, no qual analisamos o território brasileiro como patrimônio do rei de Portugal; este era, porém, um bem público, ou seja, o que antes definimos como a "grande fazenda do rei", juridicamente podemos definir como patrimônio "público" da Coroa (lembramos, novamente, que o sentido aqui dado ao vocábulo "público" é diferente do sentido atual; naquela época, o público confundia-se com o privado da Coroa).

A propriedade territorial no Brasil-colônia é analisada com profundidade por Luís Stefanini, entre outros. Especificamente sobre este argumento, assim se expressa:

"As terras do Brasil, não nos pode levar a concluir que foram regidas pelo *ius communi* simplesmente o fato de seu desmembramento ter sido feito sem embaraço, em vista da doutrina da imprescritibilidade ou possíveis indisponibilidades da Coroa. Nada nos leva a crer que, ainda que *extra commercium*, estas terras integrassem o patrimônio privado do monarca. O objeto das concessões era a terra pública, e não a terra particular do Rei português. Nesta linha de pensamento, entendemos que a matéria girava na órbita do *ius publicum*; portanto, desafeta ao *ius communi*. O território brasileiro era uma propriedade

---

[175] Público no vocabulário jurídico é assim definido: "é o que respeita a todos ou pertence à coletividade" (Silva, 1991a: 502).

158   *Sandra Regina Martini Vial*

pública da Coroa. Esta como entidade de Direito Público, e não como entidade privada – propriedade do Rei de Portugal – isto a entender a situação do Chefe de Estado, como representante da Nação" (Stefanini, 1978: 31-32).

Tem razão o advogado Stefanini, pois o Rei de Portugal não estava cometendo nenhuma ilegalidade na forma de ocupação e distribuição das terras brasileiras, pois ele era o proprietário "público" de todo o território. Nas nossas observações, destacamos a idéia do "público" e o uso da coisa "pública", o que vai refletir na forma de como se desenvolveram a conquista, a posse e a distribuição da terra no novo território, onde é evidente que não havia uma divisão entre o público e o privado da Coroa. É nessa perspectiva que apresentamos o Brasil colonial como uma "fazenda do rei", ou ainda como o "grande e verde jardim de Portugal", ou seja, concordamos que o Rei estava exercendo o seu direito sobre sua "nova" aquisição; o que nos deixa perplexos, todavia, é a forma como se deu este processo.

No período *sub examine*, trataremos de importantes fases pelas quais se processou a distribuição de terras: o regime das feitorias, as capitanias hereditárias, o regimento de Tomé de Souza, o Governo-Geral, as expedições estrangeiras, os Tratados, os ciclos econômicos e as sesmarias.

2.1. Das feitorias

O processo inicial de conquista e ocupação no Brasil deu-se com a instalação das feitorias, a exemplo do que ocorreu na Antiguidade, quando da colonização pelos fenícios e gregos na orla do Mediterrâneo, e com o modelo português já experimentado em 1482, em Castelo de Mina, na África. Embora sem grande importância quanto à distribuição das terras, as feitorias tiveram inegável importância econômica no Brasil e também foram fundamentais para a definição do modelo de ocupação das terras brasileiras. Duas foram as mais importantes: a primeira, em 1511, em Cabo Frio, e a segunda, em 1516, em Pernambuco. Ambas representavam a "casa do Del Rey" de Portugal, pois serviam para tratar dos negócios de seus interesses e de seus súditos (no Brasil colonial, os *súditos* eram considerados os índios; embora não considerados pessoas, eram os seres existentes; somente mais tarde, com os processos migratórios, foram agregadas "pessoas ocidentais").

Aurélio Buarque de Holanda Ferreira, reconhecido dicionarista brasileiro, define a *feitoria* como "entreposto, em geral fortificado, que, na fase inicial da colonização dos domínios ultramarinos portugueses, negociava com os nativos e recolhia e armazenava os produtos que deviam ser transportados para a metrópole".

A partir deste modelo comercial, viu-se a necessidade de uma maior ocupação do território brasileiro, mas numa escala ampla, de maior abrangência, o que foi feito através do sistema das capitanias hereditárias.

2.2. Das Capitanias Hereditárias

Então, depois das feitorias, as terras brasileiras passaram a ser "doadas" aos portugueses que deixavam Portugal em busca da fortuna. Deste modo, em 1534 vários nobres portugueses ganharam do rei porções significativas de terra, as quais foram denominadas "Capitanias Hereditárias".

Releva a notar que Portugal já conhecia o processo de distribuição de terras: o sistema de sesmarias. Porém, no Brasil não foi possível utilizar o mesmo modelo português. Lá, o sistema fundiário imposto por Fernando I, que tratava desse aspecto, dizia respeito à doação de terras para sesmarias, que não se dava antes da distribuição das terras que fossem consideras não-cultivadas. No Brasil, a aplicação do modelo de sesmarias correspondia ao que era definido nas Ordenações Manuelinas e Filipinas (aqui uma importante constatação: a maneira como foram distribuídas as sesmarias é uma das causas iniciais dos grandes latifúndios que sempre tivemos no Brasil). Na verdade, a lei de sesmarias, criada em Portugal no ano de 1375, tinha como objetivo enfrentar o problema de que Portugal era um país de pequenas dimensões, com um contigente alto de população para uma reduzida área de terra cultivável – situação completamente diversa da brasileira – ou seja, sesmaria em Portugal tinha um significado vinculado aos magistrados municipais, os quais definiam a distribuição das terras portuguesas e controlavam as não-cultivadas.[176] Isto também foi diferente no Brasil, pois ainda não tínhamos a mínima divisão entre os sistemas sociais, fato que Portugal já estava "às portas" de conhecer e efetivar, embora ainda tivéssemos uma sociedade dividida por estratos sociais, e não uma sociedade diferenciada funcionalmente. Sesmarias, no caso brasileiro, tinham uma conotação diferente: as terras do rei eram entregues a quem as cultivasse. Porém, a ocupação do território brasileiro não se deu segundo critérios geográficos, como observa Cirne Lima, mas como arbítrio e conveniência individual, e isto fez com que as sesmarias fossem concedidas prioritariamente aos latifundiários em potencial:

"A concessão de sesmarias não é mais a distribuição compulsória, em benefício da agricultura, das nossas terras maninhas, ao tempo tributarias ao Mestrado de Cristo; antes reveste o aspecto de uma verdadei-

---

[176] Nas Ordenações Manuelinas e Filipinas, aparece a seguinte definição de sesmaria: "sesmarias são propriamente as dadas de terras, casaes, ou pardieiros, que forma, ou são de alguns Senhorios, e que já em outro tempo foram lavradas e aproveitadas e agora não o são" (apud Lima, 1935:17).

ra doação de dominios regios, a que só a generosidade dos doadores serve de regra.

Essa influência, cujos efeitos é impossível desconhecer, encontra logar, afinal nos quadros jurídicos da época, a partir de 1695, data em que se determinou a imposição de fóros nas sesmarias – segundo a grandeza ou bondade da terra" (Lima, 1935: 37).

O Brasil, como a "Grande Fazenda do Rei", era uma fazenda da qual a posse era histórica, fundamentada publicamente. Portanto, "os proprietários" tinham plenos direitos de posse, pois, como afirma Locke, a propriedade depois de definida enquanto tal, significa: vida, liberdade e posse. Esta "propriedade" foi regulamentada por princípios jurídico-religiosos válidos e, portanto, deveria ser conservada. Assim, para conservar a propriedade "justamente" adquirida, a Coroa portuguesa, entre os anos de 1500 e 1530, estabeleceu as primeiras feitorias, locais que serviam apenas para o comércio do pau-brasil. Então, como já exposto, temos a primeira feitoria de Cabo Frio em 1511 e a de Pernambuco em 1516. Nesse primeiro período, as feitorias funcionavam como organizações comerciais e militares, mas ainda não tínhamos uma efetiva distribuição das terras. Sabe-se de poucos casos em que a terra teria sido concedida para alguns "amigos do rei", como é o caso da Ilha de Fernando de Noronha.

A conquista do Brasil, até aproximadamente o ano de 1530, serviu apenas como porto de exploração da madeira e como escala na rota para as Índias. Tanto portugueses, como espanhóis, franceses e holandeses que se dirigiram à costa tinham como objetivo a extração da madeira. Portugal estava preocupado com as riquezas que poderia conquistar nas Índias e, com isso, não tinha nem interesse e nem disponibilidade financeira para colonizar o Brasil. O que fez com que o Rei de Portugal se preocupasse com a nova colônia foi a permanente invasão de estrangeiros.

No processo de demarcação das terras brasileiras, os habitantes nativos foram desconsiderados. Em 1532, D. João decidiu fazer, através da implementação das capitanias hereditárias, a demarcação das novas terras desde Pernambuco até o Rio da Prata. Este processo de colonização estava vinculado às doações de terra, sendo que os critérios para tal distribuição não foram igualitários (como não são ainda hoje), mas foi a forma jurídica encontrada para a divisão e distribuição das terras da costa e do interior brasileiro. Os capitães tinham grande poder jurídico e político, distribuíam as terras da capitania para os sesmeiros, o direito de herança da Capitania cabia ao filho mais velho do sexo masculino e só quando não tinham filhos homens é que a filha mulher mais velha poderia herdar. Mas, independente de qualquer situação, a terra brasileira era "parte do patrimônio pessoal do rei". Nesse sentido, observa Emília Viotti da Costa:

"No começo da colonização, a terra era vista como parte do patrimônio pessoal do rei. A fim de adquirir um lote de terra, tinha-se que solicitar uma doação pessoal. A decisão do rei para a concessão do privilégio era baseada na avaliação do pretendente, o que implicava considerar seus status social, suas qualidades pessoais e seus serviços prestados à Coroa. Desta forma, a aquisição de terras, apesar de regulamentada pela lei, derivava do arbitrium real e não de um direito inerente ao pretendente." (Costa, 1999: 172)

Importante salientar estes aspectos, vinculando-os com o momento atual, em que as terras não pertecem mais ao rei, mas o Estado brasileiro tem, disciplinado pela lei, o poder de dispor de terras para a reforma agrária. Este "dispor" atual tem conotações que, por vezes, é absolutamente diferente daquela do contexto dos idos do século XVI. O novo sistema de distribuição de terras no Brasil, inaugurado e institucionalizado pelo Banco da Terra, estava seriamente influenciado por este legado histórico, no qual o "rei" poderia decidir a quem, como e quando distribuir terras.

Ocorre que há um poder que determina a administração pública, mesmo abrandado pela Constituição Federal de 1988, que trata da discricionariedade. administrativa.[177] Embora não seja um princípio ou poder absoluto, mas limitado por outro, como o princípio da legalidade, permite ao administrador decidir, através de critérios de conveniência e oportunidade, o momento e a forma de praticar atos administrativos, como a distribuição de terras. É aí que aparecem estes "vícios" arraigados, que não são superados por outros institutos limitativos ou abrandativos desta discricionariedade.

Nesse sentido, o Banco da Terra torna-se não um proprietário de terra, mas quem tem o poder de negociá-la. Além disso, o Estado tem várias propriedades de terra que poderia imediatamente distribuir. Porém, não o faz. Quando nos reportarmos ao problema atual da terra no Brasil, aprofundaremos (ao final desta parte) alguns aspectos do Banco da Terra. Neste momento, apenas ressaltamos a possível influência deste legado histórico. É claro que esta situação é diferente do que foi no início da nossa história, porém de certa forma, também na atualidade "o rei" pode decidir a quem doar terras.

Mas, voltando ao momento histórico, vê-se que a decisão de ocupação em grande escala do território se deu somente 32 anos após a descoberta, pelos motivos que já referimos. Em 1532, o Brasil foi dividido em

---

[177] O poder discricionário, no direito administrativo brasileiro, possibilita ao administrador que "a adoção de uma ou outra solução é feita segundo critérios de oportunidade, conveniência, justiça, eqüidade, próprios da autoridade, porque não definidos pelo legislador" (Di Pietro, 2000: 197).

15 faixas horizontais, que foram doadas a quem pudesse, por conta própria, ocupar as terras, explorá-las e governá-las em nome da Coroa. O referencial para a divisão foi a linha imaginária do Tratado de Tordesilhas, cortando-se o território em faixas de terra, conhecidas como Capitanias Hereditárias. Estas capitanias contavam com uma área de 150 a 600 quilômetros e foram a primeira estrutura do governo colonial. Os doze donatários destas capitanias eram logicamente "amigos do rei" e/ou com algum vínculo familiar. Além destes, todavia, também outros portugueses tinham interesse em vir para o Brasil. Assim, a convite dos donatários, veio para cá um significativo número de fidalgos e outras pessoas interessadas nas riquezas brasileiras e no comércio dos produtos brasileiros.

Já nesse período, os portugueses tiveram que enfrentar as invasões de estrangeiros. Por isso, em 1530, D. João envia uma expedição ao Brasil para demarcar as terras e, dois anos depois, instala-se o sistema das donatarias. As capitanias eram doadas por intermédio de "cartas de doação". A seguir, transcrevemos um trecho da "Carta de doação da Capitania de Pernambuco a Duarte Coelho":

> "... Outrossim me praz, por respeito do cuidado que o dito capitão e governador e seus sucessores hão-de ter e guardar e conservar o brasil que na dita terra houver, de lhe fazer doação e mercê de jure para mim, forro de todos os custos, o brasil que se na dita capitania trouxer a estes reinos, e a conta do tal rendimento se fará na Casa da Mina na cidade de Lisboa, onde o dito brasil há- de vir; e na dita casa, tanto que o brasil for vendido e arrecadado, o dinheiro dele lhe será logo pago e entregue em dinheiro de contado pelo feitor e oficinas dela, aquilo que por boa conta na dita vitena montar; e isto porquanto todo o brasil, que na dita terra houver há-de ser sempre meu e de meus sucessores, sem o dito capitão e governador nem outra alguma pessoa poder tratar nele nem vendê-lo para fora, somente poderá o dito capitão e assim os moradores da dita capitania aproveitar-se do dito brasil aí na terra no que lhes for necessário, segundo é declarado no foral, e tratando nele ou vendendo para fora, incorrerão nas penas contidas no dito foral..." Evora, 25 de setembro de 1534 (Silva, 1999: 23).

Através desta carta de doação, podemos ver as atribuições e os direitos dos capitães. Algumas capitanias progrediram conforme os parâmetros portugueses; em outras, foi necessária a intervenção da Coroa para a verdadeira exploração da terra. A experiência de insucesso já tinha sido vista em 1504, quando D. João III doou o território de Fernando de Noronha, que não tinha sido devidamente explorado até 1522. Na carta de confirmação da doação havia os seguintes termos: "a fim de que o donatário na ilha lançasse gado e a rompesse e aproveitasse, segundo lhe aprouvesse, obrigando-se ao tributo do quarto de dízimo". Tivemos a oportunidade de ver, no Museu Torre do Tombo, em Lisboa, algumas cartas de doação microfilmadas. Resumidamente, estas cartas, além de doarem uma determinada porção de terras, também davam ao donatário direitos civis e criminais nas respectivas terras.

A capitania era inalienável, indivisível e sujeita às regras da Coroa. O capitão era obrigado a repartir as terras em sesmarias. Porém, o capitão tinha o direito de ter uma reserva especial de terras que não necessitaria doar e, somente depois de 20 anos, deveria dividi-la. Nessa divisão, os parentes do capitão não podiam receber mais terras que os demais. Sobre as doações de capitanias hereditárias, datas, donatários e porção de terras, o historiador Orlando da Rocha Pinto apresenta estes dados de forma cronológica no texto que já referimos.

A propriedade da terra era reservada à Coroa. Quem recebia doações de terras não tinha o título de proprietário. Podia-se usufruir da terra, apenas. As doações de terras eram consideradas como favores do rei ao povo e, como favor, não poderia o donatário apropriar-se nem ter direitos absolutos sobre estas terras.

As cartas de doação fixavam um poder perpétuo e hereditário das concessões, porém os donatários deveriam, como dever perante o Rei, difundir a fé cristã[178] e proporcionar o povoamento da capitania recebida. Isto não lhes era dificultado, pois eram isentos de taxas e tributos e podiam distribuir as sesmarias conforme lhes fosse mais conveniente, desde que estas fundassem vilas, povoados e organizassem o poder político. Tinham, ainda, o direito de aprisionar os índios para utilizarem-se da sua mão-de-obra. Apesar destes incentivos para o pleno sucesso das capitanias, algumas realmente conseguiram se estabelecer, enquanto outras tiveram mais dificuldades. Na verdade, apenas duas capitanias demonstraram progresso, o que faz com que a Coroa portuguesa (1548) centralize novamente o poder, pois, de certa forma, as capitanias hereditárias representaram no Brasil o primeiro (e já falido) modelo de descentralização do poder político. Embora ainda no século XVII, foram criadas capitanias para povoar a região norte do Brasil. Em 1759, as Capitanias foram extintas. Apesar desta extinção, o modelo de doação destas terras influenciou o tipo de propriedade da terra que temos no Brasil.

A influência do modelo das Capitanias Hereditárias não se restringiu ao sistema da economia, mas também se estendeu, e muito, para o sistema da política. Veja-se que uma das principais causas pelas quais as Capita-

---

[178] Com as Capitanias hereditárias, os donatários podiam trazer para o Brasil quaisquer europeus, não somente os portugueses, a condição fundamental é que todos os que viessem, deviam, necessariamente, ser cristãos.

nias não tiveram o devido sucesso foi a falta de repasse de verbas. Embora tivessem isenções, era necessário um capital significativo para efetivar o modelo proposto, mas o que acontecia era que os donatários se dirigiam ao rei com pedidos de socorro, e este não os recebia. Hoje, em Brasília, vemos uma situação muito similar, onde os governadores estão constantemente solicitando "ao rei" socorro para manter minimamente os estados.

A divisão e a ocupação das terras brasileiras tomam forma jurídica em 1532 com a instauração das Capitanias Hereditárias, por D. João III, que dividiu o Brasil em 15 faixas horizontais e doou estas terras a quem se dispusesse a cultivar por sua conta. Nem todos os donatários vieram para o Brasil e aqueles que chegaram trataram de se adequar à realidade e explorar o máximo possível, sempre tentando, junto à exploração das terras, a exploração dos habitantes. Assim, após a descoberta da viabilidade econômica do pau-brasil, vem a cana-de-açúcar. Os indígenas não se adequaram ao modo "moderno" deste cultivo e foi necessário buscar escravos na África.

Assim, a cada novo momento da evolução do sistema da política brasileira, observamos um constante vínculo com a problemática da terra, seja pela sua apropriação, seja pela sua exploração. Nesse período, a terra tinha um significado diferente do que temos hoje, isto é, a terra significava poder: ser proprietário ou ter recebido a doação de alguma terra significava existir, não ser proprietário ou ser índio era a exclusão completa do "progresso e desenvolvimento". Aqui não tratamos do aspecto simbólico da terra, todavia do seu significado econômico e seus reflexos jurídicos. Ou seja, a terra, que no princípio era propriedade pública, passará às mãos dos donatários; estes, por sua vez, deverão prestar contas à Coroa, mas é evidente a mudança na relação com a terra.

Ainda, no ano de 1548, constatou-se oficialmente uma grande invasão dos franceses, e os donatários não tinham condições de controlar todas as sesmarias de suas capitanias. Então ocorreu, na percepção portuguesa, que os franceses passaram a "roubar" as terras.

2.3. Do Regimento de Tomé de Souza – 1548

Inaugura-se, em 1548, o denominado Regimento de Tomé de Souza. Sobre a forma de distribuição de terras nesse período, assim entende Emília da Costa:

> "As instruções por ele recebidas da Coroa declaravam que a terra para a construção de engenhos de açúcar podia ser doada a qualquer pessoa que pudesse provar ter recursos para explorá-la e construir fortificações. Foi também declarado que a terra não podia mais ser doada indiscriminadamente, para qualquer pessoa que pudesse utilizá-la. (...)

Os proprietários de engenhos tenderam a acumular terra não somente para assegurar o fornecimento de cana para seus engenhos, mas também porque a propriedade da terra concedia prestígio social" (Costa, 1999: 174).

Com a falência evidente das Capitanias Hereditárias, que era considerado por Portugal como um modelo descentralizador, instala-se no Brasil o Governo-Geral no ano de 1548. Contudo, os donatários das capitanias não conseguiram levar adiante a proposta inicial. Apenas duas capitanias tiveram sucesso, seguramente porque nelas havia um apoio maior da Coroa e se dedicaram ao cultivo da cana-de-açúcar. O objetivo da criação do Governo-geral não foi outro senão o controle das fronteiras brasileiras contra as constantes tentativas de invasão dos estrangeiros, mas também nesse período era vital fortalecer os colonos para a propriedade da nova terra. Assim é que, no dia 17 de dezembro de 1548, ocorreu a:

"Assinatura do regimento, em 38 capítulos, para a criação de um Governo Geral do Brasil. Tem por fim: uniformizar a administração em todo o território; corrigir os arbítrio dos capitães donatários ou em seus lugares – tenentes, e os desmandos e abusos praticados contra o gentio; regular as relações entre as diversas capitanias, submetendo os donatários a uma autoridade superior com sede no próprio Brasil; ampara os donatários, tanto contra assaltos de piratas como outras investidas; instituir justiças menos ilusórias que pusessem mais ordem na vida das colónias; activar a conquista e o povoamento; reprimir a indisciplina reinante em todas as capitanias" (Pinto, 1987: 51).

Note-se que a distribuição das terras dependia da Coroa, a qual tinha a propriedade da terra brasileira como fundamento do seu poder político, social e econômico. Assim, no período a que estamos nos referindo, o acesso à terra poderia ser alcançado por ocupação ou por doação real. A ocupação significava uma lesão ao "meu jurídico", como afirmava Kant. Ou seja, a ocupação era uma forma ilegal de acesso à terra, enquanto a doação era a forma legal. O que ocorreu no Brasil foi que os fazendeiros obtinham acesso à terra através de doações, e as demais "raças e povos" através da ocupação. Fato este que, na modernidade, aprimorou-se! Os grandes proprietários podem comprar mais e mais terras, e os trabalhadores rurais têm acesso à terra através da "invasão". Aprofundaremos este argumento quando tratarmos do Movimento dos Trabalhadores Rurais sem Terra.

2.4. Do Governo-Geral

O Governo-Geral foi motivo de luta entre os interesses local e real. Mesmo assim este modelo perdura até o ano de 1808, quando chega a família real ao Brasil. Já no primeiro governo geral instaura-se uma política de trazer para o Brasil novos colonos. Assim, mais uma vez, fazem-se distribuições de terras através das sesmarias, período em que, além da cana-de-açúcar, incentivou-se também a criação de rebanho. No segundo governo-geral, a questão da terra novamente se faz presente e, nesse período, tivemos as mais fortes brigas entre os colonos que escravizavam os índios e os jesuítas que os defendiam. Na verdade, a defesa não era apenas porque havia uma forte exploração desta população, mas porque os jesuítas vieram para o Brasil para catequizar os indígenas e ensinar-lhes a língua mãe. Esta luta continuou no terceiro Governo-Geral, acrescentando-se a constante luta dos donatários em razão da interferência do poder real nas suas decisões e, sobretudo, da cobrança de altas taxas e poucos incentivos.

Porém, a luta para colonizar e conquistar todo o novo território não parou: em 1549, chegaram ao Brasil aproximadamente 200 homens de tropa, sendo 30 colonos e 400 degredados. Aqui um particular da formação populacional brasileira: como já referimos, vieram para o Brasil muitos criminosos ou pessoas que não tinham mais condições de viver em Portugal por várias razões. A distribuição da terra se dá sempre para os "amigos do rei"; os demais trabalhavam a terra, sem direito à propriedade. Os avanços são notáveis, aparecem novos povoados, os engenhos de cana-de-açúcar aumentam, os índios continuam sendo escravizados e expulsos de suas terras, os franceses continuam suas invasões, mas o Brasil cresce! As terras brasileiras, além de bonitas e férteis, tornaram-se também terras desejadas. Até a metade dos anos de 1500, as terras brasileiras eram vistas apenas como local de exploração. Os ocidentais que aqui chegavam desejavam permanecer o mínimo possível, porém os atrativos econômicos, as novas possibilidades oferecidas pela "velha" nova terra fizeram com que os europeus desejassem permanecer:

> "Assim foi-se transformando o Brasil em colônia de plantação. Os que vinham para cá já não desejavam somente enriquecer e voltar. Não tinham mais os pés na terra e os olhos no mar. As grandes possibilidades da colônia já prendiam os que chegavam, faziam dêles filhos seus" (Ramos, 1964: 36).

Não tinham mais os olhos no mar; agora, os olhos dos europeus voltavam-se para o interior do Brasil. Era a hora de explorar outras riquezas, mas como seria possível sem mão-de-obra para tal? O que aconteceu de forma mais efetiva, a partir de 1550, foi a busca desesperada de pessoas aptas para o trabalho, já que os índios não eram nem aptos, nem disponíveis. Esta busca pode ser exemplificada através do que fez o donatário da capitania do Espírito Santo, que saiu com um navio, rumo ao norte do

Brasil, à procura de pessoas que se dispusessem a trabalhar nas suas terras. Não encontrando "gente" disponível para tal, a luta com os índios continuou, ou seja, os donatários os utilizavam como escravos e estes, na tentativa de se liberarem, promoviam lutas. Somente em 1595 houve um decreto proibindo a escravidão dos índios, o que não significava que eles não eram escravizados. É sob essa ótica, referida constantemente neste trabalho, que a história da posse da terra no Brasil foi uma luta, e não uma conquista, muito menos uma descoberta.

As várias tentativas de ocupar o Brasil por inteiro foram crescendo. O interesse pela costa brasileira era já evidente, primeiro, como controle do território; depois, pelas possibilidades financeiras que se estava obtendo. Assim, como no início da história da humanidade, os homens primitivos faziam as buscas e demarcações de terra "*sottocosta*". Também no Brasil se verificou este fenômeno: as tentativas de colonizar o interior das terras brasileiras deram-se somente depois de 50 anos da "descoberta". Precisamente, em 1554, o Governador-Geral Tomé de Souza constituiu uma expedição para a exploração do sertão. Nessas expedições, estava presente um representante da igreja, ou seja, um padre jesuíta. Os jesuítas fizeram parte de todo o processo de colonização do novo território, ora defendendo os portugueses e os demais europeus, ora defendendo o interesse dos indígenas.

2.5. Das expedições estrangeiras

No ano seguinte (1555), desembarcou no Rio de Janeiro uma expedição francesa, que já conhecia o território brasileiro e, por diversas vezes, tinha já lutado pela ocupação de terras. Todavia, aquele ano foi um marco importante, pois os franceses vieram para fundar o que denominaram de "França Antártica". Este fato é significativo para que possamos compreender melhor as razões modernas da problemática da distribuição das terras no território brasileiro, pois observamos que, desde o início da colonização ocidental, deu-se uma verdadeira luta pela ocupação de terras tidas como "livres". Naquele ano, os franceses realmente buscavam a "*signoria sulla terra*", ou seja, pretendiam apossar-se do Rio de Janeiro como território, como "*dominium terrae*". Porém, no ano de 1560, a expedição francesa é destruída pelo Governador-Geral, Mem de Sá. E, no ano de 1565, deu-se início o povoamento mais efetivo do Rio de Janeiro, de forma que, no ano de 1763, viesse a se tornar a capital do Brasil. Mas os franceses não deixaram o Brasil, transferiram seus interesses para o nordeste, onde já haviam estado. Assim, no ano de 1594, os franceses estabeleceram-se no Maranhão, com apoio da corte francesa, sendo São Luís o centro de guerra e de comércio dos franceses no Brasil.

Nos primeiros cem anos da colonização brasileira, tivemos, a cada ano, novas descobertas de riquezas da terra, o que fez com que os portugueses passassem a se interessar cada vez mais pelo domínio e ocupação do território. As questões políticas da Coroa portuguesa sempre influenciaram o processo de colonização e desenvolvimento do Brasil. Se no início não havia um interesse pela "nova terra", enquanto terra de produção, no final dos anos de 1500, não só havia um interesse pelo controle do território, mas um forte interesse pelas riquezas da terra. No século seguinte, tivemos uma ocupação mais efetiva do território, sempre ligada a fatores de ordem econômica, ou seja, nesse século, interessava, particularmente, o ouro, sem deixar de lado a produção que já existia de cana-de-açúcar e ainda a exportação do pau-brasil.

Os anos de 1600 iniciaram-se com antigas lutas pela posse da terra. Mais uma vez os franceses ameaçaram a soberania portuguesa. No ano de 1614, tivemos uma luta no Maranhão contra os franceses, que já se sentiam donos de todas as terras daquele estado. No ano seguinte, os portugueses constituem uma nova expedição para a exploração do centro do Brasil, desta vez partindo de São Paulo. Nesse mesmo ano, ingleses e holandeses fazem sentir sua presença no norte brasileiro. A Coroa portuguesa é ciente de todo este processo de invasão do "seu" território e reconhece a gravidade da situação através do conselho de Estado da Espanha. A estratégia adotada pelos açorianos era incentivar os colonos portugueses para que viessem ao Brasil. Assim, em 1619, chegaram no Maranhão 300 "almas". Essas "almas" receberam sesmarias e deviam assegurar a posse açoriana daquelas terras. Já em 1623, os portugueses lutaram contra os holandeses e ingleses na região do Rio Amazonas. Também nesse mesmo ano o Governo de Felipe III mandou fortificar as cidades da Bahia e de Pernambuco, pois se tinha notícia de possível invasão dos holandeses. Os holandeses prepararam uma grande expedição para a conquista da Bahia, o que efetivamente ocorreu em 1624, quando estes se tornaram senhores da capital do "Estado do Brasil". Em 1630, os holandeses tomaram a cidade de Olinda, a qual, em 1631, foi por estes incendiada. Nesse ano, os holandeses fizeram diversas tentativas para a ocupação do nordeste. Assim foram ocorrendo novas lutas pela terra, e a terra do Brasil foi-se fundamentando como terra de vida e morte, como terra de luta, onde vencem sempre os mais fortes.

2.6. Dos Tratados à colonização e à formação dos latifúndios

As maiores preocupações com relação à demarcação e ocupação de terras, até o início dos anos de 1600, foi concentrada no centro e no nordeste brasileiro; o sul foi demarcado pelos portugueses somente no ano de 1638. A região norte foi motivo de preocupação, pois se tinham notícias da presença de holandeses e ingleses.

Caio Prado Júnior escreve que estes teriam sido os primeiros ocupantes da região e podem ter sido sim os primeiros ocupantes ocidentais, pois nessa região havia uma grande concentração de indígenas, e algumas tribos conseguiram resistir ainda nos dias atuais. Outro aspecto a ressaltar, quanto ao direito de colonizar a região norte, é o fato de que Espanha e Portugal ainda tinham dúvidas a quem efetivamente pertenciam essas terras, a união entre as duas coroas dificultou ainda mais a definição de quem tinha direito sobre elas, o que será definido muito mais tarde, com o Tratado de Utrecht, de 1713, quando se delimitam as possessões portuguesas.

A colonização do interior do Brasil segue por todos os lados, bem como o processo de criação de grandes latifúndios. Assim escreve Orlando da Rocha Pinto, no ano de 1668:

"Possui um proprietário nordestino dezasseis engenhos de açúcar. Seu nome é João Fernandes Vieira, natural da Ilha da Madeira. A ele se deve a promoção e fomento da emigração de casais pobres da sua terra natal, como também dos Açores, para o Brasil. Chama a si o encargo (e não raras vezes) de sustentar os recém-vindos com a sua própria bolsa até que estejam bem colocados" (Pinto, 1987: 100).

O fato de um único proprietário ter 16 engenhos em pleno ano de 1668 mostra-nos claramente que o Brasil sempre foi a terra dos grandes latifundiários e que o poder político incentivou este tipo de propriedade em detrimento das pequenas propriedades, ou seja, na formação social do Brasil, temos já os latifúndios presentes e desenvolvendo-se. Caio Prado Júnior, quando trata da questão agrária, aponta três fatores principais: a grande propriedade, a monocultura e o trabalho escravo. São três elementos que se sintonizaram muito bem e, hoje, temos como herança deste modelo os grandes latifúndios.

Nada disso é novo, já tratamos desta questão quando falamos das sesmarias, o fato novo que traz esta citação é a "bondade" do "senhor do engenho", que sustenta seus co-nacionais, até que estes possam estar bem colocados. Este "bem colocado" significava ser empregado do "senhor de engenho", condição que, em muitos casos, não tinha nenhuma garantia de vida digna. Os grandes engenhos do nordeste produziram muita luta entre o proprietário da terra e os trabalhadores. A história relata-nos casos de exploração de mão-de-obra infantil, inclusive. Portanto, a proteção dos senhores do engenho é uma proteção que sempre se mostrou útil ao capital. Os trabalhadores rurais foram a última categoria a ter os direitos sociais assegurados legalmente, e a efetividade destes direitos ainda não foi concretizada plenamente, embora muito se tenha avançado. Os engenhos desse período eram importantes e fundamentais para a economia nacional, a mão-de-obra era quase toda de escravos, os quais eram considerados como *"materiais muito apetecido"*, como escreve Orlando da Rocha Pinto. A grande produção de açúcar do Brasil colonial também é uma marca importante no cultivo da monocultura deste período até os dias atuais, isto é, a agricultura brasileira ainda não perdeu suas características originárias. Porém, naquele período, a situação era efetivamente mais dramática, porque a monocultura fazia com que, em uma terra extremamente fértil, a população, de modo geral, tivesse dificuldades com a alimentação pela falta de alimentos disponíveis. Assim se expressa Gilberto Freyre:

> "Pelo antagonismo que cedo se definiu no Brasil entre a grande lavoura, ou melhor, a monocultura absorvente do litoral e a pecuária, por sua vez exclusivista, dos sertões, uma se afastando da outra quanto possível, viu-se a população agricola, mesmo a rica, a opulenta, senhora de leguas de terra, privada do supprimento regular e constante de alimentos frescos" (Freyre, 1936: 37).

No final dos anos de 1600, os senhores do engenho importavam, de Portugal e das ilhas, alimentos que não tinham no Brasil, o que, de certo modo, era um antagonismo, pois diante de tantas possibilidades para a agricultura e a pecuária, foi necessário, pelo tipo de agricultura implantada, mandar vir alimentos de outros lugares. O abastecimento de gêneros alimentícios era insuficiente nos povoados. O Rio de Janeiro não sofreu tanto o problema alimentar, mas na Bahia e em Pernambuco a questão alimentar foi grave naquele período. Falava-se, inclusive, de fome generalizada. Esse processo interessa-nos porque pode representar uma das raízes da miséria e pobreza brasileira: como é possível que, em uma terra com tantas possibilidades de produção de alimentos, um contingente significativo da população ainda tenha dificuldade de acessar os alimentos e outro contingente, também significativo, morra de fome? A história não justifica os problemas sociais modernos, mas pode nos fazer ver as raízes destes problemas.

Retornando ao problema do período colonial, para identificar que alternativas foram encontradas, deparamo-nos com o alvará de 25 de fevereiro de 1688, o qual obrigava os lavradores de cana a plantar, no mínimo, 500 cavas de mandioca para cada escravo em serviço. Além desses alvarás, outras medidas legais foram adotas, mas como afirma Caio Prado Júnior: "não parece contudo que a insistência e as várias medidas adotadas tivessem resultado apreciável" (1995, p. 164). Alguns fazendeiros mesmo sendo "obrigados", por lei, a plantar a mandioca, negavam-se a fazê-lo, pois tinham uma idéia monoculturista e julgavam pouco nobre plantar, em suas terras, um produto que por eles era considerado "o pior da terra". Vê-se que nossa história é, efetivamente, uma história de contradições e, ainda hoje, sentimos os reflexos delas.

2.7. Da Colônia do Açúcar ao Ciclo do Ouro

E assim, o Brasil do final dos anos de 1500 até o final do 1600, que era reconhecido como a "Colônia do Açúcar", passa para uma nova fase: a fase do ouro. Com a expulsão dos holandeses em 1670, estes vão para as Antilhas e lá, em terras ainda virgens, desenvolvem a cultura da cana-de-açúcar e competem com o mercado brasileiro. Os problemas decorrentes deste fato afetam também a grande massa de escravos já existentes no Brasil, que passam a ser comercializados pelos senhores de engenho, os quais os vendem para o trabalho nas minas. Ou seja, os senhores de engenho, embora com problemas nos seus negócios, tinham nas mãos uma grande riqueza: os escravos, que nesse período foram comercializados por altos preços. Na verdade, o senhor do engenho era o grande patriarca, governava todos e tudo era subordinado a ele. Este fazendeiro tinha o contato com a terra somente quando recebia os vencimentos advindos desta. Eram tão potentes que, em 1700, o então governador de Pernambuco declarou em documento oficial:

> "... os herdeiros da Casa da Tôrre, Antônio Guedes e Domingos Sertão, eram senhores de quase todo o sertão de Pernambuco. Os curralistas chegaram a possuir tanta terra que, por si e pelos seus não puderam governá-las. Foi preciso darem-nas a outras pessoas para tratarem delas. Nomearam então procuradores, principalmente os da Casa da Tôrre, para serem dirigentes de largos tratos de terra. Aos procuradores davam autoridade, apoio e fôrça, mas exigiam dêles, em troca, sujeição, tributo e homenagem"[179] (Ramos, 1964: 97).

Foi esta a construção econômica que predominou durante todo o período colonial, dando vida aos grandes latifúndios, que ainda existem até hoje. A origem deste problema está, seguramente, na maneira como foram distribuídas as terras em sesmarias. Embora houvesse, nas cartas de doação, a obrigatoriedade do cultivo e/ou do aproveitamento da terra, a extensão dessas terras era tão grande que impossibilitava, pelo modelo de agricultura vigente, cultivar tudo. Aqui está a origem das lutas com os indígenas, pois alguém tinha que trabalhar a terra. Após houve a luta com os escravos e depois com os imigrantes, o que evidencia que a grande propriedade de terra sempre foi motivo de luta. No nordeste brasileiro isto sempre foi muito latente. Este fato originou leis que delimitavam a con-

---

[179] Caio Prado Júnior, a respeito deste mesmo fato, refere-se ao sertão da Bahia, e não de Pernambuco.

cessão e que, de uma forma ou de outra, sempre foram burladas pelo próprio sistema que as criou.

Um dos efeitos da solidificação dos latifúndios foi a formação de quilombos (século XVII),[180] que eram povoações criadas por escravos que conseguiam fugir dos seus donos. Não eram povoados somente de escravos negros. Embora fossem, predominantemente, de escravos, nos quilombos havia, também, mamelucos e índios e, ainda, alguns colonos marginalizados. A relação que queremos ressaltar com este fato é de todo evidente, ou seja, o processo de ocupação do Brasil foi um processo de exploração em vários sentidos, foi um processo altamente discriminatório e uma grande luta entre potências, mas também uma luta diária dos que já estavam nestas terras e dos que nela vieram para trabalhar. Perante tal contexto, a única alternativa de sobrevivência dos ex-escravos, quando conseguiam fugir de seus patrões, era a terra. Os quilombos, assim que descobertos, eram invadidos pelos europeus e destruídos. Um dos quilombos mais

---

[180] Quilombos se origina do banto (raça negra sul-africana à qual pertenciam alguns escravos no Brasil) "kilombo" e significa acampamento ou fortaleza. No Brasil existiam aproximadamente 2000 quilombos. Até hoje, oficialmente foram identificadas 743 Comunidades Remanescentes de Quilombos, reconhecidas 42, e tituladas 29 (dados adquiridos no endereço eletrônico http://www.palmares.gov.br/Quilombos/Quilombos_final_25.html). No Rio Grande do Sul, dos 300 quilombos que havia, são remanescentes 50. Destes 50, cinco estão em processo de reconhecimento (que parte de uma identificação cultural) e receberão o título de posse da terra que ocupam (direito conferido pelo artigo 68 do Ato das Disposições Constitucionais Transitórias – ADCT, da Constituição Federal, que dispõe: "Art. 68. Aos remanescentes das comunidades dos quilombos que estejam ocupando suas terras é reconhecida a propriedade definitiva, devendo o Estado emitir-lhes os títulos respectivos."). Há quilombos remanescentes localizados na área rural e também na área urbana. No Rio Grande do Sul, por exemplo, podemos encontrá-los no município de Casca, de Encruzilhada do Sul e, ainda, em Porto Alegre, capital do estado. Pela Constituição Federal de 1988 (arts. 215 e 216, que regem: "Art. 215. O Estado garantirá a todos o pleno exercício dos direitos culturais e acesso às fontes da cultura nacional, e apoiará e incentivará a valorização e a difusão das manifestações culturais. § 1º O Estado protegerá as manifestações das culturas populares, indígenas e afrobrasileiras, e das de outros grupos participantes do processo civilizatório nacional. § 2º A lei disporá sobre a fixação de datas comemorativas de alta significação para os diferentes segmentos étnicos nacionais."; "Art. 216. Constituem patrimônio cultural brasileiro os bens de natureza material e imaterial, tomados individualmente ou em conjunto, portadores de referência à identidade, à ação, à memória dos diferentes grupos formadores da sociedade brasileira, nos quais se incluem: I – as formas de expressão; II – os modos de criar, fazer e viver; III – as criações científicas, artísticas e tecnológicas; IV – as obras, objetos, documentos, edificações e demais espaços destinados às manifestações artístico-culturais; V – os conjuntos urbanos e sítios de valor histórico, paisagístico, artístico, arqueológico, paleontológico, ecológico e científico. § 1º O Poder Público, com a colaboração da comunidade, promoverá e protegerá o patrimônio cultural brasileiro, por meio de inventários, registros, vigilância, tombamento e desapropriação, e de outras formas de acautelamento e preservação. § 2º Cabem à administração pública, na forma da lei, a gestão da documentação governamental e as providências para franquear sua consulta a quantos dela necessitem. § 3º A lei estabelecerá incentivos para a produção e o conhecimento de bens e valores culturais. § 4º Os danos e ameaças ao patrimônio cultural serão punidos, na forma da lei. § 5º Ficam tombados todos os documentos e os sítios detentores de reminiscências históricas dos antigos quilombos."), as Comunidades Remanescentes de Quilombos possuem Direitos Culturais Históricos. Assim, as terras dos remanescentes de quilombos têm caráter de Território Cultural Nacional.

PROPRIEDADE DA TERRA
Análise sociojurídica

conhecidos pela história de luta e conquista foi o Quilombo dos Palmares que, por volta de 1640, teve sua consolidação. Calcula-se que, em 1670, havia nesse quilombo aproximadamente 20 mil pessoas. Muitas lutas também foram travadas entre os vários quilombos. No caso a que nos referimos – "Palmares" – havia uma tal organização que permitia aos seus membros a captura de outros escravos nos engenhos. Estes "captados" eram, novamente, utilizados como escravos e, o mais grave, só seriam liberados se capturassem outros escravos. Os quilombos eram organizações consideradas perigosas para a ordem social vigente, pois, na verdade, constituíam, também, organizações notáveis, com possibilidades de estabelecerem-se *na* terra e *da* terra. Todas estas perversidades fizeram parte da construção social do Brasil e, como escrevemos anteriormente, seus reflexos são sentidos ainda hoje.

Com a descoberta do ouro, a nova etapa do Brasil caracterizou-se pela extração deste. Em 1699, são enviados para Portugal mais de 700 kg deste nobre e atraente produto; veja-se que em 1701 são enviados 1785 kg de ouro, significando um aumento visível e promissor, que culmina em 1714, quando foram enviadas 9 toneladas de ouro para Portugal. As regiões em que o ouro foi encontrado eram ainda desabitadas pelos ocidentais, e suas terras eram incultas, mas os povos nativos já estavam ali, o que criava alguma dificuldade não grande o bastante para impedir a exploração.

Nesse período, verificou-se o que relatamos quando expusemos o pensamento de Feryre sobre o problema alimentar no Brasil-Colônia. Ocorre que os trabalhadores que se dedicavam a esta atividade, além de estarem distantes dos grandes centros, eram alimentados de forma precária. A alimentação era somente em função do trabalho que deveriam realizar. Em abril de 1702, fez-se uma nova distribuição de terras nestas regiões.

A notícia da descoberta do ouro e, mais tarde, de diamantes, provocou nos portugueses e também em outros europeus o interesse pela migração de tal forma que, em 1720, o Reino publicou uma nova lei para controlar os fluxos migratórios, impondo critérios e condições para as pessoas que desejassem trabalhar no Brasil. A lei continha os seguintes requisitos:

> "Nenhuma pessoa que não seja investida em cargos públicos podia embarcar para a colónia. Aos funcionários não é permitido fazerem-se acompanhar de mais criados que os indispensáveis ao seu serviço e ao decoro do emprego. Eclesiásticos só podem seguir os bispos, missionários, prelados e os religiosos das ordens existentes no Estado; dos últimos, porém, somente os que, tendo professado no brasil, regressavam aos seus conventos. Excepcionalmente se dá licença aos particu-

lares que justifiquem terem de ir a negócio importante e sob a condição de voltarem em prazo certo" (Pinto, 1987: 121).

A legislação sobre as terras do Brasil-Colônia não tinha, obviamente, o mesmo significado que as leis modernas sobre a propriedade da terra. Desta forma constatamos, através das cartas de doações de terras, uma das primeiras formas jurídicas de legislação sobre a terra a privados. No período inicial do Brasil Colônia, as "leis agrárias" previam, basicamente, a distribuição de terras.

2.8. Das sesmarias à colonização do Sul do Brasil

O Regimento dos Superintendentes, Guardas-Mores e Oficiais Deputados para as Minas de Ouro determinam, em 18 de abril de 1702, a demarcação e distribuição de terras por sesmarias. Este modelo de distribuição de terras já era conhecido pelos exploradores, pois em 1375 D. Afonso II já havia se utilizado do mesmo, objetivando fazer com que os proprietários de terra explorassem as potencialidades da sua propriedade e, caso não pudessem fazê-lo, deveriam utilizar outra mão-de-obra para a produção e cultivo da terra. No Brasil, os capitães de terra não tinham a menor disponibilidade para trabalhar a terra, fazendo-se necessário explorar a mão-de-obra dos indígenas e dos escravos e, por fim, também a mão-de-obra dos imigrantes. Possivelmente, no caso português e brasileiro, Quesnay tinha razão quando dizia que os proprietários eram úteis para o Estado pelo que consumiam, e não pelo trabalho na terra, porque este trabalho não era desenvolvido. No início dos anos de 1800, temos a permissão para a concessão de sesmarias para estrangeiros, através de decreto, em 25 de novembro de 1808.

As terras brasileiras continuam a ser exploradas, os imigrantes continuam chegando e, no ano da Independência, tem-se a proibição das concessões de terras por sesmarias. Em 17 de julho de 1822, proíbe-se a distribuição e doação de terras por sesmarias. Esta foi a resolução número 76 do Reino.

Das capitanias hereditárias até a proibição de doação de terras por sesmarias não se viu uma significativa alteração na forma de distribuição de terras, porque, mesmo quando se proibia ou concedia terras, esta concessão era feita sempre a partir de uma decisão política, a qual objetivava apenas a manutenção do poder do rei que, por sua vez, sentia-se na obrigação de continuar a "prestar favores" aos seus amigos. Durante o Brasil-Colônia foi evidente a política de favorecimentos, herança da qual ainda não nos liberamos.

Foi necessário limitar os novos exploradores da terra brasileira, ao mesmo tempo em que se tornou imprescindível continuar o processo de ocupação do solo brasileiro. Dessa forma, em 1732, as autoridades de Lisboa mandam para o sul do Brasil um significativo número de agricultores açorianos. Embora não se tivesse notícia de ouro nesta região, era fundamental a ocupação do território. Então, no ano de 1736, definiu-se geograficamente o estado do Rio Grande do Sul.

Note-se que foram necessários mais de 200 anos para que Portugal conhecesse os limites geográficos da sua nova conquista. Interessante observar que grande parte das demarcações e ocupações do território brasileiro aconteceu em função de ciclos econômicos ou em função das novas possibilidades econômicas oferecidas pelas terras brasileiras. O Rio Grande do Sul também era um ponto estratégico na disputa territorial entre Espanha e Portugal.

Na Colônia do Sacramento, foi afirmado o poder espanhol somente no ano de 1750. Até então esta colônia foi motivo para muitas disputas: Portugal ficou com a região das Missões às margens do Rio Uruguai, porém as lutas pelas terras do Sul não pararam e, em 1763, as forças espanholas invadiram a Vila de Rio Grande. Onze anos depois, o estado do Rio Grande do Sul foi invadido pelos espanhóis e, somente em 1776, é retomado. No ano seguinte, através da assinatura do tratado de Santo Ildefonso, foi reconhecida a soberania portuguesa sobre os estados de Santa Catarina e do Rio Grande do Sul; a pacificação efetiva do Rio Grande do Sul, porém, se deu somente em 1845. Entretanto, em 1865 tivemos uma nova invasão paraguaia. As lutas no Sul provocaram mudanças para que efetivamente houvesse uma povoação e urbanização nesta região. Neste sentido tivemos o Tratado de Madrid, que confirmou as primeiras divisões de terras entre Portugal e Espanha; em verdade, o próprio tratado dizia que cada um devia ficar com o que atualmente possuía, ou seja, era o princípio jurídico do *uti possidetis,* o direito da posse pelo uso. Esta demarcação de terras permanece até hoje:

> "Quando se procurou implantar o Tratado de Madrid na região Sul, os jesuítas espanhóis e os índios Guarani recusaram-se em 1754 a cumprir a ordem de evacuar a zona ocupada e esta guerra guaranítica só terminou em 1756 com a dominação e resistência. Mas a paz não voltou no Sul e finalmente o Tratado de Madrid foi tornado nulo em 1761. As disputas territoriais entre as Coroas portuguesa e espanhola prolongaram-se por 16 anos e só foram resolvidas a 1 de outubro de 1777 através do Tratado de Santo Ildefonso, menos favorável do que o anterior na medida em que Portugal perdia não só a Colônia do Sacramento como o Território das Sete Missões a fim de garantir a posse do Rio Grande do São Pedro e da ilha de Santa Catarina" (Silva, 1999: 54).

E assim Portugal foi definindo e ocupando seu território através de lutas e tratados. Era evidente, no Tratado de Santo Ildefonso, o prejuízo territorial que sofreu Portugal, onde as terras do Rio da Prata e as Missões não pertenciam mais a Portugal. Esta questão foi resolvida somente em 1801, com a assinatura do tratado de Badajoz, restabelecendo o que tinha sido definido em 1750.

No sul, a questão da demarcação e ocupação do território estava por se efetivar; no norte, já havia se consolidado boa parte da ocupação; no nordeste, foram controladas as invasões de estrangeiros – naquele período, tínhamos não mais invasões, mas imigrações –; o sudeste brasileiro estava efetivando seu processo de urbanização: é com este quadro que ingressamos nos conturbados anos de 1800, conturbados pelas mudanças que estavam por alterar radicalmente a vida dos que viviam neste imenso subcontinente.

Os anos de 1800 foram importantes para o processo de independência do Brasil, assim como para outros avanços. A Família Real Portuguesa, por problemas em Portugal, decide transferir-se para o Brasil em 1808.[181] Nesse ano, os portos brasileiros são abertos para as nações amigas (amigas de Portugal) e são, novamente, concedidas sesmarias para estrangeiros. Em 1815, o Brasil deixa de ser colônia e passa a ter a categoria de Reino Unido ao de Portugal e Algarve. No ano seguinte, é permitido o desembarque de mais de 2.000 suíços no Rio de Janeiro. Mais tarde, chegam os alemães (1824) e depois os italianos (1885). A partir da metade dos anos de 1800, muitos portugueses vêm para o Brasil, sempre motivados pela "terra", o que significa que o Brasil representava uma "terra de futuro".

3. A Independência e a Lei de Terras

Até o ano de 1822, quando tivemos a Independência do Brasil, as terras brasileiras, exceto as doadas em sesmarias, faziam parte da Coroa Portuguesa. No ano anterior à Independência, o Brasil gozava da condição jurídica de "Reino Unido", como já mencionamos, e isto fez com que D. Pedro fizesse vigorar, por intermédio de decretos (prática até hoje muito utilizada pelos "pós-modernos" presidentes), algumas mudanças importantes:

"D. Pedro baixou uma série de decretos tendentes a pôr em prática o que prometera nesta proclamação de 27 de Abril de 1821: a 29 deste mês suprimia o imposto de 750 réis sobre i alqueire de sal nas provín-

---

[181] Vários historiadores referem que a viajem de D. João VI para o Brasil tenha sido amplamente discutida pelos ministros portugueses, embora tenha sido feita sob pressão, inclusive e especialmente, do exército francês, mas também dos ingleses.

cias centrais «para que pudessem prosperar a agricultura, a criação e a indústria» e a 11 de Maio suprimia o imposto do sal nos portos das províncias marítimas; a 13 de Maio acabava com a taxa de 2% sobre o comércio da cabotagem; a 21 deste mês mudava as regras de desapropriação de bens a fim de respeitar «o sagrado direito de propriedade»; a 23 garantia a prática da liberdade individual" (Pinto, 1999: 113-14).

Também no ano de 1822 tivemos a proibição da concessão de sesmarias. Esta proibição permaneceria até a Lei de Terras do ano de 1850. Então, entre os anos de 1822 e 1850, a única forma de acesso legal à terra era a posse.

As grandes mudanças pelas quais passava o Brasil, inclusive quanto à preparação para sua independência, trouxeram novas reflexões sobre a legislação agrária e distribuição de terras. Terras que, nos séculos anteriores, eram aceitas como propriedade de um único senhor: o Rei. Entretanto, com a evolução da sociedade brasileira, a idéia de um "único proprietário" começou a perturbar. Rousseau já questionava sobre este argumento quando perguntava: "como pode um homem ou um povo apropriar-se de um território imenso e privar todo o resto da humanidade...?" (aprofundamos esse aspecto de Rousseau na parte anterior deste trabalho e resgatamos brevemente o seu discurso para evidenciar a idéia de "justiça" nas novas necessidades da sociedade brasileira). Nesse contexto de desconforto social, o governo, em alguns momentos, liberou as doações de terras e, em outros momentos, restringiu. Mas, em tal processo, sempre foi evidente o poder dos ricos e a desconsideração dos pobres. O governo foi pressionado por diversos segmentos, pois já naquele período eclodia a luta pelo acesso à terra. O Governo, então, procurou adotar medidas populistas, criando leis que atendessem, teoricamente (como hoje acontece), aos anseios que vinham à baila. Por exemplo, a lei de 9 de setembro de 1826 objetivava demarcar terras privadas para a desapropriação colocando-as à disposição da utilidade pública.

3.1. Da Constituição de 1824

Esta foi a primeira Constituição do Brasil, a qual claramente privilegiava os direitos dos cidadãos. Ser cidadão, em 1824, significava ser proprietário que, por sua vez, era o proprietário de terras. Essa Constituição "desconhece" os princípios da Revolução Francesa, assim como desconhece qualquer outro princípio que não seja o de beneficiar os já beneficiados. Em seus fundamentos, depreendemos claramente a afirmação radical do direito de propriedade dos que já possuíam a propriedade. A este respeito assim escreve o Mestre João Baptista Herkenhoff:

"A classe rural dominante alcançou a consagração explícita de sua primazia na Constituição imperial de 1824, que estabeleceu a supremacia do homem-proprietário, 'full-member' do corpo social. E o homem-preprietário, no Brasil de então, era o proprietário rural. Sintomaticamente, o projeto de Constituição que estava sendo discutido quando D. Pedro I dissolveu a Assembléia Constituinte, adotando a propriedade como critério de exercícios dos direitos políticos" (Herkenhoff, 1993: 29).

As leis não surgem fora do contexto social no qual estão inseridas, ou seja, os reflexos desta Constituição deram-se também na Lei de Terra, embora esta tenha princípios que até hoje são bandeiras de lutas dos movimentos sociais organizados. O sistema jurídico daqueles anos era o reflexo do sistema econômico. Em outras palavras, só tinha acesso ao sistema do direito quem também já tinha assegurado o acesso ao sistema da economia. Este modelo de sociedade foi por nós estudado na segunda parte deste estudo, em que, através do pensamento dos clássicos, demonstramos que este era o sistema vigente da Europa dos anos de 1700. No Brasil da Constituição de 1824, só eram considerados os cidadãos, e cidadãos eram os proprietários de terras, como aparece nos artigos 133 e 179:

Art. 133 – Os Ministros de Estado serão responsáveis:

V. Pelo que obrarem contra a Liberdade, segurança, ou propriedade dos Cidadãos.

Art. 179 – A inviolabilidade dos Direitos Civis, e políticos dos Cidadãos Brazileiros, que tem por base a liberdade, a segurança individual, e a propriedade, é garantida pela Constituição do Império, pela maneira seguinte:

XIII. A Lei será igual para todos, quer proteja, quer castigue, e recompensará em proporção dos merecimentos de cada um.

XXII. É garantido o Direito de Propriedade em toda a sua plenitude. Se o bem público legalmente verificado exigir o uso, e emprego da Propriedade do Cidadão, será elle préviamente indemnisado do valor della. A Lei marcará os casos, em que terá logar esta única excepção, e dará as regras para se determinar a indemnisação.

A Primeira Carta Magna "brazileira", em nome da "Santíssima Trindade", afirma a igualdade de todos segundo seus merecimentos, garantindo o direito à propriedade dos "Cidadãos". Mais uma vez a propriedade é assegurada pelo Império, porém o mesmo Império, sempre amparado pela "Santíssima Trindade", não garante acesso à terra aos que foram dela expulsos.

O Brasil independente precisava organizar-se política e juridicamente. O acesso à terra nunca deixou de ser motivo para debates e lutas. Então, o novo governo brasileiro viu-se obrigado a legislar sobre esta matéria, tendo presente o contexto em que estava inserido o "novo" Brasil. De efeito, editou-se, em 1850, a Lei de Terras.

3.2. Lei de Terras, de 1850

A Lei de Terras tem nove capítulos e 108 artigos. Ela deveria discriminar as terras públicas e privadas e, assim, regulamentar a estrutura fundiária brasileira, como observa Márcia Maria Menenzes Motta:

> "As dificuldades dos órgãos responsáveis em discriminar as terras públicas das privadas se somariam à união dos interesses dos grandes fazendeiros para impedir que parte das terras devolutas servissem para os aldeamentos indígenas, conforme o estabelecido na lei" (Motta, 1998: 165).

Essa lei foi fruto das novas exigências sociais, não só brasileiras, mas também mundiais. A descoberta do Novo Mundo provocou uma mudança no Velho Mundo, muitos dos habitantes do Velho Continente estavam apostando, economicamente, no Novo Continente, uma situação que o Brasil conheceu de perto. Com efeito, chegou o momento de reorganização das possibilidades de acesso à terra, pois, nesse momento histórico, o rei não poderia doar terras para seus amigos de forma aberta. Era necessário que o novo governador do Brasil, para fazer a distribuição de terras aos seus amigos, tivesse um respaldo legal e assim aconteceu. Através dos artifícios das leis, continuou-se a privilegiar os já privilegiados. A Lei de Terras de 1850 foi regulamentada em 1854. Esta lei foi apresentada no texto: "Os 500 anos. A conquista interminável":

> "Com a aprovação da Lei da Terra, em 1850, a terra é transformada em mercadoria, ficando estabelecidas relações econômicas que oferecem garantias absolutas ao Senhor do Engenho ou da Fazenda na exportação de matéria-prima e bens de consumo e um mínimo de investimentos na estruturação da sociedade colonial. São os marcos da origem do conflito que registramos até os dias atuais do campesinato no Brasil" (Silva apud Ouriques, 1999: 52).

Transcrevemos uma análise sobre esta lei feita por técnicos do INCRA:

> "A chamada Lei de Terras, de 1850, encerrou formalmente, mas não resolveu, o regime jurídico de posses no País, tal como era praticado. Ela proibiu a ocupação de terras devolutas, só se admitindo compras a dinheiro. Permitiu ainda a reavaliação das sesmarias que se mantivessem cultivadas ou com princípios de cultura e morada habital do

sesmeiro, concessionário ou seu representante. Ao tentar corrigir os inconvenientes do regime de sesmarias, a lei visava também a uma consolidação formal das posses" (INCRA, 1987: 21).

As interpretações sociológicas dessa lei podem ser várias. Algumas já fizemos, porém cabe ainda ressaltar que a mesma visava, também, a controlar os futuros latifundiários, especialmente os que não fossem "amigos do rei". Os preços fixados pelo governo não permitiam, propositadamente, acesso aos camponeses e trabalhadores rurais, como demonstra o documento do INCRA que acima referimos. Muitas vezes, as terras que o governo pretendia vender custavam mais que as terras à venda por privado. Ou seja, os desterrados da própria terra aumentam. Vamos ter reflexos desta lei no Estatuto da Terra, o qual, mais adiante, examinaremos.

A Lei de Terras, baseada no modelo agrário austríaco, foi um importante marco para a história da propriedade da terra. Publicada em 18.09.1850, com o número 601, foi regulamentada através do Decreto nº 1318, de 30 de janeiro de 1854. Teve um sentido importante porque objetivava, entre outras questões, definir o que era de domínio privado e o que era, ou poderia ser, de domínio público. Desse modo, buscava regularizar situações anteriores de posse, sesmarias e ocupações. A única forma de adquirir uma terra era comprando-a do governo, o qual faria o papel de mediador entre o domínio público e o possível proprietário individual. A respeito disso expressa-se Emília Viotti da Costa:

> "Quando a terra era uma doação real, o rei tinha o direito de impor certas condições, regulamentando o seu uso e sua ocupação e limitando o tamanho do lote e o número de doações recebidas por pessoa. Quando a terra tornou-se uma mercadoria adquirida por indivíduos, as decisões concernentes à sua utilização passaram a ser tomadas por esses mesmos indivíduos" (Costa, 1999: 172).

Este fato propõe uma mudança fundamental nas relações socioeconômicas. Se, inicialmente, possuir terras dependia única e exclusivamente da vontade do rei, agora, bastava ter dinheiro para adquiri-las. Mas qual o problema novo? O novo "velho" problema é que só havia dinheiro para adquirir a propriedade da terra quem já tivesse a terra e desta gerado algum lucro e acumulado dinheiro para adquiri-la. É verdade que a distribuição de terras deixa de ser propriedade da "bondade" da Coroa, mas também é verdade que para se tornar proprietário de terra é preciso dinheiro, já que agora a terra é mercadoria. Contudo, de onde era possível conseguir dinheiro naquele momento da história brasileira? Através do comércio, talvez, mas a maior fonte de riqueza, daqueles anos, era justamente a agricultura.

A Lei de Terras propõe outras alterações significativas que nos permitem entender o processo evolutivo que a propriedade da terra teve no Brasil:

"A Lei de Terras, promulgada em 18 de setembro de 1850, foi essencial para a manutenção do poder pelos fazendeiros escravistas, pois tinha como objetivo impedir o acesso à terra de todos os que não faziam parte da elite. Para tanto, abolia a posse como meio para o reconhecimento da propriedade. Quando a lei entrasse em vigor, os únicos proprietários legítimos seriam os que tivessem um documento de posse assinado por um juiz, não quem estivesse ocupando a terra" (Caldeira, 1997: 196).

Esta lei rompe com a tradição colonial, tira dos índios qualquer direito sobre a terra que ocupavam há muitos séculos. Foi uma lei feita para beneficiar os grandes fazendeiros. Estes tinham não somente um poder econômico, mas também influenciavam o sistema do direito e definiam o sistema da política. Além de prejudicar visivelmente os indígenas, igualmente os agregados foram prejudicados, pois foram considerados como propriedade dos fazendeiros. Mesmo que estes tivessem algum direito sobre a terra em que trabalhavam, esta lei os desconsiderou, não os declarando nem mesmo como posseiros. A categoria dos agregados é um modelo que perdura até os dias atuais. Com esta lei, os agregados foram categorizados como escravos dos fazendeiros, embora os códigos que regulavam as relações entre escravos e fazendeiros era diferente do código que regulava a relação entre agregados e fazendeiros. A presença de agregados nas grandes fazendas sempre existiu. Quando estas terras eram concedidas em sesmarias, dependia do fazendeiro aceitar ou não esta situação. É desnecessário assinalar as lutas pela terra, também neste contexto.[182]

Em outras palavras, a única possibilidade de aquisição de terras foi através da compra. As formas tradicionais utilizadas, até então, de doação ou ocupação, não eram mais possíveis sob a perspectiva jurídica. Ainda de um ponto de vista jurídico, a Lei de Terras dificultou quem, anteriormente, considerava-se proprietário de determinada porção de terras e que ainda não havia sido regulada até 1850. Para obter o título jurídico de proprietário, teve que se submeter ao controle burocrático do governo brasileiro que, para tal, criou a Repartição Geral das Terras Públicas. Esta "Repartição" tinha como função dificultar a vida de novos possíveis latifundiários, sendo que, para tal, o tamanho da posse não poderia ser maior do que a maior doação feita no distrito em que se localizava.

---

[182] Sobre a situação dos agregados o texto de José Martins de Souza: "Os Camponeses e a Política no Brasil" é esclarecedor.

Nesse período, ser proprietário de terras no Brasil significava poder político, econômico, jurídico e social. As leis criadas até então, no Brasil, sempre beneficiaram os grandes proprietários terreiros – assim foi com as sesmarias e também com as grandes fazendas de cana-de-açúcar, depois de café e sucessivamente – e, portanto, o modelo de propriedade da terra sempre foi o predomínio dos latifúndios.

Resumidamente, podemos dizer que, durante o período colonial, a propriedade da terra significava acesso a todos os sistemas sociais daquela sociedade, era como se fosse a "carteira de acesso" a uma vida digna. Isso deve-se ao tipo de colonização que tivemos, ou seja, os reflexos da colonização portuguesa. O Brasil daqueles anos vivia o que, na Europa, já estava superado, ou seja, a propriedade da terra não garantia mais acesso a tudo, ou melhor, a propriedade da terra, na Europa, não garantia prestígio social, exceto se fosse rentável economicamente. Porém, no Brasil colônia, o primeiro e mais importante significado da propriedade da terra está no prestígio que esta produz. Vemos que somente no século XIX a terra passou a ter um significado econômico, o qual vinculava-se, sem dúvida, a um prestígio social. Nessa nova fase, porém, o significado da propriedade estava vinculado ao sistema da economia.

Pela importância que a propriedade e/ou a posse da terra tinham no Brasil, esta nova lei foi criada para atender aos interesses dos grandes proprietários, e não somente no sentido de limitar a população ao acesso à terra. Este fato associava-se à necessidade de mão-de-obra para trabalhar nas grandes lavouras. Nos anos de 1850, já se ingressava em outro momento econômico brasileiro, onde não bastava mais somente o prestígio social. A terra teria que ser rentável e o grande problema era a mão-de-obra – já existiam movimentos abolicionistas. Se o acesso à terra não fosse limitado, não haveria mão-de-obra disponível. Como já mencionamos, havia os agregados, que, em muitos casos, tinham a posse de pequenas porções de terra, as quais eles adquiriram através do trabalho nas grandes fazendas. Se o acesso à propriedade da terra fosse liberado, estes também poderiam aumentar sua propriedade e não mais venderem sua força de trabalho, pelo menos ao preço que vendiam, se é que, nesse período, fosse possível falar de relação de venda de força de trabalho. Nós preferimos identificar este momento como exploração da força de trabalho.

3.2.1. Reflexos sociais da Lei de Terras

Esta mesma lei também dificultava a vida dos imigrantes e, neste século, foi significativo o número de imigrantes que ingressavam no Brasil. Esses só podiam adquirir terras depois de 3 anos de permanência no Estado brasileiro, não que os imigrantes recém-chegados pudessem imediatamente comprar terras, pois estes tinham ainda as dívidas da viagem que deviam pagar aos grandes proprietários de terra, os quais, por intermédio do governo brasileiro, obtinham acesso a estes novos trabalhadores. O governo brasileiro prometia aos imigrantes europeus grandes vantagens, porém, quando chegavam no Brasil, a situação era outra. O que motivou a imigração para o Brasil foi o sucesso econômico dos produtos da terra, ou seja, inicialmente o pau-brasil, a cana-de-açúcar, os minérios e, por fim, o café, além de outros produtos. Outro fator importante para o "incentivo" à imigração era a dificuldade com a mão-de-obra para trabalhar nas novas e promissoras fazendas de café, pois, na metade dos anos de 1800, já existiam políticas abolicionistas que dificultavam o tráfico de escravos, embora a abolição legal se dê somente em 1888.

Depois da abolição da escravatura, a imigração foi muito forte no final deste período; no início, os imigrantes deviam trabalhar para pagar as despesas com a viagem, já por volta do ano de 1870, os imigrantes recebiam pequenas porções de terra, onde podiam plantar por conta própria. Assim começam a se efetivar, no Brasil, os minifúndios, como escreveu Caldeira sobre o que se passou em São Paulo:

"A política de imigração do governo provincial paulista vinha sendo aperfeiçoada desde a década de 1840. Por volta de 1870, os fracassos iniciais já haviam sido absorvidos. A entrada dos imigrantes continuou ocorrendo pelo sistema de parceria, embora modificado. Além da renda dos cafezais de que cuidavam, os colonos recebiam também um pedaço de terra que podiam cultivar para si mesmos... Na década seguinte vieram os resultados: 184 mil imigrantes entraram na província, criando uma nova opção para o trabalho escravo" (Caldeira, 1997: 216).

No final desse século, uma mudança significativa ocorreu no Brasil, ou seja, no ano de 1890, vê-se claramente a passagem de um Brasil agrário para um Brasil que se encaminha para a industrialização. A burguesia rural brasileira, bem sucedida, empenha-se na tentativa de se tornar nobre industrial. Eram os grandes proprietários de escravos e de terras que, até então, tinham vivido sem grandes esforços de trabalho, pois os fazendeiros não trabalhavam a terra, tinham seus escravos e empregados. A nova possibilidade de uma atividade produtiva faz com que esta categoria de fazendeiros transfira suas atividades econômicas.

Esta lei, independentemente das críticas que fizemos a ela, foi um marco jurídico importante na legislação agrária brasileira. As implicações sociais e econômicas são notáveis e sentimos seus reflexos também no Estatuto da Terra, do qual nos ocuparemos mais adiante. Diversos foram os decretos editados para regulamentar a Lei de Terras, como, por exemplo, o Decreto n° 1318, de 30.01.1854, que manda executar a Lei 601.

3.3. As novas modalidades de acesso à terra depois da Lei de Terras

Os modelos de posse e propriedade da terra no Brasil foram claramente modelos que propiciaram práticas ilegais através da legalidade. Eram comuns casos em que, no processo de demarcação de terras, o posseiro dava informações imprecisas e muito distantes da situação da propriedade. Observamos casos em que as concessões de determinadas terras foram feitas a duas pessoas diferentes e, assim, tivemos muita luta pela terra em função das injustiças cometidas pelo sistema da política. Nesse período da história brasileira, ainda não tínhamos uma separação entre o sistema do direito, da economia e da política. Este não é apenas um problema da sociedade brasileira, é uma questão histórica. Quando se trata da propriedade da terra, antes da diferenciação social, é sempre, simultânea e contemporaneamente, um problema político e jurídico; a única coisa que mais tarde poderá romper com esta unidade é a economia, ou seja, a terra deixa de significar *status* e poder político somente quando a terra se torna mercadoria, ou, no dizer de Niklas Luhmann, quando a propriedade da terra torna-se monetarizada, como um bem de compra e venda, como qualquer outro bem. Porém, existe uma diferença entre o Brasil e os países europeus e a diferença é que, nesses mesmos anos, a Europa já tinha ultrapassado esta fase, enquanto que o Brasil ainda a estava vivenciando.

A legislação agrária, como já vimos em Hume e Harrington, sempre faz temer os "donos do poder". As leis agrárias brasileiras que representavam algum tipo de avanço para os trabalhadores rurais foram sempre interpretadas de forma desfavorável.

Com efeito, nesse período, há que se analisar importantes subperíodos que têm relação direta com os diferentes momentos constitucionais.

Iniciemos, pois, com o período inaugurado pela então novel Constituição de 1891, primeira da República.

3.4. Constituição de 1891

Nesta Constituição, temos a transferência das terras de uso público da União para os Estados. Quer dizer, buscam-se alternativas para resolver o problema agrário, mas a cada tentativa de solução criam-se novos problemas. Foi um fato jurídico importante essa transferência, porém nos Estados criou-se uma grande confusão do ponto de vista jurídico, multiplicando-se dezenas de diversos atos legislativos nos diferentes Estados. Cada Estado pretendia uma política fundiária própria.

Com essa grande confusão, nem a União, nem os Estados tinham o controle de qual terra era de uso público ou não. Se os Estados não estavam em condições de ter este mínimo controle, não estavam, também, em condições de propor uma nova política agrária e, assim, os latifúndios crescem deliberadamente, e as pequenas propriedades continuam com dificuldades de manutenção. Também aqui vemos um resquício da nossa história, ou seja, no Brasil, antes de mais nada, tivemos a consolidação dos latifúndios, as pequenas propriedades surgiram três séculos depois do descobrimento, e não pela implementação de políticas públicas, mas pelo esforço individual dos trabalhadores rurais. O regime de posse que, teoricamente, poderia propiciar a formação dos minifúndios, não foi eficaz pela falta de uma política governamental que pudesse controlar os posseiros, ou seja, os posseiros não eram posseiros, mas sim latifundiários em potencial.

Na Constituição de 1891, temos ainda outro aspecto importante no que diz respeito às terras devolutas: estas passaram a ser domínio dos estados, ficando apenas as áreas militares controladas pela União. Assim, os estados, teoricamente, poderiam ceder aos municípios as terras devolutas, o que permitiria um avanço social, mas os Estados não tinham intenção nenhuma com relação a este avanço. Assim aparece no Título II:

Art. 64 – Pertencem aos Estados as minas e terras devolutas situadas nos seus respectivos territórios, cabendo à União sómente a porção de territorio que for indispensavel para a defesa das fronteiras, fortificações, construções militares e estradas de ferro federaes.

Paragrapho único. Os proprios nacionaes, que não forem necessarios para serviços da União, passarão ao dominio dos Estados, em cujo territorio estiverem situados.

3.5. Lutas pela terra no final dos anos de 1800 e início dos anos de 1900

A nova economia brasileira alterou radicalmente as relações no campo, porém a luta pela terra e alternativas para continuar o trabalho na terra continuaram. Assim, temos a formação de núcleos de trabalhadores agrários, que se unem para tentar sobreviver, mas unem-se a líderes que vão surgindo, sendo o exemplo mais demonstrativo dessa situação o que ocorreu em Canudos, onde um grupo de mais de 20 mil pessoas passaram a viver neste local e cultivar coletivamente a terra sob o comando de Antônio Conselheiro. Este era um líder carismático, que prometia aos seus seguidores uma vida melhor, pregava uma doutrina que misturava a tradicional fé cristã com as crenças populares. Além disso, era um defensor da

186   *Sandra Regina Martini Vial*

Monarquia, fazendo críticas ao governo brasileiro e à Igreja Católica, o que provocou uma forte reação destes setores, tendo o governo baiano enviado duas expedições para combater a organização, uma em 1896 e a outra um ano depois. Ambas fracassaram, até que, no final do ano de 1897, o governo enviou uma potente expedição organizada pelo Exército e, com isso, conseguiram destruir Canudos, onde morreram muitas pessoas e mais de 400 outros membros desta comunidade foram presos.

Esse movimento revelou mais uma vez a miséria do sertão e a riqueza e poder dos fazendeiros. Canudos foi, sem dúvida, um dos exemplos mais fortes dos massacres feitos devido à luta por um pedaço de chão, mas não foi o único movimento. Também no sul do Brasil temos outro exemplo histórico da luta pela terra.

Em 1912, inicia-se a luta de Contestado, onde os pobres agricultores de Santa Catarina e do Paraná enfrentaram forças governamentais em defesa de suas terras, das quais tinham sido expulsos em função da construção da estrada de ferro que ligava São Paulo ao Rio Grande do Sul. Estes pequenos agricultores perderam suas terras. Os empregados da ferrovia, com a conclusão da obra, ficaram sem emprego. Essa luta pela terra durou até 1916, quando, também pela intervenção do Exército, terminou o movimento com mais de 3.000 mortos. Esta é a terra que estudamos no primeiro capítulo, ou seja, a terra de luta e a terra de vida e morte. Luta que continua, vida que segue, morte que mata em uma terra que tenta a sobrevivência.

3.6. Código Civil de 1916[183]

Outro marco importante para a história do acesso à propriedade da terra é o Código Civil, que estabelece a via judicial para a discriminação das terras devolutas pertencentes ao Estado e às propriedades particulares. Não se aceitava mais a reavaliação das sesmarias, nem mesmo era possível a legitimação da posse, mas era possível a aquisição de terras através do usucapião. Também, nesse Código Civil não mais vigente, pois que em 11 de janeiro de 2003 entrou em vigor o novo Código Civil Brasileiro, encontramos outros importantes artigos, os quais vão transcritos.

Art. 524. A lei assegura ao proprietário o direito de usar, gozar e dispor de seus bens, e de reavê-los do poder de quem quer que injustamente os possua.

---

[183] O Código Civil de 1916 (Lei nº 3.071/1916) entrou em vigor no dia 1º/01/1917. Íntegra dos títulos que tratam da POSSE e PROPRIEDADE. Atualmente entrou em vigor, no dia 11 de Janeiro de 2003, o Novo Código Civil Brasileiro (Lei nº 10.406). Adiante trataremos das mudanças pertinentes ao direito de propriedade que foram inseridas na Lei Civil.

Art. 526. A propriedade do solo abrange a do que lhe está superior e inferior em toda a altura e em toda a profundidade, úteis ao seu exercício, não podendo, todavia, o proprietário opor-se a trabalhos que sejam empreendidos a uma altura ou profundidade tais, que não tenha ele interesse algum em impedi-los.

A segurança jurídica do proprietário é inabalável, tem o direito de *usar, gozar* e reaver a propriedade caso alguém, injustamente, a possua. Aqui, mais uma vez, é possível retornar à idéia do "meu jurídico", apresentada por Kant. Ou ainda, parece-nos oportuno, a este respeito, refletir a partir de Comte:

> "I veri filosofi non esitano a sancire direttamente le proteste istintive dei proletari, contro l'errata definizione adottata dalla maggior parte dei giuristi moderni, che attribuiscono alla proprietà una individualità assoluta, come diritto di usare e abusare. Questa teoria anti-sociale, storicamente dovuta a una reazione esagerata contro oppressioni eccezionali, è priva tanto di giustizia quanto di realtà"[184] (Comte, 1999: 76).

Ou seja, se até mesmo um positivista como Comte, que tanto influenciou o pensamento jurídico e político brasileiro, faz esse tipo de consideração, também nós nos permitimos refletir sobre o caráter anti-social do conceito de propriedade. Pois foi exatamente os conceitos de uso e gozo que fizeram com que o individualismo fosse uma das marcas fundamentais do direito brasileiro, deixando a função social da propriedade apenas e tão somente como instrumento que serve não para incluir, mas para excluir. Ou seja, a lei brasileira enquadra-se nos princípios de "justiça e humanidade", porém sua aplicabilidade é inexistente.

Outrossim, o Brasil também sofre as conseqüências da Primeira Guerra Mundial, assim como as da grande crise de 1929. Havia uma "luta" entre os que permaneceram fazendeiros e os que se tornaram industriais:

> "Os fazendeiros, por sua vez, como exportavam sua produção e compravam insumos no mercado local, preferiam tarifas baixas de importação para diminuir seus custos, mesmo que isso prejudicasse a indústria.
> O domínio político dos fazendeiros garantia a vitória dessa alternativa. Só nos momentos favoráveis adotavam uma política protecionista. Os donos de indústrias reclamavam e suas queixas encontravam eco em boa parte da população urbana, cuja melhor perspectiva estava nos empregos na indústria e no comércio" (Caldeira, 1997:256-57).

---

[184] "Os verdadeiros filósofos não hesitam em sancionar diretamente os protestos instintivos dos proletários, contra a errada definição adotada pela maior parte dos juristas modernos, que atribuem à propriedade uma individualidade absoluta, como direito de usar e abusar. Esta teoria anti-social, historicamente devida a uma reação exagerada contra opressões excepcionais, é privada tanto de justiça quanto de realidade". Tradução Livre.

Foram, efetivamente, anos difíceis no Brasil. Houve uma completa inversão do perfil demográfico brasileiro, pois a população estava migrando para as grandes cidades. Já se iniciavam os primeiros processos de favelização da população. Enfim, a crise econômica era real e evidente, o Brasil estava inserido em uma situação de crise mundial. Este processo foi ainda agravado pela situação de conflitos políticos internos com a criação do Estado Novo, onde as migrações do nordeste para o sul, especialmente para São Paulo, acentuaram a crise já evidente, logo em seguida à II Guerra Mundial, que também acentuou ainda mais os problemas políticos e econômicos brasileiros. A agricultura foi controlada pelo Estado, especialmente no período Vargas. O futuro deste e de outros segmentos da economia nacional dependiam das decisões governamentais e estas, por sua vez, dos acordos internacionais, ou melhor, dependiam das diretrizes ditadas pelos países capitalistas, os quais, através dos Estados Unidos, definiam a política brasileira.

3.7. Constituição de 1946

Esta Constituição nasceu em um contexto pós-guerra e foi de inegável importância para a redemocratização do país e a reafirmação do constitucionalismo. A base para a formação da Constituição foi buscada nas anteriores Cartas Constitucionais, mas refletiu o momento de turbulência em que foi elaborada, sendo, por isso, muitas vezes contraditória. O seu maior erro, segundo o constitucionalista José Afonso da Silva, foi que "nasceu de costas para o futuro, fitando saudosamente os regimes anteriores, que provaram mal".

Exemplo disso podemos encontrar nos artigos a seguir comentados:

Art. 141. A Constituição assegura aos brasileiros e aos estrangeiros residentes no país a inviolabilidade dos direitos concernentes à vida, à liberdade, à segurança individual e à propriedade, nos termos seguintes:

§ 16. É garantido o direito de propriedade, salvo o caso de desapropriação por necessidade ou utilidade pública, ou por interesse social, mediante prévia e justa indenização em dinheiro. Em caso de perigo iminente, como guerra ou comoção intestina, as autoridades competentes poderão usar da propriedade particular, se assim o exigir o bem público, ficando, todavia, assegurado o direito de indenização ulterior.

Art. 147. O uso da propriedade será condicionado ao bem-estar social. A lei poderá, com observância do disposto no artigo 141, § 16, promover a justa distribuição da propriedade, com igual oportunidade para todos.

Nessa Constituição, esses dois artigos são importantes e contraditórios, como demonstra o documento do próprio INCRA:

PROPRIEDADE DA TERRA
Análise sociojurídica

"A Constituição de 1946 continha dois preceitos até certo ponto inconciliáveis: o art. 147 e o art. 141 § 16. O primeiro determinava que o uso da propriedade seria condicionado ao bem-estar social e que a lei poderia promover a justa distribuição da propriedade com igual oportunidade a todos; o segundo estabelecia o princípio assegurador do direito de propriedade, ressalvados os casos de desapropriação por necessidade ou utilidade pública, ou ainda, por interesse social, mediante prévia e justa indenização em dinheiro" (INCRA, 1987:24).

Os eventos históricos e jurídicos das décadas precedentes influenciaram a necessidade de colocar na Constituição alguns preceitos emergentes. Nessa fase, tínhamos já passado pela grande greve de 1917, na qual a manifestação dos operários orientava para a formação dos sindicatos e novos partidos políticos; tínhamos uma industrialização estabilizada e um movimento operário crescente; depois, passamos pela crise de 1922; nas eleições da velha República, a grande maioria dos votantes era, ainda, do meio rural (70%); vale também recordar a Coluna Prestes; a nova crise de 1929 em que os fazendeiros tinham um grande domínio político, assegurando para si um protecionismo governamental; tivemos o período Vargas com todas as suas medidas supostamente protecionistas aos trabalhadores, embora estivesse mais preocupado com a consolidação do capitalismo, mesmo assim foi criada a CLT; tínhamos, ainda, uma forte migração do nordeste para o centro do Brasil.

De todo este quadro histórico, nasce a Constituição de 1946, a qual não poderia deixar de explicitar "a justa distribuição". Queremos ressaltar que, com essa Constituição, observamos que todos os brasileiros são incluídos quanto ao acesso à terra, mas percebemos que esta inclusão gerou uma verdadeira exclusão dentro da inclusão, ou seja, a lei garantia a justa distribuição, todavia a efetividade desta ainda desconhecemos. É possível que Montesquieu tenha razão quando define a Justiça como uma relação de conveniência, ou ainda:

"Gli uomini possono fare delle ingiustizie perché hanno interesse a commetterle e preferiscono la propria soddisfazione a quella degli altri. È sempre in relazione a se stessi che agiscono: nessuno è gratuitamente cattivo. Ci deve essere una ragione che lo determini, e questa ragione è sempre una ragione dinteresse"[185] (Montesquieu, 1998: 57).

Quando relatamos os eventos da época precedente à Constituição em foco, o fizemos justamente para demonstrar que não era possível outra

---

[185] "Os homens podem cometer injustiças porque têm interesse em cometê-las e preferem a própria satisfação à dos outros. É sempre em relação a si mesmo que agem: ninguém é gratuitamente mau. Deve haver uma razão que o determine, e esta razão é sempre uma razão de interesse". Tradução livre.

alternativa, senão dizer que todos teriam iguais possibilidades. Com efeito, aqui temos evidente a desigualdade na igualdade, ou como dissemos antes, a exclusão na inclusão. E assim podemos ver que a justiça foi representada por uma relação de conveniência. Mesmo que não apareça escrita, esta relação está presente. Com uma simples análise, podemos perceber (mesmo que nenhum seja gratuitamente *cattivo,* e que tenha uma razão para tal) o quanto é caro e difícil ter acesso à liberdade, à igualdade e à própria justiça.

Esses artigos criaram realmente algumas confusões e impasses, que se tentaram resolver através da criação da Comissão Nacional de Política Agrária em 1951. Mais uma vez a Reforma Agrária é possível, ou melhor, com as disposições constitucionais e emendas nada era possível de realizar até que, em 1964, tivemos o Estatuto da Terra, do qual nos ocuparemos no capítulo seguinte, bem como apresentaremos o primeiro processo de reforma agrária realizado no Brasil. Além destes dois tópicos, nossa reflexão seguirá, como fio condutor, as leis e decretos que são criados para "assegurar – não assegurando" o acesso à propriedade da terra.

4. O acesso à terra a partir dos anos 60

Nesta parte, trataremos da primeira reforma agrária que aconteceu no RS, realizada em Camaquã, no ano de 1962; do Estatuto da Terra e de seus reflexos para a "nova" política agrária; dos eventos jurídicos anteriores dos anos 80. Para a análise do processo de reforma agrária efetuado no Banhado do Colégio realizamos: entrevista com o arquiteto responsável pelo projeto de então, entrevista com assentados e filhos de assentados e, também, fizemos visitas técnicas na área. Já para a análise do Estatuto da Terra servimo-nos da bibliografia disponível sobre a matéria.

4.1. Reforma agrária no Banhado do Colégio

Antes da elaboração e implementação do Estatuto da Terra, houve, no Rio Grande do Sul, um processo de reforma agrária, na cidade de Camaquã, em junho de 1962. Mais precisamente, esta área é conhecida como Banhado do Colégio. Porém, a história deste processo é a identificação, por parte de um governo trabalhista, da gravidade da situação do campo, do aumento dos latifúndios e a falta de uma política agrária. Vale lembrar que, no início dos anos 60, vivia-se um momento de efervescência social, de alta produção acadêmica, literária e política que, depois, no ano de 64, foi completamente eliminada, mas que, no início dos anos 60, era significativa. Tivemos, ainda, um forte movimento estudantil.

No final dos anos 50, vários grupos de agricultores gaúchos começam a ocupar terras no Rio Grande do Sul. Nos anos 60, o governo de então propõe um estudo para viabilizar a reforma agrária no Estado.

Sob tal contexto, surgiu a proposta da Reforma Agrária por parte do Governo do Estado, o qual estava apoiando o Movimento dos Agricultores Sem Terra (MASTER), que já havia organizado várias outras ocupações no estado. O processo inicial (por parte do então Governo do Estado) para instaurar a reforma agrária iniciou com a Portaria 131 do Governo do Estado do Rio Grande do Sul, de 07 de agosto de 1961. Esta portaria visava à criação de um Grupo de Trabalho – GT-14 – e tinha como objetivo: "(...) proceder estudos e sugerir medidas, objetivando uma ação concreta do poder público estadual no setor agrário, inclusive a realização de planos de colonização. Igualmente deverá o Grupo de Trabalho sugerir medidas de igual natureza que devam ser pleiteadas junto ao Governo Federal".

O referido Grupo de Trabalho tomará todas as medidas que julgar convenientes ou necessárias, requisitando às diversas Secretarias e órgãos estaduais todos os elementos técnicos, materiais e humanos de que se necessitar para o desempenho deste encargo.

Esse grupo realmente levantou todos os dados necessários e áreas prioritárias. Também deste estudo resultou a criação do Instituto Gaúcho de Reforma Agrária (IGRA), em 11.11.1961, que nos anos seguintes definiu a área do Banhado do Colégio, em Camaquã, como projeto pioneiro. Duas foram as idéias básicas que fundamentaram este processo:

a) Com a reforma agrária, aqui se inicia a redenção da Pátria,

b) Neste local – o latifúndio anti-social cedeu lugar à pequena propriedade.

Esse se processou, fundamentalmente, porque nesta região as propriedades agrárias eram concentradas em grandes latifúndios, cujos pequenos proprietários foram praticamente expulsos da região, iniciando-se, assim, na metade dos anos 50, uma grande mobilização popular, que reivindicava acesso à propriedade da terra. Sobre a história da terra do Banhado do Colégio:

> "... Camaquã fica numa zona mais ou menos alta e aquele arroio (Duro) descia e logo ainda antes da BR 116, junto a Camaquã se iniciava um banhado enorme de perto de 50 mil hectares, era daqueles banhados sem fundos que o cavalo entrava e sumia, era uma coisa terrível, o Arroio Duro chegava e desaguava, porque não conseguia chegar na Lagoa dos Patos, ali é uma bacia e ficava, agora se criou esse banhado de quantos valor não sei, mas veio vindo uma terra de húmus excelente além de que esse Banhado do Colégio, a terra Banhado do Colégio tem uma faixa de terra da melhor qualidade possível que existe no mundo,

quer dizer e o Banhado do Colégio tem das melhores terras do mundo, só que é um banhado".

Depois que essas terras foram preparadas para o processo de reforma agrária, houve, na cidade de Camaquã, uma manifestação contrária dos latifundiários locais, que não estavam de acordo com o processo de desapropriação realizado pelo Governo e, também, não concordavam com a ocupação das terras realizada pelos integrantes do MASTER; o Governo do Estado estava decido a fazer no Banhado do Colégio o seu primeiro processo de reforma agrária. Então, mandou que a Brigada Militar cercasse a área para proteger os ocupantes. O número de ocupantes era, aproximadamente, de 6.000 pessoas. Tendo em vista o grande contingente de acampados, o Governo adotou critérios de seleção para realizar a reforma agrária. Na primeira etapa, foram selecionadas 3.000 pessoas; na segunda etapa, foram classificados apenas 196 agricultores. Em 27 de junho de 1962 houve o primeiro sorteio e a entrega dos títulos aos novos proprietários.

Apesar de todas as pressões dos latifundiários gaúchos, em especial os de Camaquã, o Banhado do Colégio começa a produzir e dar lucros aos novos proprietários. Porém, com o advento da Ditadura Militar, a situação muda radicalmente: para o Banhado do Colégio não haveria mais incentivos, novos assentamentos (no Banhado) não foram efetivados, houve a invasão de novos colonos na região, o Governo da ditadura prendeu os principais líderes. Os agricultores tiveram dificuldades para sobreviveram nas suas novas terras, alguns inclusive venderam suas propriedades e foram "engrossar a miséria urbana". Outros agricultores que, nos anos 60, tinham sido selecionados para as próximas distribuições de terras, até hoje estão aguardando por elas.

O que podemos constatar nas visitas que realizamos ao Banhado do Colégio é que aqueles que conseguiram sobreviver transformaram-no em um belo povoado, com uma boa infra-estrutura de serviços básicos e, hoje, o Banhado representa a consolidação do modelo agrário proposto pelo Estado brasileiro dos anos de 64 a 2000, ou seja, um grande latifúndio. Essa foi a nossa percepção, porém o momento atual do Banhado foi descrito por Lindolfo Westphal, filho de um dos primeiros agricultores assentados no Banhado do Colégio, como: "*A Reforma Agrária que deu Certo*". Quando da entrevista, questionamos a Lindolfo se efetivamente a Reforma Agrária no Banhado do Colégio deu certo e ele nos respondeu:

"... deu certo, e se forem feitas outras levando em conta as condições daquelas ali, tem possibilidade de dar certo, porque o que está errado é na forma de analisar as reformas agrárias do país também. Se analisa a reforma agrária no sentido de ver quantas estão lá, num país que é

PROPRIEDADE DA TERRA
Análise sociojurídica

capitalista, não tem como tu analisa só a questão social, isso é um alaste, tem que se analisar quanto é que tá rendendo para o governo, se a terra foi entregue tá rendendo, em termos de ICMS, produção há, esses fatores todos, e o social né, é na verdade seria menor, apesar que mesmo assim o Banhado do Colégio ainda tem, acredito que em torno de 70% dos que foram assentados, vinculados a geração" (Lindolfo Westphal – filho de assentado).

Sobre este aspecto assim expressou-se:

"... mesmo mutilado, o assentamento do Banhado do Colégio sobreviveu e hoje é considerado como uma das melhores experiência desse sentido que se tem aqui. O Banhado do Colégio não podia dar certo, porque estava dando quando houve a mudança de governo em que Brizola...".

4.2. O Estatuto da Terra

O Estatuto da Terra (Lei nº 4504, de 30 de novembro de 1964) foi e é, ainda hoje, um dos mais importantes documentos que fundamentam e legitimam a luta pela terra no Brasil. Este estatuto, porém, nos anos da ditadura militar serviu muito mais para a consolidação e solidificação dos latifúndios, mesmo que o seu intuito tenha sido o oposto, qual seja o de possibilitar o acesso à terra a quem não a possuía.

Nesta primeira parte deste capítulo, deter-nos-emos em alguns artigos, analisando-os a partir de uma perspectiva sociojurídica.

4.2.1. Principiologia

Art. 1º – Esta lei regula os direitos e obrigações concernentes aos bens imóveis rurais, para os fins de execução da Reforma Agrária e promoção da Política Agrícola.

Os movimentos sociais organizados exigiam do governo uma Reforma Agrária, assim como uma Política Agrária. O Brasil vivia um momento de transformações políticas e sociais. Os anos anteriores foram momentos de grande evolução social, mas com a chegada do Golpe Militar tivemos um outro Brasil, do qual preferimos, como brasileiros, esquecer, porém as marcas deste momento estão ainda muito vivas.

Com toda a repressão política era impossível não criar uma política agrária. Veja-se que, em 1964, 1% do total dos proprietários de terra dominava mais de 50% da área agriculturável, isto é, as desigualdades históricas eram notáveis. Este é um processo que, como já observamos, iniciou-se com as primeiras formas de distribuição da terra, ou seja, através da legalidade, nas mãos de poucos, foram concentradas grandes proporções de terra e nas mãos de muitos poucas proporções de terra. Esta é a paradoxalidade, a qual não se podia mais esconder. E assim podemos ver, no artigo 2º do Estatuto da Terra, não só a paradoxalidade, mas a possibilidade de todos os "brasileiros e brasileiras" serem proprietários:

Art. 2º – É assegurada a todos a oportunidade de acesso à propriedade da terra, condicionada pela sua função social, na forma prevista nesta Lei.

Inicialmente, é importante saber quem são os "todos". Serão também aqueles pequenos agricultores completamente endividados com o Banco do Brasil, os quais se vêem obrigados a vender sua pequena propriedade e tentar a "sorte" na cidade grande? Ou serão os "todos" aqueles que viram suas terras literalmente roubadas pelos grandes proprietários? Ou, ainda, serão "todos" os latifundiários? Quem são efetivamente estes todos? Outras dúvidas ainda temos com relação a este artigo: o que significa oportunidade de acesso? Significa dinheiro para comprar a terra? Posição política concordante com a ditadura militar? E mais, a função social: continuamos esperando o significado real desta "função social" 36 anos após a existência do Estatuto. Porém a própria lei esclarece o que e qual é a função social:

§ 1º A propriedade da terra desempenha integralmente a sua função social quando, simultaneamente:

a) favorece o bem-estar dos proprietários e dos trabalhadores que nela labutam, assim como suas famílias;

b) mantém níveis satisfatórios de produtividade; assegura a conservação dos recursos naturais;

c) observa as disposições legais que regulam as justas relações de trabalho entre os que a possuem e cultivam.

Parece-nos paradoxal falar em bem-estar dos trabalhadores conhecendo a história de exploração e escravidão que ainda viviam e vivem os trabalhadores do campo no Brasil. De qualquer modo, esses artigos são importantes no sentido em que respaldam a continuidade da luta social pelo acesso à terra. Mas seguimos ressaltando alguns artigos desta lei, chegando ao Título II que trata da Reforma Agrária:

4.2.2. Da reforma agrária

Ainda hoje os brasileiros lutam por uma reforma agrária real e efetiva. É perceptível que há a grande necessidade de se redistribuir as terras no Brasil, em busca de uma maior justiça na utilização deste recurso natural. Em 1964, com a criação do Estatuto da Terra (referida Lei nº 4504 de 30 de novembro de 1964), assim foram estabelecidos os objetivos e as finalidades da Reforma Agrária, em seu art. 16:

Art. 16 – A Reforma Agrária visa estabelecer um sistema de relações entre o homem, a propriedade rural e o uso da terra, capaz de promover a justiça social, o progresso e o bem-estar do trabalhador rural e o desenvolvimento econômico do País, com a gradual extinção do minifúndio e do latifúndio.

As relações entre o homem do campo e a terra já discutimos nos capítulos precedentes. Recordamos que, para Marx, a terra era como se fosse a continuidade do corpo do agricultor, vimos também este simbolismo representado pela poesia, pela mitologia e por romances, como Terra do Pecado, escrito por Saramago, do qual transcrevemos o seguinte trecho:

"Maria Leonor, essa, andava exaltada, quase febril, percorrendo a quinta de um extremo ao outro, palmilhando as folhas que lhe pertenciam para lá dos muros, ainda cansada, vendo, perguntando, dando tímidas ordens, sentido gradualmente que a terra lhe ia pertencendo de facto, porque vivia dela, porque a sentia como à sua própria carne, porque a amava com um amor feito de ciúme e de arreigado sentimento de posse. Roubarem-lha, agora, seria roubarem-lhe a vida e o pão" (Saramago, 1999: 68-69).

A terra penetra no corpo e na alma dos que nela trabalham e vivem, por isso, a terra produz justiça e felicidade. Entretanto, o não acesso à terra aos camponeses é como roubar-lhes a vida e o pão. Vemos que a proposta governamental de "promoção da justiça social" tem como resultado trabalhadores rurais presos e torturados por um lado e, por outro, foi justamente em nome da função social da propriedade que, alguns proprietários de terras conseguiram aumentar suas propriedades – estes são aqueles 1% que detêm 50% das terras produtivas.

Art. 17 – O acesso à propriedade rural será promovido mediante a distribuição ou redistribuição de terras, pela execução de qualquer das seguintes medidas:

a) desapropriação por interesse social;

b) doação;

c) compra e venda;

d) arrecadação dos bens vagos;

e) reversão à posse (*vetado*) do Poder Público de terras de sua propriedade, indevidamente ocupadas e exploradas, a qualquer título, por terceiros;

f) herança ou legado.

Esta lei também apresenta as formas de como fazer a distribuição e redistribuição das terras. No artigo seguinte trata da desapropriação por interesse social. Este interesse social tem, em resumo, a intenção de promover a justiça e a igualdade através da exploração racional do solo e da preservação da natureza. O art. 18 prevê, ainda, a pesquisa, experimentação e assistência técnica. Ou seja, tudo está previsto e organizado. Porque então, até hoje, não tivemos o resultado efetivo destas medidas? Mas seguimos com nossas dúvidas e reflexões, salientando outros dispositivos desta Lei.

O capítulo II trata da distribuição das terras, já o capítulo seguinte aborda o financiamento da Reforma Agrária, bem como a criação de Instituições responsáveis pela implementação do processo de reforma. Esse é um momento importante porque são criadas novas instâncias que, ao invés de efetivamente promoverem a Reforma Agrária, fizeram apenas a reforma de uma reforma que nunca existiu, mas asseguram novos cargos públicos, o que deixa evidente que o processo da suposta reforma agrária atendeu a diversos interesses, só não atendeu à efetivação do que propunha a Lei 4.504.

4.2.3. Da lei à prática da reforma agrária

No capítulo IV – Da execução e da administração da reforma agrária, ressaltamos os artigos 33 e 34:

Art. 33 – A Reforma Agrária será realizada por meio de planos periódicos, nacionais e regionais, com prazos e objetivos determinados, de acordo com projetos específicos.

Art. 34 – O Plano Nacional de Reforma Agrária, elaborado pelo Instituto Brasileiro de Reforma Agrária e aprovado pelo Presidente da República consignará necessariamente:

I – a delimitação de áreas regionais prioritárias;

II – a especificação dos órgãos regionais, zonais e locais que vierem a ser criados para a execução e a administração da Reforma Agrária;

III – a determinação de objetivos que deverão condicionar a elaboração dos Planos Regionais;

IV – a hierarquização das medidas a serem programadas pelos órgãos públicos, nas áreas prioritárias, nos setores de obras de saneamento, educação e assistência técnica;

V – a fixação dos limites das dotações destinadas à execução do Plano Nacional e de cada um dos planos regionais.

Importante recordar que a Reforma Agrária foi definida, nessa lei, como sendo um conjunto de medidas que visam à distribuição de terras. Também define-se Política Agrícola como sendo o conjunto de providências de amparo à propriedade da terra. Os instrumentos para a efetivação da Reforma são claros e precisos, porém a observação sociológica nos permite ver que as reformas são somente pressupostos para uma outra reforma; em outras palavras, é o início de um processo de reforma que porta a outros processos da reforma. Em prática, as reformas em si não resolvem problemas através da planificação. Estas, de fato, não resolvem os problemas que planejam resolver. Planifica-se muito com a auto-ilusão de poder controlar a realidade, mas a realidade é produto da evolução e não da planificação. A evolução não é controlada por absolutamente nada. Sobre este argumento muito aprofundou o sociólogo Giancarlo Corsi:

> "In ogni caso la riforma viene proposta come implemantazione dell'-idea di uguaglianza, fatta salva la qualità. Nella sua formulazione paradossale, la riforma mira direttamente al codice: è la differenza stessa tra migliore e peggiore che deve essere migliorata, in maniera tale da far scomparire il lato negativo della differenza. In questo punto la distinzione binaria del codice ritorna su se stessa. Proprio il fatto che l'oggetto della riforma è il codice stesso e non un qualche programma che debba essere aggiornato rende così drammatica la situazione"[186] (Corsi, 1998:165).

Teria sido esta lei produto desse tipo de reforma? Parece-nos que sim, aliás conhecemos bem e de longa data os processos de reformas das reformas. A normalidade de uma mudança é que esta possa provocar não transformações, não evoluções, mas reformas. Todavia, seguiremos refletindo sobre o caráter reformista dessa lei. É notável que, nos próprios artigos, aparece a idéia de uma boa execução da reforma:

Art. 39 – Ao Conselho Técnico competirá discutir e propor as diretrizes dos planos nacional e regionais da Reforma Agrária, estudar e sugerir medidas de caráter legislativo e administrativo, necessárias à boa execução da Reforma.

No Título III, a lei aborda a questão da política de desenvolvimento rural, enfatizando que caberá ao Poder Público utilizar-se de vários mecanismos para efetivar a "boa execução da Reforma". Aqui, outra vez, temos a função social agregada à função econômica da terra. No capítulo seguinte da lei, temos as formas de assistência e proteção à economia rural.

4.2.4. Da assistência e proteção à economia rural

Art. 73 – Dentro das diretrizes fixadas para a política de desenvolvimento rural, com o fim de prestar assistência social, técnica e fomentista

---

[186] "Em qualquer caso, a reforma vem proposta como implementação da idéia de igualdade, maneira de aplaudir a qualidade. Na sua formulação paradoxal, a reforma mira diretamente ao código: é a diferença própria entre melhor e pior que deve ser melhorada, de maneira tal de fazer desaparecer o lado negativo da diferença. Nesse ponto, a distinção binária do código retorna sobre si mesma. Exatamente o fato de que o objeto da reforma é o próprio código e não um programa qualquer que deva ser procrastinado torna assim dramática a situação". Tradução livre.

e de estimular a produção agropecuária, de forma a que ela atenda não só ao consumo nacional, mas também à possibilidade de obtenção de excedentes exportáveis, serão mobilizados, entre outros, os seguintes meios:

I – assistência técnica;

II – produção e distribuição de sementes e mudas;

III – criação, venda e distribuição de reprodutores e uso de inseminação artificial;

IV – mecanização agrícola;

V – cooperativismo;

VI – assistência financeira e creditícia;

VII – assistência à comercialização;

VIII – industrialização e beneficiamento dos produtos;

IX – eletrificação rural e obras de infra-estrutura;

X – seguro agrícola;

XI – educação, através de estabelecimentos agrícolas de orientação profissional;

XII – garantia de preços mínimos à produção agrícola.

É inútil repetir a importância para a evolução da sociedade brasileira se, efetivamente, esse artigo tivesse sido efetivado. Parece que quanto mais sofisticadas são as leis menos são aplicáveis; parece que a sociedade moderna perdeu sentido e fundamento; parece que o sistema do direito; ao atuar, produz insegurança, diferença e injustiça. O sistema do direito mostra suas limitações e sua impotência perante este e outros problemas sociais. O sistema da política cria continuamente políticas que estabilizam sua instabilidade. Como afirma Raffaele De Giorgi, esta estabilização do sistema da política, mas também do sistema do direito, se dá através de planificações, programas, projetos, etc. Estes não resolvem as questões em jogo, contudo problematizam-nas ainda mais.

E assim, no sentido de estabilizar a instabilidade, a Lei 4.504 propõe a mecanização. Propõe o cooperativismo. Sobre este último aspecto cabe ressaltar que muitas cooperativas foram instaladas no Brasil e, em especial, no Rio Grande do Sul, porém estas cooperativas não funcionavam segundo as normas fundamentais de um cooperativismo. O Prof. Roque Lauschener desenvolveu ampla pesquisa no Rio Grande do Sul nos anos 80 e são desconcertantes as conclusões a que chega: em síntese, grande parte das cooperativas tinham "donos". Porém, o mesmo pesquisador insiste na importância do cooperativismo para o desenvolvimento da agricultura, criando inclusive cursos de formação nesta área. Tinha razão o Mestre Roque ao afirmar que, nos assentamentos de colonos sem terra, o cooperativismo funciona e bem. Lamentavelmente, o pesquisador deixou-nos antes de ver o funcionamento efetivo de um modelo de cooperativismo brasileiro, ainda que inspirado no modelo alemão.

PROPRIEDADE DA TERRA
Análise sociojurídica

Estamos ressaltando apenas alguns aspectos da lei em foco, a qual prevê e propõe tudo. É justamente porque pensa de tudo prever e tudo incluir que esta lei provoca uma imprevisibilidade e uma exclusão, não somente no período da ditadura militar, mas também em um período no qual todos somos incluídos. A Lei 4.504, com todos seus artigos, seções, capítulos, não conseguiu efetivar o que Bobbio definiu como a idade dos direitos. Concluímos nossas observações sobre esta lei com o pensamento de Raffaele De Giorgi:

> "Este século foi caracterizado como a era dos direitos. O século anterior realizara os pressupostos iluministas do direito igual, contribuíram para a superação dos privilégios, bem como reconhecera a liberdade dos indivíduos mediante a prática do contrato, o constitucionalização do acesso universal ao direito e a livre circulação da propriedade" (De Giorgi, 1998: 71).

O Estatuto da Terra é impregnado de direitos, de pressupostos iluministas e de todos os demais fundamentos que se esperam de uma sociedade moderna. Aqui impende acrescentar duas informações: a primeira é que o Estatuto, visando a garantir estes direitos, criou uma desigualdade jurídica, buscando uma igualdade de fato. Explica-se: em muitos casos – e este é um deles – foi preciso criar mecanismos jurídicos protetivos em favor de uma parte hipossuficiente – em tese, o arrendatário – a fim de, desequilibrando a relação jurídica, equilibrar a relação no mundo fático. Apontamos o arrendatário como a parte hipossuficiente – e aqui vai a segunda observação – porque o que se viu foi um efeito não pretendido. Como os arrendatários, protegidos pelo Estatuto, foram não os pequenos agricultores, mas os grandes latinfundiários (que estiveram sempre na busca de aumentar o seu latifúndio), a lei desequilibrou ainda mais, pois veio a proteger aquele que não precisava de proteção em desfavor daquele que efetivamente precisava dela.

4.2.5. Da legislação esparsa

A legislação agrária brasileira não parou nunca sua produção. Assim, logo após o Estatuto tivemos o Decreto-lei nº 55.286, de 30.11.64,[187] o

---

[187] Embora as já inúmeras referências aos decreto-leis, vê-se que, notadamente nos anos 60, o decreto-lei possuía conotação diferente dos atuais decretos previstos no ordenamento jurídico. A via legislativa própria, hodiernamente, para legislar sobre posse e propriedade é a lei (ordinária ou complementar), porque cria direito novo originário de órgão estatal dotado de competência própria, derivada da Constituição, e não decretos, que são instrumentos legislativos específicos e mais restritos, embora previstos em sede constitucional. Hoje, quando comparado à lei, que é ato normativo originário, o decreto regulamentar é ato normativo derivado, porque estabelece normas que permitem explicitar a forma da execução da lei.

qual estipulava as normas gerais para a implementação do Estatuto. No seu primeiro artigo, define que será de competência do Ministro Extraordinário para o Planejamento e Coordenação Econômica a implementação e regulamentação da Lei 4.504, o qual terá a colaboração do Ministro da Agricultura (artigo 2):

Art. 2º – O Ministro de Estado Extraordinário para o Planejamento, Coordenação Econômica, em colaboração com o Ministro de Estado da Agricultura, determinará o preparo de atos necessários para garantir a continuidade executiva das atividades dos órgãos cuja estrutura e atribuições foram alteradas pela Lei nº 4.504, de 30 de novembro de 1964, incluídos aqueles que visem a:

I – promover a criação, a fusão, a transferência e o desdobramento ou a extinção de quaisquer unidades administrativas ou técnicas, cujas atribuições se incluam entre as dos órgãos criados ou modificados pela referida lei;

II – resolver quaisquer questões relativas à vinculação ou enquadramento de pessoal, tendo em vista as peculiaridades dos serviços técnicos e administrativos dos órgãos criados, modificados ou a serem reestruturados em decorrência da referida lei;

III – constituir comissões especiais, interministeriais ou interdepartamentais para o estudo e solução de determinados assuntos, para a coordenação de atividades correlatas ou liquidação de serviços ou órgãos extintos pela referida lei;

IV – contratar com pessoas físicas ou jurídicas, nacionais ou estrangeiras, quaisquer serviços ou trabalhos necessários à execução da referida lei, quando não puder, através de convênios ou acordos, com outros órgãos federais, estaduais ou municipais, conduzi-los de modo oportuno e eficiente.

É um decreto que regulamenta uma lei ou, em termos sociológicos, poderíamos dizer que é a artificialidade do direito na sua mais alta expressão. Em 1965, um ano depois, mais um decreto para regulamentar o Capítulo I, Título I e a Seção II, do Capítulo IV, do Título II, da Lei 4.504. Esse decreto expõe desde a definição de Reforma Agrária até a questão dos cadastros dos imóveis rurais, passando por fórmulas para cálculos de índices, zoneamento, caracterização da empresa rural, em que também define o minifúndio, a propriedade familiar, etc. No primeiro capítulo, expõe sobre os dois primordiais objetivos da Lei 4.504, ou seja, a Reforma Agrária como sendo a melhor distribuição das terras e o estabelecimento de um sistema de relações entre o homem, a propriedade rural e o uso da terra. Era a Política Agrária como sendo a promoção de providências de amparo à propriedade rural. Esses dois conceitos estão na Lei 4.504.

PROPRIEDADE DA TERRA
Análise sociojurídica

Para entendermos o problema atual da terra, estamos buscando dados em várias fontes, de sorte que nos parece oportuno lembrar o que escreveu o ex-Presidente da República Fernando Henrique Cardoso, no seu primeiro mandato (referimo-nos ao documento da própria Presidência intitulado: "Reforma Agrária – compromisso de todos"), em que faz o seguinte comentário sobre o Estatuto da Terra:

> "O texto-longo, detalhista, abrangente e bem – elaborado – constituiu-se na primeira proposta articulada de reforma agrária, feita por um governo, na história do Brasil.
> Em vez de dividir a propriedade, porém, o capitalismo impulsionado pelo regime militar brasileiro (1964-1984) promoveu a modernização do latifúndio, por meio do crédito rural fortemente subsidiado e abundante. O dinheiro farto e barato, aliado ao estímulo 'a cultura da soja – para gerar grandes excedentes exportáveis – propiciou a incorporação das pequenas propriedades rurais pelas médias e grandes; a soja exigia maiores propriedades e o crédito facilitava a aquisição de terra. Assim, quanto mais terra tivesse o proprietário, mais crédito recebia e mais terra podia comprar" (Cardoso, 1997: 19).

O ex-Presidente tem razão, é um texto longo e detalhista, que serviu para ampliar e financiar os latifúndios e a produção exportável. Em resumo, serviu para deixar mais ricos os ricos e mais pobres os pobres. Também esse documento, elaborado em 97 pela Presidência da República é detalhista e, mesmo que não seja longo, é um documento que propõe a efetiva transformação da distribuição da propriedade da terra. É um documento crítico às políticas agrárias anteriores, mas também é, infelizmente, um texto como outro qualquer, já que a efetiva nova política agrária não foi fato consumado no Brasil governado pelo sociólogo Fernando Henrique Cardoso, o qual considerava sua proposta de política agrícola como o primeiro passo de uma longa marcha.

Ainda não terminamos de relatar os decretos que propõem a implementação deste Estatuto. Tivemos, em 26.08.1965, o Decreto nº 56.792; depois, tivemos o Decreto nº 56.798, de 27.08.1965, o qual regulamenta o fundo Agroindustrial Reconversão; e, nessa mesma data, tivemos o Decreto nº 56.799, que cria a Junta Interministerial de Controle da Implantação do Cadastro e do Imposto Territorial Rural.

Passamos para a Lei 4.947, de 06.04.1966, a qual fixa as normas de Direito Agrário, também dispõe sobre a organização da reforma agrária no território brasileiro, bem como sobre a competência dos estados da federação. Sobre este argumento ressaltamos o artigo 18:

Art. 18 – Será cometida aos Governos dos Estados, dos Territórios Federais, dos Municípios e do Distrito Federal, mediante convênios firmados na forma dos arts. 6, 7 e 8 da Lei 4.504, de 30 de novembro de 1964, a responsabilidade da execução, em colaboração com o IBRA, dentro dos respectivos limites territoriais, de tarefas que visem à implantação da Reforma Agrária, bem como à fiscalização do cumprimento das instruções e outros atos normativos baixados para consecução daquele objetivo.

Aqui vemos uma proposta de parceria com os estados e municípios, mas como já observou o Presidente, também esta foi uma estratégia do Governo Militar de implementar, nos latifúndios, a produção de determinados produtos úteis para o sucesso do "Milagre" econômico brasileiro. Se analisássemos artigo por artigo nos tornaríamos redundantes, em função do caráter de repetitividade e de detalhamento da própria lei de terras e de seus artifícios jurídicos para a implementação da reforma agrária, como uma proposta a ser constantemente reformada, mesmo antes de sua concretização.

Ainda, no ano de 1966 tivemos um novo decreto para a regulamentação do Estatuto. É o Decreto nº 59.428, de 27.10.1966, que trata da colonização e formas de acesso à propriedade. Nesse artigo, o objetivo era melhorar a estrutura agrária do país. Depois, temos as formas de como se deveria proceder para a colonização. Nesse capítulo aparecem, no artigo 16, as seguintes observações:

Art. 16 – Para a ocupação de parcela dos núcleos de colonização serão recrutados, dentro ou fora do território nacional, indivíduos ou famílias de comprovada vocação agrícola.

Estamos nos referindo à metade dos anos 60, o período mais cruel da ditadura militar, em que, através de todo o tipo de mecanismo, o Governo controlou a população. Esses também são os anos do milagre econômico; são os anos em que, nas escolas, cantávamos o hino nacional com a mão no coração; são os anos cuja intelectualidade (falsa ou verdadeira) é expulsa da terra natal; é nesse período que a miséria no campo aumenta, que o Governo se permite estipular critérios altamente seletivos, como o que aparece nesse artigo, ou seja, a vocação agrícola. Isto é, o sistema da política estava mais interessado em controlar a população, através de suas vocações, do que efetivamente promover a Reforma Agrária. Veja-se que este decreto contém 109 artigos, nos quais prevê tudo o que já tinha sido previsto e implementa tudo o que já tinha sido implementado: o nada, ou melhor, a reforma da reforma. E assim, nos anos 60, continuam surgindo decretos, que decretam por decretar, mas nada alteram de positivo na vida agrária dos que tinham, ou não, vocação agrícola. Nos anos de 1966, 1967 e 1968, continua-se decretando e criando leis para a implementação do estatuto. Enquanto isso, os movimentos sociais organizavam-se, na clandestinidade, com o auxílio da Igreja.

PROPRIEDADE DA TERRA
Análise sociojurídica

A Constituição Brasileira de 1967 dispunha, no seu art. 157, que:

Art. 157 – A ordem econômica tem por fim realizar a justiça social com base nos seguintes princípios:

...

III – função social da propriedade.

A Emenda Constitucional nº 1 de 1969 foi responsável pela alteração quase que total desta Constituição, sendo considerada quase que uma nova Constituição (Constituição de 1969). A referida Emenda deu a seguinte redação ao art. 160:

Art. 160 – A ordem econômica e social tem por fim realizar o desenvolvimento nacional e a justiça social, com base nos seguintes princípios:

I – liberdade de iniciativa;

II – valorização do trabalho como condição da dignidade humana;

III – função social da propriedade;

...

Diante deste dispositivo legal, a garantia do direito de propriedade atrelado à função social que lhe é própria foi consagrada como princípio constitucional que, por assim ser, serviria de base a todo o sistema jurídico.

4.3. O Ato Instiucional nº 5 (AI5)

O Ato Institucional nº 5, de 13.12.68, refletiu também na Política Agrária, particularmente quanto tivemos a edição do Ato Complementar nº 45:

Ato complementar nº 45, de 30 de janeiro de 1969

Art. 3º – Lei especial determinará as condições, restrições, limitações e demais exigências a que ficará sujeita a aquisição de imóvel rural por pessoa estrangeira natural ou jurídica, tendo em vista a defesa da integridade do território nacional, a segurança do Estado e a justa distribuição da propriedade.

O AI5 foi o responsável pela maior concentração do autoritarismo que se conheceu no Brasil e seus reflexos são evidentes em todos os segmentos sociais. Na política agrária, o acesso à propriedade da terra estava condicionado a que os proprietários defendessem a integridade da Nação e a segurança nacional. Assim, com integridade e segurança, poder-se-ia fazer a "justa" distribuição da propriedade.

4.4. Outras legislações

No ano de 69, continuaram os decretos-leis. No mês de maio, o Decreto nº 582 objetivou estabelecer medidas para acelerar a Reforma Agrária, que deveria atender à função social da propriedade da terra, assim como à função econômica.

A partir dos anos 70, surgiram decretos-leis para a implementação e viabilização da "dita" reforma. Tais decretos pretendiam fazer revisões nos cadastros rurais, como é o caso do Decreto n° 70.231, de 03.03.72. No final deste mesmo ano, a Lei n° 5.868 criou o Sistema Nacional de Cadastro Rural. Depois, tivemos os sucessivos decretos que regulamentaram esta lei, como, por exemplo, o Decreto n° 72.106, de abril de 1973. Sucederam-se leis e decretos até 1978, quando tivemos a Lei n° 6.602, de 7.12.78, a qual alterou a Lei n° 3.365, de 1941, que dispôs sobre desapropriações por utilidade pública. Veremos, a seguir, como se apresentou a estrutura fundiária, segundo o Recadastramento de Imóveis Rurais de 1978: de 1972 a 1978 houve um aumento de 21,5 % no número de imóveis de 2 mil a 5 mil hectares e de 15% nos de 5 mil hectares e mais; em 1972, apenas 3% dos imóveis rurais detinham 61% da área total; em 1978, por volta de 3,6% dos imóveis detinham 67% da área total.

Ou seja, todos os decretos e leis produzidos serviram para um aumento significativo dos latifúndios. Outros dados deste cadastro, também, revelavam e confirmavam o que já afirmamos desde o Estatuto da Terra: a concentração dos latifúndios cresceu e continuaria a crescer, mesmo com novos acertos que se tentam fazer na Lei n° 4.504. Em dezembro de 1979, retornaram as revisões do Estatuto da Terra, através da Lei n° 6.746, da qual destacamos o artigo 4°:

Art. 4° – Fica o Instituto Nacional de Colonização e Reforma Agrária – INCRA autorizado a instituir prêmio-incentivo a produtores rurais das diferentes regiões do País, nas diversas modalidades de exploração, como forma de estimular o uso racional e intensivo da terra, e o cumprimento da sua função social.

Um aspecto retomado por este artigo é a função social da propriedade. Para tratar deste assunto recordamos o pensamento de Luiz Edson Fachin, o qual trata da função social da posse e da propriedade:

"A função social da posse situa-se em plano distinto, pois, preliminarmente, a função social é mais evidente na posse e muito menos evidente na propriedade, que mesmo sem uso, pode se manter como tal. A função social da propriedade corresponde a limitações fixadas no interesse público e tem por finalidade instituir um conceito dinâmico de propriedade em substituição ao conceito estático, representando uma projeção da reação antiindividualista. O fundamento da função social da propriedade privada o que há de eliminável. O fundamento da função social da posse revela o imprescindível, uma expressão natural da necessidade" (Fachin, 1988: 19-20).

Temos já 15 anos de Estatuto da Terra, em que o objetivo norteador era a Reforma Agrária. Segundo dados do próprio INCRA, foram beneficiadas 9.327 famílias em projetos de Reforma Agrária. O índice de Gini, que trata da distribuição de terras, teve a seguinte evolução:

1960 = 0,731

1970 = 0,858

1975 = 0,867

Esses dados fazem-nos ver, por um lado, um crescimento insignificante; por outro lado, recordamos que este cálculo inclui somente a distribuição entre proprietários. Considerando-se as famílias que não possuíam terra, assim se apresentou o índice de Gini:

1960 = 0,879

1970 = 0,938

1975 = 0,942

Será esta a função social da propriedade? Nossa resposta é óbvia: não é esta a função social da propriedade. O advogado Jacques Távora Alfonsin muito estudou, tanto no plano teórico como no empírico, a função social da propriedade. Em consonância com este jurista, concluímos esta parte do nosso estudo com a análise feita por este brilhante advogado, apresentado no Seminário de Direito Agrário, realizado em São Paulo – novembro de 2000:

"O fato de a terra ser indispensável à vida de qualquer pessoa, esteja onde estiver, não faz com que a sua suficiência, ou não, para garantir aquele direito, em função do qual todos os outros e o próprio Estado existem, seja priorizada, quando se interpreta o ordenamento jurídico vigente sobre ela" (Alfonsin, 2000: 01).

Alfonsin tem razão, assim como Hume, quando afirmava que todas as coisas úteis para a vida dos homens nascem da terra. A terra é efetivamente indispensável, afinal somos filhos da terra, nascemos, vivemos e morremos na terra. A terra é mãe! Tanto na mitologia como em qualquer outra área do conhecimento, a terra apresenta-se como indispensável à vida do homem; tanto do homem rural como do homem do campo, como infere Alfonsin, esteja onde estiver. A legislação sobre a terra, como já afirmava Hume e Harrington, sempre foi temida, porque legislar sobre a terra é legislar sobre a vida. O espaço terra, como afirmado por Alfonsin, é necessário também à população miserável do Brasil que não tem acesso a ela.

5. Dos anos 80 aos dias atuais

Cuidaremos, neste capítulo, da produção legislativa da década de 80, importantes e decisivos anos para a história do Brasil, pois trouxeram a "abertura democrática", tendo como marco decisivo a Carta Constitucional de 1988 (dita Constituição Cidadã), chegando-se às mais recentes leis (e não mais decretos), que culminaram com a criação do Banco da Terra em 1998 (Lei Complementar nº 93/98).

5.1. Da produção legislativa Pré-Constituição

Estamos ingressando nos anos 80, em que os movimentos sociais retomam as suas lutas ainda que, muitas vezes, utilizando-se de subterfúgios e de Instituições Sociais "não suspeitas". Trataremos deste argumento quando fizermos o histórico do MST. Agora, todavia, seguimos examinando a interminável legislação agrária.

Inauguram-se os anos de 1980 com o Decreto-lei nº 1766, de 28 de janeiro, que demonstrou claramente a ineficácia do sistema da política, mas uma ineficácia útil. Explicamo-nos melhor: este decreto dispõe sobre a doação de imóveis em pagamento de débitos relativos ao Imposto sobre Propriedade Territorial Rural, conforme dispõe o seu primeiro artigo:

Art. 1º – Fica o Instituto Nacional de Colonização e Reforma Agrária – INCRA – autorizado a receber imóveis em pagamento dos débitos inscritos em dívida ativa e relativos ao Imposto sobre a Propriedade Territorial Rural, à Taxa de Serviços Cadastrais, à Contribuição Sindical Rural e à Contribuição de que trata o art. 5º do Decreto-Lei nº 1.146 de 31.12.1970.

§ 1º – Para os efeitos deste artigo, o valor do imóvel dado em pagamento, se imóvel rural, será o constante da Declaração para Cadastro de Imóvel Rural, que originou o lançamento do crédito tributário, corrigido monetariamente.

§ 2º – Na hipótese da inaplicabilidade do disposto no parágrafo anterior, o valor do imóvel será apurado em laudo de avaliação, promovido pelo Instituto Nacional de Colonização e Reforma Agrária - INCRA.

§ 3º – Os imóveis recebidos nos termos do caput deste artigo integrarão o patrimônio do INCRA.

Com efeito, o que significa isto? Significa que o governo criou medidas "eficazes e eficientes" para que os pequenos proprietários rurais não pudessem pagar seus débitos, especialmente as efetuadas com os bancos, ou seja, criou formas para que estes saldassem suas dívidas entregando sua propriedade para o próprio Governo. A isso chamamos de ineficácia útil. Nesse decreto, estão previstas todas as formas em que o INCRA está autorizado a receber imóveis em pagamento dos débitos inscritos em dívida ativa e relativa ao Imposto sobre a Propriedade Rural. Não é por mero acaso a migração do campo para a cidade. Assim, no ano de 1960, o IBGE acusa que 55,3% da população vivia no meio rural; no ano de 1980, a população que vive no campo é 32,4%; nos anos 90, a população rural é de 24,5%. Estes dados falam por si e evidenciam a relação entre poder e direito. Eligio Resta dedicou-se a este argumento, tratando desse jogo entre poder e direito:

"Il gioco che si instaura tra potere e diritti è talmente complesso da ricomprendere tutta la storia dei sistemi giuridici e politici moderni. La loro differenziazione non sempre è un dato acquisito e più spesso è un problema non risolto che continua ad agitare il dibattito contemporaneo e che ha grandi riflessi nella teoria della democrazia"[188] (Resta, 1996a: 9).

É desse jogo que a produção legislativa segue deliberadamente criando e recriando política e juridicamente novos decretos e leis, mas os movimentos sociais estão atentos, mesmo que não possam alterar ainda a Política Agrária. Em 10.12.81, veio a Lei nº 6.969 que regulamenta a aquisição através da usucapião. O grande mérito desta lei foi ter facilitado a aquisição da propriedade imóvel rural pelo instituto da prescrição aquisitiva ao reduzir o prazo *ad usucapionem* para cinco anos, conforme artigo 1º:

Art. 1º – Todo aquele que, não sendo proprietário rural nem urbano, possuir como sua, por 5 (cinco) anos ininterruptos, sem oposição, área rural contínua, não excedente de 25 (vinte e cinco) hectares, e a houver tornado produtiva com seu trabalho e nela tiver sua morada, adquirir-lhe-á o domínio, independentemente de justo título e boa-fé, podendo requerer ao juiz que assim o declare por sentença, a qual servirá de título para transcrição no registro de imóveis.

Observemos, como dito, que o mérito da lei foi ter reduzido o prazo aquisitivo, pois, pelo regime do Código Civil de 1916, a aquisição por usucapião dava-se por períodos mínimos de 10, 15 ou 20 anos. Dez ou quinze anos em caso de usucapião ordinário, que pressupunha a existência de justo título e boa-fé conforme o proprietário fosse ausente ou presente. Em caso de usucapião extraordinário, então independentemente de justo título ou boa-fé, o prazo mínimo aquisitivo era de 20 anos.

A Lei nº 6.969/81 foi regulamentada pelo Decreto nº 87.040, de 17 de março 1982, que especificou as áreas indispensáveis à segurança nacional e, por isso, insuscetíveis de usucapião especial. Em setembro daquele mesmo ano, editou-se nova disposição sobre a aquisição através do usucapião e a relação com terras devolutas. No final de 1982, tivemos o Decreto nº 1.989 que, em seu artigo 1º, dispunha:

---

[188] "O jogo que se instaura entre poder e direito é totalmente complexo para recompreender toda a história dos sistemas jurídicos e políticos modernos. A sua diferenciação nem sempre é um dado adquirido e freqüentemente é um problema não resolvido que continua a agitar o debate contemporâneo, e que tem grandes reflexos na teoria da democracia" Tradução Livre.

Art. 1º – A contribuição a que se refere o art. 5 do Decreto-lei nº 1.146, de 31 de dezembro de 1970, passa a ser fixada em 21% do valor de referência regional, para cada módulo fiscal atribuído ao respectivo imóvel de conformidade com o art. 50 § 2º, da Lei nº 4.504 de 30 de novembro de 1964, com a redação dada pela Lei nº 6.746, de 10 de dezembro de 1979.

Toda esta produção e reprodução interessa-nos porque assim podemos seguir o percurso que se traçou para chegar ao Decreto nº 91.766, de 10 de outubro de 1985, que aprova o Plano Nacional de Reforma Agrária. Este plano prevê a implementação da Lei de Terras, ficando o INCRA como responsável primeiro pela efetivação da Reforma Agrária. É um decreto longo e detalhista. Na primeira parte, trata dos pressupostos da Reforma Agrária, afirmando a necessidade de incentivar a exploração nacional da terra, recordando de leis e decretos precedentes que já previam esta necessidade, como a Constituição de 46, a qual antevia a justa distribuição da propriedade. Estipula ainda os princípios básicos da Reforma Agrária. Para tal, retoma o Estatuto da Terra, a função social da propriedade, o incentivo para os pequenos agricultores, prevê também a integração entre os estados da federação e os municípios para efetivar a Reforma. Sobre este argumento transcrevemos parte do decreto:

"A Reforma Agrária, como processo fundamental à reorientação do desenvolvimento do País, é condição indispensável à redemocratização política, econômica e social da Nação e demandará, ao longo de sua implementação, o decisivo apoio dos Governos Estaduais e Municipais."

Observamos que a Reforma Agrária é uma questão que envolve toda a Nação, visto que é condição indispensável para a redemocratização do país. Desta forma, os Municípios e Estados devem ter participação ativa. Como diz o próprio decreto, os sistemas locais de infra-estrutura, de produção, de comercialização, de educação, de saúde e outros deverão ser acionados e estimulados em ações conjuntas com os organismos federais. Contudo, não são só as instituições públicas que devem participar, este decreto prevê também a participação da sociedade civil, ou seja, tudo encaminha-se mais uma vez para a "verdadeira" Reforma. Até mesmo a preservação do meio ambiente.

Na segunda parte do decreto, trata-se especificamente da Reforma Agrária, dos objetivos e metas, das áreas prioritárias, das estratégias de ação, das políticas de promoção social, dos recursos e financiamentos. Enfim, tudo pronto para a Reforma Agrária, e, assim, para a democratização do Brasil.

No tocante a esse enfoque, os dados do INCRA são os seguintes: entre 1979 e 1984 foram assentadas 37.884 famílias; em 1985, o então Presidente José Sarney, para "efetivar a redemocratização", prometia o assentamento de um milhão e quatrocentas mil famílias. Até o final do seu governo, sua promessa não foi cumprida e foram assentadas apenas 90.000 mil famílias.

Entretanto, o processo da Reforma está ainda em curso: em fevereiro de 1988, o Decreto 95.715 regulamentou as desapropriações para a reforma agrária; em maio daquele ano, alterou-se com a Lei 4.504 nos artigos 27 e 28.

5.2. Constituição de 1988

A Constituição de 1988 foi promulgada em um período de abertura política, de redemocratização e de clamor social pelo respeito ao cidadão. Nesta conjuntura, o capítulo dos Direitos e Garantias Fundamentais (no qual foi reafirmado o direito de propriedade) foi trazido para o artigo 5º, ou seja, para o início da Constituição (ao contrário das anteriores), demonstrando uma preocupação do legislador constituinte justamente em dar guarida a estes direitos e garantias, posto que maltratados pelo anterior regime.

Assim dispõe o artigo 5º:

Art. 5º – Todos são iguais perante a lei, sem distinção de qualquer natureza, garantindo-se aos brasileiros e aos estrangeiros residentes no País a inviolabilidade do direito à vida, à liberdade, à igualdade, à segurança e à propriedade, nos termos seguintes:

...

XXII – é garantido o direito de propriedade;

O direito de propriedade é direito real, direito a ter alguma coisa (coisas materiais ou imateriais suscetíveis de valor econômico) como sua, poder usar, gozar e dispor dela e, ainda, reivindicá-la de quem injustamente a detenha. São elementos constitutivos da propriedade o *jus utendi*, o *jus fruendi*, o *jus abutendi* ou *disponendi* e a *rei vindicatio*. Este direito não é absoluto, porque condicionado ao atendimento à função social da propriedade, como dispõe o inciso seguinte:

XXIII – a propriedade atenderá a sua função social;

Em face deste inciso, o direito de propriedade só poderá ser reconhecido e assegurado quando for atendida a função social correspondente. Este é um dever do proprietário. A terra não pode ser improdutiva e abandonada: deve produzir e ser útil à comunidade (sem, com isso, deixar de ser privada). De acordo com o art. 170 da Constituição Federal, inciso

III, a função social da propriedade é um princípio geral da atividade econômica, que objetiva "assegurar a todos existência digna". É o art. 186 da Constituição, porém, que estabelece quando a função social da propriedade imobiliária rural é cumprida: "Art. 186 – A função social é cumprida quando a propriedade rural atende, simultaneamente, segundo critérios e graus de exigência estabelecidos em lei, aos seguintes requisitos: I – aproveitamento racional e adequado; II – utilização adequada dos recursos naturais disponíveis e preservação do meio ambiente; III – observância das disposições que regulam as relações de trabalho; IV – exploração que favoreça o bem-estar dos proprietários e dos trabalhadores."

A propriedade rural é um bem de produção e deve ser utilizada de forma adequada, respeitando o meio-ambiente e as leis trabalhistas. Ivan Ramon Chemeris, juiz aposentado, entende que a propriedade rural deve proporcionar uma vida digna:

> "... há uma preocupação legal de elevação do nível econômico e social da população com a obtenção de maior produtividade e uma melhor distribuição da riqueza; a propriedade não seria apenas um meio para a consecução de interesses particulares, mas, sim, um instrumento para assegurar a todos condições de vida digna e de pleno exercício da cidadania." (Chemeris, 2002: 82)

A função social da propriedade restringe o direito de propriedade e se estabelece como um direito social e um dever individual e fundamental do proprietário.

XXIV – a lei estabelecerá o procedimento para desapropriação por necessidade ou utilidade pública, ou por interesse social, mediante justa e prévia indenização em dinheiro, ressalvados os casos previstos nesta Constituição;

XXV – no caso de iminente perigo público, a autoridade competente poderá usar de propriedade particular, assegurada ao proprietário indenização ulterior, se houver dano;

XXVI – a pequena propriedade rural, assim definida em lei, desde que trabalhada pela família, não será objeto de penhora para pagamento de débitos decorrentes de sua atividade produtiva, dispondo a lei sobre os meios de financiar o seu desenvolvimento.

No artigo 186, assim está definida a função social da propriedade:

Art. 186 – A função social é cumprida quando a propriedade rural atende, simultaneamente, segundo critérios e graus de exigência estabelecidos em lei, aos seguintes requisitos:

I – aproveitamento racional e adequado;

II – utilização adequada dos recursos naturais disponíveis e preservação do meio ambiente;

III – observância das disposições que regulam as relações de trabalho;

IV – exploração que favoreça o bem-estar dos proprietários e trabalhadores.

Nada de novidades, pois estes argumentos já vinham sendo escritos desde antes do Estatuto da Terra. O direito à propriedade foi reafirmado, assim como a necessidade de que a propriedade atendesse à função social.

Note-se que o legislador maior buscou, com o disposto no inciso XXVI do artigo 5°, livrar a pequena propriedade rural da penhora para pagamento de débitos (princípio da impenhorabilidade). Porém, tal disposição não impediu a perda da propriedade na execução de dívidas, uma vez que não alcança a situação do proprietário que dá em garantia o bem (e o agente financiador sempre vai exigir o imóvel em garantia do financiamento agrícola). E nem poderia ser diferente, porque é princípio de direito, quem pode o mais, pode o menos: quem pode vender, pode hipotecar, dar em garantia, etc.

5.3. Assentamentos nos últimos Governos

O novo é o momento em que se encontra a evolução social da sociedade brasileira, o novo é a possibilidade e organização dos movimentos sociais e o crescimento do Movimento dos Trabalhadores Sem Terra. Cresce a mobilização social e todos os "brasileiros e brasileiras" estão convencidos da urgência e necessidade da Reforma Agrária. A situação social do campo e da cidade é insustentável. Nesse contexto, tivemos o Presidente Collor, o qual, em dois anos, paralisou o programa de assentamentos; por sua vez, o Presidente Itamar Franco retoma o processo de assentamentos e propõe assentar 80 mil famílias, todavia, no final do seu governo, assentou 23 mil. Sobre o período do Presidente Fernando Henrique Cardoso, retomamos a análise com as palavras do ex-Presidente:

> "O desafio da reforma agrária continua a ser, em primeiro lugar, o de dar terra a quem não a tem, mas passa a ser cada vez mais, igualmente o de assegurar que o assentado possa transformar-se em agricultor produtivo e rentável... O objetivo da reforma agrária não deve ser necessariamente o de aumento da produção agrícola, mas sim o de criar empregos produtivos e rentáveis, para milhares de brasileiros que buscam o seu sustento no campo. As ações de reforma agrária, por isto, devem ser acompanhadas de programas de apoio ao pequeno agri-

cultor, de qualificação profissional, e de geração de emprego no campo, tal como vem ocorrendo" (Cardoso, 1997: 9).

E como dar terra a quem não tem? Criando-se o Banco da Terra? A idéia do ex-Presidente era até 1998 assentar 280 mil famílias, assim distribuídas: no ano de 1995, 40 mil famílias; em 1996, outras 60 mil famílias; em 1997, 80 mil famílias; em 1998, 100 mil famílias. Uma meta que segundo o governo é audaciosa e modesta, porque na história do Brasil se desconhece uma política que proponha tantos assentamentos. Concordamos com o ex-Presdiente que seja uma proposta modesta diante da magnitude do problema.

O MST contesta o número real de assentamentos quando afirma em vários jornais e publicações as seguintes observações: 30% (conforme dados do Palácio do Planalto) das famílias computadas, nas 280 famílias, faziam parte de antigos projetos e, ainda, 44% das famílias que teriam sido assentadas tratavam-se de posseiros. Independente destes dados, é grave a situação que hoje se encontram os trabalhadores do campo, os pequenos proprietários.

As políticas governamenais tentam resolver o problema fundiário brasileiro através de leis, decretos, Constituições e também por meio da criação de órgãos responsáveis pela mudança na estrutura fundiária. Passaremos, então, a ressaltar uma das mais importantes medidas (segundo os administradores do Banco da Terra) adotadas pelo governo Fernando Henrique Cardoso: o Banco da Terra.

5.4. O Banco da Terra

O Banco da Terra foi criado através da Lei Complementar nº 93, de 04.02.1998, publicada no Diário Oficial da União (DOU) 05.02.1998, e regulamentada pelo Decreto nº 3.027, de 13.04.1999, este publicado no DOU de 14.04.1999, em vigor desde sua publicação. A lei, no seu primeiro artigo, explicita, teoricamente e juridicamente, os objetivos de sua criação:

Art. 1º – É criado o Fundo de Terras e da Reforma Agrária – Banco da Terra – com a finalidade de financiar programas de reordenação fundiária e de assentamento rural.

Parágrafo único. São beneficiários do Fundo:

I – trabalhadores rurais não-proprietários, preferencialmente os assalariados, parceiros, posseiros e arrendatários, que comprovem, no mínimo, cinco anos de experiência na atividade agropecuária;

II – agricultores proprietários de imóveis cuja área não alcance a dimensão da propriedade familiar, assim definida no inciso II do art. 4º da Lei nº 4.504, de 30 de novembro de 1964, e seja, comprovadamente, insuficiente para gerar renda capaz de lhe propiciar o próprio sustento e o de sua família.

Como todas as propostas e projetos, também o Banco da Terra parte de um pressuposto ideal: dar terra a todos os que já trabalham nela e que, por razões econômicas, não tiveram a possibilidade de se tornarem proprietários; todavia, a proposta do Banco vai além, pois prevê, também, a compra de novas terras pelos pequenos proprietários, cuja propriedade não é mais suficiente para o seu sustento e o de sua família. A lei expressa o desejo e a aspiração das pessoas que, historicamente, foram exploradas no campo. São os meeiros, posseiros, agregados e toda a infinidade de denominações dadas aos trabalhadores rurais. Estes, desde que tenham cinco anos de experiência na agropecuária, podem ser beneficiados pelo Banco da Terra. Porém, sabemos como funcionam estes projetos e as reformas. Em outras palavras, são sempre projetos criados para serem reformulados, porque partem de idéias e não da realidade real, como diria Marx.

Na entrevista que fizemos com um dos mentores intelectuais do Banco da Terra, ele esclarece-nos sobre os ideais da criação do Banco:

> "O Banco da Terra na verdade é uma contraposição de um instrumento de ação de Estado, que é desapropriação, para um instrumento de mercado com recursos públicos mas instrumentos de mercado, ou seja, os interessados identificam a área, negociam com o proprietário a aquisição e tem um crédito para adquirir: isso é o Banco da Terra"

O Banco da Terra surge, segundo o Ministro da Política Fundiária e da Agricultura Familiar, Raul Jungmann, com o objetivo de quebrar o círculo da exclusão social. Antes da instalação do Banco da Terra, o governo realizou um projeto piloto, que foi denominado Cédula da Terra, o qual objetivava que "os trabalhadores rurais conquistassem a terra pela porta da frente, sem demora, sem conflito" – conforme afirma o Ministro no Documento "Banco da Terra – 1999". A lei do Banco da Terra prevê, também, a descentralização das suas atividades através dos estados e municípios, em consonância com o artigo que apresentamos a seguir:

Art. 4º – O Fundo de Terras e da Reforma Agrária – Banco da Terra – será administrado de forma a permitir a participação descentralizada de Estados e Municípios, na elaboração e execução de projetos, garantida a participação da comunidade no processo de distribuição de terra e implantação de projetos.

§ 1º – A gestão financeira do Fundo caberá aos bancos oficiais, de acordo com as normas elaboradas pelo órgão competente.

§ 2º – É vedada a utilização dos recursos financeiros do fundo para pagamento de despesas com pessoal e encargos sociais, a qualquer título, sendo aquelas de responsabilidade do órgão a que pertencer o empregado, servidor ou representante.

O Banco da Terra é considerado, pelos seus criadores, como um moderno instrumento para auxiliar na resolução "pacífica" do problema de distribuição de terras no Brasil, ou ainda, o Banco da Terra é o *"'Pai' de toda a reforma agrária, a terra é um bem de produção"*. Observamos, nas várias entrevistas que fizemos, como os gestores têm uma preocupação em enfatizar que os "novos proprietários de terras" entrarão pela "porta da frente", ou seja, com a política governamental, não tem mais sentido a existência de qualquer movimento social que reivindique terra. Por esta razão, é fundamental a integração dos estados e municípios, quando se poderá controlar, de forma efetiva, esta "entrada pela porta da frente". Assim afirma o Secretário Executivo do Banco da Terra:

> "... o Banco da Terra já nasce com uma concepção moderna, com dois pressupostos básicos: a descentralização e a sustentabilidade ... a primeira fase para a implementação do programa é a aquisição de terras, a segunda é a criação de uma infra-estrutura básica e a terceira é o investimento produtivo ... então o primeiro passo é a adesão do Estado ao programa ... depois a associação dos município, que se dará através dos Conselhos Municipais.
>
> A terra passa a ser vista como mercadoria, porque o que interessa é lá na ponta, interessa que eu tenha um produtor que hoje está em produzir porque ele não tem terra, e através do Banco da Terra ele poderá adquirir...".

O terceiro artigo reflete a modalidade da compra das terras, bem como o envolvimento dos Estados e Municípios:

Art. 3º – A receita que vier a constituir o Fundo de Terras e da Reforma Agrária será usada na compra de terras e na implantação de infra-estrutura em assentamento rural promovido pelo Governo Federal na forma desta Lei Complementar, por entidades públicas estaduais e municipais e por cooperativas e associações de assentados.

Parágrafo único. As terras doadas ou adquiridas em favor do Fundo de Terras e da Reforma Agrária serão incorporadas ao patrimônio da União e administradas pelo órgão gestor desse Fundo.

Os objetivos básicos do Banco da Terra são enumerados no quinto artigo da lei e enfatizam pressupostos já apresentados em outros planos e/ou projetos de reforma agrária. Por exemplo, é de competência do Banco da Terra promover e garantir a efetiva participação dos Estados e Municípios e a fiscalização dos projetos. Destacamos a seguir dois incisos do art. 5º:

VI – deliberar sobre medidas a adotar, nos casos de comprovada frustração de safras, e sobre a obrigatoriedade do seguro agrícola;

PROPRIEDADE DA TERRA
Análise sociojurídica

VII – fiscalizar e controlar as atividades técnicas delegadas aos Estados e aos Municípios.

É importante ressaltar que até o financiamento chegar "às mãos" dos pequenos agricultores ou dos trabalhadores rurais sem terra existe um longo e complexo processo, que vai desde a vontade do latifundiário de vender suas terras (e quando o faz é porque já não tem mais interesse naquela porção de terras ou porque a terra, enquanto mercadoria, é objeto de compra e venda, e, portanto, poderá lhe auferir lucros) até o preenchimento dos inúmeros cadastros e fichas. Tais procedimentos, segundo os gestores do Banco, servem para controlar que quem está inserido no programa esteja realmente cumprindo com os critérios estipulados no primeiro artigo desta lei. Depois de adquirida a terra, o novo proprietário terá o *status* de integrante do "novo mundo rural" e, como participante deste mundo, poderá pagar suas terras em até 20 anos, incluída a carência de 36 meses conforme regulamentado pelo artigo 7° da Lei do Banco da Terra.

O Banco da Terra, também, poderá financiar associações, como podemos observar pelo seu artigo dez:

Art. 10 – As entidades representativas dos produtores e dos trabalhadores rurais, sob a forma de associações ou cooperativas, com personalidade jurídica, poderão pleitear financiamento do Fundo – Banco da Terra – para implantar projetos destinados aos beneficiários previstos no parágrafo único do art. 1°.

§ 1° – Os financiamentos concedidos às cooperativas ou associações de produtores rurais, vinculados aos projetos de assentamento, devem guardar compatibilidade com a natureza e o porte do empreendimento.

§ 2° – A cooperativa ou associação de produtores rurais poderá adquirir a totalidade do imóvel rural para posterior repasse das cotas-partes da propriedade da terra nua, bem como dos custos da terra e dos investimentos em infra-estrutura aos seus cooperados ou associados beneficiários desse Fundo.

Como podemos observar através da análise dos artigos da Lei complementar n° 93, de 04.02.1998, esta poderia efetivar a reforma agrária – talvez aquela "verdadeira reforma" que já se falava nos anos anteriores. Porém, o que realmente vemos é que esta é mais uma proposta de reforma da reforma e que, justamente por isso, em alguns momentos beneficiará os grandes latifundiários. Podemos fundamentar esta crítica pelos dados de realidade, os quais revelam que existe no mercado uma grande quantidade de latifundiários que desejam vender suas terras, isso porque, na modernidade, ser proprietário de terras, pura e simplesmente, sem nelas produzir, não tem sentido. Então, estes "velhos senhores da casa grande"

216   *Sandra Regina Martini Vial*

colocam, "gentilmente", suas propriedades à disposição do Estado para efetivar a "justa distribuição da propriedade da terra no Brasil".

5.5. O novo Código Civil brasileiro

O Novo Código Civil Brasileiro – Lei n° 10.406, de 10 de janeiro de 2002, publicada no Diário Oficial da União em 11 de janeiro de 2002 – entrou em vigor no dia 11 de janeiro de 2003. As propostas de mudanças para a lei civil tramitavam no Congresso desde 1975. O projeto de lei foi aprovado e encaminhado para o Senado para a revisão em 1984 e retornou para a Câmara de Deputados em 1997. Neste período foi promulgada a Constituição Federal (1988). É devido a isso que se discute a atualidade do novo "velho" Código Civil Brasileiro. De fato, já existiam inúmeras propostas de mudanças para esta lei, mesmo antes de sua vigência.[189]

O Título III, que trata da Propriedade, em seu Capítulo I – Da Propriedade em Geral –, Seção I – Disposições Preliminares, compreende os seguintes artigos:

Art. 1.228. O proprietário tem a faculdade de usar, gozar e dispor da coisa, e o direito de reavê-la do poder de quem quer que injustamente a possua ou detenha.

§ 1° O direito de propriedade deve ser exercido em consonância com as suas finalidades econômicas e sociais e de modo que sejam preservados, de conformidade com o estabelecido em lei especial, a flora, a fauna, as belezas naturais, o equilíbrio ecológico e o patrimônio histórico e artístico, bem como evitada a poluição do ar e das águas.

§ 2° São defesos os atos que não trazem ao proprietário qualquer comodidade, ou utilidade, e sejam animados pela intenção de prejudicar outrem.

§ 3° O proprietário pode ser privado da coisa, nos casos de desapropriação, por necessidade ou utilidade pública ou interesse social, bem como no de requisição, em caso de perigo público iminente.

§ 4° O proprietário também pode ser privado da coisa se o imóvel reivindicado consistir em extensa área, na posse ininterrupta e de boa-fé, por mais de cinco anos, de considerável número de pessoas, e estas nela houverem realizado, em conjunto ou separadamente, obras e serviços considerados pelo juiz de interesse social e econômico relevante.

§ 5° No caso do parágrafo antecedente, o juiz fixará a justa indenização devida ao proprietário; pago o preço, valerá a sentença como título para o registro do imóvel em nome dos possuidores.

---

[189] Nas notas conclusivas do presente estudo far-se-á uma interpretação a respeito do sentido ou do "não sentido" das reformas legislativas.

Art. 1.229. A propriedade do solo abrange a do espaço aéreo e subsolo correspondentes, em altura e profundidade úteis ao seu exercício, não podendo o proprietário opor-se a atividades que sejam realizadas, por terceiros, a uma altura ou profundidade tais, que não tenha ele interesse legítimo em impedi-las.

Art. 1.230. A propriedade do solo não abrange as jazidas, minas e demais recursos minerais, os potenciais de energia hidráulica, os monumentos arqueológicos e outros bens referidos por leis especiais.

Parágrafo único. O proprietário do solo tem o direito de explorar os recursos minerais de emprego imediato na construção civil, desde que não submetidos a transformação industrial, obedecido o disposto em lei especial.

Art. 1.231. A propriedade presume-se plena e exclusiva, até prova em contrário.

Art. 1.232. Os frutos e mais produtos da coisa pertencem, ainda quando separados, ao seu proprietário, salvo se, por preceito jurídico especial, couberem a outrem.

Estes artigos, se comparados àqueles que regulavam o direito de propriedade no Código Civil precedente, já comentado no presente estudo, revelam que o atual Código Civil inova muito pouco. O art. 1.231, por exemplo, substitui o art. 527 do antigo Código Civil, que dispunha: "Art. 527 – O domínio presume-se exclusivo e ilimitado, até prova em contrário." É evidente a mínima alteração existente entre um artigo e outro. Assim também procede em relação ao art. 1.232 do presente código e o art. 528 do código anterior: "Art. 528 – Os frutos e mais produtos da coisa pertencem, ainda quando separados, ao seu proprietário, salvo se, por motivo jurídico, especial, houverem de caber a outrem."

A inovação do Código Civil vigente está no § 1º do art. 1.228, o qual enfatiza as finalidades econômicas e sociais do direito de propriedade. É a lei civil tratando, também, de uma função social da propriedade. As conseqüências são, como expõe Ivan Ramon Chemeris, a delimitação, pela função social, dos caracteres (absolutismo, exclusividade e irrevogabilidade) e dos elementos (usar, gozar e dispor da coisa e de reavê-la de quem quer que injustamente a possua ou detenha) do direito de propriedade.

É importante enfatizar que a lei civil deve ser interpretada de acordo com a norma e com os princípios constitucionais, visto que, se contrária a eles, tratar-se-á de inconstitucionalidade da lei. Ressaltamos as palavras de Ivan Ramon Chemeris:

"... ao Direito Civil, no que tange ao direito de propriedade, cabe regular as relações civis decorrentes do direito de propriedade, mas não seu regime jurídico, que é constitucional." (Chemeris, 2002: 55)

Neste sentido é que se fundamenta a luta do Movimento dos Trabalhadores Rurais Sem Terra quando buscam proteção no sistema jurídico por meio de uma real e efetiva interpretação da norma constitucional. Adiante, conheceremos o MST, a fim de identificar e compreender a sua gênese, o desenvolvimento da sua história e os objetivos da sua luta.

Capítulo II
Os índios

Dedicamos este capítulo aos primeiros desterrados da própria terra – os índios. Trataremos, inicialmente, dos *desencontros* da *descoberta* do Brasil no que diz respeito à forma como os portugueses *relacionaram-se* com a população nativa. Na seqüência, dedicaremo-nos ao estudo das primeiras formas legais de proteção aos silvícolas até a Constituição de 1943; na terceira parte, estudaremos a proteção legal dos indígenas desde as Constituições seguintes até os dias atuais; e, por fim, apresentaremos uma breve descrição da reserva indígena que visitamos, como subsídio empírico para a nossa tese, inclusive com apresentação de alguns depoimentos destes indígenas.

6. Os desencontros do "encontro" do Brasil

"Andariam na praia, quando saímos, oito ou dez dêles; e dai a pouco começaram a vir (mais). E parece-me que viriam, êste dia à praia quatrocentos ou quatrocentos e cinqüenta. Alguns dêles traziam arcos e setas; e deram tudo Em troca carapuças e por qualquer coisa que lhes davam"
(Carta de Pero Vaz de Caminha ao Rei D. Manuel, 1º de maio de 1500)

Andariam pela praia livremente até a chegada dos ocidentais, andariam livremente, andariam em grupos, andariam sentindo-se os verdadeiros e únicos filhos da terra. Terra que era considerada como mãe universal, como mãe protetora, como mãe dona da vida e da morte, como mãe que merece um afeto especial em seus ritos e ritmos. Dessa mãe nasceram e a esta mãe prestam continuamente homenagens, terra-mãe que lhes deu os rios para pescar, terra-mãe que lhes deu as matas para caçar, terra-mãe que lhes deu espaço de vida e que, em 1500, torna-se, sobretudo, espaço de luta e morte. Terra que não é mais terra de todos, que não é mais terra livre, que não é mais terra de pesca, caça, ritos; mas é terra de propriedade da Coroa Portuguesa. Porém, para os índios a terra é outra coisa, como podemos ver pela entrevista realizada com o Sr. Felix Brissuela, da área indígena da Vila Pacheca – Camaquã/RS (é importante destacar que mantivemos a fala original, mesmo se com problemas de linguagem textual):

"... mais pra nós é grande coisa, então isso significa que a terra pra nós é uma *mãe*, ele mantém pra nós e ele mantém a vivência da terra, então por esso que nós chamamo *a Mãe terra*, porque sem a terra como é que a gente vai viver, se tivesse só água, como é que a gente ia viver, se fosse só árvore se não tivesse a terra, como é que a gente ia vive, então todo esse abate do princípio que é a terra, e o que nós queríamos de outra parte conhecesse a história como é que era nós a riqueza que nos pertence hoje, hoje não temo mais nada..." (Sr. Félix Brissuela).

Ou seja, a terra como a "mãe salvadora", aquela que pode produzir o bem viver. Também depreendemos o lamento do índio no sentido de que desejam que a outra parte – subentende-se que sejam os homens brancos, políticos, juristas, enfim, aqueles que podem decidir sobre tão fundamental problemática e nada fazem porque não reconhecem o mesmo significado que os indígenas com relação aos produtos gerados pela mãe terra – também valorizem a terra. Ao mesmo tempo, o cacique refere-se ao desconhecimento da história em que eles eram os primeiros proprietários das terras.

A história do "desencontro" é também contada pelo índio Alberto Brissuela:

"... o quê que sabia os estrangeiros, o quê que sabiam os grandes, eles invadiam, eles pegavam toda a terra, pegaro o mato ele não sabia pelo menos prá que. Pro branco um pauzinho de madeira não servia prá nada, mais prá nós é grande coisa".

Vejamos que os índios Gaurarani-Mbyá não falam em descobrimento do Brasil, mas falam que os "estrangeiros invadiram", por isso, não tivemos um "encontro" entre culturas diferentes, mas sim um desencontro, onde os que aqui chegaram não respeitaram a cultura local, pois, como afirmou Alberto, eles não valorizavam o mato e nem sabiam para que servia "um pauzinho de madeira", ou seja, o que era significativo para os nativos não foi considerado pelos invasores. Estamos falando em agressividade simbólica, mas os índios também sofreram várias agressividades reais.

Um dos primeiros indícios de agressividade, com os já habitantes das terras brasileiras, foi o fato de que, desde o início da nossa história, observamos um armamento forte da população ocidental, o que levou mais tarde os senhores de engenho e os demais proprietários a se obrigarem a ter em suas dependências um grande arsenal de armas. Fator que provocou, como se pode imaginar, um intenso estado de guerra entre os portugueses e demais europeus e entre os índios que apoiavam um ou outro grupo. Esse fato é evidenciado quando vemos que, em 1500, tínhamos no Brasil uma população de aproximadamente 8.5 milhões de pessoas e, em 1822, a população era de apenas 3 milhões de pessoas. Logicamente que o extrato populacional mais atingido com este genocídio foram os indígenas.

Muito antes de qualquer sinal da *suposta* civilização no Continente Americano, já tínhamos uma cultura presente. É interessante observar que, já nas cartas de doação das terras, fazia-se menção a respeito dos índios escravos, os quais eram obtidos através das guerras entre as tribos. Além de serem utilizados como escravos, também eram enviados a Portugal como "peças raras". Os índios eram praticamente caçados pelos colonos para o trabalho agrário. Em 1548, Tomé de Souza, através de uma determinação do Rei, proibia a guerra contra o gentio sem a autorização do governador geral ou do capitão de determinada capitania. Mais adiante, em 1570, foram condenados os modos ilícitos de capturar os indígenas, mas são estabelecidos dois pressupostos os quais deveriam ser obedecidos na captura dos índios:

> "... as maneiras lícitas de proceder ao seu cativeiro: 1) por guerra justa autorizada pela Coroa ou pelo governador geral; 2) por guerra aqueles «que costumavam saltear os portugueses, ou a outros gentios para os comerem»" (Silva, 1999: 15).

Em outras palavras: embora os índios passassem a ter alguma proteção legal, não havia acabado a escravidão dessa população (vale lembrar que os índios apareciam nos inventários dos bens de determinados capitães). Este é mais um fator que nos fez incluir em nossa pesquisa a população indígena, pois é fundamental para entendermos a distribuição da terra no Brasil, tanto no seu aspecto jurídico quanto social, reportando-nos aos primeiros habitantes. Eles tinham praticamente um direito subjetivo à terra. Então, a posse da terra para eles não tinha necessidade de ser legitimada, ou seja, os indígenas eram donos e possuidores das terras que viviam e, com as freqüentes invasões dos 'civilizados', foram perdendo seu espaço. É importante ainda ressaltar que os índios escondiam-se mata adentro com medo da violência provocada pelos europeus, mesmo embora existissem leis que, teoricamente, os protegiam:

> "Em 1570 o Rei D. Sebastião mandava de Évora carta régia que estabelecia a liberdade dos índios. Passando Portugal para o domínio da Espanha o Rei Felipe II proibiu a escravidão dos gentios por lei datada em 1595. E não foi só. Alvará de 1596, provisão de 1605, lei de 1609,

decreto de 1611, alvará de 1647, lei de 1653, carta régia de 1667, lei de 1680 – tudo embalde" (Ramos, 1964: 119).

Em 1680 temos, no Brasil, um reconhecimento oficial dos direitos originários dos indígenas sobre as terras. O Alvará Régio, de 1º de abril de 1680, diz claramente que esta é a população originária do Brasil e, portanto, estes devem ser reconhecidos como "primeiros ocupantes e donos naturais destas terras". Além deste reconhecimento, o mesmo Alvará expressa a necessidade do respeito à vontade destes quando diz que suas terras devem ser convenientes para o cultivo, não podem ser mudados dos espaços por eles definidos contra a sua vontade e não são, tampouco, obrigados a pagar qualquer tipo de taxa sobre suas terras. O texto original define os indígenas como "primários e naturais senhores delas", ou seja, os donos naturais das terras brasileiras. É neste sentido que Sérgio Buarque de Holanda afirma, nas primeiras linhas do texto Raízes do Brasil, que *"somos ainda hoje uns desterrados em nossa terra"*.

Porém, mesmo com esta *proteção,* "os senhores dela – os índios", desde o início da história da civilização européia no Continente Americano, foram explorados e escravizados. Na verdade, só tivemos escravos no Brasil porque, segundo os portugueses, os índios eram preguiçosos e não gostavam do trabalho. A mesma crítica pode ser feita com relação aos colonizadores. No dizer do autor acima citado, os portugueses aparentavam:

"Uma digna ociosidade sempre pareceu mais excelente, até mais nobilitante, a um bom português, ou a um espanhol, do que a luta insana pelo pão de cada dia. O que ambos admiram como ideal é uma vida de grande senhor, exclusiva de qualquer esforço, de qualquer preocupação. (...) Nossos colonizados eram, antes de tudo, homens que sabiam repetir o que estava feito ou o que lhes ensinara a rotina. Bem assentes no solo, não tinham exigências mentais muito grandes e o Céu parecia-lhes uma realidade excessivamente espiritual, remota, póstuma, para interferir em seus negócios de cada dia." (Holanda: 1999, 38, 52-53)

Observação de ordem similar foi formulada por Gilberto Freyre:

"Corrigindo até certo ponto tão grande influência do clima amollecedor, actuaram sobre o caracter do português, entesenado-o, as condições sempre tensas e vibrateis de contacto humano entre a Europa e a Africa; ..." (Freyre, 1936: 2).

E foi exatamente isso que ocorreu no Brasil, os invasores acomodaram sua vida às custas de *sangue, suor e lágrimas.* O processo inicial de doação das terras brasileiras proporcionou a criação da classe dos grandes senhores de terra, mais tarde, surgiram os grandes senhores do engenho, senhores estes que, até a modernidade, continuam explorando os segmentos mais débeis da população. Os verdadeiros *senhores dela* estavam distantes de terem seus direitos, como primeiros ocupantes e donos naturais destas terras, respeitados. As terras tropicais brasileiras respondiam a algumas necessidades que tinham os europeus: a necessidade, por um lado, de produtos de climas tropicais; por outro lado, a extensão das terras e a fertilidade do solo propiciaram, desde o início, a criação de estruturas latifundiárias. Além da exploração florestal, as terras brasileiras também ofereciam riquezas infinitas no seu subsolo, o que, mais tarde, os europeus acabaram descobrindo e explorando.

Apesar das muitas e diversas tentativas de transformar os indígenas em trabalhadores (escravos), estes não se "dispuseram" a colaborar com os portugueses, o que fez com que os últimos recorressem a uma conhecida alternativa: "a escravidão". Cabe aqui destacar o papel da Igreja Católica no processo de "integração dos indígenas". Tendo presente que a posse da terra, na Idade Média, estava vinculada ao poder do "Santo Padre", os seus discípulos não poderiam estar ausentes no momento em que os europeus chegaram no Brasil. Desde então, a Igreja desempenhou papéis diferentes junto às comunidades indígenas. Inicialmente, os padres tinham como grande objetivo catequizar esta população, o que significou uma forte ruptura com a cultura dos primeiros habitantes. Imaginar o cenário brasileiro nos anos 1500, com uma natureza abundante, com indígenas caçando e pescando (que até então viviam livremente, ou melhor, viviam conforme seus padrões), e ver, nesse contexto, índios sendo batizados, catequizados e escravizados pelos "servos do senhor", faz-nos pensar o quanto foi inadequada a postura dos colonizadores. Veja-se, por exemplo, trechos da poesia de Padre José de Anchieta, que chegou ao Brasil em 1553, justamente com o objetivo de purificar as almas, através do batismo, destes que viviam distantes de Deus. O trecho desse poema foi recitado por ocasião da missa de São Lorenço, em 1587.

> "Sim, ter-te-á batizado
> o padre te abençoando.
> Tu porém foste malvado,
> ofendendo a Deus amado,
> e a tentação aceitado.
> Sem mais, da aldeia correste,
> sem ouvir missa ficando.
> Tu sempre carne comeste,
> dias santos estiveste
> sem mais roçando e plantando."
>
> (*apud* Aguiar, 1999: 27-28).

A Igreja desempenhou um papel paradoxal frente à população indígena nos primeiros anos do Brasil Colônia, pois foi responsável pela destruição da cultura indígena brasileira. Entretanto, hoje a Igreja cumpre outro papel, aquele de defender as minorias e, entre elas, o que restou da população indígena. Também nos anos de 1500 – por isso falamos em papel paradoxal – especialmente os jesuítas procuravam defender os indígenas da escravidão, porém estes, em troca, deveriam deixar de lado determinadas práticas que, segundo seus "protetores", não eram conforme à fé cristã. Aqui mais uma parte da cultura original dos indígenas estava sendo ameaçada. Os padres, de um lado, optaram pela defesa dos índios contra a escravidão; por outro, tentavam impor aos índios e aos colonos os padrões europeus católicos. Desse fato, resultaram problemas diversos que tiveram os padres com os colonos. Por exemplo, em 1640 os paulistas expulsaram os padres jesuítas da cidade. Com isso, a "caça" aos índios estava liberada.

Outro fator importante é que o Brasil foi, inicialmente, explorado na parte litorânea. Com os indícios de que havia riquezas também no interior do solo brasileiro, o ingresso dos europeus ao interior do Brasil se deu, praticamente, por dois motivos: pelo ouro que se poderia extrair e porque o interior do Brasil, especialmente o sertão, era um local onde se poderia conseguir índios para o trabalho (ou seja, o sertão era o grande fornecedor de ouro e de índios).

7. A necessidade da proteção legal

Existia uma preocupação da Coroa Portuguesa com os indígenas; não uma preocupação no que diz respeito à preservação da sua cultura, este era o fator menos preocupante, mas de qualquer modo foram criadas leis e decretos que protegiam os povos originários. Todavia, estas mesmas leis, como já mencionamos, ao mesmo tempo que protegiam os indígenas, também os desprotegiam. Em cada decreto, ficou evidente um fator protetivo e para cada "proteção" havia igualmente um item de não proteção. As aldeias indígenas não pagavam dízimos à Coroa e representavam sempre problemas:

> "Três medidas foram adaptadas pela Coroa quase simultaneamente para resolver a questão indígena: a lei de 6 de junho de 1755, reafirmando leis do século XVI e XVII nunca efectivamente aplicadas, declarava serem os índios «livres e isentos de toda a escravidão», podendo dispor de suas pessoas e bens: pelo alvará de 7 de Junho, confirmação a criação de uma Companhia de Comércio e por outro com força de lei com a mesma data abolida a administração temporal que os regulares exerciam nas aldeias" (Silva, 1999: 53).

Esta não foi a primeira lei que deveria proteger os indígenas da escravidão, mas, como as demais leis, esta também não foi cumprida, apesar da criação da Companhia do Comércio, que tinha como objetivo a introdução da mão-de-obra escrava no norte do Brasil. Mesmo assim os índios continuaram a ser explorados pelo trabalho e também foram perdendo suas terras. Esta mesma lei, além de proibir o trabalho escravo, dizia que os índios tinham pleno direito de usufruir de seus bens. Ora, sabemos que o maior bem que possui uma Nação indígena é a terra. No entanto, quando ela é controlada por um juiz nomeado pelo rei, a autonomia desses povos deixa de existir. Além do mais, esta mesma lei previa que os índios que tinham condições de ir para as escolas deveriam falar o português, sendo expressamente proibido que falassem a língua de sua Nação.

Os documentos que pudemos pesquisar no Arquivo Nacional Torre do Tombo – Lisboa, junto com um importante estudo de Orlando da Rocha Pinto, que faz uma cronologia dos eventos importantes ocorridos no Brasil de 1500 a 1889, permitiram-nos ver alguns aspectos significativos de como os indígenas foram tratados e, sobretudo, como a questão da terra deles nunca foi considerada de modo significativo. Relataremos, a seguir, datas e eventos importantes no que diz respeito à situação dos indígenas. Somente com esta retrospectiva histórico-jurídica podemos entender por que razão, na modernidade, a solução das terras, para este segmento importante da população brasileira, ainda não foi resolvido. Na leitura das cartas que foram enviadas para o Rei de Portugal, o tema dos nativos era tratado de forma secundária, especialmente no que diz respeito a eles serem os proprietários daquelas terras; as descrições apresentavam os povos nativos da mesma forma pela qual eram descritos os animais exóticos encontrados na nova terra.

Fazemos, a seguir, uma breve retrospectiva histórica até chegarmos à Constituição de 1934. Temos, então, que, em 1500, os índios trocam seus objetos de caça, pesca e ornamentos por quinquilharias portuguesas; deveriam assistir às missas (mesmo sem nada entender), onde os portugueses colocaram panos sobre "suas vergonhas". Em 1561, Bartolomeu Velho faz uma descrição das tribos existentes no Brasil e concluiu que são de origem Tupi, ou seja, o tronco comum dos indígenas, que viviam nas terras brasileiras, é o Tupi. Já em 1570, tivemos a primeira manifestação jurídica contrária à escravidão dos indígenas. Essa mesma lei permitiu, no entanto, a escravidão em caso de guerra justa. Em 1583, constatou-se que, no Brasil, existiam 18.000 índios civilizados. No ano de 1595, foi publicado um decreto que restringiu a escravidão de índios tomados em guerras. A Coroa Portuguesa, em 1609, decretou que os índios eram livres, considerando ilegal o cativeiro sob qualquer motivo; nesse mesmo ano, também se estabeleceu que os jesuítas seriam os curadores dos povos indígenas,

226   *Sandra Regina Martini Vial*

sempre respeitando as ordens do Governo local, ou seja, a tutela dos índios era dividida entre governo e jesuítas, pois deviam obedecer às leis a eles impostas pelo Governo local e seguir a fé cristã imposta pelos seus curadores. A Carta Régia de 10 de setembro de 1611 afirmava que os gentios eram senhores de suas fazendas e ninguém tinha o direito de tomar destes a sua propriedade, nem mesmo poderiam ser mudados em função da divisão das terras brasileiras em Capitanias Hereditárias sem que os índios livremente aceitassem. Nesse ano (1611), tivemos a "legalidade" da escravidão, pois se afirmava nesse documento que os índios podiam ser escravizados através do resgate ou da guerra justa. Os resgates davam-se através da troca de objetos sobre as guerras justas.

Sobre o tema, assim se expressa Egon Dionísio Heck:

"As guerras justas eram promovidas pelas Tropas de Guerra, grupos armados que invadiam territórios indígenas, buscando capturar maior número de índios, inclusive mulheres e crianças. Pela lei, essas guerras justas poderiam ser realizadas contra os índios que atacassem os portugueses ou os que impedissem a difusão do Santo Evangelho. Os índios aprisionados eram levados ao mercado de escravos para serem vendidos aos colonos, à Coroa Portuguesa e aos próprios missionários" (*apud* Rampinelli, 1999: 18).

Alguns governos estaduais, por exemplo o Governo do Maranhão, em 1652, proibiu a escravidão de índios, salvo os que fossem capturados em situação de guerra. Porém, em 1661, tivemos lutas no Maranhão entre a Companhia de Jesus e os colonos, pois os últimos queriam continuar utilizando-os como escravos. Nessa situação, alguns padres foram inclusive presos.

Importante marco, no que diz respeito ao direito à terra para os primeiros ocupantes, é expresso no Alvará Régio, de 1º de abril de 1680. Como já mencionamos, os indígenas foram considerados os primeiros ocupantes e donos naturais destas terras. Assim determinava o § 4º deste Alvará:

"determinava, para a execução imediata, que o governador assinaria aos índios, que descessem do sertão, lugares convenientes para neles lavrarem e cultivarem, sem poderem ser mudados dêsses lugares contra sua vontade, nem obrigados a pagar fôro ou tributo algum dessas terras, ainda que estivessem em sesmarias a pessoas particulares, porque na concessões dessas sesmarias se reservava sempre o prejuízo de terceiro e muito mais se entende e quero que se entenda ser reservado o direito dos índios, primários e naturais senhores delas".

Logo depois deste Alvará, temos a Carta Régia de 12 de março de 1691:

"... Pela Secretaria de estado vos mando escrever hu'a carta sobre as pessoas a quem concenderão sesmarias das terras occultas desse Estado, se fizerão-se senhores das Aldêas que se achão no districto das ditas sesmarias, adquirindo mais terras daquellas de sua concessão, e tomando aos índios das ditas aldeas as terras que lhes pertencem e lhes são necessárias para a cultura sustento de suas cazas e famílias. E ordeno a forma em que haveis de remdiar estes danos, e os acautelar para o futuro. Encommendo-vos muyto que façaes dar execução a dita Carta".

Foram mandados, em 1692, para a Colônia do Sacramento, casais de brancos e índios, significando que os índios também foram importantes no processo de ocupação do território brasileiro. A importância dessa população, em alguns momentos, fez com que a Coroa Portuguesa tomasse providências. Foi o que aconteceu em 1701 com a língua tupi, quando o Governo português, preocupado com a difusão desta língua, faz uma recomendação (mais uma ordem que uma recomendação) para que os missionários se dedicassem ao ensino da Língua Portuguesa.

Mais uma lei, em 1718, para proteger os índios: estes índios não foram mais obrigados a saírem das terras que ocupavam, mas com algumas ressalvas conforme descreve Orlando da Rocha Pinto:

"... estes homens são livres e isentos da minha jurisdição, que os não pode obrigar a saírem de suas terras, para tomarem um modo de vida de que eles se não agradam, o que, se não é rigoroso cativeiro, em certo modo o parece, pelo que ofende a liberdade ... Contudo, se estes índios são como os outros Tupuias bravos, que andavam nus, não reconhecem rei nem governador, não vivem com modo e forma de república, atropelam as leis da natureza, não fazem diferença de mãe e filha para satisfação da sua lascívia, e comem-se uns aos outros ... neste caso podem ser obrigados por força e medo a que desçam do sertão para as aldeias, se o não quiserem fazer por vontade, por ser assim conforme a opinião dos doutores que o escreveram na matéria" (Pinto, 1987: 120).

Esta afirmação é originada da Carta Régia, de 9 de março de 1718. Mesmo com todo o direito de permanecerem em suas terras, os índios foram expulsos através de vários artifícios, alguns com base supostamente legal, mas outros – grande parte – de forma completamente ilegal.

A Bula do Papa Benedito XIV, de 1741, afirmava que às terras outorgadas a particulares seria sempre reservado o direito dos índios, primários e naturais senhores delas.

Em 1755, tivemos o reconhecimento ratificado pelo Alvará Régio de 1.04.1680, em que os primeiros ocupantes tinham direito legítimo sobre as terras brasileiras. No ano seguinte, 1756, proclamou-se a abolição definitiva dos índios, pela qual nem mesmo os padres poderiam continuar a "proteger" os indígenas. Nesse ano e nos seguintes, ocorrem várias brigas entre governo e Jesuítas, pois os últimos sentiam os índios catequizados ou em vias de como sua propriedade. Em 1759, foi abolida a Companhia de Jesus, que, depois, em 1773, foi extinta.

Em 1758, o Alvará Régio de 1680, que se referia à proteção somente aos índios de Grão-Pará e Maranhão, estendeu-se aos índios de todo o Brasil. Porém, em 1808, temos expresso na Carta Régia que: "qualquer morador que segurar alguns índios poderá considerá-los por quinze anos como prisioneiros de guerra, destinando-os ao serviço que mais lhes convier".

Determinou-se, mais uma vez, em 1831, que todos os índios mantidos em escravidão fossem liberados.

Joaquim Norberto de Souza, em 1850, tratando dos índios da Província do Rio de Janeiro, expressou sua preocupação com a taxa de decréscimo da população indígena, em função da escravidão imposta pelos portugueses e pelas doenças transmitidas a esta população. Ressalva o mesmo autor a preocupação da Coroa Portuguesa com esta situação, que estava editando constantemente leis que protegessem os índios, mas que, ao mesmo tempo, havia uma "frouxidão" na efetivação destas leis.

Um dos marcos jurídicos mais importantes para o acesso à terra no Brasil foi a Lei de Terras de 1850, sobre a qual já discorremos no capítulo precedente. No que diz respeito à proteção das terras indígenas, pouco "protegeu". Vemos em dois artigos referência a estes argumentos: Lei de Terras – artigos 5 e 12.

Art. 5º – Serão legitimadas as posses mansas e pacíficas adquiridas por ocupação primária, ou havidas do primeiro ocupante, que se acharem cultivadas, ou com principio de cultura, e morada habitual do respectivo posseiro, ou de quem o represente...

Art. 12 – O Governo reservará das terras devolutas, as que julgar necessárias: 1º. Para a colonização dos indígenas: 2º. Para a fundação de povoações, abertura de estradas e quaisquer outras servidões, e assento de estabelecimentos públicos: 3º; para a construção naval.

Aqui temos mais uma manifestação legal do desrespeito dos colonizadores com relação aos indígenas. Na Lei de Terras, fala-se que serão legítimas as posses mansas, não se trata mais da apropriação congênita, contudo da ocupação primária ou adquirida. As terras devolutas destinadas aos índios seriam definidas pelo governo, o reflexo desta medida é que, ainda hoje, os índios estão sem o direito de posse de suas terras. Outro detalhe referente a esta mesma lei é que as terras já ocupadas pelos índios não eram consideradas devolutas e, portanto, não estavam sujeitas à legitimação ou revalidação.

A Constituição de 1891, segundo José Maria de Paula, constituiu "um clamoroso esbulho do patrimônio indígena":

"A incorporação, por parte dos estados, ao seu domínio privado, como devolutas, das terras dos índios, que indiscriminadamente tinham recebido da União, ex-vi da Constituição Federal de 1891, constitui clamoroso esbulho do patrimônio indígena, sendo que deveriam tais estados, desde logo, definir a situação dessas terras dos índios, afim de as extremarem daquelas que, como devolutas, lhes tinham sido cedidas pela União, ao invés de, sem nenhum exame, como fizeram, desde logo, a considerá-las como suas e delas irem dispondo, mediante processos administrativos estabelecidos pelas respectivas legislações" (Paula, 1944: 73).

Em 1910, através do Decreto 8.072, de 20 de junho, o Governo Federal deve em contato com os Governos Estaduais legalizar as posses de terras ocupadas por indígenas, e assim se deve proceder com a medição e legalização destas, além do mais, os índios tinham já o direito de ficarem nestas terras onde já haviam construído suas aldeias. Assim dispõe o artigo 3 do referido Decreto:

Art. 3º – O Governo Federal, por intermédio do Ministério da Agricultura, Indústria e Comércio e, sempre que for necessário, entrará em acordo com os Governos dos Estados ou dos Municípios:

Para que legalizem convenientemente as posses de terras actualmente ocupadas pelos índios.

Este artigo propõe uma legalização "conveniente". Esta conveniência não significou conveniência aos silvícolas, mas sim aos que já eram grandes proprietários.

Ainda, em 1910 tivemos a criação do Serviço de Proteção ao Índio (SPI), criado pelo Marechal Cândido Mariano da Silva Rondon. Após a morte do Marechal, o Instituto, que deveria proteger os índios de todo o tipo de exploração, teve completamente desviado o seu objetivo, ou seja, ao invés de proteger os índios, o SPI serviu para a exploração dos silvícolas. Tem-se inclusive notícias de que funcionários do próprio SPI estavam envolvidos em crimes contra os índios.

No Código Civil de 1916, temos, no artigo 6º, a definição de "incapazes", entre eles os índios:

Art. 6° São incapazes, relativamente a certos atos (art. 147, I), ou à maneira de os exercer:

I – os maiores de 16 (dezesseis) e os menores de 21 (vinte e um) anos (arts. 154 a 156);

II – os pródigos;

III – os silvícolas.

Parágrafo único. Os silvícolas ficarão sujeitos ao regime tutelar, estabelecido em leis e regulamentos especiais, o qual cessará à medida que se forem adaptando à civilização do País.

Sobre este artigo, ou melhor, sobre a conveniência de serem os índios incapazes, concordamos com as observações de Alcida Rita Ramos:

"Se, por um lado, a figura do relativamente incapaz perpetua o eterno estereótipo do índio como criança, por outro lado, é o produto de um malabarismo jurídico do Estado brasileiro que, reconhecendo a diversidade cultural dos povos indígenas, achou nele uma forma de protegê-los do esbulho explícito por parte da sociedade nacional" (Ramos *apud* Trindade, 1991: 225).

Nesse mesmo ano, tivemos algumas medidas isoladas de proteção aos silvícolas, por exemplo, o Governador baiano, em 1916, autoriza a reserva de 50 léguas quadradas de floresta para a conservação de espécies naturais e para o "gozo" dos índios Tupynambás e Patachós, ou outros que ali habitassem.

8. Os direitos dos indígenas a partir da Constituição de 1934

A Constituição de 1934 foi clara ao afirmar que fosse respeitada a posse das terras dos silvícolas, que nelas se encontrassem permanentemente localizados, conforme preceituou o artigo 129.

Art. 129 – Será respeitada a posse de terras de silvícolas que nelas se achem permanentemente localizados, sendo-lhes, no entanto, vedado aliená-las.

Parece que mais uma vez os legisladores esqueceram-se de que os índios são os primeiros ocupantes. Conforme observação de Antônio de Almeida:

"Os silvícolas são os primeiros ocupantes das terras em que se acham localizados em caráter permanente. Não se podia turbar essa posse mansa e pacífica, tradicionalmente mantida. Reconhece-se-lhes, pois êsse direito, como que em usofruto, desde que êles não possam alienar suas terras" (Almeida, 1940: 122).

Novamente, a Constituição de 1937 colocou, no artigo 154, que:

Art. 154 – Será respeitada aos silvícolas a posse das terras em que se achem localizados em caráter permanente, sendo-lhes vedada a alienação das mesmas.

Não foi nada de novo além do que se havia dito tantas outras vezes e que se continuará dizendo, como vemos com o desenvolvimento deste repetitivo, porém útil, cronograma, uma vez que nos dá a dimensão de como a questão historicamente foi tratada.

Em 1946, o artigo 216 da Constituição repetiu a idéia (vemos que só mudam os números dos artigos):

Art. 216 – Será respeitada aos silvícolas a posse das terras onde se achem permanentemente localizados com a condição de não a transferirem.

Lembramos que eles (os índios) são sempre os "senhores dela"!

No ano de 1967, a Constituição coloca a questão dos indígenas no artigo 186:

Art. 186 – É assegurada aos silvícolas a posse permanente das terras que habitam e reconhecido por seu direito ao usufruto exclusivo dos recursos naturais e de todas as utilidades nelas existentes.

Para implementar esse princípio constitucional o governo brasileiro cria a FUNAI – Fundação Nacional do Índio, através da Lei 5.371, de 05 de dezembro de 1967. Este órgão vem substituir o antigo Serviço de Proteção ao Índio, criado em 1910. Foi concentrada na FUNAI todas as obrigações de proteção e promoção das populações indígenas que conseguiram sobreviver. Cabe a FUNAI, inspirada nos ideais e princípios do Marechal Cândido Rondon, defender os interesses dos indígenas, suas terras, suas riquezas, o equilíbrio tribal, entre outros objetivos.

A estrutura atual básica da FUNAI é composta por uma sede em Brasília, 46 Administrações Executivas Regionais, 6 Núcleos de Apoio Indígena, 21 Postos de Vigilância e 345 Postos Indígenas. Esta estrutura visa a alcançar três objetivos básicos: demarcação de terras indígenas, apoio e assistência ao índio na aldeia e o resgate da promoção da cultura indígena.

Chegamos à Constituição de 1969. Esse foi um período muito particular para a sociedade brasileira. Além da ditadura militar – e possivelmente como resultado desta –, as leis protetivas continuavam a ser escritas e ratificadas, mas sempre descumpridas. Dispôs a Constituição de 1969 no artigo 198:

Art. 198 – As terras habitadas pelos silvícolas são inalienáveis nos termos que a lei federal determinar, a eles cabendo a sua posse permanente e ficando reconhecido seu direito ao usufruto exclusivo das riquezas naturais e de todas as utilidades nela existentes.

Ou seja, as terras, mais uma vez, pertenciam aos índios e, além de tudo, eles tinham direito ao usufruto das riquezas destas terras (o que é o mínimo que se pode esperar), o que ocasionou inúmeras mortes de indígenas, pois, quando se descobriu o grande significado econômico das riquezas destas terras, qualquer respeito aos direitos legítimos eram violados.

Tivemos o Estatuto do Índio, em 1973, documento extremamente importante, também fruto do período em que vivemos a mais feroz ditadura militar, porém um documento que, teoricamente, protegia plenamente os direitos à terra, saúde, educação e preservação da cultura das mais diversas tribos. Mais uma vez, vem reforçada a idéia de posse dos índios das terras que eles estão ocupando.

Em 1988, destaca-se a promulgação de outra Constituição Federal, a chamada Constituição Cidadã, em vigor até os dias atuais. O artigo 20 refere que as terras tradicionalmente ocupadas pelos indígenas são bens da União.

O artigo 231 da Constituição define o que são as terras tradicionalmente ocupadas pelos índios:

Art. 231 – São terras tradicionalmente ocupadas pelos índios as por eles habitadas em caráter permanente, as utilizadas para suas atividades produtivas, as imprescindíveis à preservação dos recursos ambientais necessários a seu bem-estar e as necessárias à sua reprodução física e cultural, segundo seus usos, costumes e tradições.

Em outras palavras, proposta de maior proteção e cuidado não é possível, porém a dificuldade de implementação deste artigo, além das dificuldades político-econômicas, não são poucas e dizem respeito também ao pouco conhecimento que ainda temos sobre todas as tribos que habitam no Brasil, sobre seus costumes, tradições e necessidades vitais. Reconhecemos o esforço feito pela academia e pelas instituições governamentais e não-governamentais na pesquisa sobre a situação atual e histórica desta população, porém, justamente segundo estes *experts*, ainda não temos um estudo completo sobre a situação desta população, o que não impede que se tomem medidas urgentes e eficazes para a preservação dela.

A Lei Complementar nº 75, de 20 de maio de 1993, coloca como competência do Ministério Público da União a proteção dos interesses individuais, difusos e coletivos relativos às comunidades indígenas, além de defendê-los juridicamente no que diz respeito aos seus interesses, incluindo a questão da terra através de importantes mecanismos jurídicos, como a ação civil pública.

PROPRIEDADE DA TERRA
Análise sociojurídica

Em 1996, tivemos o Decreto nº. 1.775. Sobre este decreto assim se manifesta Orando Villas Boas:

"Foi com tristeza que em 1996 recebemos a notícia do Decreto n. 1775/96 que, regulamentando o procedimento administrativo de demarcação das terras indígenas, permitiu que uma vez aprovado o relatório de identificação e delimitação de uma determinada terra indígena, esse ainda pudesse ser contestado pelos estados, municípios e terceiros interessados" (Boas *apud* Brasil Indígena, 2000: 19).

Poderíamos seguir com este breve cronograma até o momento em que estamos escrevendo, pois a produção jurídica de proteção aos índios é uma produção contínua. Tentamos com este estudo apresentar alguns aspectos do que conseguimos pesquisar sobre a problemática da terra no que diz respeito à questão indígena.

Área Indígena da Pacheca – Camaquã.

Depois de concluirmos o estudo bibliográfico sobre a situação das terras indígenas no Brasil, fomos à reserva indígena situada na Vila Pacheca em Camaquã. Uma é uma área que foi declarada posse permanente indígena pelo Ministério da Justiça, através da Portaria nº 304, de 17 de maio de 1996. Em 1º de agosto de 2000, o Presidente da República homologa a demarcação administrativa promovida pela FUNAI como posse permanente do grupo indígena Guarani-Mbyá, com uma superfície de 2.852 hectares.

A história deste grupo de índios é a mesma que de muitos outros que vivem naquela região. No início dos anos 80, um grupo de índios Mbyá, chefiados pelo Sr. Félix Brissuela, ocupam as margens do Rio Camaquã em determinada área que, segundo o índio Félix, era uma região já ocupada por outros grupos indígenas, mas que pela falta de assistência da FUNAI acabaram abandonando a região e "estabelecendo-se" na beira das rodovias da região. A primeira família que se estabeleceu nessa área foi a família de Félix e as demais famílias que foram chegando também tinham laços de parentesco com ele. No ano de 1999, quando estivemos na reserva, constatamos que todas as famílias que ali residiam ainda tinham vínculos de parentesco com Félix ou eram amigos estreitos.

A situação atual deste grupo é a mais dramática possível. Com a área já demarcada, há uma grande placa colocada pelo Governo Brasileiro na qual se lê "TERRA PROTEGIDA". Todavia, não observamos nenhuma proteção. Os índios que ali vivem, mais de 60, não têm as mínimas condições de saúde, educação e saneamento básico. Vivem praticamente das doações feitas por particulares e/ou pela Prefeitura Municipal de Camaquã, que através de uma professora da Secretaria de Educação local, indignada com a situação de miséria destes seres humanos, presta assistência a eles.

Quando estivemos na "Terra Protegida" dos índios Mbyá, ouvimos dos moradoes mais antigos a preocupação com a perda da cultura indígena por parte dos índios mais novos. Notamos também o grande esforço dos mais velhos para passarem um pouco da cultura. Neste sentido, Sr. Félix tenta ensinar às crianças o modo de viver dos seus antepassados. Existe uma certa resistência em mandar as crianças para a escola, não somente pelas dificuldades de transporte, mas porque, segundo a senhora Catarina Villalba, esposa do Sr. Félix:

> "... hoje o branco fala assim: Os índio hoje tão melhor, porque ele tá na cidade, ele pode estudar, ele pode escrever bem, ele pode comprar roupas, ele pode fazer plastivos de outra maneira, mas não é o sistema que a gente vive, então a gente sempre que manter aquele sistema, era a raiz, porque a raiz principal pra nós, se nós o quê que adianta, o quê que acontece hoje, deixava o mato, ia mora na cidade e a raiz ... e depois por último a gente não vamo mais voltar mais como guarani, tá bom, vamo volta com português. É isso que acontece em todo país, então principalmente por isso que não queria fazer isso, mas só que hoje tá no meio de toda cidade, no meio de todas as conclusão que tem o branco a gente tá botando, a gente com toda a dificuldade que a gente tem como vê aqui nessa comunidade, nós tamo vivendo com quase 15 ou 20 ano, e que tá morando aqui não tem nada, porque ele não tem a possibilidade que ele tinha que tê, ele não tem nada, só pra viver dentro da área, só pro morar, não é uma área, não é uma comunidade, porque uma comunidade hoje você tá me dizendo assim, hoje tu tá numa comunidade indígena, não é uma comunidade, hoje um vila dos índios" (Sra. Catarina Villalba).

A situação de miséria na qual vivem os índios dessa comunidade deve-se a vários fatores. Primeiro, ao desamparo e abandono histórico dos governos, depois pela falta de infra-estrutura da reserva e, ainda, as terras onde está localizada esta reserva são terras arenosas de produtividade regular. Podemos observar que os índios tentaram plantar milho, feijão e mandioca, mas nada nascia, ou pelas condições da terra ou pelas freqüentes invasões de formigas e outras pragas. Também, nessa aldeia vimos poucas árvores frutíferas. O rio Camaquã, na região onde está situada a aldeia, não é mais piscoso e os índios não possuem nem mesmo uma canoa para tentarem a pesca em outros locais. Também devido às pragas, os índios deixaram de cultivar hortas. Todos estes fatores influenciam na saúde dos indígenas. A esse respeito expressou-se Raul Brissuela:

"... porque nós em 500 anos atrás, você ia lá na comunidade que era comunidade, porque era na forma da taba e era na forma dos índios, a plantação na forma de investimentos, de compra era todo dos índios, os índios que fazia, eu sou presidente porque sou mais velho, aí tem meu pai com 60 ano e ele conhece, mas hoje tá mais do que uma portuguesa, tu sabe toda as doença que a gente tem e quê que hoje também com toda a terra que tem, que a gente não consegue mais, tá difícil hoje a terra, a plantação e outra que é a mais difícil que a gente tem, que é a questão da saúde" (Raul Brissuela).

As duas primeiras reivindicações desta comunidade à FUNAI foram: uma canoa e a cerca para delimitar suas terras. No que diz respeito à primeira solicitação, realizada em 1990, segundo Sr. Félix, ainda não foi atendida; quanto ao segundo pedido, este concretizou-se quando as terras foram demarcadas pela FUNAI. Para os índios a idéia da demarcação está vinculada à idéia de prisão. Quando visitamos a aldeia pela primeira vez, também percebemos isto, ou seja, vimos um grupo de "índios-miseráveis", confinados em um local de difícil acesso e sem infra-estrutura. Para ilustrar, trazemos um situação que vivenciamos: na nossa segunda visita à aldeia, não encontramos o Sr. Félix, perguntamos onde ele estava e nos informaram que ele tinha saído para chamar uma enfermeira porque uma criança da aldeia não estava bem. Ele tinha ido até a Vila Pacheca, aproximadamente 20 km da reserva, não tinha encontrado a enfermeira e, então, teve que ir caminhando até Camaquã para buscar socorro, ou seja, teve que caminhar aproximadamente 60 Km para tentar encontrar alguma ajuda. Esta luta é assim apresentada por Felipe:

"...também é outra coisa que a gente, claro que somos guarani, o índio nunca insistiu, ele nunca pensou que ia ser demarcado a terra pra nós, pra nós tinha tudo livre né, a gente foi preciso alugar né, bom hoje não preciso mais mora a cá, quero mora a lá, então a gente ia conversar com o dono e o dono podia dá a terra pra gente mora, mas hoje não, hoje toda como fosse qualquer outra entidade, compra um pedaço e se coloca em pé, é a mesma coisa assim, isso é uma coisa que a gente tem um grande problema, que como o governo, porque o que não lembrar que nós somos forte nessa parte, que a gente antigamente, quando Sepé Tiarajú quando ele foi morto, como é que ele foi, ele foi quitado após, mataram com arma, correram com os índios com arma e depois os menos que ficaram, ficaram com medo bastô que os brancos trocaram, como é que eles trocaram e como é que tão matando isso hoje e os índios não se dão em conta eles fizeram uma principal arma que eles viveram além pro bem de todos, então aí os índios não sentem quem conhece sabe, mas quem não conhece passa por nós, então é assim que tá essa situação hoje, hoje que eles pararam de matar com armas, mas fizeram outra, eles colocaram lei e com lei ele mata que é aonde, onde vai não a lei tá escrito assim e tu não pode trocar, porque aonde vai esse sinal tu não pode trocar, agora por direito nós podemos trocar nós temos mil quilômetros pra dentro, mas não podemos aforjar a lei..." (Sr. Felipe).

Os índios são claros e objetivos quando afirmam que as formas modernas de proteção de seus direitos muitas vezes produzem efeito contrário. Porém, refletem ainda que o problema do desrespeito aos seus direitos passou por um processo evolutivo, "antes os índios eram mortos com armas agora matam os índios com a lei". Ao referirem sobre os seus direitos, os índios demonstram conhecer as formas legais de proteção, mas também, e sobretudo, reconhecem o descumprimento da legislação quando esta os beneficia. A jovem índia Zurma, com aproximadamente 20 anos, nos diz que isto é motivo para a infelicidade da comunidade, que eles vivem com saudades do tempo que eram felizes:

"Olha da parte da felicidade, a gente quando não sentia, quando tinha uns 7, 8 anos eu tinha felicidade, mas depois disso, a felicidade ficou triste, porque cada vez mais a gente vai se perdendo mais a felicidade eu me lembro que falam na felicidade porque tinha mato dentro do mato" (Zurma).

Na reserva indígena da Vila Pacheca, lutam pela sobrevivência um grupo de índios Mbyá, completamente isolados, abandonados e marginalizados. Índios que não conhecem mais a felicidade. Recorremos a Darcy Ribeiro, que bem descreve essa realidade:

"Depois de cinqüenta anos de esforços para garantir a cada tribo uma nesga de terra, ainda são poucos os Estados que deram aos índios títulos de posse das terras em que vivem. E a grande maioria dêles vazou o texto legal em linguagem tão imprecisa que dá margem, a discussões, cada vez que um fazendeiro ou político local se decida a lançar mão de suas relações políticas para apossar-se de terras dos índios" (Ribeiro, 1970: 202).

Infelizmente, o antropólogo brasileiro não viu desfeita sua análise, não somente esta, mas os índios ainda hoje continuam a serem explorados e marginalizados, além do profundo empobrecimento destas populações, com altas taxas de mortalidade. Embora, segundo dados oficias, nos anos de 1998 e 1999 a taxa de natalidade junto aos povos indígenas tenha crescido, este não é, a nosso ver, sinal de conquistas de uma vida melhor, não é sinal de progresso. É sim conseqüência da modernidade que de certa forma impõe à periferia uma periferização cada vez maior.

Capítulo III[190]
MST

"A verdade é que os sem terras de nossos dias são, de uma forma ou de outra, herdeiros das lutas dos sem terras de ontem, mas os de hoje têm ao menos a possibilidade de registrar, na mídia, sua versão dos fatos. Para os seus representantes, as invasões são na verdade ocupações de terra empreendidas pelo movimento, cujo objetivo é questionar a política agrária brasileira através da ocupação de terras não aproveitadas, muitas delas legalmente devolutas, mas griladas por grandes fazendeiros." (MOTTA, 1998: 224)

Neste capítulo, faremos algumas considerações sobre o Movimento dos Trabalhadores Rurais Sem Terra, que hodiernamente é o mais importante movimento de luta pela terra na América Latina. Para tal, utilizaremos as referências disponíveis, mas procuraremos descrever a história e os aspectos que consideramos relevantes através das entrevistas que realizamos. Foram entrevistados os assentados da Lagoa do Junco, o Presidente Nacional do MST, João Pedro Stedile, o advogado vinculado ao MST, Juvelino José Strozake, uma assentada da Lagoa de Junco, Salete Carollo, que estava trabalhando no escritório do MST em Brasília, uma representante da Igreja Católica, Irmã Carmem Lorenzoni, o representante da Secretaria Estadual da Agricultura, Frei Sérgio Antônio Görgen e, também, foi entrevistado o Deputado Federal Adão Preto.

9. Antecedentes Históricos

Como vimos nos capítulos precedentes, a história do Brasil é marcada pelas lutas pela terra. Isso fez com que surgissem vários movimentos, mais ou menos organizados, que buscavam e buscam acesso à terra. Por isso tem razão Motta ao dizer que os sem terra atuais são herdeiros deste

---

[190] A revisão e atualização deste capítulo foi feita com a participação da bolsista de iniciação científica Cristina Lazzarotto Fortes e da aluna pesquisadora "voluntária" Tassiane Andressa Wiprich.

processo. Paradoxalmente, a terra no Brasil sempre existiu (e existe) em abundância. Esta terra, ao tornar-se propriedade privada de alguns, deixa grande parte da população excluída de qualquer possibilidade de trabalhar, viver e produzir no solo fértil: aproximadamente 1% dos proprietários rurais tem cerca de 46% de toda a terra cultivável do país, sendo que dos 400 milhões de hectares registrados como propriedade particular, somente 60 milhões de hectares são usados para plantio (o restante é utilizado para a criação de gado). Os dados do INCRA nos revelam que aproximadamente 100 milhões de hectares de terra brasileira não são usados de forma produtiva. Em outros termos, essa situação faz com que os movimentos sociais organizados tenham aprendido com a história que sem luta não há conquista. Somente os trabalhadores organizados conseguiram reverter parte da concentração da propriedade da terra, luta esta que não acabou, mas que mostra que apenas através dela é possível ter algum acesso à terra.

A terra que se tornou objeto da propriedade privada raramente visa ao bem-estar social. Esta terra é a terra que exclui, que mata e é a terra de luta. Luta esta que faz com que os sem terra acampem, promovam ocupações, realizem marchas e várias outras formas de protesto. Esta situação é referida, com muita clareza, por Irma, responsável pelo setor de formação do MST (1999) no Rio Grande do Sul, quando afirma que estas lutas se originam na história da descoberta do Brasil:

> "Então o problema da propriedade da terra no Brasil, o início dela foi em 1500, com a chegada dos colonizadores, dos entre aspas chamados (descobridores), ali começa o problema da concentração da propriedade no Brasil, a origem, o início de toda essa propriedade privada está em 1500 a partir do primeiro minuto que os Portugueses colocaram os pés no território brasileiro. Aí é que começa todo esse processo da concentração e de colocar a propriedade da terra como propriedade privada através da divisão que eles depois fizeram, das sesmarias, das Capitânias Hereditárias e tal, ali que começou todo o processo de colonização e privatização da terra, através das doações, enfim, todo mundo conhece essa história, você deve conhecer melhor que nós, que nós não tivemos muito acesso ao estudo, mas ali é que deu-se a origem da concentração" (Setor de formação - MST/RS, Irma Ostroski Olsson).

Nota-se que a conscientização e a informação dos integrantes do MST são sólidas, concretas e reais. Eles percebem que a cada momento da evolução da sociedade brasileira foram se consolidando movimentos sociais que se sentiram marginalizados pela falta do acesso à terra. Aqui nos referimos à terra de trabalho, à terra de vida, à terra de satisfações, ou seja, não nos reportamos à terra de morte. Da mesma forma, Martins afirma que a luta do Movimento é a luta pela terra de trabalho contra a imposição capitalista da terra de negócio. É esta "terra de negócio" que excluiu milhões de brasileiros do acesso à terra de trabalho. Sobre este tema escreve Bernardo Fernandes:

> "As lutas camponesas sempre estiveram presentes na história do Brasil. Os conflitos sociais no campo não se restringiram ao nosso tempo. As ocupações de terras realizadas pelo Movimento dos Trabalhadores Rurais Sem Terra (MST), e por outros movimentos populares, são ações de resistência frente à intensificação da concentração fundiária e contra a exploração, que marcam uma luta histórica na busca contínua da conquista da terra de trabalho, a fim de obter condições dignas de vida e uma sociedade justa. São cinco séculos de latifúndio, de luta pela terra e de formação camponesa" (Fernandes, 2000: 25).

Nos contextos histórico e político que referimos nas páginas anteriores, surgem movimentos de lutas camponesas pela terra. Vimos que nos séculos XVI, XVII e XVIII essas lutas tinham como principais protagonistas os índios e os negros. No final do século seguinte, tivemos novos movimentos, os quais eram centrados em figuras carismáticas, como foi o caso de Antônio Conselheiro. O que impulsionava a luta para esses movimentos era o sofrimento do homem do campo. Sofrimento este que era traduzido, no movimento, com a violência dos senhores de terras aliados com o Estado e dos participantes do próprio movimento. Cabe ressaltar que nesse século ainda existia a idéia do líder armado como sinônimo de líder "ideal", símbolo este que na atualidade está modificado, mas que em períodos anteriores significava poder e estabilidade.

Não queremos inferir que os movimentos de luta pela terra nesses três séculos caracterizaram-se somente por uma luta violenta, mas afirmamos, isto sim, que até a metade dos anos de 1900 esses movimentos não tinham ainda uma estrutura organizativa que permitisse levar adiante o próprio movimento; em outras palavras, se o "líder" morresse o movimento teria precárias condições de seguir a luta, pois tudo estava concentrado nas mãos deste líder. Este panorama se modifica com o surgimento das Ligas Camponesas, da União dos Lavradores e Trabalhadores Agrícolas do Brasil (ULTAB) e do Movimento dos Agricultores Sem Terra (MASTER), os quais serão brevemente estudados por nós, pois que o nosso objetivo centra-se especificamente na história do MST. Assim:

1- Das Ligas Camponesas: este movimento data de 1945, logo após a ditadura Vargas. Tinha apoio explícito do Partido Comunista, o qual organizou muitos agricultores, meeiros e posseiros que buscavam resistir à expulsão do homem do campo das terras em que trabalhava. Com o Governo Dutra, as Ligas foram reprimidas e houve muita violência contra os integrantes do Movimento. Esta violência foi praticada pelo Estado e pelos grandes latifundiários. Foi um movimento de abrangência nacional;

2- Da União dos Lavradores e Trabalhadores Agrícolas do Brasil (ULTAB): também teve o apoio e o auxílio na organização do Partido Comunista. Foi criada em 1954. Teve abrangência nacional e tinha como objetivo central coordenar as associações camponesas;

3- Do Movimento dos Agricultores Sem Terra (MASTER): O MASTER foi, sem dúvida, importante no contexto dos movimentos sociais. Veja-se que no dia 24 de junho de 1960, o então prefeito de Encruzilhada do Sul (Milton Rodrigues), junto com deputado federal (Ruy Ramos), faz o lançamento oficial do Movimento. Um ano depois o mesmo foi reconhecido pelo Governo do Estado do Rio Grande do Sul como entidade de interesse público.

10. Gênese do MST

Os Movimentos acima referidos foram frutos das constantes desigualdades sociais no campo, com graves conseqüências para a cidade. Porém, com a ditadura militar instaurada no Brasil, todos os movimentos sociais que estavam em plena efervescência foram "destruídos", ou melhor, houve todo um processo de expulsão dos líderes e desmobilização dos participantes dos movimentos sociais que já estavam organizados ou em vias de organização. A Igreja Católica, através das Comunidades Eclesiais de Base (1960), apoiou as organizações que lutavam pelo acesso à terra, contribuindo com uma importante força para os movimentos sociais no período da Ditadura Militar. Em 1975, tivemos a criação da Pastoral da Terra, a qual passou a organizar vários eventos para a discussão do problema da terra no Brasil. Além disso, a Pastoral da Terra, junto com algumas estruturas da própria Igreja e estruturas da sociedade, organizou as Romarias da Terra. Muitos religiosos e seguidores da Igreja Luterana e da Igreja Católica, inspirados na Teologia da Libertação, contribuíram para a formação do MST de forma efetiva, ou seja, fizeram parte do movimento, participando das ocupações e organizando as Romarias. A respeito desse enfoque, entrevistamos o Frei Sérgio que, sobre a relação entre a Igreja e o MST, assim se expressou:

> "... o MST nasceu na Pastoral da Terra e as primeiras ações de luta pela terra foram ações construídas pensadas a partir do trabalho da Comissão Pastoral da Terra, esse negócio de ir às bases, ouvir as bases etc., foi criando a resistência dos posseiros na margem legal, e foi constituindo também as lutas pelas terras aqui no Rio Grande do Sul e depois, na lagos da barragem do Itaipú são os dois focos iniciais de surgimento de luta pela terra e foi um trabalho pastoral da igreja. E

foi o que nós decidimos desde o começo é que não era a Igreja que devia dirigir esse processo de luta pela terra que nós devemos trabalhar para que os camponeses (me lembro essa expressão) caminhassem com suas próprias pernas. Então a nossa pedagogia sempre foi no sentido de formar lideranças, formar, grupos, constituir bases etc, que pudessem tornar dirigentes de um movimento vigoroso de luta contra o latifúndio, e isso aos poucos foi se constituindo, claro, depois houve uma certa tensão no movimento em que se constitui o movimento de luta pela terra, no momento em que ele começou a se autonomizar em relação ao nosso trabalho de igreja, nosso trabalho pastoral, mais é, prá nós sempre teve, os sempre temos presente algumas coisas, a primeira coisa, e que do ponto de vista, da fé cristã, da religião cristã, a concentração da terra não se justifica, a idéia que Deus fez a terra para todos, e depois alguns fizeram a cerca e disseram que era sua" (Frei Sérgio Antônio Görgen).

Assim, a Igreja teve uma participação decisiva na organização do MST. Frei Sérgio teve um papel importante na história real do movimento que, segundo ele, não surgiu de decretos, mas de processos históricos reais de lutas, conquistas e de perdas.[191] O que a Igreja sempre defendeu foi a idéia de que Deus deu a terra para todos e a maior injustiça que pode ser praticada é não dar acesso à terra aos que nela habitam e dela necessitam para sua sobrevivência. Entretanto, a Igreja não estava apenas preocupada em reproduzir o evangelho, mas também em torná-lo vivo. Grande parte dos autores que estudamos na segunda parte deste trabalho, ao tratar da propriedade da terra, referia-se justamente para a perspectiva cristã, qual seja, a terra que foi "dada" por Deus não poderia produzir injustiças sociais. Isto está presente na República de Oceana, em que o autor afirma que as primeiras leis agrárias foram definidas por Deus, ou ainda, em Locke, no qual observamos que as regras da propriedade dependem primeiro da própria natureza e depois das relações divinas. Encontramos, também, este fundamento em David Hume, o qual afirma que todas as coisas úteis para a vida dos homens nascem da terra.

Nas várias descrições realizadas sobre os fundamentos históricos do Movimento, aparecem nomes importantes; notamos, porém, que está presente um viez de gênero, já que as mulheres poucas vezes têm seus nomes

---

[191] Estamos nos referindo ao livro: A resistência dos Pequenos Gigantes – A Luta e a Organização dos Pequenos Agricultores. Petrópolis: Vozes, 1998. Neste texto, Frei Sérgio faz uma retrospectiva histórica do Movimento, tratando da organização, das conquistas, das dificuldades encontradas. A definição que ao título da obra siginifica, nas palavras do autor: "O pequeno é o gigante por fora quando se une. É gigante por dentro quando resiste. Os pequenos agricultores tornaram-se gigantes por alguns dias. Tremeram os monstros que vivem de engolir os pequenos. Resistir é preciso. Unir-se é necessário. Que viva o gigante nascido da união dos pequenos" p. 19.

recordados e reconhecidos. Por isso, ressaltamos o papel do "sexo frágil" (que de frágil não tem absolutamente nada) nesta luta. Assim, apresentaremos o depoimento da Irmã Carminha da Congregação das Missionárias de Jesus Crucificado:

> "Pelos anos 1980, quando se retorna à luta pela terra no RS, mais especificamente na Encruzilhada Natalino, fazenda Anoni, a presença da mulher Religiosa foi marcante, tanto para a história da vida religiosa como para os sem terra que estavam acampados. Em primeiro lugar, a gente foi morar num barraco igual ao deles. Visitamos todos os barracos e fomos nos integrando na construção da organização interna e externa do acampamento. A organização passava por pequenos grupos. Trabalhamos na formação, articulação, na mística religiosa, que era alimentada pela reflexão biblíca, celebrações semanais e orações diárias. Iniciamos um trabalho com mulheres, aproveitando roupas das campanhas e donativos para ajudar nas necessidades do povo do acampamento. Nesses momentos, aproveitávamos para animar as mulheres a não desistirem da luta e dar força aos seus companheiros. A gente participava das reuniões da coordenação do acampamento, das mobilizações e negociações. Quero lembrar aqui, as companheiras da Congregação que participaram neste processo; Irmãs Lourdes Rigoni, Neli Lavarda, Idelíria João Daniel, Inês Genovatto, Lídia Zanella" (Ir. Carmem Lorenzoni).

À história do MST se agrega cada nova ocupação, cada novo assentamento. Um processo de construção histórico que vai mudando e alterando a vida das pessoas, as quais por diversas razões são expulsas do trabalho na terra. Este grande contingente de *desterrados da própria terra* vai criando novas "cidades de lona preta", denominação dada aos acampamentos, as quais simbolizam a força dos integrantes do Movimento na luta interminável pelo acesso à terra.

Contudo, a grave situação no campo faz com que, no final dos anos 70, independente da repressão militar, alguns agricultores sem terra comecem a ocupar fazendas, processo este ainda sem liberdade para uma organização mais efetiva. Os movimentos sociais só conseguem retomar a luta de forma declarada na metade dos anos 80, sendo justamente neste período que as lutas pela terra passam a ser organizadas através do Movimento dos Trabalhadores Rurais Sem Terra.

Como observamos nos capítulos anteriores os camponeses continuamente lutam para defender a sua propriedade e/ou posse da terra. Ao estudarmos Jhering, vislumbramos que o camponês defende a propriedade e a conservação da terra como condição da sua existência moral. A sua luta fundamenta-se no interesse e sentimento jurídico pela terra e pelo

PROPRIEDADE DA TERRA
Análise sociojurídica

243

trabalho na terra. Quando ameaçados estes direitos, os indivíduos que vivem no campo e para o campo defenderão com grande vivacidade a preservação e a efetividade daquilo que é condição e garantia da sua própria existência. Assim muito bem se expressa Jhering:

"... dentro do seu direito defende cada interessado as condições moraes da própria existência. (...) O grau de energia com que o sentimento jurídico reage contra uma lesão do direito, é, a meus olhos, uma medida certa da força com que um individuo, uma classe ou um povo comprehende, por si e por fim especial da sua vida, a importância do direito, tanto do direito em geral, como de uma instituição isolada do direito". (Jhering, 1909: 70)

Como anteriormente citado, o MST nasceu das lutas que ocorreram nos diversos estados brasileiros. Para criar a estrutura que existe hoje, foi necessária a realização de muitos encontros[192] onde eram discutidas as estratégias adotas pelos vários movimentos que vinham se formando, ou seja, era preciso uma troca de experiências para fazer uma análise do que poderia ou não ser aplicado.

O período que compreende os anos de 1979 a 1984 pode ser identificado como a gênese do MST. Durante este período, aconteceram muitos encontros entre os trabalhadores, dos quais podemos citar o encontro na cidade *de Medianeira,* no Paraná, que aconteceu nos dias 9 a 11 de Julho de 1982. Neste encontro, foi feita uma avaliação dos diversos movimentos nos estados, foram analisadas as formas de ocupações que vinham acontecendo, experiências foram divididas e soluções discutidas. No final do encontro chegaram às seguintes conclusões:[193]

a) "o modelo econômico foi considerado o maior inimigo dos trabalhadores porque representa apenas os interesses dos latifundiários";

b) "o Incra foi apontado como uma das instituições oficiais que mais prejudica os sem terra";

c) "era preciso formar comissões de sem terra nos sindicatos, aumentar a articulação e a solidariedade entre os movimentos".

Estas conclusões são observadas na ampla bibliografia existente sobre a história do Movimento. São, mais uma vez, postas em evidência para ressaltar a clareza que o Movimento apresenta desde sua gênese. O modelo econômico existente no Brasil sempre privilegiou o capital e não o trabalho. História esta que conhecemos desde os tempos da escravidão, onde a mão-de-obra no Brasil, assim como a terra, sempre existiu em abundância.

---

[192] Encontros estes realizados em salões paroquiais, fundos de igreja, cooperativas, entre outros locais.

[193] FERNADES, Bernardo Mançano. *A Formação do MST no Brasil.* Petrópolis: Vozes, 2000. P. 75.

Por isso, alguns podem se apropriar destes dois bens. Recordamos, ainda, que um escravo tinha uma vida útil de aproximadamente sete anos, o que nunca foi problema para os grandes latifundiários, pois esta mão-de-obra era facilmente comprada no mercado. Observa-se que aqui o Brasil já mantém relações econômicas e internacionais sem levar em conta a dignidade da pessoa humana, bem como seus direitos. Aliás, história já referida por Rudolf von Jhering, que defende o direito como pressuposto para a conservação moral:

> "Sem o direito desce ao nivel do animal, e os romanos eram perfeitamente lógicos, quando, sob o ponto de vista do direito abstracto, collocavam os escravos na mesma linha dos animaes." (Jhering, 1909: 56)

Se os Estados brasileiro ou romano não foram capazes de assegurar a existência moral e, portanto, jurídica dos escravos, tampouco criam instituições que protejam os interesses dos menos favorecidos. No ideário dessas instituições, porém, aparecia escrito este sentido de proteção, o que evidencia ser de direito e não de fato tal caráter. É o caso específico do INCRA, que nem sempre cumpriu com suas finalidades sociais e que, muitas vezes, não auxiliou de forma significativa para a resolução dos problemas relacionados ao acesso à terra.

Como enfrentar, então, estes problemas? Somente através da organização da solidariedade e da criação de uma rede que possa incluir indivíduos que vivem na exclusão, ou seja, o que faz e o que fez o MST, desde sua gênese, objetivou a inclusão dos tradicionalmente *desterrados da própria terra*.

Outro encontro importante foi em Goiânia, o qual aconteceu nos dias 23 a 26 de setembro de 1982. Nele, verificou-se a necessidade imediata de unificar os diversos movimentos existentes. Para tanto, determinou-se uma Comissão Nacional Provisória para a elaboração do Encontro Nacional de janeiro de 1984. No encontro em Goiânia ainda foi divulgada uma carta destinada aos trabalhadores para que assumissem a luta pela terra. Nesta carta foram escritos os objetivos do encontro:

a) Avaliar as lutas e a caminhadas dos movimentos;

b) Colocar em comum todos os pontos positivos e negativos;

c) Avaliar como o movimento estava resistindo, os resultados que conseguiram;

d) Encontrar meios de reforçar e continuar a luta.

Este instrumento escrito constituiu-se em um apelo e um convite para que os demais trabalhadores entrassem na luta pela conquista e defesa da terra, uma luta que precisava continuar e que para produzir seus frutos necessitava da união de todos. A carta também serviu como um alerta da relevância de uma participação racional e consciente nas decisões políticas, visto que muitas dificuldades e muitos problemas enfrentados pelos trabalhadores e seus respectivos movimentos advinham das injustiças e, também, da inércia dos trabalhadores.

O Movimento dos Trabalhadores da Região Sul foi destaque devido à sua considerável importância para a gênese e articulação do Encontro Nacional. Este movimento foi o responsável pela ampliação das experiências com a terra.Organizados em Comissões Regionais, os trabalhadores-membros destas comissões deram continuidade às lutas e às reuniões nos municípios. Tal postura tornou maior, mais forte e, portanto, mais eficaz a permuta de experiências e, ainda, um de seus efeitos foi a promoção de debates sobre o que vinha acontecendo com a economia e com a política no Brasil.

O Encontro Nacional se desenvolveu entre os dias 20 e 22 de janeiro de 1984, na cidade de Cascavel, estado do Paraná, contando com a representação da maioria dos estados brasileiros.

A necessidade de tornar a luta ainda mais forte e consolidada, por meio de uma organização autônoma, ainda se fazia presente. Também era preciso, nas palavras de Bernardo Mançano Fernardes,

"... investir na socialização dos conhecimentos dos direitos gerados pelas experiências de resistência e de organização; divulgar mais a luta por meio de publicações populares e dos meios de comunicação; realizar atos públicos, debater com a sociedade, combater o isolamento e o localismo; motivar a participação de toda família para o fortalecimento da organização da base; lutar sem trégua e não aceitar de modo algum o jogo do governo e dos capitalistas". (Fernandes, 2000: 81)

a) Diante destas necessidades era importante expandir e desenvolver o Movimento. Para tanto, instituiu-se que os sem terra organizados se deslocariam para os municípios onde ainda não estavam organizados e articulados os trabalhadores rurais sem terra. Desta forma, a luta se implementaria no espaço, dando continuidade à articulação regional. Esses trabalhos tinham como objetivo a formação do Movimento em todas as regiões.

As lutas pela terra continuavam. Muitas instituições já vinham trabalhando com a causa da terra. Era necessário, agora, organizar encontros de forma mais efetiva para que os demais trabalhadores conhecessem quais eram as metas e os objetivos do recente MST.

Barreiras tiveram que ser enfrentadas para a organização do Movimento, tais como: o risco de um confronto com a polícia e com os empregados das fazendas; a escassez de recursos; e, ainda, a frustração das expectativas dos trabalhadores, que esperavam que o governo e o INCRA cumprissem acordos firmados anteriormente. Como sempre afirmou o professor Niklas Luhmann, a frustração de expectativas pode ter um significado educativo. As constantes frustrações dos movimentos sociais auxiliaram no seu processo de organização e fortalecimento.

Abaixo relataremos a primeira conquista realizada pelo MST (e pelo apoio do MST) em cada estado:

a) ALAGOAS: em 26 de janeiro 1987 acontece a primeira ocupação do MST, realizada na fazenda Peba, no município de Delmiro Golveia.

b) BAHIA: em 5 de Setembro de 1987 aconteceu a primeira ocupação "organizada" na Bahia, em que as terras eram da companhia do Vale do Rio Doce e foram desapropriadas. Aconteceu no município de Prado, hoje Alcobaça.

c) CEARÁ: primeira ocupação em 25 de maio de 1989, na Fazenda Reunidas São Joaquim, no município de Quixeramobim.

d) ESPÍRITO SANTO: em 27 de outubro de 1986 famílias invadiram uma Fazenda da empresa estatal Floresta Rio Doce S/A no município de São Mateus. Essas famílias foram despejadas e, depois de ocuparem a sede do Incra e de muitas negociações, receberem enfim a fazenda. Como havia muitas famílias, mais dois assentamentos foram formados na região.

e) GOIÁS: como nos demais estados, em Goiás lutas pela terra já estavam acontecendo há muito tempo. Nestas lutas sempre estavam envolvidas outras entidades de ajuda aos trabalhadores e, no ano de 1985, viajaram para este estado três militantes do MST do Paraná para ajudar na organização das famílias. A fazenda invadida foi a Fazenda Mosquito. Após muitos anos de despejos e acampamentos na própria cidade, em 1986 a fazenda finalmente foi desapropriada. Com esta conquista nasce o MST.

f) MARANHÃO: nesta região o MST atuou juntamente com outras instituições, as quais também trabalhavam com outros objetivos além da terra, o que acabava deixando o MST em segundo plano. Uma ocupação que demonstrou uma maior organização do MST em si foi a que ocorreu na Fazenda Gameleiro, no município de Imperatriz, em 1988.

g) MINAS GERAIS: em 12 de fevereiro de 1987, no município de Novo Cruzeiro, na Fazenda Aruega, ocorre a primeira ocupação realizada pelo MST nesse estado, onde ocorreram muitas divergências entre os agricultores e muitas famílias desistiram. Porém, em setembro do mesmo ano, os trabalhadores conseguiram a desapropriação da Fazenda.

h) MATO GROSSO DO SUL: o movimento nasceu com a ocupação da fazenda Santa Idalina, em Ivinhema, no ano de 1984.

i) PARANÁ: no mês de julho de 1985 foram realizadas 3 ocupações.

j) PERNAMBUCO: em 5 de agosto 1985 acontece a primeira ocupação na Fazenda Caldeirão no município de Pedra. Após alguns meses as famílias foram despejadas e acamparam na fazenda ao lado. Depois de pressionarem o Incra, finalmente são assentadas.

k) PARAÍBA: em abril de 1989 acontece a primeira ocupação. Nesta região o MST nasceu em meio à guerra.

l) PIAUÍ: nesse estado os agricultores tentaram conseguir terras por meio de manifestações e romarias, mas perceberam que a melhor maneira de consegui-la era através da ocupação de terras. Assim procederam em 10 de junho de 1989, na Fazenda Marrecas, localizada no município de São João.

m) RIO DE JANEIRO: em abril de 1985, famílias ocuparam a fazenda Boa esperança no município de Nova Iguaçu. O MST participou na efetivação da ocupação. As famílias foram despejadas, mas um ano depois as terras foram desapropriadas.

n) RIO GRANDE DO NORTE: no final do mês de outubro de 1989 realizaram a primeira ocupação na Fazenda Bom Futuro, localizada nos municípios de Janduís e Campo Grande.

o) RIO GRANDE DO SUL: a primeira ocupação ocorreu no município de Santo Augusto.

p) RONDÔNIA: no dia 26 de junho de 1989 foi efetivada a primeira ocupação na Fazenda Seringal no município de Espigão do Oeste. As famílias foram despejadas 15 dias depois, mas continuaram pressionando o INCRA, o qual lhes concedeu uma parte da fazenda como assentamento provisório. Depois de 2 anos de confronto, as famílias conquistaram todo o latifúndio.

q) SANTA CATARINA: foi ocupada, primeiramente, a Fazenda Burro Branco, no município de Campo Erê, em maio de 1980.

r) SÃO PAULO: nesse estado também o MST participou de várias conquistas, e em janeiro de 1984, no município de Sumaré, os trabalhadores conquistaram um assentamento.

s) SERGIPE: em outubro de 1987 as famílias ocupam a Fazenda Monte Cristo. Transcorridos dois anos de ocupação, a fazenda foi desapropriada e é nesta ação que o MST nasce no Sergipe.

Temos, então, que a partir deste contexto, em janeiro de 1984 surge o MST, fruto de um encontro de camponeses. A questão central estava logicamente aliada à antiga luta pela Reforma Agrária, entendida como modelo de concretização dos direitos econômicos, sociais, culturais e ambientais. Em uma primeira etapa, a idéia do Movimento era ocupar as terras improdutivas ou terras que não cumpriam com a função social. Seu lema era: "Ocupar é a única solução". O Movimento foi amadurecendo e fortificando-se. Concomitantemente, também os latifundiários se organizam fundamentados em dois pilares principais: a força e poder. Mesmo assim, os sem terra resistem e crescem, tendo como palavras de ordem "Ocupar, resistir e produzir", e seguem com as ocupações e com a luta, enfrentando barreiras sociais, econômicas, políticas e judiciárias.

O que fundamentou o Movimento foi, sem dúvida, a primeira ocupação de terras no município de Santo Augusto. Nas palavras do Deputado Federal Adão Preto, na ocasião um trabalhador rural sem terra, podemos identificar isso:

"... eu sou um dos fundadores do MST, entre tantos outros companheiros, a gente começou a organizar o movimento. Foi reunindo os agricultores que não tinham terra, de pequenos agricultores que tinham interesse e só sabiam trabalhar na terra e que o pai não podia comprar terra para eles. Eles estavam adulto já tinha casado e não tinha para onde ir, então comecei a discutir com esses companheiros e aí o grande questionamento que se tinha é de fazer uma lei da Reforma Agrária, mas a lei nós já tínhamos, nós tínhamos o Estatuto da Terra que era uma lei que dava direito ao agricultor de ter terras para plantar, principalmente na região onde habita, terra tem a vontade no Rio Grande e nesse país, e agricultor sem-terra também tinha então o quê que tá faltando, tá faltando nós nos organizarmos e ir em busca dessa terra, então nós tivemos as primeiras assembléias, as primeiras audiências com os governadores, com INCRA e fomos evoluindo nesse processo até que se chegamos à conclusão de que as autoridades não faziam a Reforma Agrária por falta de vontade política e que isso só ia acontecer com a nossa luta, a nossa organização e aí fizemos as primeiras ocupações de terra, foi um ato de bravura, porque fazer uma ocupação de terra naquela época era, era um fato imaginário e fizemos isso..." (Dep. Fed. Adão Preto, junho de 1999).

Podemos ver, a partir deste depoimento, que as primeiras ocupações foram organizadas entendendo a necessidade da terra como elemento vital. A organização inicial do Movimento ainda era muito precária: seus integrantes formaram-se no "andar da luta", ou seja, no início houve muitos erros de estratégia. Hoje, o MST está organizado em todos os estados, com uma estrutura organizativa que permitiu, por exemplo, no ano de 1999, no mês de setembro, que houvesse mais de 500 áreas ocupadas pelos trabalhadores rurais, dos quais grande parte era de integrantes do Movimento, como afirmou João Pedro na entrevista que realizamos:

"... as ocupações de terra em vez de diminuir, nunca houve tanta ocupação de terra como agora, inclusive que foge do controle do MST, nem queremos esse controle, mas só para ver como é que é, seguindo na resistência, nós nunca tivemos tantos acampamentos como temos agora, nós temos 510 acampamentos em todo Brasil..." (Coordenador Nacional do Movimento – João Pedro Stedile).

O MST sempre se preocupou em constituir um movimento organizado, com estrutura sólida e eficaz. Para se chegar a isto, antes foi necessária a realização de muitos encontros, reuniões e congressos, oportunidades em que se discutiam as maneiras de se formar este Movimento organizado.

Hoje, depois de 19 anos de constituição oficial do Movimento dos Trabalhadores Rurais Sem Terra, pode-se observar que ele chegou ao que pretendia: é o maior e mais organizado movimento social do Brasil. É um movimento social que acontece na sociedade, isto é, que está inserido na vida social comum e no presente é conhecido e atuante na sociedade não só brasileira, mas também mundial. Para exemplificar a sua característica de movimento organizado e nada inerte, tem-se a Mobilização Nacional que aconteceu no mês de Abril de 2002. Esta foi uma jornada de ações que se realizaram durante o referido mês, tendo como um dos objetivos "legitimar a ocupação de Terra como um instrumento legítimo de luta pela reforma agrária", uma vez que todos os meios – políticos e administrativos – vinham trabalhando para desmoralizar as ações do movimento. Essa jornada teve também uma significação simbólica, pois que foi realizada em memória aos Mártires de Eldorado dos Carajás.

O MST é formado de um corpo organizado no tempo e no espaço. Está inserido em quase todos os estados brasileiros. Juntos, mobilizam-se na luta pela transformação da sociedade e pela conquista da reforma agrária no Brasil. A Mobilização Nacional de Abril de 2002 constitui-se pelas seguintes ações nos diversos estados brasileiros: em Paraíba, no dia 12 de Abril, aproximadamente 100 famílias ocuparam a fazenda Olho D'água, em Lagoa Nova; em Pernambuco, em 14 de abril, realizaram-se 14 ocupações, mobilizando 4 mil e 200 famílias em todo estado e, na capital Recife foi realizada uma grande marcha reunindo aproximadamente mil trabalhadores, a qual partiu do acampamento (Mártires do Carajás) montado no Engenho Caxito de Fora, com destino à Praça do Carmo, onde foi realizado um Ato Público. Na região Sertão do Pajeú, em Serra Talhada, aproximadamente 500 trabalhadores sem terra saíram em Marcha da entrada da cidade rumo ao centro, realizando Ato Público; em Goiás, no dia 12 de abril, em torno de 550 famílias foram mobilizadas em duas ocupações, deparando-se com a Polícia Militar presente no local para efetuar o despejo (segundo informações da assessoria de comunicação do MST Goiás, a PM não possuía liminar de reintegração de posse e as famílias tinham a pretensão de resistir aos despejos); no estado do Rio Grande do Sul aconteceram marchas e caminhadas e, na madrugada de 15 de abril, 550 famílias ocuparam a fazenda Bom Retiro, com 2.100 hectares, no município de Júlio de Castilhos, data em que não houve conflitos, porém após a ocupação a área foi bloqueada por grupos armados de fazendeiros; em Alagoas, 2.000 trabalhadores rurais sem terra do estado marcharam com destino à capital Maceió, sendo que 1.500 partiram do município de Arapiraca, a segunda maior cidade do estado, percorrendo 150 km, e os demais partiram do município de Messias; na Bahia, desde 12 de abril os trabalhadores estavam mobilizados entre ocupações, caminhadas, atos, panfletagens e várias audiências; em São Paulo, na madrugada de 13 de abril, 400 famílias de sem terra ocuparam a Fazenda Capuava, de mil e 200 hectares, localizada em Bragança Paulista (a 100 quilômetros de São Paulo); no Pará, em 10 de abril, as famílias trabalhadoras rurais começaram uma marcha de Castanhal, rumo a Belém; no Rio de Janeiro, em 12 de abril, ocuparam-se as ruínas da Usina da Fazenda Santa Maria que, embora esteja envolvida por terras improdutivas, passivo socioambiental e outras improbidades para com o erário público há mais de uma década, não está na lista de vistorias do INCRA; no Paraná, no dia 17 de abril, foi realizado um ato público em Foz do Iguaçu pelo julgamento e condenação dos assassinos do massacre de Eldorado de Carajás, contra a ALCA (Área de Livre Comércio das Américas) e pela Paz no Oriente Médio, oportunidade em que, além do MST, participaram o MCP (Movimento Campesino – Paraguai), o Fórum regional por Terra, Trabalho, Cidadania e Soberania e a comunidade árabe de Foz do Iguaçu; no Maranhão, aconteceram atos públicos contra a ALCA e em memória aos Mártires de Carajás; no Rio Grande do Norte, aproximadamente 200 trabalhadores e ainda entidades locais realizam um ato ecumênico no centro de Natal, capital, e caminharam até o Incra para protestar contra o atraso no processo de assentamentos das famílias; no Piauí, na região norte onde o clima é bastante tenso, os trabalhadores realizaram duas ocupações: uma no município de Canto do Buriti (Fazenda Vão) e outra em Ponte dos Lopes (Fazenda Passagem das Canoas); em Mato Grosso do Sul, em torno de 70 trabalhadores doaram sangue na Santa de Casa em Campo Grande e distribuíram panfletos sobre a importância da luta camponesa; em Minas Gerais, foram ocupadas duas fazendas no município de Novo Cruzeiro, com 120 famílias, e outra em Uberlândia, com 150 famílias; em Tocantins, na cidade de Palmas, capital, aconteceu uma audiência com representantes do MST e com o superintendente do INCRA estadual para discussão da pauta de reivindicações, como desapropriações das áreas de acampamento e liberação dos créditos; em Sergipe, cerca de 430 famílias de trabalhadores rurais sem terra ocuparam, em 16 de abril, a Fazenda Limpos, no município de Carira; e, finalmente, no estado do Ceará, cerca de 700 trabalhadores rurais sem terra ocuparam três latifúndios improdutivos, sendo que o primeiro foi a fazenda Bela Vista, em Caucaia – 25 quilômetros de Fortaleza (esta foi a primeira experiência no Estado em levar trabalhadores que estavam morando na cidade de volta para o campo), o segundo foi a Fazenda Cajazeiras, em Icó, a 470 quilômetros de Fortaleza e o terceiro latifúndio a ser ocupado foi a Fazenda Vaca Brava, em Monsenhor Tabosa, a 380 km de Fortaleza.[194]

[194] Informações obtidas no site http://www.mst.org.br/informativos/minforma/ultimas14.html

Estes são alguns exemplos das várias ações conjuntas que o MST vem realizando em defesa do seu objetivo: a reforma agrária.

A história do MST é ainda uma história em construção, pois a cada nova ocupação de terra é um novo capítulo que se escreve nesta luta, idéia esta repetida tanto no plano teórico quanto no plano prático. Esta é uma fala já assimilada pelos integrantes e simpatizante do Movimento. É uma história de lutas e de perdas, mas é também uma luta de conquistas. Para melhor descrever o Movimento, na seqüência trataremos dos pressupostos do MST.

11. Pressupostos do Movimento

As conjeturas históricas da construção do MST fundamentaram os três grandes pressupostos do movimento, quais sejam:

1- terra,

2- reforma agrária,

3- mudanças gerais na sociedade.

Essas três idéias até hoje estruturam o movimento. Para a defesa e efetivação destes três pressupostos o MST assume uma postura organizada e orientada pelos objetivos gerais do Movimento, fixados em 1995,[195] a seguir expostos:

1- Construir uma sociedade sem exploradores, na qual o trabalho tem supremacia sobre o capital;

2- Assegurar que a terra esteja a serviço de toda a sociedade, pois que ela é um bem de todos;

3- Garantir trabalho a todos, com justa distribuição da terra, da renda e das riquezas;

4- Buscar permanentemente a justiça social e a igualdade de direitos econômicos, políticos, sociais e culturais;

5- Difundir os valores humanistas e socialistas nas relações sociais;

6- Combater todas as formas de discriminação social e buscar a participação igualitária da mulher.

O Movimento dos Trabalhadores Rurais Sem Terra se autodefiniu como *sui generis* na medida em que, para transformar os pressupostos em objetivos, foi necessário o envolvimento de todos os setores da sociedade. Desde o início, o MST permitiu o ingresso no Movimento de todas as pessoas que pretendiam lutar por uma justa distribuição da terra. Em outras palavras, foi um Movimento em que não apenas os pequenos agricultores, meeiros e agregados podiam participar, mas vários outros setores da sociedade puderam acompanhar e lutar pelo acesso à terra. A expressão

---

[195] Data fornecida pelo Coletivo de Comunicação da Secretaria Nacional – MST.

desta idéia pode ser traduzida na letra da música "Vamos prá luta", de Marcos Monteiro e Adilson Monteiro, apresentada no I Festival Nacional da Reforma Agrária, em Palmeira das Missões, em fevereiro de 1999:

> "Hei Companheiro, levanta e vamos prá luta
> Hei Companheiro, prá juntos a terra conquistar
> Nosso trabalho é na força bruta
> Se a gente luta é prá produzir
> Mas falta terra para este povão
> E tendo terra não nos falta o pão
> A nossa luta vai muito além
> De ter a terra só para trabalhar
> Nós queremos uma sociedade
> Com igualdade em todo o lugar
> Se aquecer o sol do amanhã
> Sonhar a vida com novos valores
> Cortar os espinhos da concentração
> E pela estrada replantar as flores".

Esta é a terra dos companheiros da cidade e do campo, é a terra que pode ser conquistada com a inclusão de todos os que sabem que a terra produz o pão. O pão que dá a força para o trabalho no campo e na cidade: se tivermos terra, teremos pão, teremos condições de lutar por uma sociedade mais justa, mais igualitária, poderemos sonhar com novos valores, poderemos plantar flores onde antes só existiam espinhos do latifúndio. Por essas razões é que o MST não poderia excluir de sua organização "os companheiros", que estão no campo e na cidade e, em muitos casos, estão na cidade porque foram expulsos do campo[196] em função do modelo econômico brasileiro. Porém, existe um cuidado da parte da coordenação do Movimento no sentido de evitar que pessoas que não estejam comprometidas com a luta integrem-no, o que nem sempre foi e é possível. É de conhecimento de todos, tanto da coordenação do MST como da sociedade em geral, que muitos que se dizem integrantes do MST fazem-no por oportunismo ou mesmo para perturbar o andamento do Movimento.

O mesmo se passa com relação aos pesquisadores, pois muitos buscam o Movimento para obter informações e, muitas vezes, distorcem o que foi dito. Nós tivemos algumas dificuldades para marcar os grupos de discussão e as entrevistas, e mesmo tendo conseguido fomos advertidos deste fato.[197] Porém, todos os trabalhadores que se sentem comprometidos

---

[196] Recordamos que, em 1940, 68,8% da população vivia na zona rural, já em 1990, a população que vivia no meio rural era apenas 24,5% segundo dados do IBGE.

[197] Assim se expressou André no Grupo de discussão a respeito da nossa pesquisa: "...pesquisa tem muita pesquisa e toda pesquisa ela é ideológica então acho que tem pesquisa a ajudar, tem outras que vêm no sentido de justificar ou não a Reforma Agrária então a gente tem um cuidado em se abrir em fazer uma pesquisa, bom se tu tivesse alguma ligação com os fazendeiros tu não ia estar aqui perdendo tempo, porque a pesquisa ela tem um fim..." (André Onuzak – Coordenação Estadual do MST/RS).

com a causa defendida pelo MST são bem-vindos. Esta seria a primeira característica do Movimento – incluir todos os que desejam lutar pelo acesso à terra. Esta primeira característica, que diz respeito ao caráter *sui generis* do Movimento, é assim escrita por Stedile:

> "... somos um movimento de camponês que tem esta raiz da terra, essa ideologia em que entra todo mundo que queira lutar pela reforma agrária...Foi essa generosidade ou essa amplitude que facilitou o movimento cria seus quadros orgânicos. Esse caráter popular, de se abrir para outras profissões, sem discriminar, mas também sem perder as características de um movimento de trabalhadores rurais, acabou trazendo uma consistência que contribuiu para formar um movimento com organicidade e com uma interpretação política maior da sociedade" (Stedile, 1999: 32-33).

Foi, sem dúvida, este caráter de inclusão um dos fatores que permitiu o crescimento do MST. Stedile cita, ainda, outros aspectos, como a questão sindical e a questão política. Estas duas questões foram fundamentais para que os trabalhadores rurais entendessem que a conquista da terra era apenas o passo inicial e não o processo final. Além disso, estes fatores foram cruciais para que os trabalhadores que tenham conseguido a terra não deixem de lutar para que também outras famílias tenham acesso à terra. O principal motivo que leva uma família a ingressar no Movimento é o desejo de ter um "pedaço de chão". A organização do Movimento demonstra que a luta continua. É por isso que desde os acampamentos existe todo um trabalho educativo e organizativo. Ainda nas palavras de Stedile, se o MST tivesse apenas sido um movimento que, depois da conquista da terra, houvesse concluído seu trabalho, ele teria se extinguido como terminaram tantos outros movimentos sociais que lutavam pela terra. A luta pela terra tem sentido quando é acompanhada de outros elementos como, por exemplo, criar condições para que o novo assentado de hoje não se torne o sem terra do amanhã.

Diante disso, é fundamental que os integrantes do MST tenham presente a necessidade urgente da reforma agrária no Brasil. Mas uma reforma agrária construída a partir das reais necessidades do homem do campo, uma reforma agrária que permita àquele que conquista a terra concorrer no mercado. Sobre a reforma agrária, muito falamos nas nossas entrevistas e nos nossos grupos de discussão. Salientaremos apenas alguns aspectos:

> "..., um país que reparte sua terra ele quer um crescimento mais igual entre as pessoas, dá condições e terra no Brasil é um sinônimo de poder, por isso que não se faz Reforma Agrária, a hora que você faz Reforma Agrária é mais do que o sentido de você somente dividir a propriedade da terra, dividir a propriedade da terra é dividir a riqueza, é tu dividir oportunidades, são pessoas que estão à margem, excluídas

e começam a participar, elas começam a comprar, vender, elas querem ter educação, elas querem ajudar a definir os rumos dos seus municípios, a se preocupar com seu país, elas começam a querer todos os direitos mínimos deles, isso é cidadania, então essa que é a verdadeira coisa, você concentra terra, você concentra isso, e o quê é mais importante pra eles é o poder" (Irma – responsável pelo setor de formação do MST/RS).

Tem razão Irma quando diz que dividir a terra no Brasil ainda significa a divisão do poder. É um poder concentrado historicamente, cujos senhores da terra comandavam os rumos políticos, sociais e econômicos da Nação. Reforma agrária significa, para o Movimento, acesso à cidadania. Sabemos que somente em uma sociedade diferenciada funcionalmente se podem identificar as funções de cada sistema social. Neste sentido, é através do Direito positivo moderno que podemos transformar esta situação, para que o sistema do Direito não dependa mais dos latifundiários. Esta dependência é ainda identificada na periferia da modernidade, mas não temos dúvida que o Direito moderno poderá, em pouco tempo, modificar esta situação, haja vista várias decisões judiciais neste sentido, qual seja o de enfatizar a função social da terra. Temos estas decisões de norte a sul do Brasil, não tantas quantas são necessárias, porém nenhuma transformação social se faz de forma abrupta. Transformar é caminhar e isto o MST sabe fazer, nos vários sentidos do caminhar.

O Movimento dos Trabalhadores Rurais Sem Terra está organizado em todo o país. As instâncias deliberativas são:

- Congresso Nacional – ocorre a cada cinco anos;
- Coordenação Nacional;
- Direção Nacional;
- Coordenação Estadual;
- Direção Estadual;
- Coordenações Regionais;
- Coordenações dos Assentamentos e Acampamentos.

Conforme já exposto, um dos objetivos do MST é promover a efetiva Reforma Agrária no Brasil. Para tanto, elaborou em 1995[198] o Programa de Reforma Agrária, que segue os seguintes passos – nestes passos é possível identificar o conceito de reforma agrária do Movimento:

1- Modificar a estrutura da propriedade da terra;

2- Subordinar a propriedade da terra à justiça social, às necessidades do povo e aos objetivos da sociedade;

---

[198] Data fornecida pelo Coletivo de Comunicação da Secretaria Nacional – MST.

PROPRIEDADE DA TERRA
Análise sociojurídica

3- Garantir que a produção da agropecuária esteja voltada para a segurança alimentar, a eliminação da fome e ao desenvolvimento econômico e social dos trabalhadores;

4- Apoiar a produção familiar e cooperativada com preços compensadores, crédito e seguro agrícola;

5- Levar a agroindústria e a industrialização ao interior do país, buscando o desenvolvimento harmônico das regiões e garantindo geração de empregos especialmente para a juventude;

6- Aplicar um programa especial de desenvolvimento para região do semi-árido;

7- Desenvolver tecnologias adequadas à realidade, preservando e recuperando os recursos naturais, com um modelo de desenvolvimento agrícola auto-sustentável;

8- Buscar um desenvolvimento rural que garanta melhores condições de vida, educação, cultura e lazer para todos.

Para atingir as suas propostas e alcançar as suas finalidades, o MST tem agido de forma contínua e integrada com a sociedade. Em 1997, o MST promoveu a Marcha Nacional por Emprego, Justiça e Reforma Agrária. Nesta marcha participaram integrantes do Movimento provenientes de diversos estados brasileiros. Eles caminharam de São Paulo até Brasília. O encontro foi no dia 19 de abril do referido ano.

Em agosto de 2000, aconteceu o 4º Congresso Nacional do MST, no qual participaram 11 mil congressistas. Hodiernamente, o MST é atuante em vinte e três estados brasileiros. Este movimento envolve mais de 1,5 milhões de pessoas, sendo 300 mil famílias assentadas e 60 mil que ainda vivem em acampamentos. No ano de 2001, teve-se a quantidade de 585 acampamentos, nos quais participaram 75.730 famílias. No mesmo ano, o número de assentamentos foi o de 1.490, sendo 108.849 famílias assentadas. Estes são dados que podem ser obtidos, confirmados e atualizados pelo site do Movimento.[199]

As famílias que já estão no assentamento não se desvinculam do Movimento e continuam lutando por crédito, moradia, assistência técnica, escolas, atendimento à saúde e outras necessidades. Não é uma luta individualista e sim coletiva, em que cada integrante do movimento trabalha com afinco para que todos tenham terra e condições de viver da terra e na terra. Ressaltamos, ainda, que o MST está cada dia mais integrado com a sociedade brasileira e, conseqüentemente, com os movimentos sociais que reivindicam por justiça social.

Uma das principais características do MST, como oportunamente já se salientou, é a sua organização. Há, hoje, conforme dados fornecidos

---

[199] http://www.mst.org.br

pelo próprio Movimento, cerca de 400 associações de produção, comercialização e serviços; 49 Cooperativas de Produção Agropecuária (CPA), nas quais estão associadas 2.299 famílias; 32 Cooperativas de Prestação de Serviços que contam com 11.174 sócios diretos; duas Cooperativas Regionais de Comercialização e três Cooperativas de Crédito com 6.521 associados.[200] Ainda, são 96 pequenas e médias agroindústrias que processam frutas, hortaliças, leite e derivados, grãos, café, carnes e doces. Além de gerar emprego, estes empreendimentos econômicos geram renda e impostos, o que beneficia em torno de 700 municípios do interior do Brasil.

Os integrantes do Movimento também não se descuidam da educação das tantas crianças e jovens que nascem e crescem nos acampamentos e assentamentos, promovendo, ainda, cursos de alfabetização para adultos. Há 1.800 escolas públicas nos assentamentos, que ensinam alunos de 1ª a 4ª série, acolhendo 160 mil crianças, aproximadamente. Os educadores são pagos pelos municípios e desenvolvem uma pedagogia específica para as escolas de campo. De acordo com o MST, a Unesco, mais de 50 universidades e o próprio Movimento desenvolvem, juntos, programas de alfabetização que atingem cerca de 30 mil jovens e adultos nos assentamentos. Nas universidades dos estados de PA, PB, SE, ES, MT, MS E RS há cursos de Pedagogia e Magistério para formar novos educadores.

O MST está construindo coletivamente uma Escola Nacional, que se chamará Escola Nacional Florestan Fernandes. Para isso, realizam uma grande campanha nacional e internacional, a qual busca resgatar o caráter coletivo do MST. Por ser uma organização social, o MST precisa resolver questões como a conquista da terra para quem não a tem, a ampliação e melhoria da produção nos assentamentos, a possibilidade de acesso à escola para crianças, jovens e adultos e a eficiência dos mecanismos de comunicação. Esta escola vem para ser um espaço de intercâmbio de experiências, de estudo, de análise da realidade social e de fortalecimento de valores. O Movimento afirma que, para transformar a realidade social, é preciso antes conhecê-la. Por isso investe na construção de uma Escola Nacional, para todos e de todos. Nela, buscam conhecer diversas ciências, tais como a Sociologia, a Antropologia, a Pedagogia, a Psicologia, a Economia, a Política, entre outras. É uma escola de formação de lideranças que conheçam a história do Brasil e sejam capazes de transformá-la. A Escola Nacional Florestan Fernandes projeta-se para ser um modelo de escola pública, gratuita e de qualidade.

Valorizando a terra e tudo o que ela produz, entendendo que é necessário preservar o meio ambiente porque assim se está preservando o ser humano, famílias de sem terra produziram, em setembro de 1999, as

---

[200] Ob. cit.

sementes Bionatur. Essas sementes são originadas sem o uso de qualquer tipo de agrotóxico ou insumo químico. Fazem, ainda, experiências de preservação de mata, como no Pontal do Paranapanema – SP, e a produção de ervas medicinais.

Em 2001 o MST uniu-se com a Via Campesina no Brasil – movimentos do campo, quais sejam Movimento dos Pequenos Agricultores (MPA), Associação Nacional das Mulheres Trabalhadoras Rurais (ANMTR), Comissão Pastoral da Terra (CPT), Movimento dos Atingidos pelas Barragens (MAB), Pastoral da Juventude Rural (PJR), Federação dos Estudantes de Agronomia do Brasil (FEAB) e Sindicato Nacional dos Trabalhadores de Pesquisa e Desenvolvimento Agropecuário (SINPAF), assumindo caráter internacionalista e de unidade.

Reunidos, estes movimentos participaram de ações contra os transgênicos. A mais forte ação aconteceu no município de Não-Me-Toque, no Rio Grande do Sul, durante o 1º Fórum Social Mundial, em que os sem terra destruíram uma plantação de milho transgênico. Ainda, ocuparam, em Camaçari, na Bahia, a fábrica da multinacional Monsanto, protestando contra o acordo entre esta empresa e a Embrapa (Empresa Brasileira de Pesquisa Agropecuária).

Os desafios do Movimento dos Trabalhadores Rurais Sem Terra, propostos no ano de 2000,[201] são:

- Elaboração de um programa para o campo, buscando unidade entre as organizações do campo e da cidade, fazendo lutas massivas e intensificando a organização dos pobres;
- Ajudar na construção do Projeto Popular para o Brasil, desenvolvendo a solidariedade e os novos valores e impulsionando a revolução cultural.

No IV Congresso Nacional do MST, ocorrido em 2001, o Movimento elaborou as seguintes linhas políticas:[202]

1. "Intensificar a organização dos pobres para fazer lutas massivas em prol da Reforma Agrária";

2. "Construir a unidade no campo e desenvolver novas formas de luta. Ajudar a construir e fortalecer os demais movimentos sociais existentes no campo, especialmente o MPA (Movimento dos Pequenos Agricultores)";

3. "Combater o modelo das elites, que defende os produtos transgênicos, as importações de alimentos, os monopólios e as multinacionais. Projetar na sociedade a reforma agrária que queremos para resolver os

---

[201] Data fornecida pelo Coletivo de Comunicação da Secretaria Nacional – MST.

[202] Conforme página eletrônica do MST: http://www.mst.org.br/historico/congresso/congresso19.html

problemas de: trabalho, moradia, educação, saúde e produção de alimentos para todo povo brasileiro";

- "Realizar debates com a sociedade em geral, nos colégios, etc.";
- "Promover campanhas para evitar o consumo de alimentos transgênicos pelo povo";
- "Realizar ações de massa contra os símbolos do projeto deles, e deixar claro qual é o nosso projeto para a sociedade";

4. "Desenvolver linhas políticas e ações concretas na construção de um novo modelo tecnológico, que seja sustentável do ponto de vista ambiental, que garanta a produtividade, a viabilidade econômica e o bem estar social";

5. "Resgatar e implementar em nossas linhas políticas e em todas atividades do MST e na sociedade, a questão de gênero";

6. "Planejar e executar ações de generosidade e solidariedade com a sociedade desenvolvendo novos valores e elevando a consciência política dos trabalhadores Sem Terra";

- "Organizar calendários para as atividades solidárias";
- "Implementar ações de solidariedade com trabalhadores de outros países(de todo mundo)";
- "Desenvolver ações de solidariedade com crianças abandonadas";
- "Organizar viveiros de mudas para distribuir nas cidades";
- "Transformar a prática da solidariedade como uma forma permanente de nossas atividades";
- "Desenvolver na nossa base e na sociedade ações políticas contra a repressão política, que atinge militantes e organizações sociais";

7. "Articular-se com os trabalhadores e setores sociais da cidade para fortalecer a aliança entre o campo e a cidade, priorizando as categorias interessadas na construção de um projeto político popular";

- "Desenvolver com os trabalhadores desempregados a ocupação das áreas ociosas nas periferias das cidades e organizar atividades produtivas";
- "Realizar atividades de formação política em conjunto com jovens da classe trabalhadora";
- "Apoiar os movimentos de luta pela moradia";
- "Organizar acampamentos";

8. "Desenvolver ações contra o imperialismo combatendo a política dos organismos internacionais a seu serviço como: o FMI (Fundo Monetário Internacional), OMC (Organização Mundial do Comércio), BIRD (Banco Mundial) e a ALCA (Acordo de Livre Comércio das Américas). E lutar pelo não pagamento da dívida externa";

- "Lutar contra as privatizações das empresas brasileiras";
- "Defender a cultura brasileira frente as agressões culturais imperialistas;

9. "Participar ativamente nas diferentes iniciativas que representem a construção de um projeto popular para o Brasil".

10. "Resgatar a importância do debate em torno de questões importantes como: meio ambiente, biodiversidade, água doce, defesa da bacia de São Francisco e da Amazônia. Transformando em bandeiras de luta para toda a sociedade, como parte também da reforma agrária";

- "Articular-se com os demais setores sociais para desenvolver esse trabalho, e intensificar o debate na nossa base e escolas de assentamentos";
- "Desenvolver e participar de campanhas nacionais em torno destas questões";
- "Desenvolver campanha de preservação do meio ambiente em todos assentamentos";
- "Promover o desenvolvimento de políticas específicas a situação do cerrado e do semi-árido";

11. "Continuar conscientizando a população do campo e da cidade sobre a importância da Reforma Agrária".

A seguir analisaremos e conheceremos o Assentamento Lagoa do Junco como exemplo de luta, conquista e produção dos trabalhadores rurais sem terra.

12. Assentamento Lagoa do Junco

O assentamento da Lagoa do Junco localiza-se em Tapes, zona sul do Rio Grande do Sul. Foi efetuado em outubro de 1995. As famílias que vivem nesse assentamento são divididas em dois grupos:

1- grupo de acampados da Embrapa – vinculados com o MST.

2- antigos moradores da fazenda que foi desapropriada.

Nosso contato foi com o primeiro grupo.

Grande parte dos assentados está vinculada à Cooperativa de Produção Agropecuária dos Assentados de Tapes LTDA, fundada em 1998. Porém, tudo começou antes de 1998, como descreve a atual assentada Alcina, ainda em Palmeira das Missões, no início dos anos 80, porque lá:

"Já tinha o sindicato dos trabalhadores rurais a igreja também apoiava e daí tinha gente que trabalhava isto, mas não foi muito fácil de entender porque a maior parte do pessoal era contra, diziam vão passar fome apesar que lá as coisa não tavam boas mas o pessoal tem muito medo, daí a gente foi e foi acampá e viu que não é tão difícil como o pessoal falava" (Sra. Alcina).

Como já referimos, a Igreja teve um papel extremamente importante para a evolução do MST, especialmente no período da estruturação inicial do Movimento. Foi através da Igreja e do sindicato rural que os hoje assentados da Lagoa do Junco foram acampar em Pelotas, em uma área de propriedade da Embrapa. Eram todos filhos de pequenos agricultores que, em função do processo econômico brasileiro de expulsão do homem do campo, acabaram ficando sem terra. A população deste assentamento é composta predominantemente por netos de imigrantes alemães, italianos e poloneses.

A decisão de ir para o acampamento, na maioria dos casos, foi tomada pelos homens. Assim como relata Maria:

"... A iniciativa mesmo foi dele, uns três anos antes de nois i acampá ele já falava, só que eu nunca tinha visto acampamento, daí a gente ficava meio assim i lá mesmo na nossa região o pessoal mesmo era muito contra e a gente nunca tinha visto nem assentamento nem acampamento a gente não conhecia, daí fomo indo, daí eu fiquei meio em dúvida porque tinha as criança pequena, e todos assustava a gente não sabia a realidade, daí durante este ano fomo conhece acampamento e o assentamento ai agente sabia que ia enfrenta dificuldades como nois enfrentamo, ma sói que daí nois ia te o que agente pensava o que a gente desejava" (Sra. Maria).

Os assentados da Lagoa do Junco descrevem com muito orgulho a sua história. Em alguns casos, os homens saíam para os acampamentos e as mulheres permaneciam nas cidades de origem com os filhos; em outros, toda a família partia para a luta. No caso específico deste assentamento, foram para as terras da Embrapa em Pelotas. A cidade de Pelotas foi sensibilizada com o contingente de habitantes na "cidade da lona preta" – assim era conhecido o acampamento –, fato que auxiliou muito estes pequenos agricultores. Ocorreram na cidade várias campanhas para recolher roupas e alimentos para estes acampados, bem como grandes manifestações dos latifundiários locais contrários ao movimento.

A história do atual assentamento é assim contada pelo Sr. Orestes, assentado:

"Nós começamos a acampar dia 27/07/92, aí fizemos uma trajetória, fizemos vários acampamentos, de Caró fomos pra São Miguel, de São Miguel viemos pra região de Eldorado e depois de Eldorado passamos pela Capela de Santana, da Capela de Santana viemos pra São Pedro que fica pra cá de quem vem de Uruguaiana, dali nós saímos e fomos pra Pelotas, onde lá ficamos 2 anos em Pelotas na EMBRAPA e aí nós lá forçamos a desapropriação daquela área, só que ela não saía e aí então depois foi desapropriada essa aqui, então dia 26/10/95 nós ficamos aqui oficialmente nessa área" (Sr. Orestes).

No acampamento referido, viviam mais de mil famílias, as quais foram divididas pelo MST em grupos de vinte a trinta famílias. Desde o acampamento estas famílias são preparadas para a vida em um assentamento. Neste processo de discussão, o MST propõe a organização dos novos assentados em cooperativas. Todas as questões que dizem respeito ao funcionamento futuro no assentamento são discutidas e aprofundadas ainda nos acampamentos, embaixo das "lonas pretas". Estes grupos sonham com o dia em que terão o seu pedaço de chão. Assim nos falou Tarcísio, assentado:

> "É isso aqui no começo a gente veio olhar a terra e tudo né, foi meio difícil porque se chegou em cima da terra prometida né, aí tu chegou e vai dar de cara com o recurso, quer dizer é muito complicado né, geralmente o cara chega e já vem com moradia, porque tem muita gente que se dá mal, quer dizer, já começa a aplicar mal né, pra coisa ser bem organizada tem que ser feita meio planejada as coisas né, passo a passo, tanto que se conseguiu a proposta e tal, então nós temos um investimento que não bem aplicado, nós ficamos aqui, mas não tinha espírito de plantar arroz, a nossa região era milho, soja, feijão preto, trigo..." (Sr. Tacísio).

Sobre a chegada na " terra prometida" também falaram as mulheres:

> "É o momento mais feliz foi quando conseguimo a terra, daí a gente não ia mais para de fica rolando de um lado pro outro Sandra ...Daí a gente, no começo a gente fico ... lá onde nois morava as cultura era bem diferente, tivemo dificuldade porque cheguemo aqui, porque cheguemo aqui tinha intenção de plantá o milho, o feijão o soja e se atraquemo o primeiro ano, só que era muito molhado ... no primeiro ano nois gramemo... ma depois estamos muito bem" (Sra. Helena).

O assentamento Lagoa do Junco, como a maioria dos demais assentamentos vinculados ao MST, tem a seguinte estrutura:

- Setor de produção,
- Setor de educação,
- Setor de saúde.

"A Cooperativa de Produção Agropecuária dos Assentados de Tapes LTDA (COOPAT), fundada em 24 de fevereiro 1998, é composta por 18 famílias, totalizando 51 pessoas. O regime de trabalho coletivo já começou a ser praticado no acampamento, localizado no município de Capão do Leão, onde permaneceram por dois anos. No assentamento, as famílias que trabalhavam unidas continuaram por mais dois anos como um grupo informal, fundando a cooperativa somente mais tarde. As famílias que integram a COOPAT residem em forma de agrovila.

Neste local há um refeitório coletivo que fornece a maior parte das refeições diárias, sob a coordenação das mulheres."

As principais linhas de produção do assentamento são: arroz irrigado, plantado no sistema pré- geminado em uma área de aproximadamente 120 hectares, com uma produção anual de 10.000 sacos; pecuária leiteira, com um rebanho de 20 vacas de raça holandesa e uma produção de 90.000 litros de leite por ano, realizada por ordenhadeira mecânica, sendo que a produção é vendida diretamente para o consumidor na cidade de Tapes (parte em forma de queijos e doce de leite e outra parte na forma de leite fluído); suinocultura, cuja produção anual é de 45 mil kg; avicultura, que produz cerca de 12 mil kg por ano; cultivo da horta ecológica, em uma área aproximada de 2 hectares, produzindo 25 diferentes produtos para abastecer o mercado de Tapes; e, ainda, há uma padaria coordenada e administrada pelas mulheres, em que se produz artesanalmente pães, cucas, biscoitos, queijo e doce de leite, o que tem se tornado importante fonte de renda.

"Conforme informação fornecida pela Secretaria do Assentamento Lagoa do Junco, atualmente 60% das vendas são efetuadas diretamente ao consumidor por meio do caminhão da cooperativa e 10% da produção é vendida na sede da cooperativa. O restante da produção da COOPAT é destinada para o mercado de Tapes, com exceção do arroz, que é vendido diretamente para a agroindústria".

"O setor de educação administra o estudo das crianças do assentamento, que freqüentam a escola na cidade de Tapes e contam com o transporte escolar diário. Há um grupo de estudantes do ensino médio noturno e para eles também é fornecido o transporte escolar".

O setor de saúde, por sua vez, organizou e coordena uma pequena horta medicinal. Está em andamento a execução do convênio realizado com a prefeitura e verbas do governo estadual para apoio às comunidades itinerantes.

A Secretaria do Assentamento informa a situação da propriedade antes e depois da efetivação do assentamento. Alguns dados são assim descritos: antes havia 6 moradores e 1 casa de moradia e, hoje, são 130 moradores e 35 casas de moradia; a produção de arroz aumentou de 15 mil sacas por ano para 25 mil sacas anuais; não havia produção de leite antes do assentamento e hoje são recolhidos 100 mil litros de leite por ano; há, também, uma área de 2 hectares destinadas para o reflorestamento, o que foi implementado somente pelos assentados.

"Hodiernamente, a Lagoa do Junco é um exemplo de assentamento que deu certo. Os assentados vivem com dignidade, produzem, seus filhos freqüentam as escolas locais. Mas a luta não parou: os atuais assentados continuam vinculados ao MST, auxiliam nos novos acampamentos e também na administração estadual e nacional do movimento. Eles continuam lutando por crédito, moradia, assistência técnica, escolas, atendimento à saúde e outras necessidades. Não é uma luta individualista e sim coletiva, em que cada integrante do movimento trabalha com afinco para que todos tenham terra e condições de viver da terra e na terra. Ressaltamos, ainda, que o MST está cada dia mais integrado com a sociedade brasileira e, conseqüentemente, com os movimentos sociais que reivindicam por justiça social".

Para compreendermos com maior clareza a extensão da importância de um assentamento, o melhor meio é ouvir aqueles que o conquistaram e nele vivem e trabalham. Desta forma, utilizaremos as palavras de alguns assentados na Lagoa do Junco que, quando perguntados sobre a contribuição do assentamento para o seu desenvolvimento pessoal e econômico, assim responderam:

"Através de cursos fomos aprendendo a ser agricultor. Antes a gente trabalhava na agricultura, mas não sabia trabalhar com a natureza, trabalhamos com veneno, não sabia nem comprar a farinha..." (Sr. Orestes da Veiga Ribeiro)

"Pessoal foi ter me tornado sujeito da história. Econômica é que eu tenho emprego, casa, a minha família... Eu me sinto realizado!" (Sr. Fábio Augusto de Medeiros Lopes)

"Eu cresci, me sinto mais importante, mais gente, aprendi muita coisa, inclusive o trabalho." (Sra. Neuza Pietroski)

Os trabalhadores rurais sem terra se sentem sujeitos da história após ingressarem no MST, porque lutam e conquistam o que mais desejam: a terra para trabalhar, para morar, para produzir e para viver em uma situação de mais dignidade e igualdade entre os cidadãos.

13. Reflexões conclusivas

Nesta parte do trabalho, enfocamos com maior ênfase os aspectos jurídicos da distribuição, posse e propriedade da terra no Brasil, ressaltando algumas leis e alguns artigos constitucionais. Iniciamos com o Tratado de Tordesilhas, depois, passamos às capitanias hereditárias e às sesmarias. Dedicamo-nos com maior profundidade à Lei de Terras de 1850, bem como aos decretos sucessivos para a implementação desta lei; depois, analisamos os artigos da Constituição de 1891 e o Código Civil de 1916; na continuação, relatamos a experiência de reforma agrária no Rio Grande do Sul do início dos anos 60 e chegamos ao Estatuto da Terra, no qual nos detivemos com maior profundidade em alguns de seus desdobramentos, especialmente no que diz respeito às propostas de Reforma Agrária. Também apresentamos as últimas leis e decretos para a implementação da Lei 4.504. Refletimos, ainda, sobre alguns artigos da última Constituição, abordamos as políticas agrárias do final dos anos 90, destacando o Banco da Terra e, finalmente, fizemos um breve estudo sobre o direito de propriedade no Novo Código Civil Brasileiro, que insere na lei civil a finalidade social da propriedade.

Antes mesmo da suposta descoberta do Brasil, as terras já pertenciam a Portugal através do Tratado de Tordesilhas assinado entre Portugal e Espanha em 1494, onde se previa uma linha imaginária de demarcação. Assim, a primeira demarcação jurídica das terras brasileiras estava já concretizada, sendo que o processo de reconhecimento deu-se um pouco depois quando Portugal fez reconhecer que todas as terras descobertas e/ou a serem descobertas que se encontravam a oeste desta linha imaginária seria posse sua. Em 1504, o Tratado de Tordesilhas foi reconhecido pela Bula Papal Pro Bono Pacis pelo Papa Julio II. Ou seja, os desconhecidos habitantes do Brasil já estavam juridicamente vinculados ao Rei de Portugal muito antes da chegada dos primeiros portugueses ao nosso solo. Este fato não é apenas bizarro, mas é decisivo na história da colonização brasileira. Estas desconhecidas terras já eram cobiçadas pelos europeus antes mesmo de 1500, visto que, como podemos observar, uma das primeiras preocupações do Rei de Portugal era somente assegurar a posse da nova terra, não havendo um interesse pela real colonização, mas somente a demarcação da propriedade. Mais tarde, Portugal cria estratégias para defender suas terras das constantes invasões de franceses e holandeses.

A propriedade de qualquer coisa é sempre exclusão entre quem é proprietário e quem não o é. Participa-se do sistema da economia, na sociedade moderna, também como não proprietário. Mas isto nem sempre foi assim. Tentamos, neste trabalho, mostrar esta evolução na sociedade brasileira, onde, até bem pouco tempo, só se participava da economia e da política e, conseqüentemente, da sociedade, quem era proprietário. Mas quando nos reportamos para o conceito histórico de propriedade da terra no Brasil, vislumbramos que a possibilidade de usar e gozar da propriedade reproduz, outra vez, a simultaneidade entre os sistemas sociais até pelo menos o início dos anos de 1900. Em outras palavras, quando se é excluído de uma sociedade por não ser proprietário de terra, significa também a exclusão dos demais sistemas sociais.

A propriedade da terra na Europa, até os anos de 1700, significava a garantia dos direitos fundamentais. Significava, ainda, a possibilidade de ser sujeito. Em especial, no direito inglês, observamos que os direitos fundamentais eram assegurados somente aos proprietários de terras, isto é, apenas estes eram sujeitos. Sob tal contexto, ser sujeito implicava estar

PROPRIEDADE DA TERRA
Análise sociojurídica

submetido ao que os romanos chamavam de *ius*. Estes proprietários estavam vinculados à Coroa, o julgamento jurídico deste estrato da população só poderia ser executado por partes iguais, ou melhor, por pessoas que participavam do mesmo estrato – os que são sujeitos e os que têm direitos aos direitos fundamentais. Ser excluído desta sociedade significava ser excluído deste estrato social e não significava a exclusão de todos os demais sistemas. A exclusão do estrato superior significava a inclusão nos estratos inferiores, como, por exemplo, no estrato dos comerciantes (estes serão os futuros burgueses da sociedade inglesa). Neste estrato inferior, havia a distinção entre *civis e habitadores,* como no antigo direito romano.

Os termos proprietário e sujeito permanecem na modernidade, mas com outros significados. Ser sujeito de direitos não significa mais estar submetido à Coroa, agora temos a idéia de sujeito como indivíduo, hoje também os *habitadores* são indivíduos. O que na antigüidade era impossível, pois para ser sujeito era necessário fazer parte do estrato superior: ser proprietário de terras. Assim estava assegurada a possibilidade de ser sujeito e ter direito aos direitos fundamentais. Porém, a Coroa deveria proteger e assegurar os interesses sociais e estes só poderiam ser assegurados por quem era sujeito, quem era sujeito tinha propriedade, quem tinha propriedade privada estava apto para pensar nos interesses públicos, para garantir a manutenção da ordem que é justa porque é justa. O interesse geral só pode ser defendido por quem é capaz de defender os interesses privados, somente os proprietários de terra poderiam pensar no bem-estar social da sociedade. Quando este modelo é rompido, todos os indivíduos passam a ser sujeitos e não será mais a propriedade da terra que assegurará o acesso dos indivíduos na sociedade, não é mais o proprietário que deve defender o interesse do sujeito. Assim, na Europa, a propriedade da terra perdeu a relevância na sociedade, a terra tornou-se uma mercadoria que se pode adquirir e vender. Logo, a distinção entre cidadãos e habitadores não existe, assim como também não existe mais o estrato superior como nos 1700. "Enquanto na Europa dava-se a ruptura desse modelo, no Brasil ele era implementado, ou seja, ainda no início do milênio anterior, a exclusão da propriedade da terra, no Brasil, era a exclusão da sociedade. Assim, o fato de não ter recebido do rei terras em doação não era apenas um problema social, mas tornava-se também um problema político. A economia brasileira era essencialmente agrária, o acesso à propriedade da terra era controlado politicamente, o que significou que eram sujeitos do direito a ter direitos somente os proprietários de terras."

Conclusão

Desde o início deste trabalho, estivemos preocupados em demonstrar a força do significado simbólico, mitológico, jurídico e artístico da semântica terra. Desse modo também faremos com relação à pesquisa empírica, ou seja, a partir deste momento colocaremos em debate a relação entre a observação empírica e a teórica que desenvolvemos na trajetória desta pesquisa.

Um dos primeiros aspectos que chama a nossa atenção é a constante referência à figura feminina, isto é, à "mãe terra", uma mulher que possui uma fertilidade e, como mãe, está sempre e continuamente à disposição dos próprios filhos que podem explorá-la até o seu limite, mas que sempre a enxergarão como a mãe. Aquela mãe carregada de bondade, aquela mãe que todo o "homem" latino tem necessidade e, de outra monta, aquela mãe que tudo suporta. Em um certo senso, essa tem sido a relação que estipulamos com a terra desde a antiguidade, pois, mesmo com o processo evolutivo social, alguns aspectos mudaram, porém não de todo.

Na modernidade, a terra não é mais vista como fonte inesgotável de riqueza, mas é sempre mãe, que sempre algo de útil tem a dar, a fazer e a produzir. Veja-se a idéia de utilidade desenvolvida por Hume, o qual diz que todas as coisas úteis para a vida do homem nascem da terra. Na pesquisa empírica, os mais diversos entrevistados fazem observações freudianas com relação à "mãe". Podemos detectar isso no discurso não elaborado dos indígenas e, também, no discurso politizado de integrantes do MST, por exemplo.

A propriedade da terra vem sendo estudada desde a antiguidade, sendo possível vislumbrar, através do estudo dos clássicos, as várias definições. Sabemos, também, que a idéia de propriedade era conhecida desde as primeiras civilizações, as quais tinham já a necessidade de demarcar seus pontos de chegada e saída para, mais tarde, definirem seus territórios. A propriedade privada da terra, igualmente, já era conhecida pelos romanos e gregos. A história da ocupação, conquista e posse da terra é a história da evolução social da sociedade. Em cada etapa da evolução social, novas formas de apropriação da terra foram surgindo.

Neste sentido, discernimos que, para Hobbes, a propriedade individual era uma etapa importante para que os indivíduos ultrapassassem o estado natural. Para Harrington, as leis fundamentais de uma sociedade são as leis agrárias e as leis eleitorais. Depois tivemos, em Locke, a configuração do pensamento liberal no que tange à propriedade, para quem o fundamento da propriedade encontra-se no próprio indivíduo que, por meio do trabalho, confere sentido à propriedade. Através do pensamento de Vico, tivemos todo um "reviver" do velho direito romano. Com Rousseu, distinguimos a possibilidade de regulamentar a propriedade através do Contrato Social. Em Kant, encontramos um significado filosófico para definir a exclusão do que é de um e não de outro. A visão econômica da propriedade da terra é observada em Quesnay, com sua doutrina fisiocrata; também em Marx, cuja eliminação da propriedade privada representa a emancipação dos homens, porque a terra que era de todos foi transformada em propriedade privada.

Ao estudarmos a propriedade da terra no Brasil, deparamo-nos com uma forte influência destas correntes de pensamento. Na retrospectiva histórico-jurídica que fizemos, observamos o quanto as idéias eurocêntricas influenciaram e ainda influenciam nossa vida cotidiana. Estes reflexos podem ser percebidos no sistema da economia, bem como no sistema do direito, onde distinguimos que os fundamentos do direito brasileiro reportam ao direito europeu. As distribuições de terras, no Brasil, foram uma cópia de um sistema falido na Europa, ou em vias de extinção. Referimonos às sesmarias, as quais foram cruciais para a formação dos grandes latifúndios que temos hoje no Brasil.

A história da propriedade da terra no Brasil é a história da exclusão de vários segmentos da sociedade. Através de medidas legais, nesse contexto, os primeiros habitantes do Brasil foram os mais prejudicados. Assim que tivemos uma grande discussão jurídica sobre a idéia das terras devolutas, definida já em 1850, quando dizia que estas pertenciam ao domínio público nacional, provincial ou municipal; as que não tivessem um domínio particular, por qualquer título legítimo, e que não houvessem sido distribuídas por sesmarias ou outras formas. Porém, os índios eram já decretados, em 1680, como senhores delas, o que não justificava juridicamente a consideração das terras indígenas como devolutas, visto que estavam em domínio particular dos índios, mas, como repetidas vezes ocorria (e ainda ocorre), esse fato jurídico não foi respeitado e as terras indígenas, especialmente as que poderiam ter riquezas no subsolo, foram invadidas pelos europeus em diversos períodos da história brasileira. O direito dos indígenas a estas terras não era um direito adquirido. Todavia, era um direito congênito e, em seguida, legitimado pelas leis criadas pelo próprio Estado que, sem escrúpulos, burlava-as.

Perante tal perspectiva, outro debate surge sobre o direito do primeiro ocupante: se estes foram reconhecidos como primeiros naturais senhores da terra, não pode haver argumentação jurídica que não dê a eles o direito de propriedade das terras nas quais viviam. E aqui outra grande dificuldade, pois os indígenas movimentavam-se muito pelo território, não só brasileiro, mas também dos países vizinhos. Reconhecemos, portanto, a dificuldade inicial e atual na demarcação destas terras, porém não concordamos com várias demarcações feitas pelo Governo brasileiro, porque a conseqüência disso é a de que os índios, nos dias atuais, encontram-se não em "reservas indígenas", mas confinados (como é o caso da aldeia estudada).

Cabe ressaltar aqui que a idéia de propriedade da terra dos indígenas é diversa da que, juridicamente, temos; sempre que nos referirmos a este conceito, porém, queremos afirmar o direito originário à terra destes povos. Ou seja, ser proprietário de terra significa para um índio e/ou para sua tribo possuir área suficiente para a caça e para a pesca. É tido e justificável antropologicamente que os índios, ao contrário dos homens brancos, necessitam de áreas maiores para a sua sobrevivência enquanto espécie. Esta é outra das dificuldades encontradas para a demarcação de terras. Note-se, por exemplo, que algumas tribos que hoje vivem no norte brasileiro necessitam para sua sobrevivência de áreas maiores que alguns municípios do sul do Brasil. Os limites da propriedade de uma tribo e de outra normalmente são demarcados por fenômenos geográficos naturais, como rios, rochas, cachoeiras, grandes montanhas. Existe uma demarcação que, entre os índios, é facilmente reconhecível e para eles tem uma lógica.

Como vimos, constituições, leis e decretos para a proteção dos direitos indígenas não faltaram desde que o Brasil foi encontrado por Portugal. Porém, temos que reconhecer que a última Constituição brasileira apresenta aspectos que as demais não haviam ainda proposto, como, por exemplo, os direitos permanentes dos índios que a Constituição busca regular. Também se fala na Constituição da participação política que os índios têm, porém esta questão mereceria ser melhor estudada, pois é discutível até que ponto esta participação efetivamente assegurou os direitos indígenas. Alguns juristas afirmam (e em parte estamos de acordo com eles) que a Constituição não tinha outra alternativa a não ser proteger os povos indígenas, até mesmo pelo apelo e punições internacionais que o Brasil vinha sofrendo em função das péssimas condições de vida desta gente.

Esta mesma Constituição é distinta das anteriores em outro significativo aspecto: em 1988, são assegurados aos indígenas a posse permanente de suas terras, sendo que, nas demais Constituições, era assegurado somente a posse. Isso, de certa forma, dá a esta população, segundo José Afonso da Silva, uma certa segurança. Porém, vemos que a posse permanente da terra nem mesmo para os indígenas lhes pode garantir futuro, ou seja, ter concretizado o desejo da posse permanente leva esta população a novos riscos, que antes eram desconhecidos. Outrossim, agora detectamos que os índios, os quais possuem suas terras, devem sobreviver com os frutos plantados. Todavia, muitas vezes são terras improdutivas e, além deste fator, os índios, no mercado mundial, não são considerados diferentes dos demais produtores, sendo a terra fonte de riquezas quando gera riquezas, e fonte de pobreza em muitos casos, não somente no que diz respeito aos povos indígenas, mas também a outros proprietários de terras.

Podemos constatar que o Brasil já nasceu "sem território". Quando chegaram aqui os primeiros colonizadores, o Brasil já era patrimônio do "público" da Coroa portuguesa, transformando as terras encontradas na "grande fazenda do Rey". Assim, tivemos as primeiras feitorias em 1511 e 1516, onde o Rei de Portugal instalou oficialmente postos de exploração da "sua mais recente e maior fazenda", depois foram as Capitanias Hereditárias, cujo Rei tinha poder legítimo para doar terras a quem lhe fosse fiel e, por isso, as terras brasileiras, através do regime de sesmarias, foram doadas aos "amigos del Rey". Isto significou que, nos primeiros anos da colonização portuguesa, existiram duas formas de acesso à terra: por doação ou ocupação.

A imensidão das novas "velhas" terras foi constantemente "visitada" por outros europeus, especialmente os franceses e holandeses, o que levou ao "primeiro grande senhor de terras, o rei", a tomar medidas drásticas para a expulsão destes "hóspedes indesejáveis". Foi uma verdadeira luta em que foram envolvidos índios e colonos. Exatamente os que estavam à margem do acesso à terra foram os que colocaram em risco suas vidas para salvar a Pátria. Estas lutas foram criticadas pelos padres jesuítas, porém a Coroa portuguesa, mais uma vez, foi hábil em destruir o inimigo, expulsando inclusive alguns religiosos do Brasil. Assim vemos que o poder central foi destruindo historicamente os "inimigos", sempre amparado juridicamente.

A produção legislativa no Brasil-Colônia foi protetora e criadora dos grandes latifúndios que ainda hoje temos. Depois da Independência, a situação não evoluiu. Ao contrário, foi ainda pior, consolidando os latifúndios, uma vez que cresceram as produções legislativas e, assim, cresceram as desigualdades sociais através da não-aplicação das leis. Foi uma situação paradoxal, pois se criaram leis que tendiam a proteger os desterrados da terra, leis que facilitavam o acesso à terra, mas que não produziram este efeito. A produção legislativa serviu apenas para a concentração da propriedade da terra e não para a sua distribuição. Dessa forma ocorreu com a Lei de Terras, a qual não se finda de reformar. Depois vieram as Constituições em que todos foram declarados iguais perante à Lei ("especialmente iguais" são os proprietários de terras, cabendo aos demais segmentos da sociedade apenas o "direito" à luta interminável pelo acesso à terra, como ocorreu com o Contestado em 1912 e com Rose nos anos 1980).

Tivemos o Código Civil de 1916, no qual a segurança do proprietário de terras foi reafirmada, o que também aparece nas novas Cartas Constitucionais. Outro marco importante para o acesso à terra foi o Estatuto da Terra, um instrumento que, nos anos da ditadura militar, serviu como legitimador dos latifúndios, mesmo que seu objetivo fosse possibilitar o acesso à terra. Assim como a Lei de Terras, também o Estatuto da Terra não pára de ser reformulado. Surgiram do Estatuto várias propostas de Reforma Agrária, das quais poucos resultados positivos conhecemos. O novo Código Civil, por sua vez, pouco inovou no que tange ao direito de propriedade, mas de forma inédita fez a inserção, na lei civil, de uma finalidade social deste direito, delimitando-o.

Na Constituição de 1988, mais uma vez, fomos considerados iguais perante a lei, em que o direito de propriedade foi assegurado. A Constituição cidadã também pode servir como instrumento para a realização da igualdade social, para o concreto acesso à terra e para a consolidação da reforma agrária.

Toda a produção legislativa que ocorreu no Brasil, desde o seu "descobrimento" até os dias atuais, não foi capaz de solucionar o grande problema agrário brasileiro. A produção legislativa no Brasil-Colônia foi protetora e criadora dos grandes latifúndios que ainda hoje perduram. Temos hoje, no Brasil, aproximadamente 4 milhões de famílias sem terra, sendo que 2,8% das propriedades rurais ocupam 56,7% de todas as terras cadastradas enquanto que 62,2% das propriedades ocupam 7,9% das terras.[203]

Havemos de inferir, todavia, que vivemos na era da inclusão universal, que se deu através de pressupostos políticos e jurídicos. Porém, um fato que nos intriga é a contínua necessidade de produção legislativa inadequada à realidade social. As reformas propostas pelo sistema da política são reformas inflacionadas, isso no sentido que se produz uma reforma já com a idéia clara que esta deva ser reformada. Assim, perguntamo-nos por que se reforma continuamente uma lei? Por que esta necessidade "vital" para o sistema da política e do direito de produzirem constantemente reformas? Para iludir a opinião pública de que algo se está fazendo? Estas questões fazem-nos ver que as reformas não conseguem cumprir os objetivos aos quais se propõem, talvez porque os reformadores não foram ainda reformados. Parece-nos claro que o grande problema poderia estar centrado nos objetivos das reformas, que são inatingíveis. Neste ponto, deparamo-nos com a questão da seleção dos fins de uma dada reforma. Quando falamos em seleção de objetivos, pensamos em objetivos que se possam tornar

---

[203] Dados fornecidos pelo MST na página eletrônica http://www.mst.org.br/campanha/limite/indice.html

objeto de decisões, e este é um dos problemas do porquê as reformas são circularmente reformadas. Em outras palavras: os objetivos e fins que são selecionados para realizar uma reforma são objetivos que não se podem transformar em processos de decisão. Por isso são escolhidos.

A pergunta sucessiva é óbvia: se sabemos que os objetivos de uma reforma devem ser propósitos decidíveis, porque continuamos a selecionar objetivos que não podemos decidir? Não temos resposta precisa para esta questão, mas podemos intuir que o mínimo necessário para que se faça uma reforma é ter propósitos que se possam realizar. Notamos que o resultado das reformas é sempre fonte do acaso e não de uma planificação.

Outro aspecto a considerar, quando tratamos das reformas de modo genérico, ou em modo particular da reforma de leis, ou mesmo da reforma agrária, é a relação entre o ideal e o real. As normas são concebidas pensando em ideais e o lado obscuro da sociedade – "o real" – é deixado de lado. Assim, esquecemos que a realidade não é ideal, mas real. O problema diz respeito também às organizações formais, pois é por elas que passam todos os processos de reforma e, além disso, as reformas atingem justamente às instituições sociais. Tratar teoricamente um ideal, não é um processo que apresenta grandes dificuldades, porém, transformar o ideal em real, é um processo muito mais complexo, necessita-se de um plano organizativo. É este o ponto crucial para fazer um plano organizativo, pois a produção legislativa aumenta, onde uma lei deve ser regulamentada por um decreto, este por outro decreto e assim por diante. Temos aqui o "nó do miolo", um círculo vicioso. Esta situação pode ser vista concretamente quando lemos a legislação agrária e temos sempre a famosa observação: "para ulteriores informações consultar o art. X, da lei Y". Então, se fizermos um exercício sociológico tentando identificar a partir de uma lei quais eram seus ideais originários, teremos dificuldades em prestar uma informação real, pois os objetivos não se fazem ver nas leis e/ou nas propostas de reformas. Além disso, muitas vezes, a lei nasce em um dado momento político-constitucional, e o seu decreto regulamentador em outro. Mesmo sabendo disso, continuamos reformando, e o Brasil continua crescendo (somos hoje uma Nação com 169.544.443 habitantes, sendo que, destes, 81% vivem nas cidades).

A luta pelo acesso à terra é a luta pela terra mãe, pela terra produtora e reprodutora, é a luta dos desgarrados do chão, dos desgarrados da terra, assim como é a luta dos que querem debulhar o trigo, é a luta dos que querem afagar a terra, conhecer os desejos da terra. Esta é a luta pela felicidade, pela fraternidade, pela igualdade, pela justiça. Todos sentimentos altamente improváveis e, por isso, possíveis. Assim como é possível construir um novo Brasil, apesar de todas as improbabilidades.

Bibliografia consultada

AGUIAR, Flávio (org.). *Com palmos e medidas. Terra, trabalho e conflito na literatura brasileira.* São Paulo: Fundação Perseu Abramo, 1999.

ALFONSIN, Jacques Távora. Apontamento sobre alguns impasses interpretativos da função social da propriedade rural e sua possível superação. In: *IX Seminário Nacional de Direito Agrário*, 2000, São Paulo. (mimo)

ALMEIDA, Antônio Fugueira de. *A Constituição de 10 de novembro explicada ao povo.* Rio de Janeiro: DIP, 1940.

ALVES, José Carlos Moreira. *Posse Evolução Histórica.* Rio de Janeiro: Forense, 1997.

ARENDT, Hannah. *Lições sobre a filosofia política de Kant.* Trad. André Duarte. Rio de Janeiro: Relume Dumará, 1993.

ARON, Raymond. *Dix-huit leçons sur la societé industrielle.* Paris: Gallimard. 1962.

ARRUDA Jr., Edmundo Lima de. *Direito moderno e mudança social.* Belo Horizonte: Del Rey, 1997.

ATIENZA, Manuel. *Introducción al derecho.* Barcelona: Barcanova, 1985.

BARCELLONA, Mario. Milano: Giuffrè, 1980a.

———. . Napoli: Jovene, 1980b.

———. . Torino: Giappichelli, 1996.

BARCELLONA, Pietro. *Postmodernidad y comunidad. El regreso de la vinculación social.* Madrid: Trotta, 1992.

———, COTURRI, Giuseppe. *El estado y los juristas.* Barcelona: Confrontación, 1976.

BATALHA, Wilson de Souza Campos. *Direito Processual das coletividades e dos grupos.* São Paulo: LTr, 1991.

BENNASSAR, Bartolomé. *La América española y la América portuguesa Siglos XVI-XVII.* Madrid: Akal, 1996.

BESSONE, Mario. *Istituzioni di Diritto Privato.* Torino: G. Gianpichelli, 1994.

BETTI. *Lezione di diritto civile sul diritto agrario.* Milano: Giuffrè, 1957.

BIDET, Jacques. *Théorie de la modernité suivi de Marx et le marché.* Paris: PUF, 1990.

BOBBIO, Norberto. *El problema del positivismo jurídico.* Buenos Aires: Eudeba, 1965.

———. *Dalla struttura alla funzione.* Milano: Comunità, 1977.

———. *Contribuiciones a la teoría del derecho.* Valencia: F. Torres, 1980.

———. *Estudios de historia de la filosofía*: de Hobbes a Gramsci. Madrid: Debate, 1985.

———. *A era dos Direitos.* Rio de Janeiro: Campos, 1992.

BORGES, Paulo Torminn. *Institutos Básicos do Direito Agrário.* São Paulo: Saraiva, 1992.

BOURDIEU, Pierre, PASSERON, Jean-Claude. *La reproducción. Elementos para una teoría del sistema de enseñanza.* Barcelona: Laia, 1977.

BRANDÃO, Lopes. Desenvolvimento capitalista e estrutura agrária no Brasil. In: *A questão agrária, ensaios de opinião.* Rio de Janeiro, 1979.

BRASIL. *Constituição da República Federativa do Brasil – 1988.* Brasília: Senado Federal, 1988.

BRUNHES, J., VALLAUX, C. *La géographie de l'histoire, géographie de la paix et de la guerre sur terre et sur mer*. Paris: [s.Ed.] 1921.

BRUNNER, Otto. *Terra e Potere*. Milano: Giuffrè, 1983.

BRUNO, Giordano, VICO, Giambattista. *Sobre o infinito, o Universo e aos Mundos – Princípios de uma nova Ciência Nova*. São Paulo: Nova Cultural, 1988. Coleção Os Pensadores.

CALDART, Roseli Salete. *Pedagogia do Movimento Sem Terra*. Petrópolis: Vozes, 2000.

CALDEIRA, Jorge (org.). *Viagem pela História do Brasil*. São Paulo: Companhia das Letras, 1997.

CALVO GARCÍA, Manuel. *Los fundamentos del método jurídico: una revisión crítica*. Madrid: Tecnos, 1994.

CAMPANHOLE, Adriano, CAMPANHOLE, Hilton Lobo. *Constituições do Brasil*. São Paulo: Atlas, 1981.

CAMPILONGO, Celso Fernandes. *Direito e Democracia*. São Paulo: Max Limonad, 1997.

CAPELLA, Juan Ramón. *Los ciudadanos siervos*. Madrid: Trotta, 1993.

CARBONNIER, Jeano. *Flexible droit*. Paris: Librairie Générale de Droit et de Jurisprudence, 1971.

CARDOSO, Fernando Henrique. *Reforma Agrária – Compromisso de todos*. Brasília: Presidência da República, Secretaria de Comunicação Social, 1997.

CASANOVA, R.V. *Derecho Agrario. Una doctrina para la Reforma Agraria*. Venezoelana: Mérida, 1967.

——. *Derecho Agrario. Una Doctrina para la Reforma Agraria*. Venezolana: Mérida, 1975.

CHEMERIS, Ivan Ramon. *A Função Social da Propriedade: o papel do Judiciário diante das invasões de terras*. São Leopoldo: Editora Unisinos, 2002.

CINANNI, Paolo. *Lotte per la terra e comunisti in Calabria 1943/1953*. Milano: Feltrinelli, 1977.

COMTE, Auguste. *Dizionario delle idee. A cura di Stefania Mariani*. Roma: Editori Riuniti, 1999.

CORSI, Giancarlo. *Sistemi che apprendono*. Lecce: Pensa Multimedia, 1998.

CORTESE, Ennio. *La proprietà e le proprietà*. Milano: Giuffrè, 1988.

COSTA, Pietro. *IL progetto giuridico. Ricerche sulla giurisprudenza del liberalismo classico*. Milano: Giuffrè, 1974.

DAHRENDORF, Ralf. *Ley y orden*. Madrid: Civitas, 1994.

DE FRANCISCI, P. *Il transferimento della proprietà*. Padova: [s.Ed.] 1924.

DE GIORGI, Raffaele. *Scienza del diritto e legittimazione*. Bari: De Donato, 1979.

——. *Materiali per una sociologia del diritto*. Bologna: Facoltà di Giurisprudenza, 1981.

——. *Azione e imputazione*: semantica e critica di un principio nel diritto penale. Lecce, [s.Ed.] 1984.

——. *Democracia, direito e risco – Vínculos com o futuro*. Porto Alegre: Sérgio Antônio Fabris, 1998.

——; LUHMANN, Niklas. *Teoria della Società*. Milano: Franco Angeli, 1996.

DE LOS MOZOS, J. L. *La propriedad agraria en el derecho indiano como aportaciòn a las tecnicas de Refoma agraria, in Estudios del dercho agrario*. Valladolid: [s.Ed.] 1981.

DE SOUZA SANTOS, Boaventura. *Notas sobre a historia social de Pasárgada, em Sociologia e Direito*. São Paulo: Pioneira, 1980.

——. *O discurso e o poder*. Porto Alegre: Sérgio Fabris, 1988.

——. Subjetividad, ciudadania y emancipación. *El Otro Derecho*, 15, Bogotá, 1994.

DE VITA. *La proprietà nell'esperienza giuridica contemporanea*. Milano: [s.Ed.] 1969.

DENIKER, T. *Races et peuples de la terre*. Paris: [s.Ed.] 1900.

DI PIETRO, Maria Sílvia Zanella. *Direito Administrativo*. São Paulo: Atlas, 2000.

DUMONT, Louis. *Homo Aequalis. Genesi e trionfo dell'ideologia economica*. Milano: ADELPHI, 1984.

——. *Homo Hierarchicus. Il sistema delle caste e le sue implicazioni*. Milano: ADELPHI., 1991.

DUQUE CORREDOR. *Los Tepartimentos y las Mercedes Reales, Antecendents coloniales de la Dotacion di Tierras*. Mérida: [s.Ed.] 1971.

EINAUDI, Luigi. *La terra e l'imposta*. Torino: Giulio Einaudi, 1974.

ELIOT, Thomas. *La Terra Desolata*. Trad. Angelo Tonelli. Milano: Feltrinelli, 1998.

ENGELS, Friedrich. *A origem da família, da propriedade privada e do estado*. Rio de Janeiro: Civilização Brasileira, 1980.

FACHIN, Luiz Edson. *A função social da posse e a propriedade contemporânea*. Porto Alegre: Sergio Antônio Fabris, 1988.

FALCÃO, Ismael Marinho. *Direito Agrário brasileiro*. Bauru: EDIPRO, 1995.

FERNANDES, Bernardo. *A formação do MST no Brasil*. Petrópolis: Vozes, 2000.

——; STEDILE, João Pedro. *Brava Gente – a Trajetória do MST e a luta pela terra no Brasil*. São Paulo: Fundação Perseu Abramo, 1999.

FREYRE, Gilberto. *Casa Grande e Senzala*. Rio de Janeiro: Schimidt, 1936.

FURASTÉ, Pedro Augusto. *Normas Técnicas para o trabalho Científico, que todo mundo pode saber, inclusive você: Explicações das Normas da ABNT*. Porto Alegre: [s.Ed] 1999.

GALANTER, Marc. *The modernization of law, em Modernization*. New York: Basic Books, 1966.

GALLIANO, Graziella. *Dal mondo immaginato all'immagine del mondo*. Trieste: Edizioni La Mongolfiera, 1993.

GARCIA, Paulo. *Terras devolutas*. Belo Horizonte: Oscar Nicolani, 1958.

GERMANÒ. *I poteri dell'imprenditore agricolo su fondo altrui*. Milano: [s.Ed.] 1982.

GIDDENS, Anthony. *Central Problems in Social Theory*. London: Macmilan, 1979.

——. *As conseqüências da modernidade*. São Paulo: UNESP, 1991.

GOHN, Maria da Glória. *Mídia Terceiro Setor e MST Impactos sobre o futuro das cidades e do campo*. Petrópolis: Vozes, 2000.

GÖRGEN, Sérgio Antônio. *A resistência dos pequenos gigantes – A luta e a organização dos pequenos gigantes*. Petrópolis: Vozes, 1998.

GRAU, Eros. *Função social da propriedade. Direito econômico*. São Paulo: Saraiva, 1983.

GROSSI, P. *Un altro modo di possedere*. Milano: [s.Ed.], 1977.

GUERRA FILHO, Willys S. *Autopoise do Direito na Sociedade Pós-Moderna*. Porto Alegre: Livraria do Advogado, 1997.

GUIMARÃES, Aberto. *Quatro séculos de latifúndio*. Rio de Janeiro: Paz e Terra, 1977.

HARRINGTON, James. *La repubblica di Oceana*. Milano: Franco Angeli, 1985.

HERKENHOFF, João Baptista. *Como aplicar o Direito*. Rio de Janeiro: Forense, 1979.

——. *Como participar da Constituinte*. Petrópolis: Vozes, 1986.

——. *Direito e utopia*. São Paulo: Acadêmica, 1990.

——. *O Direito dos Códigos e o direito da vida*. Porto Alegre: Sergio Antônio Fabris, 1993.

——. *Para onde vai o Direito?* Rio de Janeiro: Forense, 1994.

HERR, H. *A vant – Prospos La Terre et l'évolution humaine. Introduction géographique à l'historie*. Paris: [s.Ed.] 1922.

HOBBES, Thomas. *Leviatã ou matéria, forma e poder de um estado eclesiástico e civil*. São Paulo: Abril, 1974.

——. *Elementos de derecho natural y político*. Madrid: Centro de Estudios Constitucionales, 1979.

—— (a cura di Norberto Bobbio). *Opere politiche di Thomas Hobbes*. Torino: Tipografia Sociale Torinese S.p.A., 1988. v.I

——. *Leviatano*. Bari: Laterza, 1989.

HOLANDA, Sérgio Buarque de. *Raízes do Brasil*. São Paulo: Companhia das Letras, 1999.

HUME, David (a cura di Mario Dal Pra e Emanuele Ronchetti). *Saggi e Trattati morali letterari politici e economici*. Torino: Unione Tipografica – Editirce Torinese, 1974.

HUMPHREY, R. A., LYNCH, J. *The origins of the Latin American Revolution*. New York: Western European and Latin American legal Systems, 1978.

HUSSERL, Edmund. *A idéia da fenomenologia*. Rio de Janeiro: Edições 70, 1990.

IANNI, Octavio. *A luta pela terra*. Petrópolis: Vozes, 1978.

INCRA – *Evolução da Estrutura Agrária do Brasil*. Brasília, 1987.

J. M. OTS CAPDEQUI. *Historia del derecho spañol en América y del Dercho indiano.* Madrid: 1968.

——. *El régimen de la tierra en la maérica española durante el periodo colonial.* Ciudad Trujillo (Santo Domingos): [s.Ed.] 1946.

JEAMMAUD, Antonine. *La crítica jurídica en Francia.* Puebla: Universidad Autónoma de Puebla, 1987.

JHERING, Rudolf von. *A Lucta pelo Direito.* 2. ed. Lisboa: Antiga Casa Bertrand – José Bastos & Cia, 1909.

JUNQUEIRA, Messias. *As terras devolutas.* Rio de Janeiro: Freitas Bastos, 1941.

——. *Breve Introdução Histórica ao Direito Territorial Público Brasileiro. Rev. do Direito Agrário,* v.3, Brasília, 1975.

KANT, Immanuel (a cura di Nicolao Merker). *La metafisica dei costumi.* Bari: Laterza, 1991.

—— (a cura di Giuseppe Saponaro). *Dizionario delle idee.* Roma: Editori Riuniti, 1996.

——. *Per la pace perpetua.* Milano: Feltrinelli, 1995. KANT, Immanuel. *Che cos'è l'illuminismo?* Trad. Nicolao Merker. Roma: Editori Riuniti, 1997.

KARST-K., R. L. ROSENN, J. *Law and Development in Latin America.* Los Angeles: [s. Ed.] 1966.

KELSEN, Hans. *Essenza e valore della democrazia, in La democrazia.* Bologna: Il Mulino, 1984a.

——. *Teoria generale del diritto e dello stato.* Milano: Etas Libri, 1984b.

LARANJEIRAS, Raymundo. *Propedêutica do direito agrário.* São Paulo: LTr., 1975.

LEINDECKER, Dália Tavares. Uma experiência de reforma agrária: Banahdo do Colégio, município de Camaquã, RS, 1962. *Revista de História* – Universidade Federal do Rio Grande do Sul. Porto Alegre, I: 55-76, 1986/87.

LESPAGNOS, G. *L'evolution de la terre et de l'homme.* Paris: [s.Ed.] 1905.

LIMA, Ruy Cirne. *Terras devolutas- história, doutrina, legislação.* Porto Alegre: Livraria do Globo, 1935.

——. *Pequena História territorial do Brasil.* Porto Alegre: Sulina, 1954.

——. *Princípios de direito administrativo.* São Paulo: Revista dos Tribunais, 1987.

LOCKE, John (a cura di Luigi Pareyson). *Due Trattati sul Governo.* Torino: Tipografia Sociale Torinese S.p.A., 1982.

——. (a cura di Alfredo Saetti). *Lettera sulla tolleranza.* Firenze: La Nuova Italia Editrice, 1997.

——. *Segundo Tratado sobre el Gobierno civil.* Madrid: Alianza, 1998.

LUHMANN, Niklas. *La ilustración sociológica.* Buenos Aires: Sur, 1973.

——. *The differentiation of society.* New York: Columbia University Press, 1981.

——. *Sociologia do direito.* Rio de Janeiro: Tempo Brasileiro, 1983.

——. *Poder.* Brasília: Universidade de Brasília, 1985.

——. *Die Wirtschaft der Gesellschaft.* Frankfurt/M: Suhrkamp, 1988.

——. *Sistemas sociales. Lineamientos para una teoría general.* México: Alizanza, 1991.

MACPHERSON, C. B. *Libertà e proprietà alle origini del pensiero borghese.* Milano: [s.Ed.] 1973.

MANDEVILLE, Bernard. *La favola delle api.* Bari: Laterza, 1987.

MARTINS, José de Souza. *O cativeiro da terra.* São Paulo: Ciências Humanas, 1979.

——. *Expropriação e violência.* São Paulo: Hucitec, 1980.

——. *Os camponeses e a política no Brasil.* Petrópolis: Vozes, 1995

MARX, Karl. *Manoscritti economico-filosofici del 1844.* Torino: Giulio Einaudi, 1968.

——. *O Capital.* São Paulo: Difel, 1982.

——. *Il Capitale.* Roma: Editori Riuniti, 1997.

——. *La questione ebraica.* Roma: Editori Riuniti, 1998a.

——. *Miseria della filosofia.* Roma: Editori Riuniti, 1998b.

MASSOUD, Zaher. *Terra Viva.* Trad. Maria João Batalha Reis. Lisboa: Odile Jacob, 1992.

MENDIETA Y NUÑES. *El problema agrario y la reforma agraria de Mexico, in Atti del Primo Convegno Internaz. di Diritto Agrario.* Milano: [s.Ed.] 1954.

MONTESQUIEU (a cura de Marco Armandi). *Dizionario delle idee.* Roma: Editori Riuniti, 1998.

MORIN, G. *Le sens de l'evolution contemporanie du droit di propriété – Le droit francais.* Paris: [s.Ed.] 1950.

MORUS, Thomas. *A utopia.* Trad. Ana Pereira de Melo Franco. Brasília: Editora Universidade de Brasília, 1992.

MOSCONI, Giuseppe. *La norma il senso il controllo.* Milano: Franco Angeli, 1986.

MOTTA, Márcia Maria Menendes. *Nas fronteira do poder – conflito e direito à terra no Brasil do século XIX.* Rio de Janeiro: Vício de leitura/Arquivo Público do Estado do Rio de Janeiro, 1988.

MOURA, Margarida Maria. *Camponeses.* São Paulo: Ática, 1986.

——. *Os desterrados da terra.* Rio de Janeiro: Bertrand Brasil, 1988.

MST. *Assassinatos no campo*: crime e impunidade: 1964-1985. São Paulo: MST, 1986.

——. *Normas gerais do MST.* São Paulo: MST, 1989.

——. A cooperação agrícola nos assentamentos. *Caderno de Formação*, n. 20. São Paulo: MST, 1993.

——. *Crianças em Movimento*: as mobilizações infantis no MST. Porto Alegre: Setor de Educação – MST, 1999. Coleção Fazendo Escola.

NASCIMENTO, Tupinambá Miguel Castro do. *Introdução ao direito fundiário.* Porto Alegre: Sergio Antônio Fabris, 1985.

NEGRO, Franco. *La storia economica e sociale della proprietà.* Bologna: Forni, 1970.

O'DONNEL, Guillermo. *Democracia delegativa?* São Paulo: Novos Estudos/CEBRAP, 1991.

——. Acerca del Estado, la democratización y algunos problemas conceptuales. *Desarrollo Económico*, XXXIII, n. 130, Buenos Aires, jul./set., 1993.

OLIVEIRA, Ariovaldo Umbelino de. *Modo capitalista de produção e agricultura.* São Paulo: Ática, 1990.

OPTIZ, Silvia, OPTIZ, Oswaldo. *Princípios de direito agrário.* Rio de Janeiro: Borsoi, 1970.

ORESTANO, Riccardo. *Introduzione allo studio del diritto romano.* Bologna: Il Mulino, 1987.

OURIQUES, Nildo, RAMPINELLI, Waldir. *Os 500 anos – A conquista interminável.* Petrópolis: Vozes, 1999.

PAULA, José Maria. Terras dos índios. *Boletim do Serviço de Informação Agrícola do Minstério da Agricultura*, n.1, Rio de Janeiro, 1944.

PAVESE, Cesare (a cura di Mariarosa Masoero). *Le poesie.* Torino: Giulio Einaudi, 1998.

——. *Dialoghi con Leucò.* Torino: Giulio Einaudi, 1999.

PETTERSEN, Marques, N. *Uso e posse temporária da terra; arrendamento e parceria; doutrina, legislação, jurisprudência.* São Paulo: [s.Ed.] 1977.

PHANOR, J. EDER. *A comparative survey of Anglo-American and Latin American Law.* New York: New York University, 1960.

PINTO, Orando da Rocha. *Cronologia da Construção do Brasil.* Lisboa: Livros Horizontes, 1987.

PORRU, Paola. *Analisi storico giuridica della proprietà fondiaria in Brasile.* Milano: Giuffrè, 1983.

PORTINARO, Pier Paolo. *Appropriazione, distribuizione, produzione – Materiali per una teoria del nomos.* Milano: Franco Angeli, 1983.

POULANTZAS, Nikos. *Estado, poder y socialismo.* México: Siglo XXI, 1978.

PRADO JÚNIOR, Caio. *Formação do Brasil Contemporâneo.* São Paulo: Brasiliense, 1995.

PREDIERI, Alberto. *Carl Schmitt, un nazista senza coraggio.* Firenze: La Nuova Italia Editrice, 1999.

QUESNAY, François (a cura di Renato Zangheri). *Scritti economici.* Bologna: Arnaldo Forni, 1966.

QUINTANA, Mário. *Nova Antologia Poética.* São Paulo: Globo, 1998.

RAMOS, Duílio. *História da civilização brasileira.* São Paulo: Saraiva, 1964.

RAWLS, John. *Teoría de la justicia.* Madrid: FCE, 1979.

RECLUS, E. *L'Homme et la terre.* Paris: [s.Ed.] 1876.

——. *La Terre.* Paris: [s.Ed.] 1876.

RESTA, Caterina. *La misura della differenza.* Milano: Angelo Guerini, 1988.

——. *Stato Mondiale o Nomos della Terra.* Roma: Antonio Pellicani, 1999.

RESTA, Eligio. *Poteri e diritti.* Torino: G. Giappichelli, 1996a.

———. *La certezza e la speranza*. Bari: Laterza, 1996b.

RIBEIRO, Darcy. *Os índios e a civilização*. Rio de Janeiro: Civilização Brasileira, 1970.

RICHARD, Pablo. *La Iglesia latino-americana entro el Tremor y la Espeeranza*. San José: (Costarica), 1980.

RIO GRANDE DO SUL. *Constituição do Estado do Rio Grande do Sul*. Porto Alegre: Assembléia Legislativa, 1989.

———. *Assembléia Legislativa. Comissão de Cidadania e Direitos Humanos Relatório Azul – Garantias e Violações dos Direitos Humanos no RS; 1998/1999*. Porto Alegre: Assembléia Legislativa: 1999.

RIOS, Roger. *Desapropriação e reforma agrária*. Porto Alegre: Livraria do Advogado, 1997.

RODOTÁ. *Il terribile diritto*. Bologna: [s.Ed.] 1981.

ROMAGNOLI, E. Riforma fondiaria e Riforma agraria. In: *Manuale di diritto agrario italiano, diretto da Nº Irti*, Torino, 1978.

RONCHEY, Alberto. *I limiti del capitalismo*. Milano: Rizzoli, 1991.

ROSSO, G. G. *Tradizione e misura umana del diritto*. Milano, 1976.

ROUSSEAU, Jean-Jacques. *Il contratto sociale*. Trad. Maria Garin. Bari: Laterza, 1997.

SAINT-EXUPÉRY, Antoine de (a cura di Michel Autrand e Michel Quesnel). *Opere*. Milano: Bompiani, 2000.

SALLES, José Carlos de Maoraes. *Usucapião de bens imóveis e móveis*. São Paulo: Revista dos Tribunais, 1992.

SANTILLI, Juliana (cord.). *Os direitos indígenas e a Constituição*. Porto Alegre: Sergio Antônio Fabris, 1993.

SARAMAGO, José. *Terra do Pecado*. Lisboa: Editorial Caminho, 1999.

SCHMITT, Carl. *Le categorie del politico*. Bologna: Il Mulino, 1972.

———. *Terra e mare*. Milano: Giuffrè, 1986.

———. (a cura di editoriale di Franco Volpi). *Il nomos della terra*. Trad. Emanuele Castrucci. Milano: ADELPHI, 1998.

SILVA, De Plácido e. *Vocabulário Jurídico*. Rio de Janeiro: Forense, 1991.

SILVA, José Afonso da. *Curso de Direito Constitucional Positivo*. São Paulo: Malheiros, 1994.

SILVA, Maria Beatriz Nizza da. *História da Colonização Portuguesa no Brasil*. Lisboa: Edições Colibri, 1999.

SMITH, Adam. *Indagine sulla natura e le cause della ricchezza delle nazioni*. Milano: Istituto Editoriale Internazionale, 1973.

—— (a cura di Paolo Berlanda). *Saggi Filosofici*. Milano: Franco Angeli, 1984.

———. *La ricchezza delle nazioni*. Roma: Editori Riuniti, 1991.

SODERO, Fernando. *Direito Agrário e Reforma Agrária*. São Paulo: Legislação Brasileira, 1968.

———. *O módulo rural e suas implicações jurídica*. São Paulo: LTr, 1975.

STÉDILE, João Pedro (org.). *A reforma agrária e a luta do MST*. Petrópolis: Vozes, 1997.

STEFANINI, Luis Lima. *A propriedade do direito agrário*. São Paulo: Revista dos Tribunais, 1978.

STROZAKE, Juvelino José. *A questão agrária e a Justiça*. São Paulo: Revista dos Tribunias, 2000.

SUESS, E. *La face de la terre*. Paris: [s.Ed.] 1897-1901.

TARELLO, Giovanni. *Storia della cultura giuridica moderna*. Bologna: Il Mulino, 1976.

TENÓRIO, Igor. *Manual de direito agrário brasileiro*. São Paulo: Resenha Universitária, 1975.

TRINDADE, Antônio Augusto Cançado (ed.). A proteção dos Direitos Humanos nos Planos Nacional e Internacional: Perspectivas Brasileiras. *Seminário de Brasília de 1991*. Instituto Ineteramericano de Direitos Humanos e Friedrich Naumann – Stiftung, San José da Costa Rica/Brasília, Brasil, 1992.

TROTSKIJ, Lev Davidovic. *Storia della Rivoluzione russa. La Rivoluzione di febbraio*. Roma: Newton Compton, 1994a.

———. *Storia della Rivoluzione russa. La Rivoluzione di ottobre*. Roma: Newton Compton, 1994b.

VIANA, Hélio. *História do Brasil*. Rio de Janiero: [s.Ed.] 1975.

VICO, Giambattista (a cura de Fausto Nicolini). *Il diritto universale – Sinapsi e De Uno – Parte prima.* Bari: Gius. Laterza & Figli, 1968a.

—— (a cura de Fausto Nicolini). *Il diritto universale – De Constantia Iurisprudentis – Parte seconda.* Bari: Gius. Laterza & Figli, 1968b.

—— (a cura de Fausto Nicolini). *Il diritto universale – Notae, Dissertationes, Nota bibliografica e indici – Parte terza.* Bari: Gius. Laterza & Figli, 1968c.

—— (a cura di Paolo Cristofolini). *Opere Giuridiche – Il diritto Universale.* Firenze: Sansoni, 1974.

—— (a cura de Fausto Nicolini). *Princìpi di scienza nuova.* Bari: Arnoldo Mondadori, 1992.

VIDAL DE LA BLANCHE, P. *La répertition des hommes sur le globe.* ivi, XXVI, 1917.

WANDERLEY. *O camponês, um trabalhador para o capital.* Campinas: [s.Ed.] 1979a.

——. *Reflexões sobre a agricultura brasileira.* Rio de Janeiro: [s.Ed.] 1979b.

WEFFORT, Francisco. *Qual democracia?* São Paulo: Companhia das Letras, 1992.

WESTPHAL, Lindolfo. *A Reforma Agrária que deu certo*: Banhado do Colégio. Camaquã: [s.Ed.] 1998.

WOEIKOF A. *De L'influence de L'homme sur la terre.* ivi, XXVI., 1917.

ZILLES, Urbano. *O Racional e o Místico em Wittgenstein.* Porto Alegre: EDIPUCRS, 1994.

Impressão:
Editora Evangraf
Rua Waldomiro Schapke,77 - P. Alegre, RS
Fone: (51) 3336-2466 - Fax: (51) 3336-0422
E-mail: evangraf@terra.com.br